安徽师范大学中国诗学研究中心资助项目

安徽诗人研究文存

梅尧臣研究文存

丛书主编 刘运好

本书主编 程杰 涂序南

黄山书社

图书在版编目（CIP）数据

安徽诗人研究文存·梅尧臣研究文存 / 刘运好丛书主编；程杰，涂序南本书主编．—合肥：黄山书社，2024.4

ISBN 978-7-5737-0900-4

Ⅰ．①安…　Ⅱ．①刘…　②程…　③涂…　Ⅲ．①梅尧臣（1002—1060）—诗歌研究　Ⅳ．①I207.22

中国国家版本馆 CIP 数据核字（2023）第 192068 号

安徽诗人研究文存·梅尧臣研究文存
ANHUI SHIREN YANJIU WENCUN MEIYAOCHEN YANJIU WENCUN

丛书主编　刘运好
本书主编　程　杰　涂序南

出品人　葛永波
策　划　胡传志　汤吟菲
责任编辑　刘　春
装帧设计　观止堂_未　氓
责任印制　李　磊
出版发行　黄山书社
地　址　安徽省合肥市蜀山区翡翠路 1118 号出版传媒广场 7 层　邮编：230071
印　刷　安徽新华印刷股份有限公司
版　次　2024 年 4 月第 1 版
印　次　2024 年 4 月第 1 次印刷
开　本　700 mm × 1000 mm　1/16
字　数　385 千字
印　张　29.25
书　号　ISBN 978-7-5737-0900-4
定　价　106.00 元

服务热线　0551-63533706
销售热线　0551-63533761
官方直营书店（https://hsss.tmall.com）

目　录

总序

一

安徽地处江淮腹地，江淮文化是安徽历史文化的灵魂。穿越历史的隧道，我们可以发现安徽的历史文化何其辉煌！这里有著名的繁昌人字洞，通过已经发掘的石器，确认了200万年至250万年前早期的人类遗存，将人类在亚洲出现的历史至少提前了30万年，推翻了20世纪初古生物学家马修《气候和演化》所鼓噪的中亚高原是人类摇篮的结论；也有著名的蒙城尉迟寺遗址，是国内目前保存完整、规模宏大、以大汶口文化晚期为主的原始社会聚落，从发掘的实物看，当时养殖、制陶、酿酒等技术都相当发达，这证明安徽农耕文明至迟在公元前5000年左右就已经高度成熟，这在农耕文明史上意义何其重大！当人类蹒跚地走进"轴心时代"，安徽又诞生了老子、庄子，与齐鲁的孔子及西方的苏格拉底、柏拉图，古天竺的释迦牟尼，共同创造了人类文明的高光时刻。

江淮文化在空间分布上主要集中于皖北与皖南。皖北文化以春秋战国的道家为核心。以老庄为代表的皖北道家文化圈与以孔孟为代表的齐鲁儒家文化圈，遥相呼应，双峰并峙，成为耸立于世界文化之林的独特文化景观。儒道思想互补、圆融，不仅有效地化解了人与自然、人与秩序的存在悖论，而且科学地构筑了主体存在与群体聚合、生命自由与社会秩序的互相联结的辩证理论体系。儒道既深刻影响了中华民族的文化心理、自然观念、伦理秩序、政治结构的和谐共生的关系，也对整个人类处理人和自然之间、不同国家之间、强权种族之间，如何和谐相处、规避丛林法则、构建人类命运共同体，贡献了独特的理论架构。

皖南文化以宋代之后的“徽学”为核心，形成了以朱熹为翘楚的新安理学和以戴震为领袖的徽州朴学。朱子不仅将“涵养”“致知”“力行”作为行为准则，凸显修身养性的重要意义，而且以“正心”“诚意”作为修身、齐家、治国、平天下的必要条件，推崇“一心兴邦”的黜私为公的家国情怀。实际上，张载提出的“为天地立心，为生民立命，为往圣继绝学，为万世开太平”，是整个新安理学最为激荡人心的至理名言，也成为中国知识分子历史担当的宏伟理想。在理学笼罩朝野、难与争锋之时，“朴学”也悄然兴起，至清代而蔚为大观。理学谈义理，朴学重考据。从宋代的程大昌到明清之际的黄生、姚际恒，再到乾隆时期的江永、汪绂，徽州朴学成就斐然，戴震则集其大成。朴学从考据学立场出发，重新阐释了儒家“理”“天道”“性”“才”“道”“诚”“权”等一系列哲学范畴，弥合了“灭人欲，存天理”的人为对立，建构了一个情理和谐的宇宙境界和人生境界。无论从学术文化还是从人生境界上说，理学与朴学都构成互补而非对立的关系。皖北的道家和皖南的徽学是支撑“皖学”的两大核心。

二

江淮是吴楚和中原的联结点。兼有中原的理性和吴楚的浪漫，是江淮文化的基本品格。因此不唯学术理性造就了“皖学”的辉煌，浪漫情调也催生了江淮文学的繁荣。只是因为“天下文章莫大乎桐城”——“桐城派”响亮的名头，既给江淮文学戴上令人景仰的桂冠，极大地提升了江淮文学的地位，也部分转移了人们对江淮文学全面审视的视线。以安徽为核心的江淮文学岂是一个桐城派所能代表的!

遥远的历史且不说吧。在汉代，汉代淮南王刘安组织文人撰写《淮南子》，融贯诸子，漫然包容，汪洋博洽，绚丽多彩；梁孝王刘武修建梁园（菟园），孕育了枚乘、邹阳、庄忌和司马相如等一流的汉代辞赋家。如果说辞赋由梁园而鼎盛，尔后辐射京师，造就一代之文学——汉赋，大约也不算言过其实。至魏晋时期，最为辉煌的建安文学也是扎根于江淮沃野的。“三曹”是那个时代文学的标志。鲁迅在《魏晋风度及文章与药及酒之关系》一文中推崇曹操文章清峻、通脱，是“改造文章的祖师”；说曹丕的时代是一个“文学自觉”的时代，因为他以“气”为主，所以华丽、壮大；也称赞曹植“文章做得好”。建安文学不仅是“汉魏风骨”的代表，也是中国文学史发展的转关。此后的正始文学，“嵇志清峻，阮旨遥深”（《文心雕龙·明诗》）。我们常识性的误解是，正始文学以竹林七贤为代表。其实，“阮旨遥深”是曹植后期文学的直接延伸，“嵇志清峻”才是正始文学的独特风格。这一风格恰恰形成于围绕在嵇康周围的嵇喜、刘伶、郭遐叔、郭遐周及以《思旧赋》垂名的向秀等人组成的文学群体。皖籍作家是构成这一文学群体的核心。

唐宋以降，虽然没有出现李白、杜甫那样的双子星座，苏轼、辛弃疾那样的巅峰对决，但是不仅李白、辛弃疾流寓江淮，创作大量诗词，构成安徽诗路的绚丽彩虹，而且也出现了后世诗名不彰、当时声誉极隆的“五言长城”刘长卿，元白新乐府运动的积极倡导者、参与者李绅、张籍，及晚唐“诗旨未能忘救物”（杜荀鹤《自叙》）的现实主义诗人杜荀鹤。宋代则有其诗被陆游称之与欧阳修文、蔡襄书“三者鼎立，各自名家”（《梅圣俞别集》序）的梅尧臣，“文章如大海之起涛澜，泰山之腾云气，倏散倏聚，倏明倏暗”（《张于湖先生集》序）的张孝祥，以及因编撰《江西宗派图》而在文学批评史上声名鹊起的吕本中等。如果以籍贯论，宋代还出现了一位与李清照齐名的歙州词人朱淑真，其《断肠集》至今读来也令人肠断。元、明两代皖籍诗人创作呈现下降趋势，至清代而复振。除了享誉中外的桐城派，其中元代方回虽以《瀛奎律髓》闻名于世，然其诗也“格力苍坚，在江湖诸集之上”（《四库全书简明目录》卷十七），成就显然超越了宋末江湖诗派。明末清初被称为“江左三大家”之一的龚鼎孳、王夫之推崇曰“诗体整健”的钱澄之，以及清代被誉为“南施北宋”的施闰章等，都是有口皆碑的名家。有清一代无论是学术还是文学，几乎集中于江南地区，成为“徽学”的重要研究对象之一。这种现象至现代而大放异彩，仅就新文化运动的旗手陈独秀、学术成就卓著而以《尝试集》开拓新诗天地的胡适而言，就足以振聋发聩了。

面对如此辉煌的安徽文化，如何从学术原典及其学术研究的视角，进一步加以发掘、研究，就非常必要了。《安徽诗人研究文存》也由此而产生。

三

为了落实中共中央办公厅、国务院办公厅《关于实施中华优秀传统文化传承发展工程的意见》以及《安徽新时代古籍工作实施意见》，深入发掘安徽文化底蕴，深化安徽诗人研究，强化安徽文化的认同感与归属感，安徽师范大学中国诗学研究中心由胡传志教授策划，刘运好教授任总主编，约请全国知名专家、学者，组织编写了《安徽诗人研究文存》。

《安徽诗人研究文存》以皖籍诗人研究为收录对象，共收录关于曹操、曹植、嵇康、刘长卿、张籍、梅尧臣、吕本中、张孝祥、方回、钱澄之、胡适等十余人的研究论文。论文收录范围，始于1921年，迄于2021年，以中国学者研究论文为主体，也酌情收录中国学者发表于海外期刊、海外学者发表于中国期刊的论文。所选学术论文必须以问题为核心，“研究综论”“会议纪要”“文坛掌故”之类，一律不予收录；重要学术著作中具有学术论文性质的相关章节也酌情收录。收录文章必须兼顾思想性与学术性两个方面：第一，有明显意识形态问题，或背离社会主义核心价值观的论文、专著章节，一律不予收录；有特定时代标记，但并无政治倾向问题的论文、专著章节，可酌情收录。第二，收录的论文、专著章节注重以下三点：（1）创新性。所选文章必须具有学术创新的特点，观点新、材料新、视角新，或三者皆备，或必具其一。（2）示范性。所选文章必须具有学术示范意义，蕴涵丰富的学术信息以及新的学术生长点。（3）时段性。所选文章在充分注重创新性、示范性的前提下，必须从学术史的角度，兼顾论文发表时段。对于不同诗人的不同研究现状，由分册主编斟酌处理，保留编选者的学术个性。

每一诗人的研究文存独立成册，有前言、正文、主要论文（论著）索引三个部分。（1）前言，由分册主编撰写，虽各有特点，却也要斟酌以下三点：其一，从文学史视角，对所研究的诗人作简要评价；其二，从学术史视角，对历代研究成果略加评说；其三，从前瞻性视角，对所研究的诗人提出若干有学术意义的理论话题。（2）正文，即所选论文、专著章节。体例上遵循以下四点：其一，论文尊重原著，原则上不作修改、删节；论著节选必须是构成独立论文的形式。对于原文表达的语病、引文谬误、错别字等则径改。其二，论文标题一仍原著，论著节选若原文没有标题，可由分册主编增设标题；为了保持全书格式相对统一，所选论文一律不设“内容提要”“关键词”，只录全文。其三，论文注释，早期论文保留原来注释形式，但相对统一，若引古籍须标明作者、著作名称及卷数、篇名，如“《淮南子》卷一《原道训》”；若引期刊须标明期刊名、出版日期或期别，如“《燕京学报》第19期”，一律采用脚注形式。新时期以后论文，无论发表于何种期刊，注释一律采用《文学遗产》论文规范格式。其四，注明文章来源，期刊注明刊名，著作节录注明节录之章节（名称）、出版社及出版年份。（3）主要论文（论著）索引，突出“主要”，不必求全。此外，为了协调丛书各分册规模，便于读者阅读，所选篇幅控制在30万字左右。

相对于辉煌的安徽文化及其深厚的学术研究而言，《安徽诗人研究文存》仅仅是尝鼎一脔。这是一个需要不断努力、不断深化的理论命题。

出于各种原因，截至出版时，我们未能与本套丛书的全部著作权人取得联系。敬请作品的著作权人或与著作权有关的权利人与安徽师范大学中国诗学研究中心联系，以便奉上稿酬和样书。

刘运好

2023年5月

前　言

◎程　杰　涂序南

梅尧臣是宋仁宗朝著名诗人，与范仲淹、欧阳修、苏舜钦等同时，在北宋诗文革新运动乃至整个宋代诗歌史上举足轻重，在整个古代诗歌史上也是一位富有创作成就与历史影响的重要诗人。

一、梅尧臣的生平事迹

梅尧臣（1002—1060），字圣俞，宋宣州宣城（今属安徽）人，宣城古名宛陵，故世称“宛陵先生”。宣城地处今安徽省东南部，汉置宛陵县，晋设宣城郡，治宛陵（今安徽宣城）。隋易宛陵县为宣城，唐置宣州，治宣城。陆游《宣城李虞部诗序》称赞说：“宣之为郡，自晋唐至本朝，地望常重。来为守者不知几人，而风流吟咏，谢宣城（引按：谢朓）实为之冠；生其乡者几人，而歌诗复古，梅宛陵独擅其宗。此两公盖与敬亭之山，俱不磨矣。”[①]清代施闰章《书带园集序》说：“吾宣城于江上称岩邑，其山巉以秀，水甘以清，草木扶疏而沃若，其清淑之气所郁积，必有异能之士，道德文章之美，卓然见于天下。而所谓道德者多隐君子，以其文章见者，至宋始有梅昌言、圣俞，元有贡仲章（引按：贡奎，字仲章）、泰甫（引按：贡师泰，字泰甫）父

① 陆游《渭南文集》卷一五，浙江古籍出版社 2015 年版钱仲联等《陆游全集校注》本。

子十数辈。最著者圣俞，以诗名。”[①]这方青山秀水，曾吸引谢朓、李白、白居易、韩愈、杜牧等文人名士来此仕履游历，吟咏性情。宋真宗咸平五年（1002）四月十七日，梅尧臣出生于此钟灵毓秀、人文荟萃之地，时属江南东路。

今宣城梅氏奉梅福为始祖，称梅福传二十一世为梅慨，其子梅远为宣州掾，遂定居于宣城[②]。梅远，字维明。清人梅清所编《梅氏诗略》云："梅远，字维明，唐昭宗光化间由吴兴之宣城为掾，以宣之风土淳厚，遂卜居于州学之西，墓亦在焉。梅氏继世光大，实自公始。著有《迁居草》，久佚。"[③]据梅氏族谱记载，梅尧臣为梅远四世孙，其父梅让（959—1049），欧阳修为其撰墓志铭[④]。

梅尧臣叔父梅询（964—1041），字昌言，端拱二年（989）进士，知杭州仁和县，迁著作佐郎。因治有能声，为监察御史，得宋真宗赏识，召试中书，直集贤院。欧阳修称："公好学有文，尤喜为诗。"[⑤]在杨亿《谈苑》开列的宋初诗坛名家中，梅询列于继第一代诗人徐铉、王禹偁之后，"后来著声"的第二代诗人，与西昆诗人同辈[⑥]。宋人对梅询诗歌多有好评。刘攽《中山诗话》云："景祐中，宋宣献（引按：宋绶，谥宣献）上《杨太妃挽诗》云：'神归梁小庙，礼祔汉徐陵。'文士称其用事精当。梅昌言诗曰：'先帝遗弓剑，排云上紫清。同时受顾托，今日见升平。'虽不用事，意思宏深，足为警语。"[⑦]是

① 施闰章《学余堂文集》卷六，清康熙四十七年刻本。

② 梅朝宗纂修《宛陵宦林梅氏宗谱》卷首《梅氏前世系述略》，清宣统二年刊本。又林静主编《宣城梅氏》，（北京）华艺出版社2009年版，第3页。

③ 梅清编，梅冲续订《梅氏诗略》前集卷一，南京图书馆藏据道光五年敦睦堂藏板印本。

④ 欧阳修《太子中舍梅君墓志铭》，《欧阳文忠公集·居士集》卷三一，《四部丛刊》影元刻本。

⑤ 欧阳修《翰林侍读学士给事中梅公墓志铭》，《欧阳文忠公集·居士集》卷二七。

⑥ 阮阅《诗话总龟》前集卷一二，《四部丛刊》影明嘉靖刻本。

⑦ 刘攽《中山诗话》，明《津逮秘书》本。

说询诗平易自然，不假藻饰，语浅意深。宋庠《次韵和侍读梅学士秋雪》诗云："雅篇工状物，精思入参寥。"[①]也称赞其诗工于状物，思虑精深。现存诗歌如《濠州四望亭闲眺》《江楼晚眺》《武林山十咏》《西湖》《潇湘楼》等都写景如画，情味隽永，语言清丽，很少用典，与西昆体堆砌辞藻典故明显不同，这对梅尧臣诗歌入门有一定引导。梅询是宣城梅氏家族第一个科举出身的显宦，对整个家族的发迹有着重要的作用。梅尧臣"十二岁至二十五岁，从叔父梅询宦学于襄、鄂、苏州，陕西京兆府，怀、池州和广德军诸地"[②]，后也以叔父门荫入仕，为人、为诗都得梅询言传身教，受其影响深刻。

宋仁宗天圣五年（1027），梅尧臣26岁，与谢氏完婚，以叔父门荫入仕，以太庙斋郎为桐城县（今属安徽）主簿。天圣九年（1031）任河南县（治今河南洛阳）主簿，与同官洛阳的钱惟演、欧阳修、尹洙等相识并缔交，揭开其生活与诗歌创作崭新一页，其《宛陵先生集》自是岁起存稿[③]。是年秋后，尧臣调任河阳县（治今河南孟州南）主簿。景祐元年（1034），应进士举下第，知建德县（治今安徽东至县东）。宝元二年（1039），知襄城县（今属河南），庆历元年（1041），监湖州（今属浙江）盐税。庆历四年，解任归宣城，未久赴汴京，妻谢氏死于途中。庆历五年（1045），应资政殿学士、礼部侍郎、知许州王举正辟，任许昌（今属河南）忠武军节度签书判官。庆历六年（1046），就婚刁氏。刁氏升州（治今江苏南京）人，西昆派诗人、兵部郎中刁衎孙女。庆历八年（1048），应工部尚书、知陈州晏殊辟，签书陈州（治今河南淮阳）镇安军节度判官。皇祐元年（1049），父梅让殁，还宣城守制。皇祐三年（1051），服

① 宋庠《元宪集》卷九，《丛书集成初编》本。

② 李一飞《梅尧臣早期事迹考》，《文学遗产》2002年第2期。

③ 李一飞《梅尧臣早期事迹考》，《文学遗产》2002年第2期。

除，五月抵汴京，召试学士院，九月赐同进士出身，改太常博士。皇祐四年（1052），监在京永济仓。皇祐五年（1053）秋，母卒于汴京，扶榇归宣城。至和二年（1055），服除还京。嘉祐元年（1056），因翰林学士赵概、欧阳修荐，补国子监直讲。嘉祐二年（1057），以知贡举欧阳修荐，为参详官，该年得士极多，曾巩、苏轼、苏辙、张载、程颢等是榜及第。嘉祐三年（1058），以欧阳修荐参加《新唐书》编修。嘉祐五年（1060），迁尚书都官员外郎，四月染病，二十五日病逝于汴京[①]，年五十九。

梅尧臣以叔父门荫入仕，虽多次参加科举，都不幸折戟，始终未能挣得一名进士，年届五旬，始因诗艺卓异，得欧阳修等人热情揄扬，被赐同进士出身。宋朝官制，"无出身"人在注官升转时多有限制。加以其叔父梅询"险薄望轻""卞急好进"，与吕夷简亲近，晚年更得其援手，"以至贵显"[②]，而为改革派多少有些避忌。因此，梅尧臣长期沉沦下僚，也可谓一生穷愁潦倒。尽管如此，在当时改革派与保守派激烈斗争之际，梅尧臣能站在正义的一边，同情范仲淹的改革立场，在范仲淹、欧阳修受到贬谪时，有《寄饶州范待制》《闻欧阳永叔谪夷陵》等诗表达慰问和支持，诗中也颇多关心民生疾苦之作。

梅尧臣主要是一位文学家。欧阳修《梅圣俞墓志铭》《宋史·梅尧臣传》皆谓梅尧臣文集四十卷，后世通行《宛陵集》为六十卷。今人朱东润先生整理的《梅尧臣集编年校注》按年编为三十卷，录梅诗2800余首。梅尧臣亦有少量的古文创作，《宛陵集》收有文一卷。《全宋文》另辑得梅尧臣佚文7篇，分两卷编集，其中辞赋21篇、古文13篇。梅尧臣词存世数量少，《全宋

① 以上梅尧臣的生平仕历主要据朱东润《梅尧臣集编年校注》卷首《叙论》中的诗人介绍，以及每卷卷首的诗人事迹系年。

② 脱脱等《宋史》卷三〇一《梅询传》，中华书局1977年版。

词》录2首。

梅尧臣勤于著述，涉及史学、经学、兵法等。欧阳修《梅圣俞墓志铭》称："尝奏其所撰《唐载》二十六卷，多补正旧史阙缪。乃命编修《唐书》，书成，未奏而卒。……圣俞学长于《毛氏诗》，为《小传》二十卷，其文集四十卷，注《孙子十三篇》。"[①]《宋史·梅尧臣传》云："预修《唐书》，成，未奏而卒。……注《孙子十三篇》，撰《唐载记》二十六卷、《毛诗小传》二十卷、《宛陵集》四十卷。"[②]可见于史学多有投入，撰《唐载记》二十六卷。又潜心治《毛诗》，有《毛诗小传》二十卷，惜均已亡佚。梅尧臣受梅询影响，注重兵法，景祐末宝元初当宋夏战事紧张之季，为《孙子》十三篇作注，主要见于宋本《十一家注孙子》中，保存至今，这些都表明其于这个被史家称为文化"造极"时代的奋发姿态和学术成就。

二、梅尧臣的诗歌观念与诗歌创作

梅尧臣的成就主要在诗歌方面，以诗歌擅名当时，《宋史·梅尧臣传》即称，"宋兴，以诗名家为世所传如尧臣者，盖少也"[③]。

（一）北宋诗歌革新的杰出代表

宋初三朝，诗赋为科场、文坛热门，仁宗朝以来，随着改革思潮的兴起与发展，诗赋的传统地位受到挑战，科举考试朝着"先策论""次诗赋"[④]的方向发展。这个时代的文学革新从古

① 欧阳修《梅圣俞墓志铭》，《欧阳文忠公集·居士集》卷三三。
② 脱脱等《宋史》卷四四三。
③ 脱脱等《宋史》卷四四三。
④ 范仲淹《上执政书》，《范文正集》卷八，《四部丛刊》影元刻本。

文运动开始，欧阳修是宋代古文运动的领袖，范仲淹、尹洙、苏舜钦、石介等从不同方面作出了积极贡献，载道议政的古文创作渐成时尚，诗歌创作的社会关注和思想文化影响处于相对低潮阶段。宋祁《笔记》云："天圣初元以来，缙绅间为诗者益少。"而梅尧臣由于个人的才能与兴趣，专致诗歌创作，客观上成了这一领域的守望者、开拓者。

梅尧臣一生于诗孜孜不倦，是一位十分勤奋刻苦的诗人。宋仁宗庆历六年（1046），梅尧臣在《谢晏相公》一诗中自称："刻意向诗笔，行将三十年。"从庆历六年上数三十年，是宋真宗大中祥符九年（1016）。也就是说，梅尧臣十四五岁便着意诗歌。至宋仁宗天圣、明道间与欧阳修等人相识时，梅尧臣便以"善哦吟"为同列"翘楚"[①]。欧阳修相继在《书梅圣俞稿后》《水谷夜行寄子美圣俞》《梅圣俞诗集序》等作品中对梅尧臣的诗歌有追踪评论和赞扬。皇祐（1049—1053）以来，梅尧臣更是诗名籍籍，青年诗人纷纷求见请教，西南夷人有把梅诗织上"弓衣"[②]，宫廷也始知梅诗，皇亲中有从梅学诗，以钱数千购求梅诗者[③]。皇祐三年（1051），梅尧臣获试学士院，赐同进士出身，主要就因其"工于诗"而得"大臣屡荐"[④]。嘉祐四年（1059），欧阳修代表朝廷所撰对梅尧臣的奖谕文称梅"以诗自名，为众所服"[⑤]，梅尧臣俨然当时诗坛泰斗。

梅尧臣生当宋仁宗朝以来政治、文学、思想学术转折变革的重要历史时期，积极参与欧阳修领导的诗文革新运动，努力摆脱"西昆体""后西昆体"诗人一味同僚献酬、文藻乐时、富贵

① 欧阳修《七交七首》，《欧阳文忠公集·居士外集》卷一。

② 欧阳修《六一诗话》，民国影宋咸淳《百川学海》本。

③ 欧阳修《归田录》卷二，清刻《学津讨原》本。

④ 李焘《续资治通鉴长编》卷一七一，清光绪刻本。

⑤ 欧阳修《赐屯田员外郎国子监直讲梅尧臣奖谕敕书》，《欧阳文忠公集·内制集》卷七。

优游情态，与石延年、苏舜钦等人一起，把范仲淹领导的政治改革、欧阳修主导的古文运动精神贯彻到诗歌领域。欧阳修即称："近时苏、梅，二穷士耳，主张风雅，人士归之。"①而梅尧臣于诗属意最专，用力最勤，无论是诗歌观念的思考、内容的开拓、艺术的探索，还是实际作品数量都贡献突出，成了那个时代诗坛尤其是诗歌革新的杰出代表。

（二）梅尧臣的诗歌观念

在诗歌创作观念上，梅尧臣表现出富有个性的思考。他特别强调诗歌的"风雅比兴"之道。庆历五年《答裴送序意》写道："居常见我足吟咏，乃以述作为不然。始曰子知今则否，固亦未能无谕焉。我于诗言岂徒尔，因事激风成小篇。辞虽浅陋颇刻苦，未到二雅未忍捐。安取唐季二三子，区区物象磨穷年。"裴氏劝梅应跟上时代，多作古文立言以传道，不能满足于诗歌吟咏，示人以偏狭。而梅尧臣认为，他的诗与晚唐之诗有本质的差别。他批评唐代末年以来的诗坛："迩来道颇丧，有作皆言空。烟云写形象，葩卉咏青红。人事极谀谄，引古称辩雄。经营唯切偶，荣利因被蒙。遂使世上人，只曰一艺充。"在他看来，像唐末这样吟风弄月、雕琢物象的诗歌只具"艺"的价值，而诗歌与古文一样首先也有个道义担当的使命。他从儒家诗歌观中找到了理论根据："圣人于诗言，曾不专其中。因事有所激，因物兴以通。自下而磨上，是之谓国风。雅章及颂篇，刺美亦道同。不独识鸟兽，而为文字工。屈原作《离骚》，自哀其志穷。愤世嫉邪意，寄在草木虫。"（《答韩三子华韩五持国韩六玉汝见赠述诗》）他推举《诗经》"风雅""比兴"和屈原愤世骚怨之义，"风""骚"并重，视作"诗道"根本。在《寄滁州

① 刘克庄《后村诗话》前集卷二引，民国刻《适园丛书》本。

欧阳永叔》诗中勉励欧阳修“君能切体类，镜照嫫与施。直辞鬼胆惧，微文奸魄悲”。这样的态度统一于当时政治改革、古文复兴思潮的主流，即认为诗歌可以作为斗争的武器，诗人也应该奋起武器的斗争。在梅尧臣看来，感激兴寄、愤世嫉邪不仅是诗人的社会责任，也是“唯存先王法，好丑无使疑。安求一时誉，当期千载知”（《寄滁州欧阳永叔》），与新兴古文一样有着载道传世、“立言”不朽的作用与意义。

标举“诗道”的同时，梅尧臣也深切领悟到诗歌艺术的独立价值，努力通过对诗歌艺术的探索追求，实现人生意义。庆历六年（1046），梅尧臣在颍州拜会了晏殊，两年后又加盟其幕府。晏殊是当时“缙绅”兼有诗名的重要人物，两代诗人相遇，讨论的就是一些纯诗歌艺术的问题，包括“平淡”的风格与对陶渊明、韦应物等人诗歌的评价。他在《途中寄上尚书晏相公二十韵》诗中说“平生独以文字乐，曾未敢耻贫贱为”，“相公贵且事翰墨，我辈岂得专游嬉”，他是从下层贫贱坎坷之士的立场来理解诗歌艺术的，深知与晏殊等人的游嬉闲适有着根本的区别。梅尧臣把诗歌艺术视作人生不遇的自我补救，视作穷困之士傲视世俗的资本，他反复在诗中提及这一点：“莫问冠冕贵，自将诗书耽。”（《依韵解中道如晦调》）诗是比并昔贤、垂声未来的生命价值寄托：“经术素所浅，道义安得渐。独有寒苦吟，可与前古兼。”（《依韵和李察推》）在当时广大士人政治上积极进取，仕途之外又留意学术著述、立言传道的情况下，梅尧臣把诗歌当作追随时代潮流、实现自我价值的可靠途径，为此表现出专心致志、苦心孤诣的努力，自称：“我生无所嗜，唯嗜酒与诗。一日舍此心肠悲。”（《依韵和永叔劝饮酒莫吟诗杂言》）“一生憔悴为诗忙。”（《依韵和春日见示》）宋人记载：“圣俞吟诗，日成一篇，众莫能和。因密伺圣俞如何作诗，盖寝食游观，未尝不吟讽思索也。时时于坐上忽引去，奋笔书一小纸纳算袋中。同舟窃取而观，皆诗句也。”[1]这种“日课一诗”，苏轼称之为“梅圣俞法”[2]，对其创作数量的丰收、诗歌艺术的不断精进助益良多。

梅尧臣关于诗歌技巧方面的见解广为人知。欧阳修《六一诗话》记载，梅尧臣曾说：“诗家虽率意，而造语亦难。若意新语工，得前人所未道者，斯为善也。必能状难写之景如在目前，含不尽之意见于言外，然后为至矣。贾岛云‘竹笼拾山果，瓦瓶担石泉’，姚合云‘马随山鹿放，鸡逐野禽栖’等是山邑荒僻，官况萧条，不如‘县古槐根出，官清马骨高’为工也。”欧阳修问道：“语之工者固如是。状难写之景，含不尽之意，何诗为然？”梅尧臣回答说：“作者得于心，览者会以意，殆难指陈以言也。虽然，亦可略道其仿佛：若严维‘柳塘春水慢，花坞夕阳迟’，则天容时态，融和骀荡，岂不如在目前乎？又若温庭筠‘鸡声茅店月，人迹板桥霜’，贾岛‘怪禽啼旷野，落日恐行人’，则道路辛苦，羁愁旅思，岂不见于言外乎？”既讲诗“意”之新颖动人，也求诗“语”之精切工巧，是内容与形式有机统一的创作观、技巧观。“意新语工”尚只是第一步，其上更有自然高妙、含蓄不尽之“至”境。所说简洁明了，富含创作心得，是梅尧臣诗歌创作的实际追求。这无论在宋人诗歌创作论中，还是在古典诗歌“神韵”说中，都是广为人们称引的经典之言。

正是秉持感激时事、愤世嫉邪的诗道传统和诗艺传世的人生信念，对诗歌艺术如此孜孜不倦、标高致远，梅尧臣无论在诗歌内容还是艺术上，都展现出鲜明的开拓性与创造性，取得了十分丰富的成就。

---

① 孙升《孙公谈圃》卷下，民国影宋咸淳《百川学海》本。

② 邵博《邵氏闻见后录》卷一八，清嘉庆虞山张氏刻《学津讨原》本。

（三）梅尧臣诗歌的题材内容

梅尧臣是北宋存诗数量最多的诗人，在诗歌内容上最显著的贡献或特色是日常生活题材的开拓。梅尧臣诗从天圣九年（1031）至嘉祐五年（1060）共三十载，其中有两大创作高峰，一是庆历四年（1044）至八年，五年间存诗880多首，另一是嘉祐元年（1056）以后，五年有诗810多首；最多的一年是庆历八年（1048），达277首。这年夏间梅尧臣携妻儿还宣城老家，秋后应晏殊辟赴陈州判官任，往返汴、颍、江、淮，便有了大量行旅诗，不妨一览其诗题。先是沿汴南下，有《淮雨》、《舟次山阳呈王宗说寺丞》、《杂诗绝句十七首》（宝应道中）、《五月二十四过高邮三沟》、《过茱萸堰》、《长芦江口》、《阻风》、《慈姥矶下》、《早发》等。秋后北上诗篇更多，依次有《八月二十二日回过三沟》《牛背双鸜鹆》《岸贫》《村豪》《晚日》《前日》《淮阴》《田家屋上壶》《小村》《九山》《淮岸》《原有禽倏鸣升遽默下》《泊下黄溪》《濠梁感怀》《涡口》《过涂荆二山遇暗石》《九日次寿州》《泊寿春龙潭上夜半黑风破一舟》《兵家渡早发》《夜行忆山中》《川上田家》《发匀陵》《牵船人》《将次项城阻风舟不能进》《夜渔》等。这远不是完整的编次目录，也不难看出，按日计程，所遇皆诗，或风土，或人情，或写景，或咏物，或记事，都由行踪一一引出。类似的写作情形比比皆是，正如前引《孙公谈圃》所说，梅尧臣“寝食游观，未尝不吟讽思索”。诗材的随事捡拾、细大不捐、不避凡近和琐屑，是梅尧臣诗歌写作最基本的状态。在具体的内容上也更多事情过程的客观记叙和生活细节的描写刻画，以及即事触发的平实感慨与冷静思考，较少激情的夸张与奇特的想象，体现了即事取材、从容抒写的写作态度与“雄健不足而雅淡有余”[1]的气质风味。

其中宦游纪行、写景咏物与亲友间送别、师友同僚间赠答唱和诗的数量较为突出，而反映政治时事、社会现实题材，吟咏书画歌舞、纸墨笔砚等人文题材，以及言志咏怀、思亲怀友、悼亡吊挽等抒情诗也有一定的分量。

梅尧臣早年在地方官任上，有机会接触下层百姓，写下了《田家》《陶者》等反映民生疾苦的作品。对于当时宋夏之间的战争，梅尧臣有《昆阳城》《故原战》等诗歌直接反映战争创痛、《田家语》《汝坟贫女》等诗歌揭露战争给百姓带来的苦难，这都是梅尧臣作品中富有人民性、现实性的内容。

纪行、写景诗数量最多，《鲁山山行》《东溪》等都脍炙人口。交游赠答如《答裴送序意》《寄滁州欧阳永叔》《答韩三子华韩五持国韩六玉汝见赠述诗》《依韵和晏相公》《别后寄永叔》等，既叙写师友、同僚间的美好交往与深厚友谊，也表达自己潜心诗艺的志向与主张。

梅尧臣抒情诗中以悼亡诗最值得关注，如《梦感》《书哀》《怀悲》《新婚》《悲书》《戊子正月二十六日夜梦》等，或触景生情，或日思夜梦，抒发深厚的夫妻恩爱，所说“两眼虽未枯，片心将欲死”“悲愁快于刀，内割肝肠痛”“及寤动悲肠，痛逆如刮鳞”，都朴挚而沉痛。

梅尧臣的咏物诗数量多，即目成咏，题多意新，不避琐屑细致，如《蚯蚓》《夏虫》《水次髑髅》《二月雨后有蚊蚋》等。其中值得称道的是《禽言四首》，以组诗的形式，分咏子规、提壶、山鸟和竹鸡，富有生活风情与生物机趣，后世效法者较多。总之，梅诗题材丰富，在即事随意的写景、叙事、抒情中多有切实生动的细节和沉挚动人的情感，给人们带来深刻的触发

① 刘克庄《后村诗话》后集卷二。

与感动。

（四）梅尧臣诗歌的艺术特色

诗歌样式是诗歌内容与艺术的有机载体，与同时苏舜钦之学韩愈、杜甫，欧阳修之学韩愈、李白，多有以文为诗的七言长篇之作不同，梅尧臣的诗歌以五言为主，数量占74%，而其中五古又占了半数多。梅尧臣现存作品诗歌数量多、质量高，而古文、辞赋数量少、质量弱，文学才性多少有些偏侧，更宜于写作相对短小规整的五言，尤其是古雅平和的五言古诗[①]。这一体裁样式上的个性选择，是其诗歌艺术气质与风格偏于切实平淡、清切幽雅的重要基础。

平常的题材、朴素无奇的叙述和切实平静的议论易流为平浅无奇和寡淡无味，而梅尧臣却能在平淡、从容的抒写中多有清切精巧的刻画和朴挚深刻的抒情，使其平淡中有并不平淡之处。欧阳修称其清丽、平淡而“间亦琢刻以出怪巧”[②]，所说应主要指这一特色。梅尧臣论诗讲“意新语工”，其叙事写景中多追求意象的清奇、刻画的精切。这既有对孟郊、贾岛、姚合等人写景荒寒幽僻的模仿，如“冻禽立枯枝，饥兽啮陈根”（《襄城对雪》），“枯骸托魑魅，细草没麒麟”（《古冢》），“冻地坼枯龟，断冰流破镜”（《和仲文西湖野步至新堰二首》），而更多自出新意的描写刻画，如“回堤溯清风，淡月生古柳”（《忆吴淞江晚泊》），“好峰随处改，幽径独行迷”（《鲁山山行》），“野艇鸟翘唯断缆，枯桑水啮只危根”（《小村》），“野凫眠岸有闲意，老树著花无丑枝。短短蒲茸齐似剪，平平沙石净于筛”（《东溪》）等，都能平淡出奇，幽僻生

① 程杰《北宋诗文革新研究》，台北文津出版社1996年版，第167—169页；内蒙古教育出版社2000年版，第146—147页。

② 欧阳修《梅圣俞墓志铭》，《欧阳文忠公集·居士集》卷三三。

新，状难写之景如在目前。

而其感慨抒情也多在平淡朴实的叙说中饱含深挚入骨的情思，伤悼之作尤其如此，如《梦感》：“生哀百十载，死苦千万春。何为千万春，厚地不复晨。我非忘情者，梦故不梦新。宛若昔之日，言语寻常亲。及寤动悲肠，痛逆如刮鳞。”梦见故妻，醒而伤感，娓娓说来，哀怀恺切，尤其是最后两句，取譬奇险而生动。又如《戊子三月二十一日殇小女称称》：“生汝父母喜，死汝父母伤。我行岂有亏，汝命何不长？鸦雏春满窠，蜂子夏满房。毒螯与恶噪，所生遂飞扬。理固不可诘，泣泪向苍苍。”“蓓蕾树上花，莹洁昔婴女。春风不长久，吹落便归土。娇爱命亦然，苍天不知苦。慈母眼中血，未干同两乳。”前首以乌鸦、马蜂反衬，言其恶物反而多子，苍天何其不公，其理又无可究诘，句句平实，说来怆痛至极。后首换一写法，写娇女之可爱，其母犹伤心。最后之比喻，写出了新生儿去世后产妇泪奶同涌的特定情景，无比真切也极其沉痛，这些抒情也多能含不尽之意见于言外。

梅尧臣诗歌风格鲜明，早在梅尧臣创作盛年就深受人们关注，欧阳修即有多篇文章谈起，梅尧臣自己也有不少作品表达想法，后来宋人更有“宛陵体”之类的概括。

梅尧臣诗歌的主要风格通称“平淡”，对此古今均有不同意见，关键在对“平淡”二字的理解不一。朱自清《宋五家诗钞》：“平淡有二：韩诗云‘艰穷怪变得，往往造平淡’，梅平淡是此种。朱子谓‘陶渊明诗平淡出于自然’，此又是一种。”[1]所言精辟。梅尧臣的诗风既包含丰富复杂的形态，也有不断精进变化的过程，欧阳修《梅圣俞墓志铭》评论说：“其初喜为清丽闲肆平淡，久则涵演深远，间亦琢刻以出怪巧，然气完力余，益

① 朱自清《宋五家诗钞》，上海古籍出版社 1981 年版，第 1 页。

老以劲。”[①]梅尧臣诗有着“诗骚”风雅美刺、感激骚怨，阮籍、嵇康、陈子昂悲怨苍莽，陶渊明、韦应物清切闲淡，孟郊、贾岛、姚合苦吟刻琢等多方面的渊源，继踪前贤而能自得“意新语工”，闲肆老成。欧阳修《六一诗话》称“圣俞覃思精微，以深远闲淡为意”，同时谢景初与梅尧臣联句称“苦语有淡工”[②]，说的都是这种朴挚刻琢而归于平淡老成的境界。南宋汪伯彦称其“简古纯粹，华而不绮，清而不癯”[③]也大致此意。这无论与前代西昆派的辞藻典赡、雕绘华艳，还是与同时苏舜钦之激情发越、矫厉豪迈相比，都显现出远为平实闲淡的风味和气局。

（五）梅尧臣的诗史地位

梅尧臣是北宋中叶宋仁宗朝四十年最为重要的诗人，也是同时欧阳修领导的北宋诗文革新中诗歌方面的代表。与此前宋初三朝流行的白体、晚唐体、西昆体相比，无论诗歌观念、内容还是艺术都有了显著的变化与拓展。诗歌题材的切实凡近、思想情感的平实朴挚、表现技巧的精炼老健、艺术风格的朴拙古淡包含着鲜明的创作个性，体现了北宋中叶政治改革、儒学复兴、文学革新时代进步士大夫的精神风范与文学情趣，与欧阳修、苏舜钦诗歌一道，奠定了宋诗发展的方向，产生了深刻的影响。南宋刘克庄说：“欧公诗如昌黎，不当以诗论。本朝诗，惟宛陵为开山祖师。宛陵出，然后桑濮之淫哇稍息，风雅之气脉复续。”[④]元人龚啸称赞说：“去浮靡之习，超然于昆体极弊之际；存古淡之道，卓然于诸大家未起之先。”[⑤]都精辟概括了梅尧臣在宋诗发展

① 欧阳修《欧阳文忠公集·居士集》卷三三。

② 梅尧臣、谢景初《冬夕会饮联句》，朱东润《梅尧臣集编年校注》，上海古籍出版社 1980 年版，第 264 页。

③ 汪伯彦《（宛陵集）绍兴本后序》，朱东润《梅尧臣集编年校注》，第 1167 页。

④ 刘克庄《后村诗话》前集卷二。

⑤ 梅尧臣《宛陵先生集》附录，《四部丛刊续编》影明万历梅氏祠堂刻本。

史上的划时代贡献与地位。后世文人多盛赞其诗歌穷而工、“淡而浓，平而远”①，其“覃思精微”“苦语淡工”的风格在广大中下层诗人中有着广泛的共鸣和深远的影响。

三、梅尧臣诗歌的研究及其展望

梅尧臣是宋代杰出的诗人，宋以来备受重视，近百年来有关研究纵向上可以大致分为民国年间、改革开放前、改革开放后三个阶段，相继取得了不少成绩，而以20世纪80年代以来最为突出。

首先是民国时期。1933年，胡云翼《宋诗研究》提出“宋诗的革新运动”的概念，把梅尧臣与苏舜钦推为廓清西昆诗风，“建设一种新诗的风气”②的代表，开现代学界相关认识的新声。民国间对梅尧臣研究较为关注的是夏敬观，自称“我生平于宋代的诗，最崇拜的是梅尧臣，他的诗，我研究的工夫，为日最久，致力最深”③。有感于梅诗自古无人诠注，夏氏着手撰写《梅宛陵集校注》，在自己主编的上海《艺文》杂志上连载④。夏氏同时还选注《梅尧臣诗》一册，由商务印书馆1940年出版，这是梅诗最早的现代选注本。主要应是遭逢战乱，夏氏的梅集校注工作未能完成，然首创之功，实不可没。后来朱东润先生《梅尧臣全集校注》与台湾商务印书馆1983年版《梅宛陵诗评注》⑤保存了夏注的一些内容。民国间，钱锺书先生对宋诗也多关注，1948年开

① 胡应麟《诗薮》外编卷五，明万历三十七年刻本。

② 胡云翼《宋诗研究》，商务印书馆 1933 年版，第 40 页。

③ 夏敬观《〈梅尧臣诗〉导言》，《梅尧臣诗》卷首，商务印书馆 1940 年版。

④ 夏敬观《梅宛陵集校注》第 1—2 卷，载《艺文》（双月刊）1936 年第 1 卷第 1—3 号，（上海）艺文社 1936 年版。

⑤ 梅尧臣著，夏敬观、赵熙原评注，曾克耑纂集《梅宛陵诗评注》，台北商务印书馆 1983 年版。

明书店出版的《谈艺录》中多处谈及梅诗，今人重编有“剑南与宛陵”“梅宛陵”“贺黄公以下论宛陵诗”等名目[①]。

新中国成立以来，梅尧臣的研究大致又可以“改革开放”为界分为前后两个阶段，改革开放前相关成果寥寥，今知网所见仅谢孝宠《梅尧臣的诗是北宋社会阶级矛盾的真实反映》[②]、吴孟复《宋诗革新倡导者梅尧臣及其诗》[③]等零星论文。钱锺书先生《宋诗选注》[④]注梅诗7首，撰有诗人介绍，为广大宋诗研究者所关注。

改革开放后，随着思想解放的深入，学术研究正常开展，20世纪80年代早期，梅尧臣的研究迅速进入一个集中爆发期，其中应有不少是“文革”时期成果积累的释放。朱东润先生是此间贡献最为突出者，他相继发表了《梅尧臣传》[⑤]《梅尧臣诗选》[⑥]《梅尧臣集编年校注》[⑦]。后者对梅集所有作品进行了编年、校勘和注释，尤注意对诗人生平经历、作品本事进行考证编列，作品校注精审，版本叙录详备，可谓梅集整理与研究的集成之作。同时朱东润先生还撰有《关于梅尧臣诗的一些议论》《梅尧臣诗的特点》《梅尧臣作诗的主张》等论文[⑧]，与梅集校注本卷首诸篇叙论有机配合，对梅尧臣诗论、诗歌创作特色等系统阐发，代表了当时梅尧臣研究的最高水平。同时稍后，吴孟复先生也发表了《梅尧臣年谱》《梅尧臣事迹考略》《论梅尧臣诗》等系列论

---

① 钱锺书《谈艺录》（补订本），中华书局 1984 年版，第 115—117，166—168，168—172 页。

② 谢孝宠《梅尧臣的诗是北宋社会阶级矛盾的真实反映》，《文史哲》1956 年第 8 期。

③ 吴孟复《宋诗革新倡导者梅尧臣及其诗》，《江淮学刊》1963 年第 4 期。

④ 钱锺书《宋诗选注》，人民文学出版社 1958 年版。

⑤ 朱东润《梅尧臣传》，中华书局 1979 年版。

⑥ 朱东润《梅尧臣诗选》，人民文学出版社 1980 年版。

⑦ 朱东润《梅尧臣集编年校注》，上海古籍出版社 1980 年版。

⑧ 朱东润《中国文学论集》，中华书局 1983 年版，第 222—258 页。

著[①]。大致同时，台湾地区也有一些令人瞩目的成果。1970年台湾大学刘筱媛硕士学位论文《梅尧臣年谱及其诗》是最早以梅尧臣为研究对象的学位论文。台北文史哲出版社1980年版刘守宜《梅尧臣诗之研究及其年谱》于年谱及交游考叙较为详备，显示了此间海峡两岸梅尧臣研究的共同进展。

此后相关研究不断展开，与时推进，在梅尧臣生平事迹、诗歌理论、诗歌内容、创作艺术、风格特征、影响地位等方面都有不断的讨论，拓展和深化了相关认识。

（一）生平事迹研究

在朱东润先生梅集事迹编年的基础上，张仲谋《梅尧臣、欧阳修交谊考辨》[②]、陈公望《梅尧臣二题》[③]《梅尧臣与欧阳修》[④]、李之亮《关于梅尧臣交游的几个问题》[⑤]等相继对梅尧臣与欧阳修、范仲淹、钱惟演、陈亚等人的交往及其相应的政治立场有更深细的考述与解读。李一飞《梅尧臣早期事迹考》[⑥]对天圣九年（1031）前梅尧臣从梅询宦游经历、筮仕初官结婚时间、早年交游与作品存废等方面细加考述，多有更为深入、细致的认识。涂序南博士学位论文《梅尧臣研究》对梅尧臣家世有较为深入的考述[⑦]。

（二）梅集文献研究

朱东润先生《梅尧臣集编年校注》无疑是这方面最为重要

① 吴孟复《吴孟复安徽文献研究丛稿》，黄山书社2006年版，第78—104，155—232页。
② 张仲谋《梅尧臣、欧阳修交谊考辨》，《徐州师范学院学报（哲学社会科学版）》1992年第4期。
③ 陈公望《梅尧臣二题》，《牡丹江师范学院学报（哲学社会科学版）》1994年第2期。
④ 陈公望《梅尧臣与欧阳修》，《牡丹江师范学院学报（哲学社会科学版）》1995年第4期。
⑤ 李之亮《关于梅尧臣交游的几个问题》，《中州学刊》2001年第6期。
⑥ 李一飞《梅尧臣早期事迹考》，《文学遗产》2002年第2期。
⑦ 涂序南《梅尧臣研究》，南京师范大学2013年博士学位论文。

的成就，该书以残宋本配以万历本为底本，参校正统本、清康熙间梅氏重修会庆堂刻本、宋荦本，并吸收夏敬观、朱孝臧、冒广生诸家研究成果，对所有作品审慎校正并简注，按照梅尧臣生平、创作经历分年依次编为三十卷。每卷卷首系以诗人该年经历、交游及时代背景。全书前有叙论多篇，对梅尧臣的诗歌成就、梅集版本状况、编年校注体例等进行论说介绍，全书后附梅尧臣墓志、传记、梅集序跋等资料。总之，这是迄今最为完善的整理本[①]。《全宋诗》所收梅尧臣诗即以朱校本为底本，参考文渊阁《四库全书》本作了若干补正，另从《全芳备祖》等书辑得集外诗若干首、残句若干条，编为第三十一卷。《全宋文》也辑得梅尧臣佚文数篇。

（三）诗歌理论研究

对梅尧臣诗歌理论观念的讨论也随之展开。除朱东润先生梅集校注所论外，如吕美生《梅尧臣诗歌理论的历史贡献》概括梅尧臣论诗主张：一是重“诗骚”传统，以诗歌为“因事”“因物”而作；二是注重诗歌之形象和意境之含蓄，强调“状难写之景如在目前，含不尽之意见于言外”；三是主艺术风格之“平淡”，认为“作诗无古今，唯造平淡难”[②]。程杰1994年博士学位论文《北宋诗文革新研究》结合梅尧臣生平经历、人格志向解读其诗歌观念，认为梅尧臣论诗重视“风雅比兴”之“道”与“愤世嫉邪”之抒情意义，坚持诗艺致身的人生价值追求[③]。蔡镇楚着力梅尧臣论诗话语资料的汇编，将传为梅尧臣所作《续金针诗格》《梅氏诗评》及梅尧臣诗文所辑诗话八则编纂一起，名

① 朱东润《梅尧臣集编年校注》，上海古籍出版社 1980 年版。

② 吕美生《梅尧臣诗歌理论的历史贡献》，《安徽大学学报（哲学社会科学版）》1988 年第 2 期。

③ 程杰《北宋诗文革新研究》，台北文津出版社 1996 年版，第 146—154 页；内蒙古教育出版社 2000 年版，第 128—135 页。

曰《梅尧臣诗话》，收入吴文治《宋诗话全编》[①]。梅尧臣诗论中的“平淡”主张是人们关心的热点，与梅尧臣诗歌风格紧密相关，无论是梅尧臣研究者还是宋代文学理论研究者都发表了不少有益的意见。

（四）诗歌题材内容研究

梅尧臣关心民生疾苦、时事政治的诗歌向来较受重视。程杰对梅诗取材的凡近，内容的叙事性、议论性等都有论述[②]。朱新亮《论梅尧臣诗歌的叙事性》从诗题、诗歌正文的对话与引语、诗歌代书功能等方面加以阐发[③]。张廷杰[④]、刘蔚[⑤]、胡旭[⑥]、殷三[⑦]、吴大顺[⑧]等分别就梅尧臣边塞、田园、悼亡、咏物、唱和诗进行专题讨论，另悯农、咏史、赠答、禽言等题材也见专题关注。这些论述不仅深化了具体题材内容的认识，对其思想性、抒情个性及其诗史意义都有更深入的阐发。

（五）诗歌艺术特色研究

梅尧臣作品数量多，创作艺术前后变化多、内涵丰富，相应的学术讨论比较活跃。对梅诗的体裁，胡传志、汪婉婷《论梅尧臣诗歌的体裁选择》指出：“五言古诗最多，五言律诗次之。前期五律比例大，后期五古比例大。七言诗相对较少，仅占

---

① 吴文治主编《宋诗话全编》，江苏古籍出版社 1998 年，第 1 册第 147—155 页。

② 程杰《北宋诗文革新研究》，台北文津出版社 1996 年版，第 155—164 页；内蒙古教育出版社 2000 年版，第 136—144 页。

③ 朱新亮《论梅尧臣诗歌的叙事性》，《求是学刊》2022 年第 5 期。

④ 张廷杰《论梅尧臣的边塞诗》，《宁夏大学学报（哲学社会科学版）》1998 年第 1 期。

⑤ 刘蔚《论梅尧臣田园诗的集成与开山意义》，《宁夏社会科学》2012 年第 6 期。

⑥ 胡旭《悼亡诗史》，东方出版中心 2010 年版，第 109—122 页。

⑦ 殷三《梅尧臣咏物诗研究》，安徽大学 2006 年硕士学位论文。

⑧ 吴大顺《论欧梅诗派的诗歌风貌》，《湖南社会科学》2009 年第 1 期；吴大顺《欧梅唱和与欧梅诗派研究》，陕西人民出版社 2008 年版。

总量的四分之一，且多集中在后期。五律适合梅尧臣的才性，是其成功进军诗坛的体裁；五古更符合他的性格和兴趣，是其用力最多、赖以安身立命的体裁；七言诗是他成名之后用于酬唱的体裁，有利于他纠前期之偏，真正融入诗坛主流队伍之中。”[①]较为全面系统、简洁准确地概括了梅诗体裁选择的基本特点与发展变化。

对梅尧臣的诗歌艺术技巧，张仲谋《梅尧臣诗“以丑为美”论》从不同题材、用字、用韵和意象等方面分析梅诗“以丑为美”“以故为新，以俗为雅”等创作方法[②]。程杰对梅诗擅写荒寒萧瑟之景，笔触幽僻生新也有较为细致的阐发[③]。

关于梅尧臣诗歌“平淡”风格与宋人所说“宛陵体”的讨论较为热烈。梅诗风格是否可称“平淡”多有不同意见，诸家讨论中比较一致的看法是，梅尧臣诗风非“平淡”二字可以充分概括，所谓“平淡”也与陶渊明、韦应物等人山水田园诗的“平淡”绝非一种。秦寰明《论梅尧臣诗歌的艺术风格》认为以“平淡”论梅诗风格，含义过于宽泛，不够准确妥帖，梅诗基本风格可以“拙朴苦淡”四字概括。而基本风格之外，又存在“劲峭苦硬”和“冲和恬淡”两个不同的方面[④]。程杰则从时代背景、变化过程和具体表现等方面对梅尧臣诗风“平淡”深入阐述[⑤]。莫砺锋《论梅尧臣诗的平淡风格》将梅尧臣对“平淡”美的追求放在宋人诗歌审美追求的时代风气中理解和把握：“梅尧臣心目中的

① 胡传志、汪婉婷《论梅尧臣诗歌的体裁选择》，《安徽师范大学学报（人文社会科学版）》2015年第5期。

② 张仲谋《梅尧臣诗“以丑为美”论》，《徐州师范学院学报（哲学社会科学版）》1990年第2期。

③ 程杰《北宋诗文革新研究》，台北文津出版社1996年版，第164—167页；内蒙古教育出版社2000年版，第144—146页。

④ 秦寰明《论梅尧臣诗歌的艺术风格》，《南京师大学报（社会科学版）》1986年第2期。

⑤ 程杰《北宋诗文革新研究》，台北文津出版社1996年版，第169—176页；内蒙古教育出版社2000年版，第147—154页。

‘平淡’已是一个全新的诗学名词，它实际上是指一种炉火纯青的艺术境界，一种超越了雕润绮丽的老成风格。这种观点在宋代并不是梅尧臣一个人的独得之秘，而是时代的共识。”①所论高屋建瓴，十分中肯。巩本栋从北宋党争视角，分析梅尧臣与范仲淹的矛盾以及梅尧臣古拙简劲诗风的成因②。“宛陵体”是宋人对梅尧臣诗歌艺术风格的一种概括，涂序南认为宋人所谓“宛陵体”主要是指梅尧臣五言古体诗的朴挚平淡风格③，张剑认为“非专指其五古而言，宋人学‘宛陵体’，有的学其体式、题材、意象、句法、风格，有的仅为依韵、次韵，情况复杂”④，所说都富有启发。

（六）诗歌渊源与影响研究

渊源与影响是认识和把握创作成就与诗史地位的重要视角，相关研究既有传统的思路，也有诗歌接受史、创作典范等新的角度与理念。梅尧臣潜心诗艺追求，对“诗骚”、汉魏以来古诗、韩孟诗派都着意学习过。朱少山、余恕诚《论梅尧臣的唐诗观》认为梅尧臣“不拘于大家，留意于小家，兼取众长，是梅尧臣诗歌取得巨大成就的重要前提”⑤。吴大顺也指出梅尧臣“大胆师法各家诗歌风格”，由此带来“诗风的多样性和不一致性”⑥。陈文苑则从接受史的角度，考察宋人对梅诗的评价和接

---

① 莫砺锋《唐宋诗歌论集》，凤凰出版社 2007 年版，第 223—237 页。

② 巩本栋《北宋党争与梅尧臣的诗歌创作》，载王水照主编《首届宋代文学国际研讨会论文集》，复旦大学出版社 2001 年版。

③ 涂序南《论宛陵体》，《南京师范大学文学院学报》2013 年第 1 期。

④ 张剑《梅尧臣诗体诗论析疑》，《文学评论》2022 年第 2 期。

⑤ 朱少山、余恕诚《论梅尧臣的唐诗观》，《宁夏大学学报（人文社会科学版）》2010 年第 5 期。

⑥ 吴大顺《博采众长话宛陵——论梅尧臣诗法众长对其诗风形成之影响》，《广西师范学院学报（哲学社会科学版）》2000 年第 3 期。

受[1]，周义敢、周雷全面梳理历代梅诗评价[2]，系统展示梅尧臣的诗史影响。

（七）其他文学创作与学术著作研究

梅尧臣的其他文体创作也受到人们关注。马积高《赋史》[3]、郭维森与许结《中国辞赋发展史》[4]对梅尧臣追随欧阳修等人的辞赋新风都有介绍。台湾吕慧珠《梅尧臣辞赋研究》对梅尧臣辞赋内容、体裁、用韵、句式、修辞等方面有较为详细的阐发[5]。梅尧臣注《孙子十三篇》，学界相关研究也较为丰富，魏鸿《宋代孙子兵学研究》[6]、涂序南《论梅尧臣注〈孙子兵法〉》[7]可谓其中代表。

综上可见，近一百年来对梅尧臣的生平事迹考索、梅集文献整理，对其诗歌理论、诗歌创作与诗史影响地位等方面的研究都取得了较为丰硕的成果，获得了较为全面而深入的认识。作为宋诗大家、中国诗歌史上的重要诗人，梅尧臣诗歌艺术魅力无穷，文学成就风范永存，而人们的师法传承、理解认识也将不断推进，与时俱新。就我们的感觉，梅尧臣生平事迹相关的家世、学养、思想性格等尚待进一步挖掘与解读，梅尧臣作品的辑佚、校订有待进一步努力，而综合其各类著作汇编集成也是努力方向。朱东润先生梅集编年校注的事迹考编有待进一步订补，其详于校、疏于注的不足也有待弥补。梅尧臣诗歌数量多，如何进

---

① 陈文苑《宋代梅尧臣接受研究》，广西师范大学2008年硕士学位论文。

② 周义敢、周雷《梅尧臣诗的历史评价》，《安徽大学学报（哲学社会科学版）》1990年第2期。

③ 马积高《赋史》，上海古籍出版社1987年版，第408—410页。

④ 郭维森、许结《中国辞赋发展史》，江苏教育出版社1996年版，第554—555页。

⑤ 吕慧珠《梅尧臣辞赋研究》，台湾中国文化大学中国文学研究所2009年硕士学位论文。

⑥ 魏鸿《宋代孙子兵学研究》，军事科学出版社2011年版。

⑦ 涂序南《论梅尧臣注〈孙子兵法〉》，《南京政治学院学报》2012年第6期。

一步梳理把握其发展过程，对其中重要题材的开拓意义尚有待结合生活环境、个人性格深入理解。其诗歌创作艺术渊源、技巧形态及其个性特色的丰富性、复杂性，比如梅尧臣潜心研究过《毛诗》，《毛诗》比兴美刺对梅尧臣诗歌的具体影响之类，都有待深入思考与探讨。作为宋诗“开山祖师”，其在宋代及元明清时期的传播与影响也是一个广泛而复杂的课题，有待进一步研究。清人吴乔说梅尧臣“诗诚有品，而恶拙亦复不少”①，对梅诗的得失也有待综合把握与辩证分析。这些方面既有古今丰富的学术积累，更多深化拓新的空间，期待未来有更多全面系统、切实深入的认识，以利充分继承梅尧臣深厚的诗歌艺术遗产，发扬其优秀的思想品格与创作精神。

① 吴乔《围炉诗话》卷五，民国影清嘉庆《借月山房丛钞》本。

《梅尧臣诗》导言

◎夏敬观

我生平于宋代的诗，最崇拜的是梅尧臣，他的诗，我研究的工夫，为日最久，致力最深。我如今选他这部诗，觉著比较选他人的诗，有点把握。但是工程完毕，要作几句赞叹之辞，反觉著无从著笔，说来总是挂一漏万。我作这导言，已是数易其稿了，终觉未能将我所得，用文字贡献与世界，没有方法，只好仍是请出他的老友欧阳修先生，和他同代的几位诗人，出场讲演，我再引伸其说，发挥他的义蕴。

他的诗，是十五国风，是大小雅，是士大夫润色的里巷歌谣。我这样说，并不为错，但是笼统得很，不能剖解与大众看。他的老友欧阳修曰："凡士之蕴其所有，而不得施于世者，多喜自放于山巅水涯之外，见虫鱼、草木、风云、鸟兽之状类，往往探其奇怪。内有忧思感愤之郁积，其兴于怨刺，以道羁臣寡妇之所叹，而写人情之难言……圣俞郁其所蓄，不得奋见于事业……亦自以其不得志者，乐于诗而发之，故其平生所作，于诗尤多。"（见《欧集·梅圣俞诗陵集序》）照他这样说，便透过数层，不是寻常恭维的门面话了。尧臣这人，是有忧思感愤之郁积的，其诗是多兴于怨刺的，是能道羁臣寡妇之所叹的，是能写人情之难言的。

他的诗品，高深到甚么地步，也只有他的老友和几位同代的诗人，说得酣足。我欲另寻几句话说说，总不能出这几位先生的范围。欧阳修曰："圣俞覃思精微，以深远闲淡为意。"（见《六一诗话》）又曰："其初喜为清丽闲肆平淡，久则涵演深远，间亦琢刻以出怪巧；然气完力余，益老以劲，其应于人者多：故辞非一体。……为人仁厚乐易，未尝忤于物；至其穷愁感愤，有所骂讥笑谑，一发于诗，用以为欢，而不怨怼，可谓君子者也。"（见《欧集·梅圣俞墓志铭》）又曰："其体长于本人情，状风物，英华雅正，变态百出，哆兮其似春，凄兮其似秋，使人读之，可以喜，可以悲，陶畅酣适，不知手足之将鼓舞也。"（见《欧集·书梅圣俞诗稿后》）其《水谷夜行》诗曰："梅翁事清切，石齿漱寒濑。作诗三十年，视我犹后辈。文辞愈清新，心意虽老大。譬如妖韶女，老自有余态。近诗尤古硬，咀嚼苦难嘬。初如食橄榄，真味久愈在。"又曰："梅穷独我知，古货今难卖。"张舜民曰："梅圣俞诗，如深山道人，草衣葛屦，土形木质，虽王公大人，见之不觉屈膝。"（见张芸叟《诗评》）邵博曰："晁以道问予：'梅二诗何如黄九？'予曰：'鲁直诗到人爱处，圣俞诗到人不爱处。'"（见邵博《闻见后录》）陆游曰："先生天资卓伟，其于诗，非待学而工，然学亦无出其右者，方落笔时，置字如大禹之铸鼎，炼句如后夔之作乐，成篇如周公之致太平，使后之能者，欲学而不得，欲赞而不能。"（见《渭南文集·梅圣俞外集序》）这几位先生的评论，不仅将他的诗品高深，形容尽致，便是他人品的高峻，也借此表现。他的人品，是仁厚乐易，不忤于物的，其高傲处，是能使王公大人见而屈膝的。其于文辞，是能覃思精微的，是能本人情，状风物，造清丽、英华、雅正、真切、闲肆、平淡、深远、怪巧、变化各种境界的。但又是古货，是土形木质，是不求人爱的。然其气如春秋之感人，使人不知不觉，悲喜鼓舞，虽嬉笑怒骂，己以为欢，人亦不以为忤。王曙曰："（自杜甫殁后，）二百年无此作矣！（见《欧集·梅圣俞诗集序》）。刘克庄曰："本朝诗，惟宛陵为开山祖师。宛陵出，然后桑濮之哇淫稍息，风雅之气脉复续。"（见《后村诗话》）推为宋诗之第一人，确为允当。

欧阳修又曰："余尝问诗于圣俞，其声律之高下，文语之疵病，可以指而告余也，至其心之所得，不可以言而告也。"（见《欧集·书圣俞诗稿后》）我今欲以我所得于尧臣诗，指而告人，但能就修所说"辞非一体，变态百出"八字，引伸之，作一种浅说：（一）熟意炼生，生意炼熟。熟意不能炼之使生，则是稗贩古人的陈旧思想，古人既已说过，要你说他做甚；生意不能炼之使熟，则说来不自然，妙处不表现。（二）熟辞炼生，生辞炼熟。熟辞不能炼之使生，则颜色朽败；生辞不能炼之使熟，则斧凿痕迹太露。（三）熟调炼生，生调炼熟。熟调不能炼之使生，则闲架呆板，不能脱去一种腔壳；生调不能炼之使熟，则怪模怪样，看去不顺眼。尧臣的诗，在第一项中，凡人人用正面写的，他却用反面写，人人用反面写的，他却用正面写，人人爱说的意思，他却不说，人人不说的，他却要说。又能聚集许多琐碎的意思，贯串成文，人们读之，只觉其妙，不觉其杂。在第二项中，人人整用的，他太半打碎了用，人人零用的，他却整趸的用，一字之炼，必有来历，而人不觉。在第三项中，往往挪移前后次序，使章法变换，不见其首，不见其尾，令人捉摸不定。读者就我上所说的三项，仔细研求，久之必能悟到那不可以言而告的妙处。

他的诗集，我见过的，共有五个刻本：一、会庆堂本，即家刻本；二、明正统本；三、明万历本；四、清康熙震泽徐氏刊本，有年谱；五、康熙宋荦刊本，我这选注中称他做宋刊本。听说日本有宋代刻本半部，我却未曾见过。我于他集中的讹字，用五本互校，所改正的讹字不少。

据欧阳修《序》，尧臣殁后，修据谢景初选次本十卷

（止于湖州），又索于其家，得其遗稿千余篇，合而掇其尤者，六百七十七篇，为十五卷。今所传六十卷本，前十五卷，颇有编年的次序，似是欧选本，但核算有诗七百八十九首，是已被后人搀入百余首，亦非欧选之旧。修为作墓志，称其文集四十卷，大约修所谓索于其家之千余篇，即是此四十卷本。今所传六十卷，不知何人所编。马端临《文献通考》，载正集六十卷，当即此本。又载外集十卷，外集为元符间宋绩臣所编，其序称参考前集所不载者，古律歌诗共四百余篇，总为十卷。陆游所序别集，又不知是否即宋绩臣所编之外集，而陈振孙《书录解题》，谓外集多与正集复出，今既不见，无从判断。我将六十卷本，细数有诗二千八百余篇，不为不多，但据苏轼说，圣俞日课一诗，则毕生所作，绝不止此。我从各书搜罗集中不载之诗，如《书窜》《翡翠词》《戏谢师直》《赠楚州官奴王英英》《夏热》《和宋中道宝相花》《棣棠花》《牵牛》等十一篇，又见陆游序称有"包鼎画虎"之作，其遗佚之多，可以由此揣想。

今所传六十卷本，五十九卷为诗，其文赋才一卷，但如《新息重修孔子庙记》《小女称称砖铭》等数篇，夹杂在诗中，又误将欧阳修、刘攽等和赠之作，认为尧臣的诗。且既不分体，又非编年，编他诗集的人，实是粗疏草率。我如今选他这部诗，仅选了十分之一。原不难依照年谱，用编年体裁，但我觉著不如分体的优长，可以使读者易见他的种种作法，所以我采取分体的编制。

（原载夏敬观选注《梅尧臣诗》，商务印书馆1940年版，第1—6页）

《谈艺录》《宋诗选注》评梅尧臣

◎钱锺书

一、《谈艺录》评梅宛陵

徐君燕谋读《宛陵集》，赋五言古一章，致疑于欧公《水谷夜行》诗“如食橄榄”之喻，以为谏果上口殊涩，拟未得伦。诚得间之言。余前论放翁好宛陵一则，已引宛陵“作诗主平淡”之句。其诗如太羹未下盐豉，永叔橄榄云云，未足状之。然欧公《六一诗话》云：“圣俞覃思精微，以深远闲淡为意。”又为作《墓志》云：“其初喜为清丽闲肆，久则涵演深远，间亦琢刻以出怪巧。然气完力余，益老以劲。”则又曲得都官妙处。欧公《读蟠桃诗》云：“郊死不为岛，圣俞发其藏。嗟我于韩徒，足未及其墙。而子得孟骨，英灵空北邙。”邵博《闻见后录》载曾仲成言：“圣俞谓苏子美：永叔要作韩退之，强我作孟郊。虽戏语亦似不平。”按圣俞《依韵和永叔澄心堂纸答刘原甫》即曰“退之昔负天下才……最称东野为奇瑰。……欧阳今与韩相似……以我拟郊嗟困摧”，可与《后录》所记相参。

贡奎诗云：“诗还二百年来作，身死三千里外官。知己若论欧永叔，退之犹自愧郊寒”，亦即为圣俞不平也。尝试论之。二公交情之笃，名位之差，略似韩孟。若以诗言，欧公苦学昌黎，参以太白、香山，而圣俞之于东野，则未尝句摹字拟也。集中明仿孟郊之作，数既甚少，格亦不类。哀逝惜殇，著语遂多似郊者。如“慈母眼中血，未干同两乳”“雨落入地中，珠沉入海底。赴海可见珠，掘地可见水。唯人归泉下，万古知已矣”“惯呼犹口误，似往颇心积”“哀哉齐体人，魂气今何征。曾不若陨箨，绕树犹有声”。然取较东野《悼幼子》之“生气散成风，枯骸化为地。负我十年恩，欠尔千行泪”；《杏殇》之“踏地恐土痛，损彼芳树根。此诚天不知，剪弃我子孙”，则深挚大不侔。即孟云卿哭殇子之《古挽歌》，视圣俞作亦为沉痛。圣俞他语，若《猛虎行》之“食人既我分，安得为不祥。……而欲我无杀，奈何饥馁肠”（按《三国志·魏书·杜畿传》裴注引范先语：“既欲为虎，而恶食人肉，失所以为虎”，即梅诗“食人为分”之意）。

《古意》之“月缺不改光，剑折不改刚”等，亦雅近东野。斯类不过居全集十之一二。东野五古佳处，深语若平，巧语带朴，新语入古，幽语含淡，而心思巉刻，笔墨圭棱，昌黎志墓所谓“刿目钵心，钩章棘句”者也。都官意境无此邃密，而气格因较宽和，固未宜等类齐称。其古体优于近体，五言尤胜七言。然质而每钝，厚而多愿，木强鄙拙，不必为讳。固不为诗中之“杜园贾谊”矣，“热熟颜回”之讥，“鏖糟叔孙通”之诮，其能尽免乎！《次韵和师直晚步遍览五垄川》云“临水何妨坐，看云忽滞人”，与摩诘之“行到水穷处，坐看云起时”，子美之“水流心不竞，云在意俱迟”，欲相拟比。夫“临水”“看云”，事归闲适，而“何妨”“忽滞”，心存计较；从容舒缓之“迟”一变而为笨重黏着之“滞”。此二句可移品宛陵诗境也。

梅诗于浑朴中时出苕秀。《食河豚》诗发端云“春洲生荻芽，春岸飞杨花”，一时传诵。窃以为不如《送欧阳秀才游江西》起语云“客心如萌芽，忽与春风动。又随落花飞，去作江西梦”；《郭之美见过》起语云“春风无行迹，似与草木期。高低新萌芽，闭户我未知”；《阻风秦淮》起语云“春风不独开春木，能促浪花高于屋”，此三“春风”，胜于“春洲、春岸”之句也。欧公《水谷夜行》称梅诗有云“譬如妖韶女，老自有余态”；都官自作“接花”五律亦有“姜女嫁寒婿，丑枝生极妍”一联。丑枝生妍之意，都官似极喜之，《东溪》七律复云：“野凫眠岸有闲意，老树著花无丑枝。”后来萧千岩《咏梅》名句“百千年藓著枯树，一两点花（或作‘三两点春’）供老枝”，刘后村亟称之，实取都官语意也。

（原载钱锺书《谈艺录》，中华书局1984年版，第166—167页。《谈艺录》初由上海开明书店1948年印行，后经作者多次补订）

二、《宋诗选注》评梅尧臣

梅尧臣（1002—1060），字圣俞，宣城人，有《宛陵先生集》。王禹偁没有发生多少作用；西昆体起来了，愈加脱离现实，注重形式，讲究华丽的词藻。梅尧臣反对这种意义空洞、语言晦涩的诗体，主张“平淡”[①]，在当时有极高的声望，起极大的影响。他对人民疾苦体会很深，用的字句也颇朴素，看来古诗从韩愈、孟郊，还有卢仝那里学了些手法，五言律诗受了王维、孟浩然的启发。不过他“平”得常常没有劲，“淡”得往往没有味。他要矫正华而不实、大而无当的习气，就每每一本正经地用些笨重干燥不很像诗的词句来写琐碎丑恶不大入诗的事物，例如聚餐后害霍乱、上茅房看见粪蛆、喝了茶肚子里打咕噜之类[②]。可

① 《宛陵先生集》卷二八《和晏相公》、卷四六《读邵不疑诗卷》、卷六〇《林和靖先生诗集序》。

② 《宛陵先生集》卷二三《四月十八日记与王正仲及舍弟饮》、卷三〇《扪虱得蚤》、卷三六《八月九日晨兴如厕有鸦啄蛆》、卷五六《次韵和永叔（尝茶）》，等等，参看贺裳《载酒园诗话》卷一《咏物》条又卷五。

以说是从坑里跳出来，不小心又恰恰掉在井里去了。再举一个例，自从《诗经·邶风》里《终风》的“愿言则嚏”，打喷嚏也算是入诗的事物了，尤其因为郑玄在笺注里采取了民间的传说，把这个冷热不调的生理反应说成离别相思的心理感应[①]。诗人也有写自己打喷嚏因而说人家在想念的[②]，也有写自己不打喷嚏因而怨人家不想念的[③]。梅尧臣在诗里就写自己出外思家，希望他那位少年美貌的夫人在闺中因此大打喷嚏：“我今斋寝泰坛下，侘傺愿嚏朱颜妻。”[④]这也许是有意要避免沈约《六忆诗》里“笑时应无比，嗔时更可怜”那类套语，但是“朱颜”和“嚏”这两个形象配合一起，无意中变为滑稽，冲散了抒情诗的气味；“愿言则嚏”这个传说在元曲里成为插科打诨的材料[⑤]，有它的道理。这类不自觉的滑稽正是梅尧臣改革诗体所付的一部分代价。

（原载钱锺书《宋诗选注》，生活·读书·新知三联书店2002年版，第22—23页。《宋诗选注》由人民文学出版社1958年初版，后多次重印或重排，选注者均有所校订、增订）

① 参看洪迈《容斋随笔》卷四。

② 例如苏轼《元日过丹阳》：“白发苍颜谁肯记，晓来频嚏为何人？”又黄庭坚《薛乐道自南阳来入都留宿会饮》：“举觞遥酌我，发嚏知见颂。”

③ 例如辛弃疾《〈稼轩词〉补遗》里《谒金门·和陈提干》：“因甚无个‘阿鹊’地，没工夫说里。”

④ 《宛陵先生集》卷一三《愿嚏》。参看萧东夫《齐天乐》：“甚怕见灯昏，梦游间阻，怨煞娇痴，绿窗还嚏否？”（《草堂诗馀》卷中）《牡丹亭》第二十六出《玩真》柳梦梅所谓“叫得你喷嚏像天花唾”，正是这个意思。

⑤ 例如杨文奎《儿女团圆》第二折“王兽医上，打嚏科”；《李逵负荆》第三折、《看钱奴》第三折、《货郎旦》第四折等都有这个打诨。

宋诗革新倡导者梅尧臣及其诗

◎吴孟复

梅尧臣在我国诗史上的地位一直是肯定的。与他同时的欧阳修、王安石、苏轼及南宋的陆游、文天祥，都对他推崇备至。直到今天，人们也肯定他在宋代诗歌革新运动中所起的重要作用。看来似无异论，但一经深入研究，便会发现人们对他的看法有不少分歧。如欧阳修即曾说过："圣俞（尧臣字）平生所自负者，皆某所不好；圣俞所卑下者，皆某所称赏。"（《中山诗话》）可见对他诗歌中的精华所在，欧阳修就有不同的看法。他的诗歌风格，一般说为"平淡"，但这不能概括他诗的特色。他的"力矫'昆体'"，虽为世所公认，但曾有人将其说成"'唐体'之杰出者"（方回语），更有人竟将其说为以晚唐体反对西昆（胡云翼语）。果如其说，则梅尧臣倡导的诗歌革新运动，意义也就不大。当然，事实不是这样的。

梅尧臣是一个历史上诗歌革新运动的倡导者，是开一代诗风的人，因此，研究他的革新与创作经验，对于我们如何接受古代文学遗产，如何推陈出新，就有许多可以借鉴的地方。

一

梅尧臣自言："乃复元和盛，一变谁为难。"陆游也说他："突过元和作，巍然独主盟。"可见梅尧臣倡导的诗歌革新运动是以“复元和”的传统为标志的。因此，我们必须先就“元和”至“天圣”（即梅尧臣初进入诗坛的时候）的诗坛情况略作说明。

“元和”是唐宪宗时期的年号，因为韩愈、孟郊、白居易、张籍、刘禹锡等诗人都出现在这个时候，所以称之为“盛”。梅尧臣曾仿效过韩愈诗体，又说过“复想李杜韩。愿执戈与戟，生死事将坛”的话；而欧阳修则多次将梅尧臣比作孟郊，刘熙载也说“梅圣俞出于东野（孟郊字）”（《艺概》）；陈石遗先生（衍）又谓“宛陵（即梅尧臣）用意命笔，多本香山（白居易）”（《石遗室诗话》），可见梅尧臣主要师法韩、孟、白三家；此外，他对张籍、刘禹锡亦有继承与发展之处，这可从他诗歌的用意、选材甚至命题、造语上得到证明。这些“元和诗人”是继承李（白）、杜（甫）豪放风格的，其中突出的孟、白、张、刘等都是大家公认的现实主义诗人，韩愈也有反映现实的诗篇。梅尧臣的“复元和”，正是继承现实主义的传统，陆游说：“李杜不复作，梅公真壮哉！”说得很明白。

在“元和”后，晚唐出现了一些脱离现实、单纯讲求形式的诗派。其中一是姚合、郑谷、周朴等人，只注意“佳句……小巧美丽可喜，皆指咏风景，影似百物者尔”（《中山诗话》）；二是温庭筠、韩偓等人，单纯讲求词藻，华靡柔弱。当时虽也出现了杜荀鹤、聂夷中、皮日休等诗人，写出一些反映现实的诗歌，但上述两派势力尤大，直到宋初还支配着当时的诗坛。

宋初诗歌，有白体、晚唐体、西昆体。白体中除王禹偁外，李昉、徐铉等人都没有继承白居易的现实主义精神，因而不久就消歇了。晚唐体则沿袭姚合、郑谷的余波，其代表人物如惠崇等“九僧”，离开了“山、水、风、云、竹、石、花、鸟”等字，就一句也写不出（见《六一诗话》），“风花雪月，小巧呻吟”（《瀛奎律髓》）是他们的通病。到梅尧臣时，晚唐体已被西昆体所代替，而逐渐衰歇。西昆以杨亿、刘筠、钱惟演、晏殊等人为代表，其特点是“多用故事，语僻难晓”（《六一诗话》），“组织华丽”，“雕琢太甚”（《瀛奎律髓》）。西昆体与晚唐体各有特点，一个代表翰林馆阁的御用文人，一个代表逃避现实的山林隐士，但他们又同是离开现实，“无复李、杜豪放之格”（《六一诗话》）的。

到梅尧臣进入诗坛时，白体已衰息，晚唐体也接近尾声，当时西昆体势力最大，但也发展到“极弊之时”。尧臣在此时首举革新大旗，使诗歌回到向着现实主义发展的康庄大道。

二

现在，我们先来研究梅尧臣的诗歌理论。在论述他的诗歌主张时，还要说明以下一些问题，即一他反对的是专指西昆，还是包括晚唐体在内？二他所谓“古淡”（或“平淡”），含意如何？所谓“状难写之景如在目前，含不尽之意见于言外”实质是什么？这是不是他的一贯主张？

首先，我们知道，梅尧臣“少学五言希李陵”，对唐初革新诗人陈子昂也曾倾心学习；更主要的是他随其叔父在边疆时和他本人在桐城任主簿时，比较接近人民的生活，透过当时社会的表面繁荣，看到了“民力匮绝，衣食不足……国家财用，又多不足……强敌乘隙于外……”（《伊川集·上仁宗书》）的国弱民穷的实际情况，因而“谈兵究弊”。这是他能在诗歌中面向现实、敢于革新的根本原因。当他29岁调官任洛阳主簿时，西昆主帅之一钱惟演正担任西京留守，他能不为所吓倒，敢“犯其锋”，提出革新主张，其勇气使人敬佩。当时他提的哪些主张，我们已无从尽晓，可知的只有“古淡”一条，欧阳修诗中说：“论诗赖子初指迷。子言古淡有真味，太羹岂须调以齑？”

这里的“古淡”，显然是针对西昆派的“华丽”“雕琢”而言，犹如我们所说的朴素。在当时，这种提法是具有战斗性的。但“古淡”并不是梅尧臣诗歌理论的全部，只看到这一点是不全面的，把它理解为山林隐士式的“闲淡”，更是错误。

他的诗歌理论在《答韩三子华韩五持国韩六玉汝见赠述诗》中表现得最全面。在那首诗中，他主张诗歌应该是“因事有所激，因物兴以通”与“愤世嫉邪”而作，其作用是“自下而磨上”，或“美”或“刺”，其道则同；他严厉地批判“烟云写形象，葩卉咏青红”与“人事极谀谄，引古称辩雄”，及“经营唯切偶，荣利因被蒙”。不难看出，他所谓“人事极谀谄”与“经营唯切偶”指的正是西昆，而“烟云写形象，葩卉咏青红”则兼括“风花雪月”“影似百物”的晚唐体。他在《答裴送序意》中说：“我于诗言岂徒尔，因事激风成小篇。辞虽浅陋颇剋苦，未到二雅未忍捐。安取唐季二三子，区区物象磨穷年。”答韩诗作于庆历六年（1046），答裴诗作于其前一年，可见自天圣之末至庆历之间，梅尧臣在诗歌理论上有一个补充、完善的过程。在这一过程中，他从反对西昆而发展到同时反对晚唐体，扬弃了晚唐体对他的某些影响，既在理论上完备、成熟，也在创作上形成自己的独特风格。在此后二三年间，他又进一步提出“直辞鬼胆惧，微文奸魄悲。不书儿女书，不作风月诗”，主张更加具体与明确。从上看来，梅尧臣很重视诗歌内容的现实性与战斗性，同白居易“补察时政，宣泄人情”极为相似，他甚至把“浅陋”“无工”也看成次要的事，而认为最重要的是它的思想内容，语中虽有些谦虚或偏激成分，然其强调诗歌的思想性、战斗性，并把它放到第一位，是很有意义的。这一次诗歌革新运动的胜利与此有很大关系。

正因如此，他又提出“汲井欲到深，磨鉴欲尽尘。寒泉与青铜，光洁靡故新”，亦即要求深刻与纯洁。他提出“文章父子不相似，君今平易祖袭那”，亦即主张平易与独创；他又重申“作诗无古今，唯造平淡难”，这里的平淡，正与前面说的“古淡”相同，亦即指朴素而言；他更提出“我愚希六义，将使鬼神感。譬彼捕长鲸，区区只持罯。青天挂虹霓，踊跂不可揽。太华五千仞，妄学巨灵撼”，使我们想到“碧海掣鲸”“巨刃摩天”的壮观，使我们想见李、杜的“豪放之格”。深刻、纯洁、平易、朴素、豪放与独创是从内容到形式一以贯之的。这些主张的提出使他的诗歌理论更为丰富与完整。这些都是他晚年的言论。可见说他晚年趋向平淡，是不合事实的。他在说到“作诗无古今，唯造平淡难”后，接着便说“《召南》有遗风”，又说“复想李杜韩”，可见所谓“平淡”绝非“闲淡”或“幽淡”。

还应该说一下的是，他所提出的“状难写之景如在目前，含不尽之意见于言外”两句话，一直为人所乐道（见《六一诗话》），《宋史》采入梅尧臣传中，到今天，许多文学史都引用了它。但是，仅从这两句话来看，很难看出它的实质，人们对此可作各种不同的解释。我们认为必须根据它的例证来看。从《六一诗话》中引述的例证看，是尧臣认为合于这一标准者，都是贾岛、姚合、郑谷、周朴那一派诗人的诗句；而司马光在《续诗话》中也认为宋初晚唐派代表人物之一魏野的诗，能“状难写之景”。因此，我认为这两句话其实是以“风花雪月”“小巧美丽”为特色的晚唐派诗人的诗为标准的。梅尧臣早年受过“晚唐派”代表人物林逋的影响，因而他提出这样的主张，是不足为怪的。然而在他的论诗的诗作中，从没有出现过类似这样的话，可见他已扬弃了它。从梅尧臣诗歌创作的发展过程中，也能证明这一点（详下）。《宋史》作者不能认识梅尧臣那些战斗性强的诗歌理论的可贵，反而看中了这个他自己已经扬弃了的说法，这是修《宋史》者无识之处，我们今日不应再上《宋史》的当。

三

上面对梅尧臣的诗歌理论做了一些说明，这里，我们将进一步研究他的诗歌创作。在这一方面，我想先说明他的创作发展过程，下面再谈他的风格特点。

为了叙说方便，我把梅尧臣的创作发展过程分为三个时期。尧臣现存的诗开始于天圣九年（1031），即他30岁在洛阳做主簿之时。他十二三岁时开始作诗，“出语已惊其长老”，20多岁时曾访过林逋，这位老诗人还赋诗赠他（见《林和靖集》），可见那时他的诗已有足以取重于人之处。但他对那一阶段诗歌均弃之不取，这表现出他论诗之严与对自己毫不放松。我们论述他的诗歌发展过程可自天圣九年开始。在此以前，他学习《诗经》与汉魏古诗，也接触陈子昂的作品，这些是他后来诗歌成就走向现实主义大道的准备，而他接近林逋，也受了一些晚唐派的影响。自天圣九年他在洛阳一直到死，其诗歌创作发展过程，约可分为三个阶段。

第一阶段是自洛阳至莅任建德以前，为时不过二三年。这一时期，梅尧臣有不少摹拟前人的诗，拟王维、拟韩愈、拟白居易，甚至拟玉台体，而拟王、孟的很多，很显著；晚唐派本来也是摹拟王、孟的，因此，梅尧臣这时摹拟王、孟是很自然的。据说他这时“日课一诗”，可见还尚在学习阶段。但由学王、孟到学韩愈、白居易，可以看出他由受晚唐派影响到“豪放之格”的转变痕迹；特别是上述摹拟古人之作，只是创作中的一部分。此外，还有许多好诗，像《田家四时》《观理稼》等，已于“田园诗”中写出农民疾苦；描写黄河、嵩山等诗篇也显出“巨刃摩天”的气概，特别是在歌唱黄河雄壮的同时，又为“奔流啮岸”而担忧，表现出他面向现实与关心人民的疾苦。这些是他这时期创作中的精华，也是他诗歌创作的良好开端；“二百年无此作”

（见欧阳修撰《梅圣俞墓志铭》），所指的应该是这一部分。的确，从“元和”以后，这样的诗歌是不多见的。

第二阶段是在建德、襄城时的作品，这一阶段为时五六年。这一时期的创作特点是反映民间疾苦的诗与政治讽刺诗大为增多，质量也很高，其中对劳动人民的关怀、同情与赞扬（如《陶者》《水轮咏》《田家语》《汝坟贫女》等）及对人官僚的谴责（如《彼鴷行》《范饶州坐中客语食河豚鱼》等），爱憎分明，感情强烈，具有现实主义特色；有些又带着积极浪漫主义色彩，确是古代诗歌中不可多得的好诗。即使是一些山水游历之作，也摆脱了晚唐体的影响而显出自己的特色。这是梅尧臣诗歌创作的成熟阶段。

第三阶段是自湖州至死前之作，这一阶段时间最长。这时，梅尧臣诗名日著，向他求诗的人很多（见欧阳修所写《梅圣俞墓志铭》），因而无聊的应酬诗也很多。特别是他一生的最后五年中，在京城做官，生活比较安定，与前相比，远离了人民而相对地接近了宫廷，又写出一些“咏祖宗之功业，述礼乐之声容”的诗歌。这些都是尧臣诗歌中的糟粕。此外，在湖州与两次丁忧家居时写的山水游历诗，有些是很肤浅的；还有一些评论金石、书画的诗，好“逞辩博”，近于有韵之文。但这一阶段，也并非没有好诗，如在《小村》中为农民诉苦，在《村豪》中揭露恶霸横行，在《闻进士贩茶》中写出封建士子丑态，特别是在《会灵观火》《书窜》等诗中对宰相等大胆谴责，《冬雷》《梦登河汉》更斥责了“天公”的私心与糊涂，这些是他沿着现实主义与浪漫主义相结合的大道向前发展的标志。但是由于生活的局限，也是阶级与历史的局限，他未能走到更高阶段，连李、杜等所达到的程度他也未达到，也未超过白居易等所达到的程度。说他晚年趋向“平淡”既不合事实，说他“突过元和”也估计过高（在某一点比某一个人好一些是有的，如他没有白居易那些迷信仙佛与颓唐的“闲适诗”，也不像孟郊那样患得患失，而反映现实比韩愈较为深广等）。

欧阳修对他的诗歌创作发展过程也曾做过分析：“其初喜为清丽闲肆平淡，久则涵演深远，间亦琢刻以出怪巧，然气完力余，益老以劲。其应于人者多，故辞非一体。……至其穷愁感愤，有所骂讥笑谑，一发于诗。”这里所谓“其初”约当上述的第一阶段，所谓“久则”约当上述的第二阶段，而“应于人者多”与“穷愁感愤”“骂讥笑谑”在第三阶段中尤为突出。欧阳修对梅尧臣诗歌的分析是符合实际的。

四

上面已就梅尧臣诗歌的发展过程做了分析，现在将进一步讨论其风格特点。如前所说，前人以“平淡”（或“幽淡”）为梅诗特点，这一说法已不攻自破，因为断无战斗性如此强烈的诗人而可用“平淡”概括其风格的道理。自然，梅诗中也有“平淡”（或“幽淡”）的风格，但那主要是早年的事（欧阳修亦如此说，见前），晚年也还有一些“平淡”（或“幽淡”）的诗，如晏殊所欣赏的“寒鱼犹着底，白鹭已飞前”等即是，但梅尧臣自己就说过“此非我之极致”（见《六一诗话》）。因此，对于这一问题不须再费笔墨。

关于梅尧臣诗的风格特点，我认为司马光说的“坚重比白玉”形容最当；但这只是一个形象的比拟，我们对此还应作较详细的说明。

“风格即人”，梅尧臣诗歌的风格正是梅尧臣人格的表现，从梅尧臣的人格也可以看到他的诗歌风格。古代不少文人为了逃避现实，往往放浪形骸，佯狂自恣，或托迹山林，自命清高，或沉湎酒色，醉生梦死，因而在诗歌中带着或多或少的消极因素。和古代文人比较起来，梅尧臣是毛病最少的一个。当时崇尚佛道，而他既不信佛（见谢绛给他的信），也不信道，并且还对求长生者加以讽刺；他一生困于小官，贫苦已极，但“不登权门”，“不解谀谄”，自谓“仲尼犹作吏，我辈勿辞劳”。他既不作“绮靡香泽”之诗，也无“侧艳之词”，所有关于爱情的诗，只是写夫妻之间十分深挚的感情。这些表明了梅尧臣的踏实、勤恳、严肃的人生态度，表明他是一个真诚、朴质、纯洁的人。他律己很严，但又不像理学家们的矫揉造作，不近人情。这样就使他的诗歌笃实而又光辉起来。严肃的生活态度表现为严肃的诗歌题材与思想，即面向生活，面向现实，对大官僚敢于斗争，而在艺术手法上自然也讲求质实，一切淫词滥调、浮声虚采，与他绝缘。

正因如此，他的诗歌一般说来是纯洁的、深刻的，平易、朴厚而又兼有豪放之气的，并且能形成自己的特色。前面说过，他能透过当时社会的表面繁荣看到国弱民贫的实质，当时宋对契丹屈辱求和，时人对此无敢谈论，他却指出“汉使方持节，胡人尽带刀”，暗示这种“和平”不可靠。特别是他一反古代儒者轻视劳动与劳动人民的观念，赞扬农具、牧歌，赞扬劳动人民的智慧与天才。他的诗歌，内容上既力求深刻，艺术上也是缒幽探深，穷极究竟，“猎微穷至精”很能说明他的倾向。由于他关心社会生活，观察又比较深刻，“谈兵究弊”，对当时政治军事又在一定程度上具有改革要求，因而在纯洁、深刻之中，具有豪放之气。应当说，他的深刻与豪放是与社会生活相联系的，因而显得平易近人，深刻而不是“玄言”，豪放而不是使酒骂座，“言浅思深，意微词显”。他不需要堆砌绮丽的词藻，也不需要卖弄小巧的聪明，他只是朴朴实实地把他的思想、他的感情无保留地表现出来，以达到他所理想的“直辞鬼胆惧，微文奸魄悲”的目的。虽然，在思想深度与艺术技巧上都还有一些缺陷，但在一定程度上，他能把纯洁、深刻、平易、朴厚与豪放融为一体，自成风格，这是很可贵的。

五

上面所谈，绝不意味着梅尧臣诗歌没有缺点。前已说过，梅尧臣有许多无聊的应酬诗，还有一些“咏祖宗之功德，述礼乐之声容”等向皇帝讨好的诗，这些是他的糟粕。此外甚至是一些较好的诗，读起来也常使人有“不足之感”。原因何在？古今论者甚多，大抵皆谓他缺少含蓄，特别归咎于“议论化”“散文化”，我认为这不是根本的原因。

我认为造成梅尧臣诗歌缺点的原因，有客观的一面，也有主观的一面。首先是他所处的时代既不像开元那样强盛，也不像天宝那样离乱，虽然“国弱民贫”，却也不像贞元和元和时社会矛盾那样突出，这是他所处时代与李白、杜甫或韩愈、白居易的时代的不同之处。再说，他的一生虽然困于小官，但毕竟是官，虽然没有飞黄腾达，但也没有什么挫折，因此不但没有李白、杜甫那样丰富的经历，即比于韩愈、白居易也平静得多。时代与生活的限制，使他的气概不如李、杜、韩、白之大，感情也不如李、杜诸人之深，因而写出来的诗不能如李、杜的诗那样动人，甚至比白居易也有某种程度上的逊色。而就他的思想来说，他是以儒家“仁义”为主导思想的，一方面有“兼济天下之志”，在一定程度上有同情人民之心，希望“大一统”与减轻对人民的剥削，这是好的一面；另一面维护封建秩序，把替皇朝歌颂功德视为当然，没有李白那样的反抗精神。而儒家的拘谨迂阔也影响着他。所以他虽“谈兵究弊”，却不能看到“时弊”的根本症结，拿不出有效办法。因而反映在诗歌上没有王安石《秃山》《兼并》等诗的深切浑厚，由于思想上比较单薄，因而在诗歌中也缺少李、杜等人那种奔腾澎湃、层出不穷的壮观。以上这些时代、生活及思想上的局限，也就必然反映到他的诗歌创作上。

此外，由于他在艺术上力求深刻，力求平易，力求奇崛，力求明显，想合韩愈、孟郊、白居易为一家，因此，虽有些好诗，然而并未能实现自己的理想，以致深而近晦，平而近直，奇而近怪，显而近率，因而读他的诗有“隔着一层”或“不能畅快”之感。还有一点，他为了反对西昆和晚唐体，力求与之异趋，反对“浮华”，结果过分轻视词藻；因反对纤巧，而常常过于率直，语言不能丰富多彩，意境也时欠深厚与优美，这也是其缺点之一。至于那些评论金石书画的诗，只是些有韵之文，本来不必以诗论，这里也就不再评述了。

这些艺术上的缺点也有一个重要原因，即只注意向古人学习，而没有重视向人民群众学习。陈子昂、李白、杜甫以及韩愈、白居易等都在不同程度上注意向民间文学吸收养料，而梅尧臣没有这种努力，因此，在艺术上没能超过他们，不能显示出更新鲜的光彩。

六

最后，再简略地谈一下梅诗的影响。

欧阳修说“诗坛推子（指梅）将”，又说“论诗赖子初指迷”，可见欧阳修之举起诗文革新运动旗帜在一定程度上是由于梅尧臣的影响，而这一运动在诗歌方面是以梅尧臣为主将的。《四库全书总目提要》谓“佐修以变诗者尧臣也”，显然是颠倒了主从关系的说法，而陆游说梅尧臣“巍然独主盟”是对的。欧阳修以后，北宋诗史上两座高峰王安石和苏轼，均曾亲受梅尧臣的教益，他们都对梅尧臣推崇备至（见《四库全书总目提要》）。王安石诗的风格与梅尧臣的诗风极为近似，其《秃山》《兼并》等名篇，大抵皆作于与梅尧臣认识以后。苏轼的诗也含有梅诗朴实自然的特点，陈石遗先生曾有过“东坡学梅”的评语（见《石遗室诗话》）。可见王安石、苏轼都受过梅诗的影响。在南宋，陆游是最伟大的诗人之一，而陆游也曾自认为是尧臣的继承者，以“粗能窥梗概”而感到“亦足慰平生”。两宋诗人很多，诗派很杂，但公认为宋诗代表人物的除了梅尧臣，就是欧、王、苏、陆等人，而这些人都直接、间接受着梅尧臣的影响，因此我们说梅尧臣开了两宋诗风，影响深远，是合乎事实的。

总之，梅尧臣倡导了宋诗的革新运动，力矫西昆与晚唐体等脱离现实、单纯讲究形式的倾向，使诗歌回到现实主义的大道上来。他的诗风影响很大，宋代一些著名诗人基本上都是沿着他的创作道路向前迈进的。这条道路是正确的、健康的，是宋诗的主流所在，梅尧臣在重开这条现实主义创作道路上，功劳是卓著的。

（注）本文所引梅尧臣诗句均见《宛陵先生集》，有些地方，为了行文方便，不一一注明。

（原载《江淮学刊》1963年第4期）

梅尧臣集的版本

◎朱东润

《梅尧臣集》传世的仅有《宛陵先生文集》六十卷本，但是最初出现的不是这样的本子。

第一个本子是《梅圣俞诗稿》，欧阳修有《书梅圣俞稿后》，题明道元年（1032）作。《书后》说："圣俞久在洛中，其诗亦往往人皆有之。今将告归，余因求其稿而写之。"天圣九年（1031），尧臣自河南县主簿调河阳县主簿，来往洛阳、河阳之间，明道元年秋后回河阳，集中《新秋普明院竹林小饮诗序》可证，与欧阳修所言"今将告归"者相合。这个本子是写本。

第二个本子是谢景初所集的十卷本。欧阳修《梅圣俞诗集序》，题庆历六年（1046）作，序中说道："圣俞诗既多，不自收拾，其妻之兄子谢景初惧其多而易失也，取其自洛阳至于吴兴以来所作，次为十卷。余尝嗜圣俞诗而患不能尽得之，遽喜谢氏之能类次也，辄序而藏之。"这个本子看来也还是写本。

第三个本子是欧阳修根据谢氏十卷本加以补充选定的十五卷本。欧阳修在《诗集序》后补六十五字："其后十五年，圣俞以疾卒于京师，余既哭而铭之，因索于其家，得其遗稿千余篇，并旧所藏，掇其尤者六百七十七篇，为一十五卷。呜呼，吾于圣俞诗，论之详矣，故不复云。"补序不知作于何年，但是《梅尧臣墓志铭》，题嘉祐六年（1061），那这篇《诗集序》的最后完成，当在嘉祐六年或其后。今通行本《宛陵先生集》把原序的

“次为十卷”改作“次为六十卷”，删去补序六十五字，好像欧阳修作序的时候，已有六十卷本，无形中更添出一层混乱，姑不具论。

第四个本子是四十卷本，见《墓志铭》，原文作“其文集四十卷”，所谓“文集”，当然包括诗歌在内。

这四个本子都没有传下来。北宋元符二年（1099），宋绩臣辑有《梅圣俞外集》十卷，见陈振孙《直斋书录解题》。南宋时有《梅圣俞别集》，陆游序称：“宛陵先生遗诗及文若干首，实某官李兼孟达所编辑也。”可是这两个选本也都失传了。

通行的《宛陵先生文集》皆出于绍兴十年（1140）的六十卷本。这个本子应当算是比较完备的，但是其混乱的情况也是非常突出。张元济《影印残宋本宛陵文集跋》曾言：

> 余友夏君剑丞语余，依梅氏出处之迹，前二十三卷当即景初及欧公所选之本，与后三十六卷之诗各为起讫，其次第亦无甚凌躐，盖必彼时坊贾搜集所遗，与谢欧所选汇刻而成。

夏剑丞名敬观，为近代研究梅诗之名家，所言极有见地。他认为《梅集》六十卷本，除第六十卷为文赋外，其余五十九卷，（一）自第一卷至第二十三卷为第一线，自第二十四卷至第五十九卷为第二线。这两条线各自发展，互不相关。（二）前二十三卷当即谢景初及欧阳修所选之本。

夏敬观提出的两条线的看法，发前人所未发，因此具有强烈的指导意义。根据尧臣出处之迹，我们可以进行深入一层的研究。这里仅就所谓两条线的主张加以引申。

所谓两条线者，各为起讫，断断续续地向前发展，起点不相同，终点亦不相同。因此不是完整的两条，也不是平行的两条。

第一条线分四段：（一）第一卷天圣九年（1031）至第十一卷庆历五年（1045）止；（二）第十二卷庆历八年（1048）至皇祐元年（1049）止；（三）第十三卷皇祐三年（1051）至第十八卷皇祐五年（1053）止；（四）第十八卷嘉祐三年（1058）至第二十三卷嘉祐五年（1060）止。

第二条线也分四段：（一）第二十四卷庆历五年（1045）至第三十四卷庆历八年（1048）止；（二）第三十四卷至和二年（1055）至第三十六卷同年止；（三）第三十六卷皇祐元年（1049）至第三十八卷皇祐三年（1051）止；（四）第三十九卷皇祐五年（1053）至第五十九卷嘉祐三年（1058）止。

是不是第一条线的二十三卷就是谢景初和欧阳修所选之本呢？看来也不见得。谢选为十卷本，欧阳修加以补充为十五卷本。十五卷和二十三卷无前后相承之迹，因此无从断定是二人所选之本。值得注意的是第一线的第一段。这里共十一卷。全书指明第一至第三卷为西京诗，第四至第六卷为池州后诗上，第六至第八卷为汝州后诗下，第八至第十一卷为湖州后诗。自第十二卷以后但指明诗若干首，第六十卷指明为记、序、赋若干首。都和前十一卷有所不同。其次第十一卷末有联句若干首，不尽属于庆历五年（1045）之作。准诸古人编集以联句附于卷末之例，前十一卷自为起讫，似为最初之定本。

绍兴十年的六十卷本失传了，传世最古的本子是嘉定十六年（1223）的残宋本。就是这个残本，国内也久无知者，直至1928年张元济至日本，于内野皎亭家获见是本，1940年影印本出，始为广大读者所知。但是这只是一个残本，所存自第十三至第十八，自第三十七至第六十卷，共三十卷，恰恰是六十卷本的一本。虽然如此，但是以通行本校之，在此三十卷中，残宋本已有诗87首为明刻本所无。因为全书没有总目，在亡佚的三十卷中，是不是还有明刻本所没有的，我们不得而知了。夏敬观作

《梅宛陵集校注序》自言："予昔从宋人记载及《广群芳谱》葺佚，得诗十数篇，宋刊残本则悉有之。"冒广生校《宛陵先生集》，跋称："方回《瀛奎律髓》惟《春社》《春寒》五律二首，残宋本无。"实则《春寒》一首已见《宛陵文集》卷二七，独《春社》一首，不独通行本所未见，亦为残宋本所无。

明刻本共有两个本子，一为正统己未（1439）本，有杨士奇序，知宁国府袁旭刻。一为万历丙子（1576）本，有宋仪望序，知宣城县姜奇方刻。万历本就正统本加以覆刻，因此两个本子没有较大的差别，所不同的是正统本上承宋本之旧，称《宛陵先生文集》；万历本因为宋仪望在序中直称《宛陵梅圣俞诗集》，奇方刻时只能称为《宛陵先生集》。正统本今藏北京图书馆，万历本收入《四部丛刊》，为当代的通行本。

明刻本继承了宋六十卷本，但是和残宋本有很大的不同。第十三卷残宋本有诗36首，明刻本仅有29首。第十四卷的差别更大了，残宋本有诗40首，明刻本仅有16首。第十八卷《依韵和原甫厅壁钱谏议画蟹》，残宋本原列为本卷第二首，与前一首《依韵和原甫松石画壁》，后一首《依韵和原甫厅壁许道宁山水云是富彦国作判官时画》先后相承，最为得当。但是明刻本把这一首放到全卷之末，固然打断了三首壁画诗的顺序，也和前一首《送周谏议知襄阳》没有任何的关系。残宋本第五十一卷《和孙端叟寺丞农具十五首》《和孙端叟蚕具十五首》先后相承，但是明刻本删去农具中的《耕牛》《牛衣》两首，题为《和孙端叟农具十三首》。从这些地方，我们看到明刻本继承了六十卷本而和残宋本有很大的不同，这是从比较可以知道的。

从亡佚的宋刻本三十卷也可以推测两者之间的区别。明刻本卷九有《和寿州宋待制九题》。今宋祁《景文集》卷五作《寿州十咏》，缺《美荫亭》一首，梅诗有《美荫亭》，缺《清涟亭》一首。宋刻本若在，当为《和寿州宋待制十题》可知。明刻本卷三五有《依韵和正仲赋杨兵部吴兴五题》五律五首，除第一首外，其次有《清风楼》《明月楼》《碧澜堂》《逍遥堂》四首，皆有标题，但是第一首没有。宋刻本若在，第一首当有标题可知。

宋刻本仅残存三十卷，因此许多问题无从解答，所幸尚有此三十卷，也解决了不少问题。为什么宋刻本和明代正统本、万历本有很大的不同？这个责任是不是应当由明刻本担负？从我们所看到的康熙四十一年（1702）的宋荦本看，在用字方面，宋荦本和正统本、万历本有很大的不同，这说明了宋荦本另有继承，并没有继承正统本、万历本，但是在篇目方面，宋荦本和正统本、万历本完全一致，这说明了这些本子出于一个来源，而这个未名的本子，应当担负起缺失篇目的责任。

张元济《影印残宋本宛陵文集跋》论及明刻二本，又云：

> 二本又无删削之迹，余又疑宋明之际，必更有一删订之本，为其所自出，特亦不传于今日耳。戊辰岁秋余访书东瀛，得见此于内野皎亭君家，审为人间孤本，借影携归。嗣获读岛田翰跋，谓彼邦尚有元代翠岩精舍覆绍兴本，无可访求。莫郘亭《知见书目》，亦云有元刊本，半叶十行，行十九字，与是刻行款正同，疑即所谓翠岩精舍本，但亦不著藏者姓氏，今亦不知流落何所矣。

所谓翠岩精舍本，是不是上承嘉定本、下启正统本的一个本子，未经目睹，这是无从悬揣的，但是中间必有一个本子，为正统本、万历本及宋荦本所自出，则无可怀疑，列表如次：

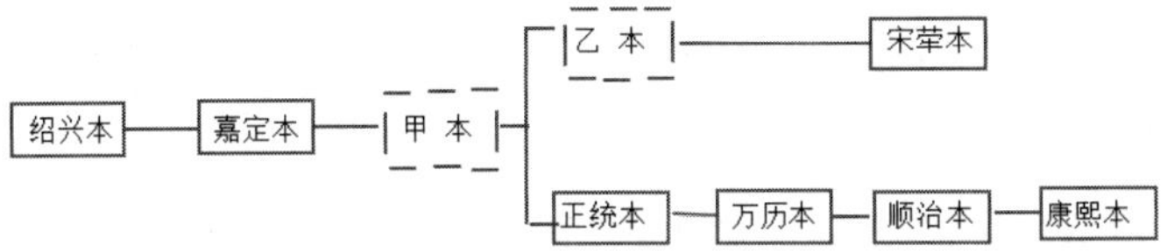

甲本代表宋荦本及正统本等之祖本，自此本出而第十三至十八，第三十七至六十共三十卷中亡失八十七篇，其他三十卷尚不可知。乙本代表宋荦本之母本，自此本出而用字方面，与正统本、万历本又有所不同。

为什么甲本出现以后，亡失大量篇目呢？是不是这里有所删定呢，看来并不一定。残宋本《宛陵文集》卷一三有《书窜》一首，其旁著一木记云："魏泰作《碧云霞》，抵诸巨公，托名圣俞，其《东轩笔录》全载此《书窜》诗，以为圣俞作此，不敢示人，欧阳公编其集削去，人少知者。则知亦魏泰所作无疑。今复见于此，盖后人误入耳。"这个木记，当然为嘉定本刊印时所加入。甲本删去此诗，可能出于有意。但是《和孙端叟农具十五首》的删去二首，那能说是什么意图呢？《耕牛》《牛衣》两首，有什么缺点呢？为什么第十三、第十四两卷必须经过大量删定呢？为什么《依韵和原甫厅壁钱谏议画蟹》必须从第十八卷第二首移至卷末呢？这里主要还是一个偷工减料、草率了事、不负责任的现象。宋元之间，出现了一些经营出版事业的商人，虽然那时只是封建社会，但是既经出现出版的商人，也就可能出现不良的作风，所以偷工减料，成为自然的现象，有些篇幅就在这个情况之下亡失了。篇幅既失，连带篇目也改过。《和孙端叟农具诗》漏去两首，篇目就由十五首改为十三首，《和寿州宋待制诗》漏去一首，篇目就由十题改为九题。《钱谏议画蟹》这一首，大约是甲本抄刻之初漏去一首，抄到卷末，这才想起来，补抄在后，因此篇次也连带改过。残宋本第五十六卷的《送朱表臣职方提举运盐》，本在《送晁质夫太丞知深州》《送少卿知宣州》之前，到正统本、万历本、宋荦本，这一首落到那两篇之后了。这里有什么理由可举呢？大约也是钞刻甲本之初漏去了，抄过两首以后，这才胡乱补起来。

从残存的三十卷，我们看到颠倒混乱的实例，那么在其余的三十卷里，即使没有残宋本可校，其中也有颠倒混乱，不是完全意外。至于是否颠倒混乱，这当然要从诗本事的具体事实来探求。我们重视古本，但是也不迷信古本，一切都得实事求是，以具体事实为依据。

自宋荦本问世以后，目录家多推为佳本，有莫友芝《郘亭知见传本书目》可证。宋荦为清初名诗人之一，所刻本书法娟秀，具有清初特色，笔画皆按当时通行正楷。宋、明本“携”作“攜”，宋荦本作“攜”；宋、明本作“墙”，宋荦本作“牆”；宋、明本作“粘”，宋荦本作“黏”；宋、明本作“村”，宋荦本作“邨”。这一切都符合当时书生的要求，因此称为佳本。其实评判版本的优劣，这些都不是主要的条件。

主要的条件第一应当是编次是否得当，其次是校刊是否精审，至于书法的是否娟秀，这只是次要的条件。笔画是否正楷，在科举时代自有其观感的作用，从今天看，残宋本、正统本、万历本保留当日的通行字，转成不可多得的瑰宝。残宋本幽燕之“燕”作“燕”，燕雀之“燕”作“鷰”，全书几无例外。正统、万历二本燕雀之“燕”或作“燕”，或作“鷰”，宋荦本则一律作“燕”。颍州之“颍”，残宋本、正统本、万历本皆作“颖”，宋荦本作“颍”。作“颍”是正确的，但是宋、明本皆作“颖”，正见到当时人对于“颖”“颍”的异同，并不加以重视。

从编次的是否得当论，绍兴六十卷本编次混乱，原不足取，其后嘉定、正统、万历诸本承六十卷本之旧，未能有所订正。宋荦为清初名诗人，在这方面无所改进，这是不能不令人失望的。从校刊是否精当论，嘉定、正统、万历诸本都不是没有问题，大抵转手愈多，讹误也必然愈多。宋荦本不出于正统、万历二本，但是其祖本相同，因此篇幅脱落，篇目颠倒，与正统、万历二本，其病如出一辙。用字有所不同，倘使略去是否正楷这一节不论，那么即以第一卷为例，正统本、万历本与宋荦本不同之处，大约正统本、万历本比较合理的十分之八，宋荦本仅得十分之二。因此可以得到这样的结论，正统本、万历本和宋荦本都不能算是佳本，但是正统本、万历本还是比较好一些。

（原载朱东润《梅尧臣集编年校注》，上海古籍出版社1980年版，卷首第47—54页）

梅尧臣诗的特点

◎朱东润

梅诗的特点是什么？这是一个不易答复的课题。

欧阳修在《梅圣俞墓志铭》里说：

> 其初喜为清丽闲肆平淡，久则涵演深远，间亦琢刻以出怪巧，然气完力余，益老以劲。其应于人者多，故辞非一体，至于他文章皆可喜，非如唐诸子号诗人者僻固而狭陋也。

欧阳修的评骘，不一定最正确，但是他提出梅诗的“其应于人者多，故辞非一体”，确能把梅诗的多样性体现出来。

万历本《宛陵集》序的作者宋仪望说：

> 有宋继兴，文总往代，欧、苏、曾、王最称大家，然论其诗，求所谓唐人之音蔑如也。予在弱冠，览欧阳公所序梅圣俞诗，未尝不太息想见其为人，既购其集读之，陶写性灵，名状物理，辞清而兴逸，颇与宋调殊致。王文康谓二百年无此作，信矣。

宋仪望是万历年间的一位能吏，但是论诗不太内行。他在宋诗中要求唐人之音，这已经是“课虚无以责有”了，又说梅诗“颇与宋调殊致”，却忘却了尧臣是宋诗的“开山祖师”，所谓“辞清而兴逸”，实际上只是一句空言，与梅诗全不相干。

倒是万历本《刻宛陵集后序》的作者姜奇方有些见到之言：

> 奇方不佞，间覆览鉴宋事，西北跳梁，兵威日顿，都官注《孙子》，有味乎权奇之指，其《胧月》、《夜阴》、寄欧阳夷陵诸咏，咸蒿目而忧乎当世，岂与彼平章月露、流连光景者已哉。

梅诗是出自唐诗的，从《宛陵集》中，我们可以看到尧臣曾经拟过《玉台新咏》，拟过陶潜，但是更多的是拟唐代诗人宋之问、张九龄、王维、杜甫、韦应物、韩愈、孟郊、李益。他从以往的诗人中吸取技巧，提高自己。但是这只是从技巧方面谈，而不是从诗的大本大源谈。

从诗的大本大源谈，尧臣还是从《诗》三百篇吸取其精神的：

> 我于诗言岂徒尔，因事激风成小篇。辞虽浅陋颇刻苦，未到二雅未忍捐。安取唐季二三子，区区物象磨穷年。苦苦（万历本作“古”，宋荦本作“苦”，《宋诗钞》亦作“苦”）著书岂无意，贫希禄廪尘俗牵。书辞辩说多碌碌，吾敢虚语同后先。（《答裴送序意》）

在这首诗里，他找出诗的根源。尽管他在向唐代诗人学习作诗的技巧，但是他已经决心和唐诗分家。我们知道尧臣有些工丽的诗句，和唐诗如出一手，但是为了追求意境，他甚至不恤运用浅陋的字句。强调思想，以致损害艺术，这正是宋诗过于重视现实性的副作用。

尧臣在艺术修养上，和唐代诗人相比，是没有什么愧色的。远在30岁的早年，他的两首诗：

窗灯光更迥，宿雾晦曾檐。寒气微生席，轻风欲度帘。湿萤依草没，暗溜想池添。况值相如渴，无嫌鲁酒甜。（《依韵和子聪夜雨》）

籍籍名方远，人知第一流。翻同贵公子，来事外诸侯。地险长河急，天高画角秋。仲宣应自乐，宁复赋登楼。（《寄河阳签判富彦国》）

这是两首律诗，“寒气”一联的工稳，“地险”一联的壮丽，都是值得称道的。五古如《黄河》一首，更是雄伟万状：

积石导渊源，沄沄泻昆阆。龙门自吞险，鲸海终涵量。怒洑生万涡，惊流非一状。浅深殊可测，激射无时壮。常苦事堤防，何曾息波浪。川气迷远山，沙痕落秋涨。槎沫夜浮光，舟人朝发唱。洪梁画鹢连，古戍苍崖向。浴鸟不知清，夕阳空在望。谁当大雪天，走马坚冰上。

到第二年，就是他31岁那一年，《希深惠书言与师鲁子聪永叔几道游嵩因诵而韵之》是一首五百字的大篇。在他把这首诗给谢绛看过以后，谢绛复信：

忽得五百言诗，自始至末，诵次游观之美，如指诸掌，而又语重韵险，亡有一字近浮靡而涉缪异，则知足下于《雅》《颂》为深。刘宾客有言，“人之神妙，其在于诗”，以明诗之难能，于文笔百倍矣。今足下以文示人为略，以诗示人为精，吾徒将不足游其藩，况敢与奥阼也。叹感叹感。

《希深惠书》这一首，直追韩愈，而又不为韩愈所束缚，因此得到谢绛的推重，这绝不是偶然的。借如尧臣安心学唐人，他有足够的才能，为自己争一席地。但是他并不甘心于此。

是什么促使他放弃这一座现成的象牙之塔，而为自己捶开一条崎岖之路呢？在他出生的那一年，真宗咸平五年（1002）西夏的李继迁在割据了夏、绥、银、宥、静五州之后，攻陷灵州，成为西北的威胁。在西夏进军的时候，尧臣的叔叔梅询曾请出使潘罗支以解灵州之围，可是在启程的当中，灵州已经陷落了。两年以后，景德元年（1004）契丹大举进攻澶州，在寇准的主持下，宋真宗北征，经过了一些遭遇战，终于以岁币银十万两、绢二十万匹的代价，取得了两方的和平共处。契丹进军的时候，一边包围澶州，一边号称进军曹、濮，真宗用谢涛知曹州。他准备作战，同时也储积粮食支援前线。这一位谢涛，后来便是尧臣的岳父。无论契丹族，或是西夏的党项族，后来都融合到中华民族的大家庭中，可是在当时他们都是以不同文化、不同民族的身份向中国进攻，所以梅询、谢涛在当时是怀着爱国热情，并把这种热情贯彻到行动中去的。

尧臣还在青少年的阶段中，是先后受到叔父和岳父的教导的，但是11世纪初年，外患的影子逐步淡下来了，契丹和北宋号称兄弟之邦，边界的烽火已经熄灭；西夏呢，虽然他们的势力不断扩展，可是表面上算是对宋称臣，他们的君主甚至接受宋代赐姓，紧张的情况也松弛下来。尧臣30岁初到洛阳时的情况是这样的，也就是在这个情况之下，他曾经逗留在象牙塔里。

景祐元年（1034）夏主赵元昊发动战争，从陕边到陇东，同时紧张起来。西夏一经发动，契丹方面也在蠢蠢欲动，准备在适当的时机，向宋人进行要挟和攻击。西边、北边同时紧张，宋朝中央政府的腐朽完全暴露了。仁宗在历史上固然还保持一些好印象，其实是一位昏庸的君主，大臣之中只有一位吕夷简，有些才能，还能沉住气，可是他是一位玩弄机智的能臣，植党营私的念头占了上风，把公忠体国的思想压了下去。老官僚中很少有夷简的对手，但是在新进之中逐步形成了一股以范仲淹为首的力量，在他的周围，团结了韩琦、富弼、尹洙、余靖、蔡襄，连同尧臣的朋友欧阳修。他们代表了新生的力量，决心和旧势力作战。

尧臣的叔父梅询和吕夷简的关系是深的，他后段的政治生活主要还是依靠夷简的帮助，但是尧臣是没有顾到的。他反对西夏，这固然符合梅询的夙志，可是他也支持范仲淹，反对吕夷简。在北宋这个阶段，士大夫之间的党争，主要还是从私人关系出发，尧臣的行动，为了国家，不顾世交，是有些突出的。

景祐元年（1034）以后的梅诗是完全转变了，是战斗的号角，不是和平的颂歌。在《聚蚊》诗中他说："贵人居大第，蛟绡围枕席。嗟尔于其中，宁夸嘴如戟。忍哉傍穷困，曾未哀瘰瘠。利吻竞相侵，饮血自求益。"这是对于不肖官吏的挞伐，最后说出"薨薨勿久恃，会有东方白"，这是诅咒。

景祐三年（1036）经过一次斗争，范仲淹、尹洙、欧阳修等失败了，分别得到贬谪饶州、富水、夷陵的处分，那时尧臣在建德做一任知县官，没有参加朝中斗争的机会，但是他的态度是鲜明的。他的《彼䴕吟》写出这次斗争：

> 断木喙虽长，不啄柏与松。松柏本坚直，中心无蠹虫。广庭木云美，不与松柏比。臃肿质性虚，朽蝎招猛觜。主人赫然怒，我爱尔何毁！弹射出穷山，群鸟亦相喜。啁啾弄好音，自谓得天理。哀哉彼䴕禽，吻血徒为尔！鹰鹯不搏击，狐兔纵横起。况兹树腹怠，力去宜滨死。

这里他写出宋朝的阽危、宋君的昏聩，同样也写出旁观者的幸灾乐祸和小人的横行无忌。这一年他又有《闻欧阳永叔谪夷陵》《闻尹师鲁谪富水》《寄饶州范待制》，对于他们加以支持和鼓励。有名的《灵乌赋》也是这一年的作品，范仲淹接受了他的好意，也作了一篇《灵乌赋》，事实上仲淹已成了新生力量的领导人物。

尧臣也看到人民的痛苦。《田家》《陶者》都是这一年作的。尤其《陶者》：

> 陶尽门前土，屋上无片瓦。十指不沾泥，鳞鳞居大厦。

这就把种田的没饭吃、织布的没衣穿的情况揭露了。剥削者和被剥削者的面目在20字中被完全刻画出来。同时我们也得注意在这些富于战斗性的诗句里，尧臣所表现的是直率，甚至是粗糙。他已经证明了自己是一位优秀的诗人，但是他更决心要做一位直率的战士。

在这些年头里，西边的情况更严峻了。西夏不仅盘踞在陕北和甘肃东北、宁夏境内，还向西扩展到安西、敦煌，把西北边陲汉民族的文化前哨也吞没了，东向直扑延州，动摇了陕西大局。尧臣在襄城县知县任内，进行注《孙子》的工作。《孙子》是中国的一部兵书，从古代以来，一直照亮了我们的道路，在对外战争和革命战争中都有过贡献。康定元年（1040）尧臣有一首《依韵和李君读余所注孙子》，他说起：

> 因暇聊发箧，故读尚可温。将为文者备，岂必握武贲。终资仁义师，为愧道德藩。挥毫试析理，已厌前辈繁。信有一日长，可压千载魂。未涉勿言浅，寻流方见源。

他又说“庙谋盛夔契，正议灭乌孙。吾徒诚合进，尚念有亲尊”。他指出宋朝已经不能不予西夏以还击，他准备从军，可是还是迟疑。这里正看到在封建社会里一种请缨无路的悲痛。在他的朋友尹洙以泾原秦凤路经略安抚使签书判官的身份前往陕西从军的时候，他喊出：

> 青衫出二崤，白马如飞电。关山冒风露，儿女泣霜霰。军客壮士多，剑艺匹夫衒。贾谊非俗儒，慎无轻寡变。（《闻尹师鲁赴泾州幕》）

朝廷发动战争，人民同样地遭到极大的苦难。在这年的诗中，《田家语》《汝坟》《贫女》都提出了对于统治者的控诉。尧臣的《吊李膺辞》也诉说了自己的悲哀：

> 允简亢不容于时兮，玉虽碎而犹洁。痛汉纲之颓圮兮，又何毁乎贤哲。

在康定、庆历之间，尧臣曾经一再探求从军的道路，但是始终没有实现，他遭到压抑，看清了这里还有受到嫉妒、不予报国机会的成分。在《桓妒妻》中他说："嫉忌尚服美，伤哉今亦无。"庆历元年（1041）他得到湖州监税的任务，欧阳修、陆经送他出京的时候，他说起：

> 谈兵究弊又何益，万口不谓儒者知。酒酣耳热试发泄，二子尚乃惊我为。露才扬己古来恶，卷舌噤口南方驰。（《醉中留别永叔子履》）

在湖州两年，他远离了前线，也远离了汴京，因此在这两年诗中看不到斗争。庆历四年（1044）监税任满，回到汴京，这时西边的战争，正以宋人"岁赐银、绢、茶、彩凡二十五万五千"，西夏对宋称臣而结束。这时范仲淹、韩琦都因为对夏作战有功而在政治上获得重要的地位。可是政界上又发生了一次波浪。以御史中丞王拱辰为首的旧官僚，因为监进奏院苏舜钦鬻卖故纸，召妓乐会客的罪名，掀起了一场党争案，舜钦被革职除名，宾客们也纷纷得到斥逐的处分。尧臣在汴京，亲眼看到这一场新旧的斗争。他的《杂兴》《送逐客王胜之不及遂至屠儿原》《送周仲章太博之巨野》《读后汉书列传》《异同》《送苏子美》，都是他在政治斗争中作出的记录。《读后汉书列传》说及：

> 汉家诛党人，谁与李杜死。死者有范滂，其母为之喜。喜死名愈彰，生荣同犬豕。

《异同》也说：“盗跖诮孔氏，弟子将党欤？跖自驱其众，日念杀不辜。”这两首诗把这时两派斗争的情况提得很鲜明，尧臣自己的爱憎也表示得没有任何的保留。

庆历五年（1045）正月，参知政事范仲淹知邠州兼陕西四路经略安抚使，十一月改知邓州。这是仲淹在政治上又一次的失败，从此以后，没有复起的机会了。在这一年尧臣和仲淹之间的矛盾也表面化了。当仲淹贬饶州的时候，尧臣有《灵乌赋》，把仲淹譬为忠心耿耿，告人凶祸、反遭斥逐的乌鸦。这一年他有《灵乌后赋》，又有《谕乌》诗。在《谕乌》诗里他说：

> 百鸟共戴凤，惟欲凤德昌。愿凤得其辅，咨尔孰可当？百鸟告尔间，惟乌最灵长。乃呼乌与鹊，将政庶鸟康。乌时来佐凤，署置且非良。咸用所附己，欲同助翱翔。……一朝百鸟厌，谗乌出远方。乌使亦止此，不敢恋凤傍。养子颇似父，又贪噪豺狼。为乌乌不服，兽肯为尔戕。

从这首诗可以看到尧臣和仲淹间的裂痕。尧臣是反对范仲淹的，但是并没有站到仲淹对方的阵营去。他说“谗乌出远方”，可见他没有把自己放在进谗的行列。不过他和仲淹的裂痕，始终没有得到弥补。直至皇祐四年（1052）仲淹身殁的时候，尧臣在挽诗里，一则说“文章与功业，有志不能成。尝以阶高位，终然屈大名”；再则说“贫贱常甘分，崇高不解谀。虽然门馆隔，泣与众人俱”。在《闻高平公殂述爱感旧以助挽歌三首》中他指出范仲淹在政治上的最后失败，同时也指出自己和仲淹走了不同的道路。

关于尧臣和仲淹分裂的原因，主要还是由于仲淹虽然抱有革新的志愿，但是在执政当中，没有规划，没有步骤，正如《宋史·范仲淹传》所说的“更张无渐，规摹阔大”，在用人当中，又有他的“四瞪三虎”（见《续资治通鉴长编》卷一六〇），这样必然会使得要求革新的人失望，同时也会使老朋友日渐疏远了。

尽管如此，尧臣对于当时在朝的大官僚还是给以无情的鞭挞。他的《梦登河汉》虽然历来没有引起选家的注意，却政治性极强，又运用现实主义和浪漫主义结合的方法，而表现出辛辣的讽刺。全文如次：

> 夜梦上河汉，星辰布其傍。位次稍能辨，罗列争光芒。自箕历牛女，与斗直相当。既悟到上天，百事应可详。其中有神官，张目如电光。玄衣乘苍虬，身佩水玉珰。丘蛇与穹鳖，盘结为纪纲。我心恐且怪，再拜忽祸殃。“臣实居下土，不意涉此方。既得接威灵，敢问固不量。有牛岂不力，何惮使服箱？有女岂不工，何惮缝衣裳？有斗岂不柄，何惮挹酒浆？卷舌不得言，安用施穹苍？何彼东方箕，有恶务簸扬？唯识此五者，愿言无我忘。”神官呼

> 我前，告我无不藏。“上天非汝知，何苦诘其常？岂惜尽告汝，于汝恐不祥。至如人间疑，汝敢问于王？”扣头谢神官，“臣言大为狂”。骇汗忽尔觉，残灯荧空堂。

这首诗是从《大东》蜕化出来的，但是不同了，“至如人间疑，汝敢问于王”对朝廷大政提出了批评：为什么可用的人不用，为什么无用的人却用着？为什么搬弄是非的人专在搬弄？这一切的问题是永远得不到答案的。

庆历五年（1045）六月，尧臣应许昌辟，签署许昌忠武军节度判官。他又离开政治斗争的中心，直到庆历七年（1047）九月还京。次年正月，文彦博拜相，又掀起了一场斗争。庆历七年十一月王则据贝州起兵。八年正月以参知政事文彦博为河北宣抚使，进兵出击。在王则击溃以后，彦博因功拜相。尧臣有《宣麻》一首：

> 彬美下一国，曾无相印酬。莫惊除拜峻，自是战功优。壮士颇知勇，诸儒方贵谋。淮西封亦薄，裴度死生羞。

他把裴度、曹彬、潘美的功绩和文彦博相比，言外露出彦博拜相，只是走了幸进的道路。在这首诗的前后，如《见胥平叔》《胧月》《兵》《未晴》《夜阴》《夜晴》都隐有所指，《兵》说：

> 太平无战阵，汉卒久生骄。金甲不曾擐，犀弓应自调。嗟为燎原火，终作覆巢枭。若使威刑立，三军岂敢嚣。

这首诗指出王则起兵的原因，我们虽然无法指出他同情起兵的王则，但是他很清楚地把这次兵祸的责任归于统治者的无能。

看来尧臣和文彦博的斗争并没有轻易结束。这一年十月，他应晏殊辟，签署陈州镇安军节度判官。到任三个月以后，他的父亲死了。他必须回原籍守制，直到皇祐三年（1051）三月回京。十月间殿中侍御史里行唐介劾宰相文彦博，贬春州别驾，又掀起了一场风波。尧臣有《书窜》一首，诗中指出：“巨奸丞相博，邪行世莫匹。曩时守成都，委曲媚贵昵。银珰插左貂，穷腊使驰驲。邦媛将侈夸，中金赍十镒。为言寄使君，奇纹织纤密。”他指出为了迎合宠姬张贵妃，文彦博驰使到成都织灯笼锦的事件。在这首诗后，他说：“西汉梅子真，去为吴市卒。为卒且不惭，况兹别乘佚。”尧臣在写诗的时候，准备着应付任何不测的遭遇。

对于文彦博的攻击，是不是过火了？与尧臣同时的人，确实认为过火，所以欧阳修在他的墓志里，给他打一个圆场，说是“圣俞为人仁厚乐易，未尝忤于物，至其穷愁感愤，有所骂讥笑谑，一发于诗，然用以为欢而不怨怼，可谓君子者也”。尤其《书窜》这一首，不揭出名相文彦博的底，唯恐因此为尧臣结成下一代的仇怨，所以在《宛陵集》最初编成的时候，没有收这首诗。即使在六十卷本收进的时候，也注出这是襄阳士人魏泰的作品，与尧臣没有干涉。其实全不是这回事。

尧臣的矛头没有为任何人留情的。至和元年（1054）七月，欧阳修从龙图阁直学士吏部郎中贬知同州的命令发布了，尧臣有诗一首：

> 冕旒高拱元元上，左右无非唯唯臣。独以至公持国法，岂将孤直犯龙鳞。茱萸欲把人留楚，苜蓿方枯马入秦。访古寻碑可销日，秋风原上足麒麟。（《闻永叔出守同州寄之》）

在这首诗里，他控诉了皇帝和左右的大臣，而最后一句隐隐透出同归于尽的感慨。

尧臣的战斗性是非常强烈的。是不是他的本性如此？看来这是逐步演变的。当他31岁在洛阳和欧阳修等交游时，朋友八人相互称老，欧阳修还年轻，比较轻隽，称为逸老，尧臣是一时领袖，称为懿老。欧阳修对于逸老的名义虽然不很满意，但是认为“圣俞之懿，是尤为全德之称矣”（《欧集·书简》卷一《与梅圣俞明道元年》）。称为“懿老”，和欧阳修“仁厚乐易”的认识是完全符合的。从一个“仁厚乐易”的诗人转化为矛头高举的战士，这就和他所遭遇的环境、敌人的进攻，以及统治阶级的腐朽息息相关。我们只能从这里得到解释。

尧臣对于统治阶级的腐朽是无所顾惜的，从另一方面看，也就必然对人民表现出深刻的同情。除前面所提到的一些诗篇以外，我们还可以从《襄城对雪》《岸贫》《小村》这些诗篇里看到。尤其《小村》这一首：

> 淮阔州多忽有村，棘篱疏败谩为门。寒鸡得食自呼伴，老叟无衣犹抱孙。野艇鸟翘唯断缆，枯桑水啮只危根。嗟哉生计一如此，谬入王民版籍论。

他写出了人民无衣无食、无船打鱼、无桑养蚕的痛苦，但是还是王家的人民，有户籍，因此也有徭役，这是何等的深刻。在年轻的州县官中，他对王安石是比较同情的，在安石知常州发表以后，他有诗：

> 吴牛常畏热，吴田常畏枯。有树不荫犊，有水不溉稌（原作“滋秽”，从宋本《皇朝文鉴》改）。孰知事春农，但知急秋租。太守追县官，堂上怒奋须。县官促里

长，堂下鞭扑俱。不体天子仁，不恤黔首逋。借问彼为政，一一何所殊！（《送王介甫知毗陵》）

当然，我们不能强调尧臣如何能站在人民立场上，但是在封建社会里，11世纪初年的官吏居然知道如何体贴人民的痛苦，刻画统治者的无情敲扑，这应当算是难能可贵的。

梅尧臣敢于作政治斗争，也敢于同情人民，这是他的特点，同样他也敢于暴露深刻的感情。夫妇之爱本来是人类基本的感情，但是敢于这样地暴露，是很少比拟的。

庆历五年（1045）尧臣《初冬夜坐忆桐城山行》有这样几句：

吾妻常有言，艰勤壮时业。安慕终日闲，笑媚看妇靥。

这是在谢氏身后的回忆，也正看到他们平日的相得。景祐二年（1035）有《往东流江寄内》《代内答》，都见到他的情感。庆历四年（1044）尧臣解湖州监税任，回宣城，再由宣城还京，路过高邮三沟，谢氏死在舟中，次子十十也死了。这时尧臣的悲哀是无法控制了。《悼亡三首》《泪》《秋日舟中有感》《书哀》，他的热泪奔放，使人如闻其声，如见其人。我们且读一首：

天既丧我妻，又复丧我子。两眼虽未枯，片心将欲死。雨落入地中，珠沉入海底。赴海可见珠，掘地可见水。唯人归泉下，万古知已矣。拊膺当问谁，憔悴鉴中鬼。（《书哀》）

此外如《新冬伤逝呈李殿丞》《正月十五夜出回》《怀悲》《秋夜感怀》《梦感》《秋雁》《椹涧昼梦》《灵树铺夕梦》《麦门冬内子吴中手植甚繁郁罢官移之而归不幸内子道且亡而兹草亦屡

枯今所存三之一耳遂感而赋云》《五月二十四日过高邮三沟》《寄麦门冬于符公院》，都是充满血泪之作。

尧臣对于儿女，也是充满了感情，并敢于把这感情充分透露出来。庆历八年（1048）他的小女称称死了，这只是不满六个月的孩子，但是孩子死了，赚去满眶的热泪。尧臣有诗：

生汝父母喜，死汝父母伤。我行岂有亏，汝命何不长？鸦雏春满窠，蜂子夏满房。毒螫与恶噪，所生遂飞扬。理固不可诘，泣泪向苍苍。

蓓蕾树上花，莹洁昔婴女。春风不长久，吹落便归土。娇爱命亦然，苍天不知苦。慈母眼中血，未干同两乳。（《戊子三月二十一日殇小女称称三首》之二首）

在敢于斗争、敢于热爱人民和敢于暴露深刻的情感以外，倘使再要添出一项，就是敢于作辛辣的讽刺。

景祐三年（1036）范仲淹、尹洙、欧阳修等遭到打击以后，尧臣有《彼䴕吟》《闻欧阳永叔谪夷陵》等诗。此外还有一首《猛虎行》：

山木暮苍苍，风凄茅叶黄。有虎始离穴，熊罴安敢当。掉尾为旗纛，磨牙为剑铓。猛气吞赤豹，雄威蹑封狼。不贪犬与豕，不窥藩与墙。当途食人肉，所获乃堂堂。食人既我分，安得为不祥？麋鹿岂非命，其类宁不伤。满野设置网，竞以充圆方。而欲我无杀，奈何饥馁肠！

这里他描绘了反动统治阶级的一副嘴脸，他们要吃人，同时也有一套吃人的逻辑。他们认为吃人是他们的本分，因此也就没有什么不合理的地方。这是何等的深刻！

在和范仲淹分裂以后，他曾有《谕乌》一首，从正面加以指摘。当然，这只有增加敌方的憎恨，甚至在仲淹死了以后，他的徒党还对尧臣进行压迫。尧臣是怎样应战的呢？他在一首长诗里捎带上这八句：

> 曩者忤（四部丛刊本误作“恃”，依残宋本改正）贵势，悔说乌乌灵。乌灵反见怒，终恨屈此诚。当时语颇错，盍呼为大鹏。于兹傥遇之，应解颈頳赪。（《次韵答黄介夫七十韵》）

这是嘉祐三年（1058）的诗，那时仲淹已经死了，所以主要是说给他的徒党听的。大意是承认自己把仲淹喊作乌鸦的错误，因此乌鸦发怒，也埋没了自己的一片诚心。错了，当时为什么不称为大鹏呢？在见面的时候，也免得面红脖子粗的。尧臣好像是在做检讨，其实是对范家徒党作了进一层的揶揄。

从这几个特点看来，尧臣的诗是热烈，感情充沛，而不是平淡。平淡的诗不是没有，可这不是主要的。从另一面说，诗人的作品过分地为感情所控制，有时便不免一泻无余，锻炼不够，含蓄不够，这便走上诗歌散文化的道路。尧臣作诗，早年受到钱惟演的熏陶，因此散文化的形态还不过于显著；可是在他注意不到的所在，有时也不免有所表现。

现代论诗有时把梅、欧诗和西昆诗对立起来。对立也是有的，可是过于强调了这一点，甚至认为尧臣和欧阳修一出现，就把推翻西昆诗作为自己的使命，这却不符合事实。梅尧臣、欧阳修早年在洛阳的时候，都得到西京留守钱惟演的重视。惟演是一位老官，可是他对于这几位青年诗人是热情接待的，因此他也赢得尧臣等的爱戴。《宛陵集》中《钱彭城公赴随州龙门道上作》《随州钱相公挽歌》都是具体的证明。《挽歌》说道“文章明时访，忠言故更知。居常呜咽涕，翻作众人悲”，很深刻地把自己的感情写出。在惟演的影响之下，尧臣初期作品的工丽稳称得到很好的启发。后来尧臣的诗变了，但是这个变是随着时代的转变而转变，不是为了反对西昆诗。有西昆诗他的诗要变，没有西昆诗他的诗也要变，不同的是倘使没有受到西昆诗的熏染，他的诗体散文化可能更加严重些。

尧臣对于北宋几位有名的诗人，如欧阳修、王安石、苏轼，都曾经接触到，也对他们起过较大的影响。第四位黄庭坚，虽然和他没有直接的联系，但是通过谢师厚，他们中间也有一脉相承的联系，尧臣这一首诗使人感到庭坚的意味：

> 淮上秋来物意闲，又乘轻舸信帆还。一浮一没水中鸟，更远更昏天外山。斜幅缠踌兵吏至，浓金洒纸领珠颁。欲酬已觉不能敌，尽日临风思自悭。（《寄酬发运许主客》）

在我们对于梅诗获得进一步理解的时候，我想我们对于北宋诗歌的转变，可以认识得更清楚些。

（原载《中国文学论集》卷二，中华书局1983年版，第233—249页）

论梅尧臣诗歌的艺术风格

◎秦寰明

一

关于梅尧臣诗歌的风格，历来众说纷纭。与梅尧臣同时且交谊甚深的欧阳修曾经指出过梅诗多方面的风格特点，认为它清丽、平淡、古硬、怪巧，等等不一[①]，并且在《梅圣俞墓志铭》中论述过梅诗风格的演变，其云："其初喜为清丽闲肆平淡，久则涵演深远，间亦琢刻以出怪巧，然气完力余，益老以劲。"欧阳修以后，宋人则多取"平淡"一点来论梅诗，如韩维认为梅诗"中有冲淡意"[②]。严羽说："梅圣俞学唐人平淡处。"[③]胡仔云："圣俞诗工于平淡，自成一家。"[④]陈振孙云："圣俞为诗，古淡深远。"[⑤]刘克庄云："苏梅出，稍复以平淡豪俊。"[⑥]宋末方回更把梅尧臣比之唐代王维[⑦]。但也有不同众人之声气者，如朱熹认为，梅诗"不是平淡，乃是枯槁"[⑧]。如果仅就辞

① 见欧阳修《梅圣俞墓志铭》《水谷夜行寄子美圣俞》等。

② 韩维《览梅圣俞诗编》，《南阳集》卷一。

③ 严羽《沧浪诗话》。

④ 魏庆之《诗人玉屑》卷一七引。

⑤ 陈振孙《直斋书录解题》卷一七。

⑥ 见《江西诗派小序》。

⑦ 方回《瀛奎律髓》。

⑧ 《朱子语类》卷一三九，又见《诗人玉屑》卷一〇引。

采而言，则朱熹之论颇有见地，但辞采的特点只是诗歌风格的成因之一端。又有陆游，其《读宛陵先生诗》云："欧尹追还六籍醇，先生诗律擅雄浑。"可谓别具只眼。

宋以后，大多数论者接受了梅诗"平淡"论，如元揭曼硕《诗法正宗》，明胡应麟《诗薮》，清王渔洋《池北偶谈》、刘熙载《艺概》，等等。但也有别出新意者，如清叶燮《原诗》、沈德潜《说诗晬语》认为梅诗"独创生新""蹈厉发扬"，此说似乎远超陆游。另外有些论者，能注意到梅诗多方面的风格特征，如王礼堂《冬夜读梅圣俞诗》云"高峭带平淡，瘦硬兼酸涩"[①]，但没有能够指出梅诗的基本风格特征。

降及现代，意见仍不统一。朱自清《宋五家诗钞》承认梅诗平淡，但进一步指出，其平淡乃是"穷奸怪变得，往往造平淡"，与陶渊明之"平淡出于自然"有别。朱东润先生等认为梅诗中不乏战斗性很强的作品，与之相适应，梅诗风格不是平淡，而是苦硬、热烈、诙诡[②]。而一些通行的文学史教科书，则大多以平淡或平淡闲远为梅诗的基本风格特征。

上述意见，对于梅尧臣诗歌风格的研究来说，都是有意义的。但问题并没有解决，究竟什么是梅尧臣诗歌的基本风格？是平淡抑或其他？它仍然摆在今天每一个梅诗研究者的面前。

二

细细寻绎梅尧臣诗歌发展的轨迹，可以看到其风格有一个演变的过程，似可以景祐元年（1034）他（时年三十三）最后一次应举落第为界，划成前后两个不同的时期。而对于梅诗基本风格

① 转引自钱锺书《谈艺录》（增补本）第169页。

② 朱东润《梅尧臣传》等。

的论定，应该以他景祐元年以后进入成熟阶段的诗歌为主要依据。

现存梅诗，是他30岁任河南河阳县主簿时开始创作的，30岁前之作已不复见。历时三年的西京生活所留下的“西京诗”，可以作为他早年诗歌创作的一个小结①。这时聚集在洛阳的梅尧臣、欧阳修、尹洙等人，都还是刚刚踏上仕途的青年，在诗歌创作上，他们多半是记录这一时期使“山东腐儒漫侧目”②的风流倜傥的生活。梅尧臣的一百多首西京诗，其成就主要在“本人情，状风物”③方面，并无多少深厚的思想内容，艺术风格则主要表现为“清丽”，具体特征在于刻意追求描摹之工，“状难写之景如在目前”④，文字清丽，手法细密。如“千龛晚烟寂，双壁红树秋”“卞峰晴照黛，雪水晓澄蓝”“羸驷嘶寒草，荒城背落晖”⑤，等等。这既表现出一个青年诗人的艺术好尚，也是与他所反映的生活内容相合拍的。同时，在艺术借鉴上，朱弁《风月堂诗话》云“圣俞少时，专学韦苏州”，道出此期梅诗风格的渊源。除此之外，他对宋初晚唐体诗人如林逋推崇备至，当时西昆体诗人钱惟演作为西京留守，又是他的上司，晚唐体的重刻画与西昆体的重辞采，对他都不能说没有影响。这一时期梅尧臣的创作还未进入成熟阶段。

但是，景祐元年以后，梅尧臣的诗风开始转变，逐渐形成自己的独特风格，走向成熟，并十分明显地表现出两个基本特征：

第一个特征，在思想内容上较之西京诗有了明显的不同。他所描写的，不再是浪漫的生活，而是随着他仕途蹭蹬而来的窘迫

① 梅诗编年据朱东润《梅尧臣集编年校注》。

② 梅尧臣《四月二十七日与王正仲饮》。

③ 欧阳修《书梅圣俞稿后》。

④ 欧阳修《六一诗话》引梅尧臣语。

⑤ 依次为《秋日同希深昆仲游龙门香山晚泛伊川觞咏久之席上各赋古诗以极一时之娱》《任适尉乌程》《王公慥东归》。

生涯："闭户饱于齑，作诗涌如泉。"他自己说，这时期的诗作是"方同陶渊明，苦语近田舍"，"故人莫觅新诗卷，都似嵇康七不堪"，"但将苦意摩层宙，莫计终穷涉暮津"[①]。这种"苦意苦语"成了他后期创作的基调，内容显得深刻。例如他的一首《夜》：

> 日从东溟转，夜向西海沉。群物各已息，众星灿然森。虾蟆将食月，魑魅争出阴。阮籍独不寐，徘徊起弹琴。

已不像前期诗那样多用清丽之词描绘景色，而是着重在诗中寓托自己的深沉感慨。方回在《瀛奎律髓》中评道："意谓日没星出，群阴之类争逞，忧世之士独弹琴不寐，有深意也，岂但赋夜而已哉。"清代纪昀则云："又自一格，殊有别味，屡诵熟甜之作，便令人有螺蛤之想。"[②]像这一类慨叹身世，深含比兴寄托的作品，在梅尧臣后期创作中是很多的。欧阳修把梅诗比作初难适口的苦涩的"橄榄"[③]，就这些诗而言，这个比喻是很适当的。

梅尧臣后期的创作，又常常能从一己的"苦意苦语"出发，写到仁宗朝太平景色背后劳动人民的"苦意苦语"，这就重新振起了我国诗歌史上源远流长、而在晚唐至宋初一度衰落的现实主义传统。他认为诗应该"因事有所激，因物兴以通"，并咏道："我于诗言岂徒尔，因事激风成小篇。辞虽浅陋颇刻苦，未到二雅未忍捐。"[④]基于此，他写出《汝坟贫女》《岸贫》等一系列为我们所熟知的真实描绘下层人民苦难的诗篇。

梅诗诗风转变的第二个特征是在艺术表现上。景祐元年

① 依次为《永叔赠酒》《晚坐北轩望昭亭山》《李廷老祠部赠荆柑子》《诗癖》。
② 方回《瀛奎律髓》纪昀批语。
③ 欧阳修《书梅圣俞稿后》
④ 《答韩三子华韩五持国韩六玉汝见赠述诗》《答裴送序意》。

（1034）以后的梅诗，在诗句的构思、锤炼和色彩上，明显地由前期的求新趋巧、讲究色泽变为平实拙朴。宋人张舜民以“草衣葛屦”形容梅诗；清人贺裳则进一步指出其演变过程，说：“其始犹有秀气，中岁后始极不堪耳。”①

我们看到，他后期的诗常以平实拙朴的语言形式表达真实深厚的内容。梅诗中逐渐增多的比兴体的诗歌就是如此。如在《道旁虎迹行》中，他发出“我怀何所畏，所畏在官箴”的议论；在《秋日咏蝉》中引起“虚腹曾何竞，常忧螗斧侵”的联想；在《寓言》中，写了“灯既无久焰，人亦无久情”；在《和中道雨村》中又写了“翠色固以好，安得无秋霜”……语言形式都朴实无华。他的一些以直抒胸臆见长的诗也是如此，真朴感人。如他对自己“一杯独饮愁何有，孤榻无人膝自摇”的个人生活的感叹；他对女亡妻悲的描写“慈母眼中血，未干同两乳”②；以及他所写的《田家语》《汝坟贫女》《岸贫》《村豪》等一系列描写农村贫困生活和官僚豪强专横跋扈的名篇，多用白描手法，文字朴实而描写深刻。即使写景状物之作，作者也已不重辞采，而重在意境，如“五更千里梦，残月一城鸡”“草深闲楚泽，力尽忆胡沙”“雨阔沙痕涨，湾平野色通”③等。他还有一些诗，颇有老杜沉郁顿挫之风，如《依韵和通判二月十五日雨中》：“仲春月既望，物候恰分中。窗听五更雨，花开前日风。诗成止酒后，病怯举杯空。短发虽然黑，心如一老翁。”但其学杜仍然是偏于朴素一路，与李商隐及西昆体的追踪杜律而又组织华丽大不相同。而在诗体上，梅诗又多古体，句法率直古拙，不求温婉蕴藉。

不仅如此，后期梅诗语言形式上的朴素，又甚而至于拙俗，对这一点历来有人深致不满。清贺裳《载酒诗话》曾列举过

① 贺裳《载酒园诗话》。

② 依次为《依韵和原甫月下独酌》《戊子三月二十一日殇小女称称三首》。

③ 依次为《梦后寄欧阳永叔》《老马》《过白水》。

梅尧臣“清苔井畔雀儿斗，乌臼树头鸦舅鸣”“世事但知开口笑，俗情休要著心行”“满腹红膏肥似髓，贮盘青壳大于杯”等诗，以为拙俗之例。其实，他的诗中更有写虱、蚤、蛆等不避恶俗的现象。宋人中如陈与义，即已见到这种过偏之处，诫之曰“俗”而“慎不可学”[①]。后来又有人如张嵲，认为梅诗“淡而少味，令人无一唱三叹之意”[②]；如邵博，认为“圣俞诗到人不爱处”[③]。但后人也清楚地看到，这是“矫枉（反西昆）之意”[④]。

由此可见，从前期到后期，梅诗发生了惊人的变化，它的内容由“本人情，状风物”变为“苦意苦语”；它的表现形式由求新趋巧、讲究色泽变为朴实甚至拙俗。基于此，我们认为后期梅诗的基本风格特征，可以用“拙朴苦淡”这四个字加以概括。

从“拙朴苦淡”，读者会很容易想到历来评梅诗最普遍的“平淡”之说，那么，为何要以此易彼？我们认为，以“拙朴苦淡”论梅诗，要更准确一些、具体一些。对于“平淡”，人们常有宽狭不同的理解，它作为一种风格，从宋代开始，主要是属于褒义的，其含义大抵应以冲和恬淡为意，朴素匀净为词，典型的作家如陶渊明、王维。而梅诗辞采色泽常偏于拙朴，故朱熹即已明言，梅诗“不是平淡，乃是枯槁”。而内容上，梅诗又多危情苦意，故欧阳修谓“咀嚼苦难嘬”[⑤]。因此，从内容到形式，梅诗都与陶、王有着一定的距离，以“平淡”为梅诗的风格特征，显然有着不够准确具体的不足，也无以别于陶、王。

但是，自宋以降，为什么这么多人以“平淡”论梅诗呢？这中间，有一部分论者，是执其一端没有从整体立论，如韩维说梅

① 徐度《却扫集》卷中。
② 转引自《宋金元文论选》。
③ 邵博《邵氏闻见后录》。
④ 贺裳《载酒园诗话》。
⑤ 欧阳修《水谷夜行寄子美圣俞》。

诗“中有冲淡意”、方回把梅尧臣比作王维等。另外一些论者则不同，似多着眼于从唐诗到宋诗、从西昆体到反西昆体的转变中宋诗所形成的特色，以及梅诗在其间所处的地位来考虑。毫无疑问，唐诗的“色泽情韵”、西昆体的“组织华丽”，都不是宋诗的特色。宋诗的特色之一是不求色泽，“皮毛剥落尽，唯余真实在”，从这个意义上讲，从唐诗、西昆体到宋诗，是经过了一个“浓后必淡”的审美转变过程。而梅尧臣正是体现这一转变的最有代表性的诗人。他从当时盛行的西昆体诗风（以及太学体怪僻的文风）中挣脱出来，“对今之狂怪雕锼神头鬼面而见其平，对今之肥腻腥臊酸咸苦涩则见其淡”[①]。说梅诗“平淡”，多基于此，如前引陈振孙、刘克庄语。说得更明确的，如元代龚啸云：“去浮靡之习，超然于昆体极弊之际；存古淡之道，卓然于诸大家未起之先。”[②]很明显，他们多是从纵向的诗歌艺术流变的大端着眼，划出了类似于生熟、雅俗、奇正、刚柔这样大的类别。换言之，他们划出了平淡与不平淡的类别，而不是在细按其具体风格特征。在不平淡之列，可以是狂怪雕锼、肥腻腥臊，或者深浓密丽；在平淡之列，可以是冲和淡远、通俗浅切，或者拙朴苦淡。作为一个具体作家的风格特征，以这种“平淡”论之，显然含义过于宽泛，不够准确妥帖。受到这种时代诗风转变的影响，对于“平淡”一词，宋人特好之。而验之宋人其他有关“平淡”的论述，也大多不是就具体风格而言，如苏舜钦推崇“古淡”以之与“浮嚣”[③]相对立，黄庭坚曾说杜甫诗“平淡而山高水深”[④]。其实，如果从风格意义上讲，杜诗绝非“平淡”，但杜诗浑朴深厚，而不是华艳做作、怵心刿目，故黄氏仍以“平淡”论

① 朱熹《答巩仲至》。

② 《四部丛刊》本《宛陵先生集》引。

③ 苏舜钦《诗僧则晖求诗》。

④ 黄庭坚《与王观复书》。

之。此外，如苏轼云："渐老渐熟，乃造平淡。"[①]胡仔云："落其纷华，然后可造平淡之境。"[②]都是指艺术的境地、审美的趋向。至于体现出这种境地趋向的，还可以是各种不同的风格。对这一原因，人多不言，而笔者认为应该辨清，才能不为所囿，从而进一步探讨梅诗的基本风格特征。

接下来，我们再探讨一下梅诗拙朴苦淡基本风格形成的原因。可以归纳为三点：

第一，由于他后期仕途的坎坷不平。景祐元年（1034），梅尧臣赴京应举落第，这对他是一个重大的打击，它打破了一个虽然已以叔父的恩荫步入仕途而仍思走科举道路的中下层士子的希望。欧阳修曾为之不平："奈何平昔并游之间有以处下者今反得之，睹此何由不痛恨？"[③]梅尧臣的思想，这时出现了一次大的转折。尔后，朝中新旧党争起，他因叔父梅询的关系，与旧党中人有过一定的接触；但在思想倾向上，又明显地趋向范仲淹、欧阳修等人的革新。作为一个纯粹的诗人，他似乎并不富于像范仲淹、欧阳修那样参与政治活动的素质，且又耿直狷介。因此，虽然他有着向往功名的愿望，面对当时西夏的威胁甚至注过《孙子》，但始终不被朝廷重用，辗转外任，忧郁地度过自己的后半生。这种生活遭遇是促成他的诗歌风格转变的最重要的原因，故欧阳修有"穷而后工"之论。

第二，出于对西昆体的反拨。西昆体盛于真宗时，天下"为之一变"，在当时影响很大；但逐渐为人所唾弃，人们开始感到这种炫人耳目的形式与贫乏的内容之间的深刻矛盾。在审美趋向上，从西昆体的"组织华丽"向朴实无华的方面变化，成为当时风会所趋，它体现着如晚唐司空图所说的"浓尽必枯"的

① 苏轼《与二郎侄书》，引自赵令畤《侯鲭录》卷八。
② 魏庆之《诗人玉屑》卷一〇引。
③ 欧阳修《书简》卷七。

变化。在梅尧臣同时及稍后，宋人率多学古人平淡而失之浅俗者，在刘攽《中山诗话》等书中都有记载，他们都在一定意义上体现了对西昆体的反拨，这一因素，促成梅诗后期风格的形成。在梅尧臣早年的西京诗中，我们还能看到诸如《拟玉台体》《欲眠》《携手曲》《夜夜曲》《无题》等作品，辞色美丽，内容空洞，而景祐元年（1034）以后，这种作品则很少见了。

第三，宋初古文运动的影响。当梅尧臣在西京时，欧阳修、尹洙等与之为同僚，古文运动已经开始。这一运动对宋诗个性的形成无疑有着重要的影响。其时梅诗尚处在早期的不成熟阶段，而梅尧臣又不擅长文章，但随着他诗歌创作的发展，古文运动的精神也深深影响到他的诗。从艺术借鉴来看，他由前期的“专学韦苏州”，改而“效昌黎体”。从艺术表现上来看，重炼意而轻修辞，多议论而少描绘；文字拙朴，不求圆润甜熟，所作多使人有“螺蛤之想”，多古体，甚而至于时出“怪巧”。这些都表明，通过宋初古文运动，梅诗受到韩孟诗派的很大影响。梁昆《宋诗派别论》把梅尧臣归入古文诗派（又称昌黎派），是很有道理的。

三

细按梅诗，我们又发现其风格在上述基本特征外，还存在着两个不同的方面，它们是以拙朴苦淡为基点所作的横向发展。

第一个方面，当作者面临社会矛盾和个人身世的激变时，他的“苦意苦语”，常常向积极的方面作进一步发展。“可因愤悱发”[①]成为“匕首与投枪”，如《聚蚊》《清池》《闻欧阳永叔谪夷陵》《闻尹师鲁谪富水》《送苏子美》《书窜》，等等，都能

① 欧阳修《梅圣俞诗集序》。

触及当时朝中和自身一系列重大事件，其情辞矫矢激越，与刘禹锡的政治讽刺诗有相近之处。这种内容决定了这些诗的风格趋向劲峭苦硬。而有些虽然并不饱含激愤之情的诗，在风格上也逼近韩愈甚至卢仝，如《余居御桥南夜闻祆鸟鸣效昌黎体》一首：

> 尝忆楚乡有祆鸟，一身九首如赘疣。或时月暗过闾里，缓音低语若有求。小儿藏头妇灭火，闭门鸡犬不尔留。我问楚俗何苦尔，云是鬼车载鬼游。……

其风格奇诡，是有意效法韩孟诗派的奇僻一面的。

另一方面，仕宦失意的梅尧臣，也时而追求隐迹山林，其诗发为冲和恬淡之音，其中最有代表性的是他的名篇《鲁山山行》。该诗描写“霜落熊升树，林空鹿饮溪”的杳无人迹的世外之世，表现自己的“适野”之情。此外，如为清代王渔洋所欣赏的“扁舟洞庭去，落日松江宿”等诗句[①]，还有《宋诗别裁》所选的梅诗，亦大多同于此类。

但是，如果因此而以奇诡、劲峭、古硬或冲淡为梅诗基本风格特征，或者甚至用以涵盖整个梅诗风格，则不妥。在数量上，这两类诗歌在梅诗中是少数。在内容上，从前一方面来看，梅尧臣固然有“可因愤悱发”之作，但更有消沉、脆弱的一面；穷苦之词居多，怨愤之言为少；同时，诗人的政治见解和社会理想都不是很深刻的；他的这一类愤悱之作，有时又夹杂着个人的恩怨尔汝，如他因未得到范仲淹引荐而写的《谕乌》等作品。过分强调他作品中的战斗性而把这一点作为论定其风格的主要依据，这就不切实际地抬高了梅诗的思想价值。在艺术表现上，梅诗中虽有如前所述的劲峭、苦硬甚至奇诡，但在诗作上多

① 《池北偶谈》。

限于古体，梅尧臣为后人所推重的律体则多较平实，而且从作者的才能气质来看，也难与昌黎等人比肩。清纪昀就曾指出“一丘一壑，圣俞所长”，“奋而为山雄水阔之势，宜其蹶耳”①，才气不能恢宏，笔力不能扛鼎，故虽能时出“怪巧”，而在总体风格上仍很难达到陆游所誉的“雄浑”或者劲峭古硬的境地。钱锺书《谈艺录》云：“圣俞古诗，大段步趋昌黎，出入于玉川，初不师法东野。”而我们认为，梅尧臣效昌黎而不能，多数诗作，苦语若平，淡语若深，更近东野，如清代刘熙载《艺概》云“梅圣俞出于东野”。同时，随着年龄的增长，苦淡则更多地替代了奇诡苦硬等。

同样，梅尧臣的诗歌固然有冲和恬淡之作，但如果说梅诗竟似陶潜、王维，则又不妥。例如，陶潜，尽管从宋人开始已认为其有不平淡之处，但其意境风格基本仍属冲和淡远这一路，殊少危苦之语。陶诗有《怨诗楚调示庞主簿邓治中》一首，抒写“天道幽远，离忧吁嗟”之情，但这样的作品不多。陶澍《靖节先生集注》引赵泉山语云：“集中惟此诗历叙平素多艰如此。”而这样的诗，在梅集中比比皆是。与陶、王相比，梅诗情趣不如其淡泊，意境不如其冲和，语言不如其自然妥帖和匀净。固然，梅尧臣也曾对这种平淡表示过向往，他曾说：“作诗无古今，唯造平淡难。”不承认这一点是不对的，但是，作者也曾清醒地看到“苦辞未圆熟，刺口剧菱芡”②，道出自己实际的创作与之存在的距离。在过去对梅诗风格的评论中，往往有偏于一隅的现象，这是有待通过讨论予以纠正的。

综上所述，梅尧臣的诗歌创作，主要是以平实拙质的语言形式表现“苦意苦语”，形成了他拙朴苦淡的基本风格。在此基础

① 方回《瀛奎律髓》纪昀批语。

② 梅尧臣《读邵不疑诗卷杜挺之忽来因出示之且伏高致辄书一时之语以奉呈》《依韵和晏相公》。

上，作者还时出“怪巧”，某些诗篇表现为苦硬矫矢，也时有冲和恬淡之音，从而形成了梅诗风格的全貌。因而，梅诗在宋初诗坛上表现出鲜明的艺术个性。

［原载《南京师范大学学报（社会科学版）》1986年第2期］

梅尧臣的诗歌审美观及其文化心理成因

◎张海鸥

梅尧臣的诗歌审美观从北宋至今一直受到诗人和批评家的重视，是一份并未受到冷落的文艺遗产。但是，当我们用当代人的文艺观、历史观、文化观从比较深广的历史、文化联系中对其进行新的审视时，我们就感到过去人们对它的理解和研究单一性较强，而忽视了（或者说没有注意到）将其放在传统诗歌美学的历史发展中，放在传统文化和北宋特定的时代审美风尚的广泛联系中进行整体性、综合性考察，因而不免感到不足。其实梅尧臣诗歌审美观念最耐人寻味之处恰恰是它所体现的民族历史文化传统，它所蕴含的时代精神，它所显示的社会时尚和审美心理以及它向我们昭示的北宋知识分子的政治、文化心态。

一、传统“诗教”的回归和弘扬

北宋诗文革新的一个重要特点是呼唤和弘扬儒家传统“诗教”。梅尧臣的诗歌审美观正代表了这种时代精神。他在庆历五年（1045）写的《答裴送序意》诗中说：“我于诗言岂徒尔，因事激风成小篇。辞虽浅陋颇剋苦，未到二雅未忍捐。安取唐季二三子，区区物象磨穷年。”在同一年写的《寄滁州欧阳永叔》诗中说：“君能切体类，镜照嫫与施。直辞鬼胆惧，微文奸魄悲。不书儿女书，不作风月诗。唯存先王法，好丑无使疑。”还是这一年，在答三韩的诗中说：“因事有所激，因物兴以通。自下而磨上，是之谓国风。雅章及颂篇，刺美亦道同。不独识鸟兽，而为文字工。屈原作《离骚》，自哀其志穷。愤世嫉邪意，寄在草木虫。”从这些诗中看出，梅尧臣明确而且系统地呼唤和弘扬儒家的“诗教”，在诗与现实的关系上，强调学习《诗三百》以还的现实主义传统，“因事激风”，反映现实；在诗人与诗的关系上，主张写真情感，写“愤世嫉邪”之意，主张“文字出肝胆”[①]，“合力兴愤叹”[②]，而不能“蠹情如剔剐”[③]，就是说为了追求声律而琢蚀情感；在诗的社会功用上，提倡要像“风”“雅”那样“磨上”“刺美”，像“仲尼作《春秋》”那样“微言大义”，像欧阳修那样以诗文“照美丑”“惊邪恶”。

梅尧臣的这些主张为我们提供了透视他政治心态和审美心理机制的线索。联系当时社会政治、经济、文化的多种因素，我们看到：

第一，梅尧臣对“诗教”的呼唤和弘扬是时代精神使然。宋王朝结束了分裂动荡的局面，使社会归于统一和安定，然后便采取与民生息、发展生产的经济策略和重用文人治国的政治策略，这使得经济文化迅速发展，社会在安定中走向繁荣。经历过战乱的统治集团、平民百姓、文人士大夫都暂时得到了一些他们渴望已久的满足。但是，这个版图和国势一开始就不如汉、唐帝国的王朝建立不久就暴露了里里外外的种种矛盾和忧患。辽、夏相继的战事迫使宋王朝以“岁币”买和平，委曲求全；国民经济的有限发展难以维持统治阶级无限增长的军政开支和人民生活的最低需求，导致阶级矛盾日益加深和激化。一面是农民负担不断加重，生活困苦不堪，起义不断；一面是冗兵冗官大量增

① 《依韵和晏相公》。

② 《依韵和王平甫见寄》。

③ 《见牧牛人隔江吹笛》。

加，财政吃紧。在这种形势下，一些有见识的文人政治家开始探寻解决矛盾、强兵富国安民的途径。“庆历新政”就是他们的一次尝试，由于种种原因，它失败了。随着这样的政治、经济变化，北宋前期的社会心理普遍呈现出满足—不满—求变革的发展形态。而文人的心理变化则表现得复杂一些，文学思潮和文学创作也就呈现出不同的风貌。首先是一部分文人不愿去看现实中深层的东西，只看到社会表层的统一、安定和繁华。他们承袭晚唐五代浮靡华美的文风，片面追求诗文的声律辞采，一面为王朝粉饰，一面做个人的消遣，酬唱赠答，标榜儒雅风流。西昆体诗文正体现这种风气。由于西昆作家身居台阁，影响较大，也由于宋代文学中真正有生命力的方面均尚未形成，所以“杨刘风采”得以“耸动天下”并风靡文坛几达半世纪之久。其次是以林逋、魏野、九僧等为代表的一些隐逸诗人。他们漠视功名、不慕荣华，在安宁的生活中寻求心理的平静。他们的诗受山水田园诗歌传统的影响较大，但题材更窄，着重写个人日常生活情趣和内心感受，追求所谓淡泊和高雅的情趣。第三种便是从王禹偁、柳开、石介、穆修到尹师鲁、石曼卿、范仲淹、梅尧臣、欧阳修、苏舜钦这样一些人。他们的文化心理构成比较复杂。他们是知识分子中的有识之士，他们的心随着时代的脉搏跳动。一方面，国家统一、经济文化的发展、统治者重用文人的政策使他们对政治怀有热情，对前途抱有希望，这种热情和希望激发出他们进取的积极性和着眼于历史与现实的经邦济世的责任感；另一方面，君王无“四方之志”，国家财政军备积弱不振，外不能威重四夷，内不能安抚百姓，朝廷政治斗争又尖锐激烈，这一切都使他们忧虑、焦急。忧君、忧国、忧民，他们心头的责任感显得异常沉重。“庆历新政”积淀着这些人对历史和现实的思虑，凝结着他们的心志和希望，它的失败给他们的心灵罩上了更重的时代阴影，抹上了更深的失望色彩，增加了更多的忧愤不平情绪。文学的发展毕竟有其自身的独立性，伴随着短命的“庆历新政”而渐渐兴起的诗文革新运动，却负载着他们的进取精神、批判精神和沉重责任感，经过许多人多年的努力，取得了辉煌胜利，梅尧臣对“诗教”的呼唤正体现了这种时代精神，体现了人们的忧患意识和社会责任感。

第二，梅尧臣对“诗教”的呼唤和弘扬是当时文艺思想观念冲突和变革趋势使然，它体现着文学革新思潮的胜利趋势。北宋前期文坛一直存在着不同文艺思潮的对立。在文的方面，一面是对晚唐五代骈文的模仿，号称时文，一面是反对时文的复古革新。从柳开、穆修反时文起，中经王禹偁、石介、范仲淹、尹洙、苏舜钦的努力，直到欧阳修彻底打击时文，这些人提出许多积极的理论主张并进行可贵的创作实践。这是个长期的发展过程。与此同时，诗歌领域的两种主要倾向也一直在对立中发展。一方面是对晚唐五代浮艳诗风的继承，直到西昆体盛行一时。另一方面，西昆体盛行之前有王禹偁面向现实人生，首倡杜甫、白居易的现实主义传统，并进行了可贵的创作实践。他虽然势孤力单，未形成大势，西昆诗继其后便兴起了，但他筚路蓝缕的功绩在后来的诗文革新中明显地体现出来了。在西昆体盛行的同时，反西昆的诗论和诗歌也在形成和发展，智圆提出“善善恶恶”的古诗说，石介更加激烈地抨击了西昆派的作风。这些先于梅尧臣的诗论对梅尧臣的影响必然很大，而与他同时的一些重要诗人如欧阳修、尹洙、石曼卿、苏舜钦等人的诗歌创作及其主张对他更具有直接的影响。这些人把北宋文学推进到“反拨”期，宋代诗文由此才获得了新的生命。作为这股潮流中“革新”诗歌的“开山”者，梅尧臣明确地把西昆诗风视为必先扫除的障碍。西昆要“雕章丽句”，他要平淡清新自然；西昆要“历览遗编，研味前作，挹其芳润”，他要力避陈俗，“文字必己力”，“文字出肝胆”，要“本情性”“兴愤叹”“和人心”“因事激风成小篇”；西昆写诗是“更迭唱和”、消遣闲情雅兴，他要“自下而磨上”“刺美道亦同”，要使“鬼胆惧”“奸魄悲”“鬼神感”。梅尧臣就是这样体现着北宋前期文学的健康精神。

第三，梅尧臣疾呼“诗教”的精神植根于下层民众现实生活的土壤。纵观有宋一代的文学，真正有见识、有社会责任感的文人无不深切地关注着现实民生，因而他们的诗歌具有“史”的广度和深刻的批判性。梅尧臣长期做下层地方官吏又终生仕途偃蹇，郁郁不得志，因而对这个表面上还算稳定、实际上内忧外患重重的社会有较深的认识。他写过许多反映民生疾苦、揭示内忧外患、指斥时弊的诗，他的诗歌创作和诗歌审美观念中的现实主义成分，体现了文学对社会深切关注的时代精神。

二、“平淡”的美学命题

西昆诗文把一代文学引入歧途，而诗文革新运动欲挽文运于既颓，就不仅要在内容上倡导崇实致用，而且要在艺术风格、艺术表现方式等方面来一番矫正，用朴实自然、清新平淡的审美追求洗刷晚唐五代以来直到“西昆”诗文那种雕琢、浮华和典雅的审美时尚。以欧阳修为代表的宋代散文树立起新的风格，它与五代西昆的时文对立，与唐代韩、柳古文的美学风格也并不完全一致。宋代散文不求艰深宏丽而求平易畅达，所以后人说唐宋散文有“高山深谷”和“平原旷野”的区别，以梅尧臣为代表的“反拨”期的诗歌，同散文一样，既秉承了前代文学的许多基因，又追求着自身发展的新变，形成了以复古为革新的特点。“平淡”，便是其审美追求之一，因而陶渊明的诗歌成了学习的典范。诗人们不仅学习他平和淡远的诗风，而且推崇他平和淡泊的心境（人生态度）。陈师道在《后山诗话》中说“渊明不为诗，写其胸中之妙尔”，正反映了宋人对陶诗的理解。在宋人眼里，“平淡”的美学命题实际包含了形与神（“平淡”的艺术风格和平淡的人生精神境界）两个层次。梅尧臣对“平淡”的崇尚及其诗作展现的“平淡”特色，正可以引导我们去追踪这种时代审美心理的遗迹。

庆历五年（1045），他在《答中道小疾见寄》诗中说：“诗本道情性，不须大厥声。方闻理平淡，昏晓在渊明。”最后两句是说：听说你在昏晓不辍地学习陶渊明，写“平淡”的诗歌。不久，他便在《寄宋次道中道》诗中称赞宋氏兄弟学作“渊明诗”有了成绩，“平淡可拟伦”了。皇祐五年（1053）他为林和靖诗集作序，序中说：“其顺物玩情为之诗，则平淡邃美，读之令人忘百事也。其辞主乎静正，不主乎刺讥，然后知趣尚博远，寄适于诗尔。”嘉祐元年（1056）梅尧臣又有《读邵不疑学士诗卷杜挺之忽来因出示之且伏高致辄书一时之语以奉呈》，开头就说：“作诗无古今，唯造平淡难。”根据这些材料我们可作如下分析：首先，在梅尧臣看来，“平淡”非平庸浅淡。“平淡”与邃美、“情性”密切相连，它要求既有深邃丰富美好的情感意蕴，又不剑拔弩张地大放厥声；既有平和淡泊的心境，又有平稳宁静、清淡自然的外形，不大起大落，不浓妆艳抹。因此林逋的诗可算“平淡”，陶渊明的诗是“平淡”的楷模。梅尧臣认为“平淡”是一种很高的艺术境界。其次，崇尚“平淡”在北宋诗坛已形成一种风气。林逋是宋初著名隐逸诗人，邵不疑与梅尧臣同时，宋中道、宋次道年龄和诗龄都晚于梅尧臣。从梅尧臣对他们的评语可以看出，从宋初到诗文革新时代，“平淡”一直是许多诗人所崇尚和追求的一种艺术审美境界。

上述两点分析，从梅尧臣自己的创作中尤其能找到更充分的证明。欧阳修是梅尧臣文学事业的第一知音，他十分推重梅诗“清丽闲肆平淡”的风格。现存梅诗中我们可以看到，“清丽闲肆平淡”之作很多，早年、中年、晚年都有。他30岁在河南主簿任内时，写了许多有如“林际隐微虹，溪中落行影”“白水照茅屋，清风生稻花”[①]一类的诗，优美、清新、自然平淡，很有些陶渊明、王维山水田园诗的韵味。“霜落熊升树，林空鹿饮溪。人家在何许？云外一声鸡”，这是他39岁的诗；“河汉微分练，星辰淡布萤”，这是他41岁的诗。这些诗锻炼得炉火纯青，出手又极其平淡自然，在中国文学史上毫无疑问是第一流的作品。难怪时人和后人那么偏重他的“平淡”！庆历六年（1046），他（45岁）自汴州赴许昌签书判官任，途经颍州遇到当时罢相知颍州的晏殊。晏殊是官名和文名闻于天下的一代名流，他认为梅尧臣“斐颇及古”，可与“陶、韦比格”[②]，“教诲”他“宁从陶令野，不取孟郊新”[③]，梅尧臣也谦虚地说自己只是“稍欲到平淡”。他这次清颍之行确实又写了不少平淡清新的诗，写景如“半灭竹林火，数闻茅屋鸡。秋天畏残暑，不为月光迷”[④]，写情如“浩然起远思，欲与鱼鸟闲。……时看秋空云，雨意浓淡间”[⑤]。这都可以说明当时诗坛存在一种学陶诗、崇“平淡”的审美风尚。再看梅尧臣晚年诗对“平淡”风格和心境的追求：“春云收暮城，九陌洒然清。星出紫霄下，月从沧海明。车音还似昼，鼓响已知晴。静闭衡门卧，无心学后生。”[⑥]欧阳修说：“圣俞平生苦于吟咏，以闲远古淡为意，故其构思极艰。”[⑦]这话很中肯地道出梅尧臣艺术追求的执着精神和一贯特色。

---

① 《田家》。

② 参《途中寄上尚书晏相公二十韵》。

③ 《以近诗贽尚书晏相公忽有酬赠之什称之甚过不敢辄有所叙谨依韵缀前日坐末教诲之言以和》。

④ 《早至颍上县》。

⑤ 《登舟》。

⑥ 《次韵和景彝元夕雨晴》。

⑦ 欧阳修《六一诗话》。

值得深思的是，梅尧臣诗风不限于平淡，论诗也并不只重平淡，但两宋人都特重他的“平淡”：胡仔《苕溪渔隐丛话》说“圣俞诗工于平淡，自成一家”；严羽《沧浪诗话》强调“梅圣俞学唐人平淡处”；最有意味的还是晏殊这位和平宰相对梅尧臣“平淡”诗风的推重。我们不禁想到晏殊“梨花院落溶溶月，柳絮池塘淡淡风”的名句似乎也透着平淡的神韵。二位文坛名流，官运不同，人品、诗品也不同，但他们对于“自然平淡”诗风的共同爱好，却启示我们透过社会审美心理由初盛唐的崇高转向平淡，由晚唐直到西昆的浓艳典丽转向清新自然的变化，去思考一些文学以外的其他原因。

诗文革新运动前后，宋王朝用“岁币”买来“百年无事”的“承平时世”，主战派受到压抑，朝廷上下因循苟安已成风气，一切新政新法都难于施行。这种政治局面压抑着整个社会的进取精神。这是个不求丰功伟业、唯求四平八稳的时代。一生小心事君、谨慎为官的晏殊正是这个时代的“宁馨儿”。统治者意愿如此，那么，整个社会自然就缺乏大喜大悲、大起大落的气氛，缺少激扬热烈、豪迈壮浪的崇高追求，因而平和淡泊的审美心理与平淡无为的精神状态就很容易形成一时风尚。不妨顺便领略一下“言情而不言理”的词坛风貌：“无可奈何花落去，似曾相识燕归来。小园香径独徘徊”（晏殊）；“浮生长恨欢娱少，肯爱千金轻一笑。为君持酒劝斜阳，且向花间留晚照”（宋祁）；“夜深风竹敲秋韵，万叶千声皆是恨”（欧阳修），我们不是要说这些词“平淡”，而是要借此来透视一下达官贵人、文人墨客的心态。且不管他们是否曾有过远大抱负，只是这词里，那种难以消遣的闲愁，百无聊赖的意绪，不可名状的怅惘，不是正好曲折而又明白地向我们昭示了那个“平安无事”因而也无所作为的时代的精神风貌吗？从这个意义上说，“平淡”的诗歌审美风尚和并不“平淡”的词的美学追求有着共同的“血缘”关系。

作为社会文化的另一分支，宗教从魏晋到唐宋，神秘色彩逐渐淡化，“悲惨世界”中的崇高理想降落到世俗社会现实人生，儒、道、佛三教合流，渗入宋代思想文化的各个方面、各个层次。文人士大夫的审美趣尚更多地带有对社会人生的理性思考特征，理想化的华美、飘逸的格调暂时受到冷落，朴实自然、平和淡泊的风格神采成了他们人生态度的追求、诗歌风韵的崇尚。

再从构成社会文化心理的阶级因素来看，门阀士族阶层经历了魏晋隋唐的兴衰，到宋代已不存在，连其“高雅”精神也不复存在。晏小山不愿标榜自己是宰相之子，就多少反映了这种变化。来自各阶层的地主阶级知识分子通过科举等途径大批进入政权机构或文化机构，他们把自己的精神气质也带进文学领域，使文学的风味少了些高超优雅的贵族气，多了些朴实自然、清新平淡的世俗气。

总之，梅尧臣对“平淡”美的崇尚、倡导和追求绝不是孤立的文学现象，它与社会政治文化的许多方面都有直接或间接、明显或微妙的联系，它受时代制约，又反映着时代特征。

三、梅尧臣诗歌审美观的历史渊源

任何时代的文化都是在前代文化基础之上建设的，它对文化遗产的继承，分为无意识和有意识两方面。前者指文化遗产必然会潜移默化后世文化，后者是指从事文化活动的人对文化遗产的有意选择和继承。梅尧臣的诗歌审美观就体现了这两方面的渊源关系。

他呼唤“诗教”就是呼唤传统。从孔子的“兴观群怨”、《诗经》的“风上化下”、白居易的“惟歌生民病”到梅尧臣的“因事激风”“磨上”“刺美”，从“屈原作《离骚》”

的“愤世嫉邪意”到梅尧臣的“直辞鬼胆惧，微文奸魄悲”，完完全全地一脉相承。无论是诗歌的政治功利观还是以善为美的诗歌审美理想都基本一致。如果说不同，那么后者多了些批判现实的意味，少了点“温柔敦厚”的气息，这也许是老传统在新时期获得的一点“时代精神”吧。

“平淡”的命题同样也具有传统审美理想的渊源。它是自老、庄以来，陶渊明、谢灵运、王维、孟浩然、韦应物、白居易（平易自然）、司空图（“冲淡”“自然”）、林和靖、王禹偁这样漫长的文学发展历程中传统审美理想（人格理想和诗格理想）的积淀。当然，谈到发展和积淀，也就包含了差别，比如说陶渊明生当玄学极盛的时代，其“平淡”的审美理想更多地接受了道家美学的“虚无”、“天人合一”、返归自然、回归自我等观念的影响，而梅尧臣时代的“平淡”命题较多地含有普普通通的生活气息而较少老、庄、陶、谢那种“不食人间烟火”般的清高气。钟嵘《诗品》评陶诗：“风华清靡，岂直为田家语邪！”如果说陶的“平淡”是一个回归自然和自我的封闭型系统，那么梅的“平淡”则是一个面向社会人生、富于人间烟火味的开放型系统，二者都是时代风尚使然。

那么，弘扬“诗教”和崇尚平淡岂不是有点不一致吗？是的。但这不一致恰恰也是导源于传统的。中国传统文化中的儒道互补精神渗透在社会人生的各方面。在人生哲学中，仕与隐对立统一、相反相成；在艺术哲学中，功利与超功利、为人生与为艺术对立统一。任何优秀的文学艺术家都必然自觉或不自觉地兼顾彼此，谋求二者的统一。但事实上二者既可以统一，又可以不统一，有时甚至不能统一。因此在诗史和诗歌美学史上，言志和缘情、注重政治效应和注重审美效应两大传统也就时分时合而终不能合二而一。多元统一是艺术的规律性。梅尧臣诗歌创作和诗歌审美观念中的多元化价值取向，正好说明他对传统诗歌艺术的全面理解和继承。

梅尧臣还提出过两个在文学史、美学史上颇为著名的命题，这就是见于欧阳修《六一诗话》的“意新语工”和“状难写之景如在目前，含不尽之意见于言外”。这两个命题也是与传统美学观念一脉相通的。

《六一诗话》载：“圣俞尝语予曰：‘诗家虽率意，而造语亦难。若意新语工，得前人所未道者，斯为善也。’”他举例道：“贾岛云‘竹笼拾山果，瓦瓶担石泉’，姚合云‘马随山鹿放，鸡逐野禽栖’等是山邑荒僻，官况萧条，不如‘县古槐根出，官清马骨高’为工也。”《后山诗话》的一则记载也可参照：“闽士有好诗者，不用陈语常谈，写投梅圣俞。答书曰：‘子诗诚工，但未能以故为新、以俗为雅尔。’”从这些记载来看，“语工”是指不陈旧、不一般，要精练而有概括力，深刻、含蓄而又平淡自然。“意新”当然更不能陈旧俗气。从他所举诗例看，“县古”两句显然比姚、贾的句子有新意。从诗的表层看，其具象的丰富和奇特超过姚、贾；从诗的深层看，其情意的深刻新颖也超过姚、贾。古县老槐，瘦马清官，这表象的背后是古老荒凉、萧条贫寒、冷落寂寞的种种复杂感受。可见意新首先是指思想感受新、深、独到，其次是构思立意要新颖独特，同时还必须包括表达方式的出人意料、超凡脱俗。“工”是手段，新是目的，二者相辅相成。梅尧臣提出“意新语工”的美学原则，正是对中国文学史、文学批评史上注重创新的优秀传统的继承和发扬。创新是艺术的生命。宋诗处在唐诗之后，盛极难继，不创新就毫无出路。梅尧臣有识于此，提出“意新语工”的审美原则并努力实践之，为宋诗的发展和创新树立了良好的风范。

在此基础上，他进一步指出：“必能状难写之景如在目前，含不尽之意见于言外，然后为至矣。”他举例说：“若严维

‘柳塘春水漫，花坞夕阳迟’，则天容时态、融和骀荡，岂不如在目前乎？又若温庭筠‘鸡声茅店月，人迹板桥霜’，贾岛‘怪禽啼旷野，落日恐行人’，则道路辛苦，羁愁旅思，岂不见于言外乎？”又有《诗人玉屑》卷九《托物》篇一则可参：“圣俞《金针诗格》云：诗有内外意，内意欲尽其理，外意欲尽其象，内外意含蓄，方入诗格。”这里涉及诗歌美学的两个基本问题：一是形象性。“难写之景”不是指自然原型，也不是别人写过的或任何人都能写出的。它是指经过诗人加工提炼、在诗中描绘出来的典型化的景物、形象。它要新，要奇，要栩栩如生，如在目前。二是思想情感的丰富性和表达的含蓄性。“不尽之意”含有说不尽和不说尽两层意思，使人既可以体会“目前”的丰富意蕴，又可以寻味“言外”的妙理神韵。梅尧臣认为这才是美的极致。这一审美理想同样也是民族优秀文学传统和审美意识的结晶。从《诗经》的“杨柳依依”“雨雪霏霏”，谢灵运的“池塘生春草，园柳变鸣禽”到多姿多彩、美不胜收的唐诗，都为这种审美理想提供了极好的范例；而传统诗歌理论的发展，又不断地丰富着这种审美理想的内涵。联系陆机的“笼天地于形内，挫万物于笔端”“虽离方而遁圆，期穷形而尽相”，钟嵘的“言在耳目之内，情寄八荒之表”，刘勰的“隐秀”论，司空图的“离形得似”“不著一字、尽得风流”等理论，我们清楚地看到了梅尧臣对民族优秀文学理论和审美意识的颇具慧眼的接受和发展。葛立方赞叹道：“梅圣俞云‘作诗须状难写之景于目前，含不尽之意于言外’，真名言也！”[①]

梅尧臣的诗歌审美观是民族优秀的文学、美学传统与北宋诗文革新时期的社会风气、文化心理、审美时尚相结合的产物，他的诗作也与此相得益彰，共同体现着传统，映现着时代，昭示

① 葛立方《韵语阳秋》。

着宋诗的未来。梅尧臣因而赢得了宋诗“开山祖师”[①]的极高称誉。欧阳修在他死后曾长歌当哭，感叹“自从苏梅二子死，天地寂默收雷声”[②]。当然，北宋诗坛在梅尧臣死后，不但没有“寂然”，而且进入了宋诗的全盛期。而这又正好说明：梅尧臣的诗歌审美观及其创作实践在民族文化的历史链条中，在宋代文化的整体系统中有着不可低估的地位。今天我们重新审视这份遗产，仍可为当代文化建设提供不少可以借鉴或吸取的宝贵经验。

［原载《广州大学学报（文理工综合版）》1988年第1期］

① 刘克庄《后村诗话》。
② 欧阳修《感二子》。

梅尧臣诗歌理论的历史贡献

◎吕美生

梅尧臣（1002—1060），字圣俞，世称宛陵先生，安徽省宣城双溪人，以诗闻名于世。

他一生“少达而多穷”（欧阳修《梅尧臣诗集序》）。其家居生活甚至穷困到“妻饿儿啼无一钱”（《回自青龙呈谢希直》）的地步。但存诗2800多首。他的一生，是真正诗人的一生，也是清贫穷困的一生。他的后辈如司马光、王安石、苏轼均对他交口称颂。王安石说：“我得圣俞诗，于身果何如。留为子孙宝，胜有千金珠。”（《哀挽诗》）从中可见一斑。

雷·韦勒克和奥·沃伦说：“一件艺术品的全部意义，是不能仅仅以其作品和作者的同时代人的看法来界定的。它是一个累积过程的结果，也即历代的无数读者对此作品批评过程的结果。”[①]梅尧臣死后诗名远扬。陆游、刘克庄、方回、胡应麟、叶燮等人对梅诗都有过极高评价，称梅为“宋人之冠”“开宋诗一代之面目者”[②]。研究宋诗，不研究梅诗是不行的，不研究梅尧臣的诗歌理论也是不行的。

梅尧臣的诗歌理论，主要散见在其诗集之中，他学习杜甫《论诗六绝句》的做法，写了十余首论诗诗，大量保留在欧阳修

---

① 雷·韦勒克、奥·沃伦著，刘象愚等译《文学理论》，三联书店1983年版，第35页。

② 参阅胡应麟《诗薮》、叶燮《原诗》。

的《六一诗话》之中。再就是，以往不见诸家著录的《梅氏诗评》一卷和《续金针诗格》一卷（《郡斋读书志》著录于集部小说类，《直斋书录解题》著录于集部文史类）。从他的有关论述看，可以说，梅尧臣的诗歌思想，以提倡“平淡”为核心。这突出体现在他晚年两首论诗诗中：

> 因吟适情性，稍欲到平淡。苦辞未圆熟，刺口剧菱芡。（《依韵和晏相公》）
>
> 作诗无古今，唯造平淡难。譬身有两目，了然瞻视端。（《读邵不疑学士诗卷杜挺之忽来因出示之且伏高致辄书一时之语以奉呈》）

在前一首诗中，他微观地审视自身，为了通过“平淡”诗风来“吟适情性”，认为先要经过“苦辞未圆熟，刺口剧菱芡”的戛戛其难的艰苦创作历程。在后一首诗中，他宏观地瞻视历史，认为从古至今，作诗而能达到“平淡”的境界都极不容易。可见，“平淡”是梅尧臣论诗的理论基础和审美标准。这是一种深蕴着进步思想倾向性和独特的艺术审美性的诗歌理论主张。

梅尧臣这一诗歌主张，可以从他的诗歌创作倾向中得到印证。在梅尧臣的诗中，虽然有欧阳修所批评的“怪巧”，还有陆游所称赞的“雄浑”，也有朱熹所指摘的“枯槁”，但是，从总的倾向看，所谓“怪巧”“雄浑”及“枯槁”等，只不过是梅尧臣为追求“平淡”诗美韵味所作的新尝试、所付出的新代价。而且，事实上，历来人们也都是据“平淡”的审美范畴来评论梅尧臣其人其诗的。欧阳修说：“圣俞覃思精微，以深远闲淡为意。”（《六一诗话》）朱熹说：“梅圣俞诗，盖古淡中有意思。”（《清邃阁论诗》）胡应麟推崇：“梅诗和平简远，淡而不枯，丽而有则。”（《诗薮》外编卷五）刘熙载写道：“梅诗幽淡极矣，然幽中有隽，淡中有旨。”（《艺概》卷二）今人钱锺书说：“梅诗时于浑朴中出苕秀。”[①]我们认为这些见解，应该说都是符合梅尧臣诗歌创作的实际的。梅尧臣在诗歌创作中所追求的，确乎是一种平淡简远的美。

把梅尧臣的主“平淡”的诗论放在中国诗论史中考察，我们就会发现，这是一种对炉火纯青的艺术境界的美学追求，其中有技巧问题，也有艺术素养、精神风貌的问题。苏舜钦说：“会将趋古淡，先可去浮嚣。”（《诗赠则晖求诗》）苏东坡说：“大凡为文，当使气象峥嵘，五色绚烂，渐老渐熟，乃造平淡。”（周紫芝《竹坡诗话》）王世贞论诗主张：“至秾丽之极，而反若平淡；琢磨之极，而更似天然。”（《书谢灵运集后》）袁枚说：“诗宜朴不宜巧，然必须大巧之朴；诗宜淡不宜浓，然必须浓后之淡。”（《随园诗话》卷五）姚鼐说：“文章之境，莫佳于平淡。措于遗意，有若自然生成者。”（《与王铁夫书》）上述有关“平淡”的种种论述，我们当然不能把它仅仅看成艺术创作中形式技巧的问题。因为“平淡语出之须极锤炼”（邓之诚《清诗纪事》引杨昌言）。艺术技巧的千锤百炼、精益求精，总是和艺术内容的清真蕴藉、气敛神藏互为因果，密不可分的。马克思说得好：“如果形式不是有内容的形式，那么它就没有任何价值了。”[②]如果认为“平淡”诗论，是封建社会后期知识分子“兼济”与“独善”相矛盾的文化心态和心理情绪经历史积淀而成的“集体无意识”，那么就应当承认具有“平淡”韵味的诗歌作品，就成了包孕一定审美感情的象征性语言符号，它本身就成了积淀着理性内容的审美形式，是一种“有意味的形式”。克莱

① 钱锺书《谈艺录》（修订本），中华书局1984年版，第167页。

② 马克思《第六届莱茵省议会的辩论》（第一篇论文）。

弗·贝尔说："所有美的形式其产生的基础都是对于一种特定情感的个人体验。"[①]当然，梅尧臣之后，各代诗人对"平淡"诗韵的个人感情体验是因人而异，随境而迁的。也就是说，也许有的是源于道家追求"无言之美"的"言语道断"的超功利的自由体验；也许有的是出于释家"不立文字"的"象外之义"的纯直觉的艺术把握；也许有的是来自儒家的"温柔敦厚"的诗教旨趣的唯理性审美感知；也许是这一切之间所形成的合力，转化、交融和抗争等，但这都是一种真正的诗的美学追求，都是一种对社会生活"介入和超越"的特殊表现形式，都是在"平淡"中深蕴着一种勃郁奋发的情感。正如王士禛所说："古淡闲远而中实沉着痛快。"（《芝廛集序》）这是一种哲学的把握，也是一种历史的评价。

对于梅尧臣主"平淡"的诗论，我们只有从文艺思潮的来龙去脉中方能把握其历史贡献和美学价值。龚啸评价梅尧臣的诗曰："去浮靡之习，超然于昆体极弊之际；存古淡之道，卓然于诸大家未起之先。"（《宛陵先生集》附录）这话很好地概括了梅尧臣"平淡"诗论两个方面的成就。首先，我们"近观其质"，它是自己时代西昆体诗作，在一种新的社会条件下，物极必反的历史回响。其次，我们"远望其势"，它是魏晋之际陶渊明开创的"平淡"诗风在一个新的文化背景下的理论复归。

首先，宋初最大的诗歌流派是西昆体。西昆作者只知一味地"效李义山之为丰富藻丽"（葛立方《韵语阳秋》卷二），结果"对偶字面虽工，而佳句可录者殊少"（刘克庄《后村诗话》）。他们的创作倾向，如杨亿在序言中所宣称的，只是为了"并负懿文，尤精雅道，雕章丽句，脍炙人口"。其创作方法是"历览遗编，研味前作，挹其芳润，发于希慕，更迭唱和，互

① 转引自滕守尧《艺术形式与情感》，载《美学》1982年第4卷。

相切劘”。可见他们的诗作，纯属相互唱和应酬，摭拾李商隐的“芳润”，并且变本加厉地追求诗之形式而使内容浅薄淫靡。“颛搜隐僻，巧作形模”（胡应麟《诗薮》外编卷五）。这种西昆体诗作，是在宋代统治者“恩逮于百官者惟恐其不足”的豢养政策下，一些封建文人绮宴华灯、养尊处优、闲得发愁、百无聊赖、借诗发泄苦闷的结果。当时，石介故作《怪说》，痛加针砭西昆体为“穷研极态，缀风月，弄花草，淫巧侈丽，浮华纂组”（《石守道先生集》卷下《怪说》中篇）。但由于石介只是本着儒家正统的“文以载道”的原则，只重诗之功利价值，而完全忽视诗的艺术特征。而且危言耸听、言过其实，因而，无法改变当时已经形成的“杨刘风采，耸动天下”（欧阳修《答蔡君谟》）的局面，无力引导诗歌创作朝正确的方向发展。这只有期待“庆历以后，欧、苏、梅、王数公出，而宋诗一变”（全祖望《鲒埼亭集》外编卷二六《宋诗纪事序》）。梅尧臣从诗歌艺术特征出发，找到了一条矫正西昆诗风的途径。梅尧臣批判西昆体的诗作，主要有以下几首：

> 圣人于诗言，曾不专其中。因事有所激，因物兴以通。自下而磨上，是之谓国风。雅章及颂篇，刺美亦道同。不独识鸟兽，而为文字工。屈原作《离骚》，自哀其志穷。愤世嫉邪意，寄在草木虫。迩来道颇丧，有作皆言空。烟云写形象，葩卉咏青红。人事极谀谄，引古称辩雄。经营唯切偶，荣利因被蒙。……（《答韩三子华韩五持国韩六玉汝见赠述诗》）
>
> 我于诗言岂徒尔，因事激风成小篇。辞虽浅陋颇刻苦，未到二雅未忍捐。安取唐季二三子，区区物象磨穷年。……（《答裴送序意》）
>
> 直辞鬼胆惧，微文奸魄悲。不书儿女书，不作风月

诗。唯存先王法，好丑无使疑。安求一时誉，当期千载知。……（《寄滁州欧阳永叔》）

总括上述三诗内容，可以看出，作为“平淡”诗论的具体论述，梅尧臣把批评的锋芒，始终对准着西昆体在形式上的浮华不实，内容上的空洞无物。西昆派只知道“安取唐季二三子，区区物象磨穷年”，把一些妍华的古典成语镶嵌到诗句里去，并彼此互相唱和夸耀，消磨岁月。与此相对立，梅尧臣声称自己“不书儿女书，不作风月诗”，他所主张的，就是《诗三百》的现实主义创作精神，“自下而磨上，是之谓国风。雅章及颂篇，刺美亦道同”。他强调不论风、雅，均应以刺美为内容，来贯彻“下以风刺上”的一面。基于这种认识，他把《离骚》的“愤懑”之情和《诗三百》的“兴观群怨”直接相承。这样，屈原的郁思哀怨，就不仅仅是个人得失的“自哀其志穷”，而是“愤世嫉邪意，寄在草木虫”，通过对草木虫的描写，寄寓诗人“怨主刺上”的爱国深情。这与梅尧臣所自许的“平生少壮日，百事牵于情。今年辄五十，所向唯直诚”（《依韵和达观禅师赠别》）的做人态度是完全一致的。

更重要的是，梅尧臣“变尽昆体，独创生新，必辞尽于言，言尽于意，发挥铺写，曲折层累以赴之”（叶燮《原诗·外篇》）。他不仅从“破”的角度，指出西昆派违背了“文质半取，风骚两挟”的优良传统，而且从“立”的方面，从诗歌创作的“自我运动”的内部规律出发，依据其“平淡”诗论，提出富于独创性的论点，就是“因事有所激，因物兴以通”。强调诗人作为创作主体，其思想感情必须有赖于客观事物的激发，才能产生强烈的创作冲动。这种感情激发又与平淡诗境的韵味追求统一在一起，这就涉及情感性和形象性的统一。这也就是梅尧臣强调“因物兴以通”的主旨。中唐刘禹锡说“境生于象外”

（《董氏武陵集记》），已初步意识到诗的象征意蕴，既要寄寓于物象，又要超越于物象，是情感和形象相互交融、渗透而成的兴象。果然后来清人冯斑曾将其理解为："刘梦得云'兴在象外'，一语妙绝。"（《钝吟杂录》卷五）这与署名王昌龄作的《诗格》所说"搜求于象，心入于境，神会于物，因心而得"的艺术境界，又是一脉相承的，也与皎然在《诗式》中所说"诗情缘境发"更是彼此互补的。这正是梅尧臣主张"因物兴以通"的艺术渊源，即要求主观情感一旦与具体物象沟通，就要把它熔铸为富有"平淡"美感的兴象。贾岛《二南密旨》云："兴者，情也。谓外感于物，内动于情，情不可遏，故曰兴。"可谓对梅尧臣"因事有所激，因物兴以通"的一个恰切的形象化说明。客观事物激发了主观感情，又必须通过"兴"的艺术思维，才能成为"初如食橄榄，真味久愈在"（《六一诗话》）的艺术形象，这种艺术构思，正如王安石所说"看似寻常最奇崛，成如容易却艰辛"（《张司业集》），是一种极其艰难的精神劳动。欧阳修曾指出："圣俞平生苦于吟咏，以闲远古淡为意，故其构思极艰。"（《六一诗话》）这绝不是那些"迩来道颇丧，有作皆言空"的西昆派诗人所能望其项背的。明人宋仪望曾这样评价梅尧臣的诗歌创作成就："陶写性灵，名状物理，辞清而兴逸，颇与宋调殊致，王文康谓二百年无此作，信矣。"（万历本《宛陵集序》）这看法符合历史辩证法的运动轨迹，符合客观创作实际。

其次，梅尧臣对"平淡"诗风的追求，是由陶渊明开始的对平淡诗美的追求在新的历史条件下的继续。

宗白华说："魏晋六朝是一个转变的关键，划分了两个阶段。从这个时候起，中国人的美感走到了一个新的方面，表现出一种新的美的理想，那就是认为'初发芙蓉'比之于'错采镂金’是一种更高的美的境界。”[①]汤休惠曾说：“谢（灵运）诗如芙蓉出水，颜（延之）如错采镂金，颜终身病之。”（转引钟嵘《诗品》）这种诗美的理论基础，又是来自老庄哲学在当时“越名教而任自然”的社会思潮撞击下的崛起和高扬。“天地有大美而不言。”（《庄子·知北游》）其中陶渊明就是体现这一转变的关键人物。以后，李白对“自从建安来，绮丽不足珍”（《古风二首》），“清水出芙蓉，天然去雕饰”（《经乱离后天恩流夜郎忆旧游书怀赠江夏韦太守良宰》）的天然美、本色美的追求，司空图对“浓尽必枯，淡者屡深”（《诗品·绮丽》），“澄淡精致，格在其中”（《与李生论诗书》）的平淡美、闲淡美的表述，都是这种美的境界的一种理论发展。梅尧臣发挥了平淡而有韵味的思想。他在《林和靖先生诗集序》中说：“其顺物玩情为之诗，则平淡邃美，读之令人忘百事也。”“平淡”其表，“邃美”其里，这和宋初诗歌思潮突出“韵味”这一美学概念密不可分。正如范温在《潜溪诗眼》中所说：“韵者，美之极。”“必也备众善而自韬晦，行于简易闲淡之中，而有深远无穷之味。”只有这样，读者在读诗时，才能“测之而益深，究之而益来”。他还援引苏东坡对苏子美（舜钦）兄弟诗作的评论：“坡之言曰：苏子美兄弟大俊，非有余，乃不足则将收藏于内，必不如是尽发于外也。”[②]范温正是根据“韵”的审美标准，才认为“古今诗人，唯渊明最高”。而苏东坡根据他“言有尽而意无穷者，天下之至言也”（转引自姜夔《白石诗说》）的诗美韵味感受，还曾说过：“予尝论书，以钟、王之迹，萧散简远，妙在笔画之外……至诗亦诗，苏、李之天成，曹、刘之自得，陶、谢之超然，盖亦至矣。……韦应物、柳宗元发纤秾于简

① 宗白华《美学散步·中国美学史中重要问题的初步探索》。

② 《潜溪诗眼》，全书已佚，此处见《永乐大典》所引。

古，寄至味于淡泊，非余子所及也。”（《书子思诗集后》）这里所说的“天成”“自得”，特别是陶、谢之“超然”，就是指追求一种超越狭窄社会功利性的，关于人生叹喟、反思和领悟的宇宙意识。这就是他所说的“发纤秾于简古，寄至味于淡泊”的“平淡”韵味。然而梅尧臣早于范温、苏东坡等人半个世纪，就曾倡言“平淡”之韵，并且首次推崇陶渊明的“中作渊明诗，平淡可拟伦”（《寄宋次道中道》），认为陶渊明是“平淡”诗人。再如：“唯师独慕陶彭泽，奇迹仍收王会稽。此焉趣尚已不浅，更在措意摩云霓。”（《答新长老诗编》）“方闻理平淡，昏晓在渊明。寝欲来于梦，食欲来于羹。渊明傥有灵，为子气不平。其人实傲佚，不喜子缠萦。”（《答中道小疾见寄》）真是“心有灵犀一点通”。表面看去，诗歌创作讲究“平淡”之“韵”，似乎是要相对地脱离现实，但是，这种相对的脱离，正是为了让诗歌绝对地接近人生的底蕴，走向历史的深处。因为它要求诗歌表现的是诗人的心灵，是诗人自己的文化——心理传统中经历史积淀着的关于自己时代、民族的一种沉厚、凝重的人生感、历史感。

关于这种“平淡邃美”的诗韵意蕴，我们在梅尧臣下面这段话中，还可得到历史具体的阐述：“诗家虽率意，而造语亦难。若意新语工，得前人所未道者，斯为善也。必能状难写之景如在目前，含不尽之意见于言外，然后为至矣。”（欧阳修《六一诗话》）在这里，梅尧臣把诗分为“善”与“至”两种境界，“意新语工，得前人所未道者”，只是达到了“善”的境界，尚未获得“平淡”之“韵”。“状难写之景如在目前，含不尽之意见于言外”，方才算达到了“至”的境界——诗之极致，始算进入“平淡”之“韵”的审美范畴。这也就是当时“神品”和“逸品”的区别。这与近代英国美学家斯泰司所说是不谋而合、义趋同一的，他认为诗的感受只可意会，“理智内容与知觉领域浑成一体，彼此分辨不出”[①]。从这一审视角度看其“善”境，正如陈衍所说：“宛陵用意命笔多本香山。”（《石遗室诗话》）这只不过是对白居易“以故为新，以俗为雅”的美学思想的肯定，而同时又包含着对它的那种于寄托事物中求含意的否定。而他的“至”境，才是对司空图所主张的“味外之旨”，在扬弃中的发展，也才是严羽所说“梅圣俞学唐人平淡处”（《沧浪诗话》）的真正目标。这就是说，诗要求在“平淡”中追求被诗的象征意蕴所唤起的含蓄美。黑格尔说得好：“意蕴总是比直接显现的形象更为深远。”[②]歌德也曾指出：“艺术的最高原则就是意蕴，而成功的艺术处理的最高成就就是美。”[③]这些都说明，这是人类艺术地把握客观世界，在一定阶段所必然出现的审美规律的普遍现象。

“状难写之景如在目前，含不尽之意见于言外”，这是梅尧臣对其“平淡”之韵最精当最恰切的说明。这是在刘勰“情在词外曰隐，状溢目前曰秀”（《文心雕龙·隐秀》）的艺术见解基础上，根据自己时代提出的“韵”的审美范畴加以再创造而成。与他所说的“诗有内外意，内意欲尽其理，外意欲尽其象，内外意含蓄，方入诗格”（《诗人玉屑》卷九《续金针诗格》）是完全一致的，所谓“内外意含蓄”也就是要求“目前之景”与“言外之意”的辩证统一，也就是“表现”与“再现”的结合，从而造成让“目前之景”成为诗的审美特有的“兴象”，这样，“言外之意”方可提炼为诗的意蕴特有的“韵味”。梅尧臣的这种“平淡”之“韵”，向上看，是根据唐代皎然提出的“两重意已上，皆文外之旨”（《诗式》卷一）的观点的进一步发挥。另外，托名白居易写的《金针诗格》说：“诗有

① 《近代美学史述评》，第 50 页。

② 《美学》第 1 卷。

③ 转引自朱光潜《西方美学史》下册，人民文学出版社 1964 年版，第 72 页。

内外意。内意欲尽其理，理谓义理之理，颂美箴规之类是也。外意欲尽其象，象谓物象之象，日月山河虫鱼草木之类是也。”托名贾岛写的《二南密旨》也有类似的话：“外意随篇目自彰，内意随入讽刺，歌君臣风化之事。”虽然两说对内外意的说明，都明显夹带有比兴说中有关讽刺的内容，但从对概念的表述上，它们都明确地把皎然的“两重意已上”创构为“内意”和“外意”。这无疑对梅尧臣“内外意含蓄，方入诗格”的提出，有历史的艺术渊源的继承关系。“内意”是指诗歌意蕴内在包孕的“味外之旨”，“外意”则是指诗歌境界普遍呈现的“象外之象”。向下看，这就造成诗歌“可以意解不可以辞解”（《说诗晬语》引杨诚斋语）的奥秘之所在。梅尧臣的“平淡”之“韵”，还为严羽的“诗有别才，非关书也；诗有别致，非关理也”（《沧浪诗话》）的理论，提供了有益的“思想资料”。以后，袁枚说：“诗含两层意，不求其佳而自佳。”（《随园诗话》）吴淇说：“诗有内有外。显于外者曰文曰辞，蕴于内者曰志曰意。”（《六朝选诗定论缘起》）张炎说：词“有有余之境之意始佳”（《词源注》）。刘熙载说：“妙在言虽止而意无尽。”（《艺概》）这些都与梅尧臣“诗有内外意”一脉相承，合乎规律的发展。宗白华说得好：“艺术意境不是单层的平面的自然的再现，而是一个境界层深的创构。”[①]特别是当境界层深的诗美意蕴，由于在创作主体身上“再现”和“表现”的交叉错位，造成情景交融、时空转换、视听渗透以及象征和隐喻的双向反馈，于是呈现为“目前之景”的“外意”和“言外之意”的“内意”之间多维交叉的流动创构。“两者的每一方当自己实现时也就创造对方，把自己当作对方创造出来。”[②]这正如西方

① 宗白华《美学散步·中国艺术意境之诞生》。

② 《马克思恩格斯全集》第12集，第743页。

意象派理论家休姆学习中国古代诗歌而提出的“两个视觉形象形成我们可以称之为‘视觉和弦’的东西，联合起来提示一个与两个都不同的意象”[①]，我们称之为“复调意象”。艾兹拉·庞德认为，叠加是“意象主义的真谛”，并说：“意象在于呈现瞬间的心智和感情的综合意识。”[②]在当代，这种发迹于中国古代诗歌“内外意含蓄”的“复调意象”所造成接受主体的“视觉和弦”，正在冲击着各类艺术创作实践。由此可见，梅尧臣讲究“韵”的“平淡”诗论，在中国诗歌史上确乎有着承前启后的历史贡献，就是在世界艺术史上也有其不可磨灭的功绩。

［原载《安徽大学学报（哲学社会科学版）》1988年第2期］

① 转引自赵毅衡《意象派与中国古典诗歌》，载《外国文学研究》1979 年第 4 期。

② 转引自林同华《美学心理学》，浙江人民出版社 1987 年版，第 216 页。

梅尧臣诗“以丑为美”论

◎张仲谋

一

梅尧臣之以丑为美，并不仅仅表现在钱锺书先生所提到的《扪虱得蚤》《八月九日晨兴如厕有鸦啄蛆》等少数诗篇里①。无论是从梅尧臣传世的近三千首诗中的比例来看，还是以同时代诗人作参照，这类诗显然已经形成一种审美趣味或创作倾向。它与以俗为雅、以故为新、以奇为健等特色交叉相辅，成为梅尧臣诗风的一种重要构成因素。

我们试从取材、用字、用韵和意象几个层面加以分析。

宋诗的取材，远较唐人广博；这当然不足以作为判定高下的理由，但至少是一个特点。而这个特点，可以说是滥觞于梅尧臣。从引丑入诗这一点来说，唐之杜甫、韩愈已开其端绪，梅尧臣只是踵事增华、变本加厉而已。但对于宋人来说，梅尧臣是发凡起例的人，或者说，是始作俑者。在梅尧臣之前，无论是白体、晚唐体还是西昆体诗人，对待或丑或俗的题材都很谨慎。杨亿的《傀儡》很有点谑浪嘲戏的意味，但只是偶尔一现的俳谐诗。王禹偁的《睡》写人之睡态穷形尽相，至云“轻轻龟喘息，冉冉蝶精神”“觉知身是幻，静与死为邻”，已经颇有点

① 见《宋诗选注》关于梅尧臣的介绍文字注。

“黑色幽默”的味道，但也只是偶然逸出诗学规范，并未构成引人注目的创作倾向。只是到了梅尧臣之后，宋诗才呈现出以丑为美、插科打诨的野性思维特征和美学风貌。《咏刘仲更泽州园中丑石》和《石咏》二诗，极写丑石的凹凸险怪，千窍百孔，颇有叹为观止之意。这也许还算不得以丑为美，因为稍后的苏轼、米芾，一直到清代的郑燮、刘熙载，都曾经对丑石大加礼赞，一般人也比较容易接受怪石的“丑”态。又如《聚蚊》《彼鴷吟》等诗，虽然描绘了丑恶的物象，但那是继承屈原“恶禽臭物以比谗佞”的比兴传统，也算不得以丑为美。但是，在梅尧臣诗集中，确有许多诗是以刻画丑态为能事的。它们纯属鲁迅所谓大便与毛毛虫之类的不能进入艺术领域的东西，即使用诗的语言描述出来，也仍然不能化而为美，或者给读者带来“美的享受”。

《水次髑髅》诗云：“不知谁氏子，枯首在沙洲。肉化乌鸢腹，肢残波浪头。曾闻南面乐，宁有九原愁。厚葬不为贵，汉官其登（发）丘。”此诗虽然不无庄子的影响，末尾也略有悲天悯人的意味，但是仍不免使人触目惊心，毛骨悚然。《师厚云虱古未有诗邀予赋之》由谢师厚发起，而梅尧臣显然是乐于从命的。后来他又写了《扪虱得蚤》，诗云：“兹日颇所惬，扪虱反得蚤。去恶虽未殊，快意乃为好。物败谁可必，钝老而狡夭。穴蚁不啮人，其命常自保。”看到什么事物都能引出一篇议论，而且议论并不高明，这往往是宋人的通病。然而于题材毫不拣择，或者竟是有意取前人所避忌的事象，于此正可以看出梅尧臣的趣味。又《八月九日晨兴如厕有鸦啄蛆》诗云：“飞乌先日出，谁知彼雌雄。岂无腐鼠食，来啄秽厕虫。饱腹上高树，跋觜噪西风。吉凶非予闻，臭恶在尔躬。物灵必自洁，可以推始终。”也许梅尧臣不无现实的感慨或具体的讽喻对象，但只要看了诗题就够让人恶心的了。又《夏虫》诗云：“物久必自化，化之犹骞腾。当看厕中蛆，去作盘上蝇。”此诗旨意在于说明生物嬗变相生的道理，但是为什么不拿蝉、蚕之类作譬呢？“厕中蛆”与“盘上蝇”，真是天然巧对，亏作者想得出！中国人最忌讳饭桌上谈便溺之类，而梅尧臣好像存心让人倒胃口，以此来显示他的感觉承受能力，并以考验读者的感觉承受能力。又如《四月十八日记与王正仲及舍弟饮》，写与王氏昆仲舟中饮酒，自己病酒呕吐而王氏下泻，以及惊走叫号之状；《次韵和永叔尝新茶》写饥肠饮茶，肚子里咿哇乱鸣之声，都是崭新开辟前无古人的。徐文长谓读文章如冷水浇背，陡然一惊，便是佳作，那么梅尧臣的诗正符合这种标准，而是否佳作却大成问题。

梅尧臣在题材上的引丑入诗，也有成功的例子。如《倡妪叹》：“万钱买尔身，千钱买尔笑。老笑空媚人，笑死人不要。”这首诗别出心裁地选取老妓为创作素材，语言直白干硬，冷酷的目光中含有同情和悲悯。他把一个妓女由韶华年光的春风得意到年老色衰、门庭冷落的残酷现实，也把无数个沦落风尘的妓女的悲剧命运，涵盖于一首20字的小诗之中，从而给读者造成巨大的情感冲击力。我们不能不佩服作者概括生活的能力，更必须承认他观察生活、提炼素材的独特眼光。倡妪是丑的，但她年轻时是美的（不美又何至于万钱买身、千金买笑呢），不写出倡妪的老丑，就不能揭示这一个与无数个倡妓的悲剧命运。丑本身并不具有审美价值，但它具有与美对照揭示现实的功能，所以这种丑在艺术中是必要的。从这个角度说，引丑入诗，实在是诗歌领域现实主义深化的必然要求，既然我们对罗丹的著名雕塑《欧米哀尔》（或译作《老妓》）极表赞叹，甚至说它“丑得如此精美”，就必须肯定梅尧臣的这首《倡妪叹》。它比罗丹据以创作的维龙的诗作要简洁得多。假如用它作为罗丹雕塑的配诗，难道不是中西合璧的艺苑双绝吗？

其次说梅诗之用字。前人作诗，很讲究字法，其次才是句法和章法。所谓字法，即遣词下字的法则，一是要有来历，二是要讲音节、色泽、形象之美，鄙俚粗俗的、敲打不响的字眼，皆要尽力避开，这是一种无形的诗坛戒律。老杜诗多用俗字俚语，之所以能够得到后人认可，是因为他的成就和名声达到了诗坛教主地位，无人敢非议，而且他所用的俗字，也是经过谨慎拣择和匠心安排的。而一般人用俗语，则难免受三家村学究之讥。世传刘禹锡九日（重阳）作诗，想用“糕”字而不敢用，宋人大肆嘲笑，所谓“刘郎不敢题糕字”[①]，既流露了宋人的自负心理，也显示了他们纵横驰骛、有法不依的野性思维特征。

宋人之有意用奇险、生涩、粗俗、恶丑的字眼入诗，梅尧臣也是开风气之先的人物。他好像故意引刘姥姥进入大观园，而自己躲在一旁暗自欣赏这种乖错的不谐和之美。如《桃花源诗》：“秦已非秦孰为汉，奚论魏晋如割瓜。”“割瓜”之喻，钱锺书《谈艺录》斥为不可解会。窃意“割瓜”即“瓜剖”之倒文。鲍照《芜城赋》“出入三代，五百余载，竟瓜剖而豆分”，白居易《汉高皇帝亲斩白蛇赋》“于时瓜剖区宇，蜂起英豪”，皆为尧臣之先声。“瓜”字虽俗而无可替代，况有一“剖”字稍渗以文言色彩，故不觉其俗，梅尧臣以“割”易“剖”，显然是以俗为雅的意识在作怪。梵志诗云：“梵志翻着袜，人皆道是错。宁可刺你眼，不可隐我脚。”黄庭坚等人对此种“翻着袜”法大加称赏，引为作诗秘诀，而梅尧臣早已将此法付诸实践了。又如《别后寄永叔》：“窃比于老郊，深愧言过实。”“老郊”即孟郊，此处用一“老”字，意在显示孟郊倜傥不羁的精神风貌。又如《答王太祝卷》：“诗袖大篇令我删。”《哀王孙》：“长大王孙抱饥色。”美学家认为，小事物可给人秀美之感，而大东西往往有粗蠢气象。梅尧臣却故意用“大”“长大”等形容词，给

① 王楙《野客丛书》：“刘梦得尝作《九日》诗，欲用‘糕’字，思六经中无此字，遂止，故宋景文《九日》诗曰：‘刘郎不敢题糕字，虚负人生一世豪。’”

人一种横放杰出、老气横秋的神气。又如《合流值雨与曹光道饮》“秋风嚎衰林”，《和欧阳永叔啼鸟十八韵》“我昔曾有禽言诗，粗究一二啼嚎情”，《寄题刘仲更泽州亭》“春归百禽嚎”，这三处都用了“嚎”字。第一处还勉强可以，因为老杜《茅屋为秋风所破歌》中即有“八月秋高风怒号”，“嚎”与“号”相通，而字面稍欠雅驯。后二诗用“嚎”字来写春天鸟类的啼叫，无论从写实还是从审美的角度来说，都显然不妥。梅尧臣不用前人习用的啼、鸣、哢、唱，而故意用了一个粗拙重浊的“嚎”字，可以推想，在他的创作意识里，首先考虑的不是求美，而是求新求险，求创作个性。个中得失，后面还要分析。

诗之用韵，当视题材情感而定，因乎材质而成于自然，本无美丑之分。然诗有宽韵、窄韵之别。宽韵中韵字多而便于拣选，窄韵中韵字少而难成长篇。所谓险韵，即指那些合于窄韵而字面奇僻生涩的韵字。唐人自韩愈始开用险韵的风气，宋人则自梅尧臣、欧阳修相与讲论实践，大煽此风。梅诗中如辄（叶知韵）、曾（登韵）、摽（笑韵）、乖（皆语）、搀（咸韵）、唧（质韵）、毵（覃韵）等，皆为僻字险韵。这些韵字一般都不够清亮，缺乏乐感，虽然经过诗人的打磨和组织，仍不免钩章棘句之感。而诗人选择这些韵字的动机，本来就不在于求其美感或内容与形式的谐调，而是要“因难见巧，愈险愈奇”，显示功力，越世骇俗。这从创作规律来讲已落第二义。

最能说明梅尧臣对险韵的执着兴趣的例子，是他曾反复用韩愈《病中赠张十八》之韵，作了好几首诗。韩愈原诗用“江”韵，凡二十二韵，其中用了逄、扛、摐、幢、杠、缸、釭、庬、肛、哤、泷、峐、桩等韵字。欧阳修、梅尧臣相与赞叹韩愈“窄韵难独用而反不出”，就曾举此诗为例。梅尧臣先用此韵写了一首《古柳》，末四句云：“吾交评韩诗，险韵古莫双。安得共咏此，但嗟各他邦。”显然是寄给欧阳修而邀其同赋的，后一年余，欧阳修即用此韵写出了他颇为得意的《庐山高》。此后又过了三四年，梅尧臣又用此韵写了《送潘歙州》《依韵自和送诗寄潘歙州》《三和寄潘歙州》与《平山堂杂言》。尽管偶有重韵，有些诗句也不免牵强，但仍然引起后辈诗人的赞叹和模仿，对巩固梅尧臣诗坛老将的地位不无作用。苏轼《送杨孟容》、黄庭坚《子瞻诗句妙一世……》皆用此韵，后人例称为“以窄韵见长”，其实都受到梅尧臣的影响。

梅尧臣不仅引丑入诗，而且还以美为丑，即有意对传统的审美意象出之以恶作剧的态度，插科打诨煞风景。如月亮及月中仙子嫦娥，在前人诗词中都是冰清玉洁、超凡脱俗的美好形象，而梅尧臣前后写了许多咏月诗，除了年轻时所作的《春晴对月》，绝大多数出于嘲弄戏谑的态度。如《杨公蕴之华亭宰》：“月径千里大，中有神娥宫。宫旁种玉桂，柯叶垂珑珑。虾蟆穴其根，出辄气墨蒙。光魄纵复吐，血赤如顽铜。不知从何时，更使人踪通。年年折桂枝，宽少尚易充。今年拗都尽，秃株立童童。株秃莫尔攀，堕云双手空。归来走海上，买鹤问吴翁。”此诗不专咏月，但以咏月发端。以虾蟆称蟾蜍，所指虽一，而雅俗美丑意味有别。又把月光形容为赤血顽铜，由蟾宫折桂的典故发展为“秃株立童童”，都是有意地煞风景。又《杂兴》“姮娥虽夜行，莫比淫奔废”，《爱月》“素娥领玉兔，孤寡命亦微”，《云间月》“雄乌与牡兔，万岁不生子”，皆可谓邪思之尤。《戏作嫦娥责》一诗，说前此曾作《永叔白兔》诗，触怒了嫦娥，彼乃下界见责。这种构想本来也可以写成一首活泼的好诗，诗人却说：“又将清光射我腹，但觉轸粟生枯皮。”月光本来幽美清华，但偏偏照在55岁老翁的肚子上，“轸粟生枯皮”，更觉丑恶不堪之想象。

梅尧臣诗的比喻，也表现出以丑为美的倾向。一般说来，比喻的功能有二：一是为了具体真切，二是为了增加美感。有了后一层限制，许多事物本来可以用作喻体，但出于美感效应的考虑则必须舍弃。梅尧臣好像没有这种顾忌，相反，他特别喜欢拿丑恶可怖的形象来作比喻，以求惊听回视之效。如《金陵怀古》“谁知荒凉城，空存如刳腔”，《送宣州签判马屯田兼寄知州邵司勋》“苍山晴卧蜕骨龙”，《胡公疏示祖择之卢氏石诗和之》“瘦峰削出嵩华骨，虚窍凿破蛟螭额”，《梦感》“及痛动悲肠，痛逆如刮鳞”……这些比喻，都很形象真切，但使人怵目惊心，不堪想象。

二

梅尧臣“以丑为美”创作倾向的成因，可以从诗歌自身发展的规律以及社会背景、个人遭际等方面来分析。

首先，从诗歌自身的发展来看，梅尧臣等北宋诗人面临的主要课题，就是处在唐代诗歌高峰之后，如何谋求发展并且形成宋诗的特色。鲁迅曾经说过：“我以为一切好诗，到唐已被做完，此后倘非能翻出如来掌心的齐天大圣，大可不必动手。”①闻一多的《四千年文学大鸟瞰》，将安史之乱以前的诗称为“诗的黄金时代”，而以后的诗只是“不同型的余势发展”。这和吕本中说黄庭坚的本领在于“死蛇弄得活”，陈衍所谓“宋人皆推本唐人诗法，力破余地耳”等说法，意趣相通，都可以使人想见宋人处于唐诗高峰之后难乎为继的困难局面。令人佩服的是，宋人虽然对唐诗的成就与自己面临的困境有清醒的认识，却并不悲观消极，抱残守缺。宋人在收复国土方面缺乏“四方之志”，而在诗国的开拓上是锐意进取，毫不懈怠的。他们不像明人那样甘老于前人的门墙之下，写一些徒具形骸的“陪唐诗”，而是在一切可能的方面去尽力探索，力破余地，终于形成了宋诗独特

① 《鲁迅书信集·致杨霁云》。

的精神面貌，从而把难乎为继的困境抛给后来的元明清人。叶燮《原诗》云：“譬诸地之生木……宋诗则能开花，而木之能事方毕。自宋以后之诗，不过花开而谢，谢而复开。”蒋士铨《忠雅堂诗集》卷一三《辩诗》诗云：“唐宋皆伟人，各成一代诗。宋人生唐后，开辟真难为。元明不能变，非仅气力衰。能事有止境，极诣难角奇。”这两人对诗歌的兴衰发展俱能洞见根本，比那些矮子观场风行草偃的人要高明得多。宋人用自己的双手和心血，出色地写下了中国诗史上最难写的一页。

在宋诗的发展史上，梅尧臣是一位关键性的诗人。陆游《宣城李虞部诗序》云：“歌诗复古，梅宛陵独擅其宗。”刘克庄《后村诗话》称梅为宋诗的“开山祖师”，徇非虚誉。关于梅尧臣对宋诗的影响，笔者另存专文，这里要说的是，梅尧臣的“以丑为美”，正是“力破唐人余地”，极尽诗之能事的一种手段和结果，也可以说是他进行复古或创新的一项副产品。

可以设想一下，在诗的题材、格律、技巧等方面，唐人可谓已臻极致，可供宋人开拓的领地已经微乎其微，前人所谓诗至于唐犹词至于宋，况周颐所谓哪有好言语留待我辈驱遣，都是深谙其中三昧的甘苦之言。如果执守传统的诗教、诗法、诗律、诗品，宋人就只能匍匐在唐人的巨大身影下臣仆自居，拾其牙慧。宋人意识到这一点，故在许多方面采取反向发展的思维定式。美的东西写完了，于是写丑；诗律精严得无以复加了，于是用拗体；诗的抒情功能已经得到了完美的体现，于是出之以议论；平正典雅、温柔敦厚的诗品行世已久，于是出之以诙诡乖张、插科打诨。其他如奇字、险韵、怪象、僻典的运用，也都是这种反向模仿延伸的结果。与唐诗比起来，宋诗可以说是变风变雅。不变就没有出路，变也就是发展；因此，正与变只是互为参照的两个方面，其中不应含有高下优劣的裁判意味。

当然，以反向模仿求发展或求自立的思维方式，并非宋人的创造。以梅尧臣和欧阳修来说，很明显地受到韩愈的影响和启发。赵翼《瓯北诗话》卷三云："顾李、杜之前，未有李、杜，故二公才气横恣，各开生面，遂独有千古。至昌黎时，李、杜已在前，纵极力变化，终不能再辟一径。唯少陵奇险处尚有可推扩，故一眼觑定，欲从此辟山开道，自成一家。此昌黎注意所在也。"韩愈能够在李、杜之后自成一家，和他理智地选择创作方向显然有很大关系。这一点，梅尧臣也意识到了。在梅尧臣登上诗坛之前的六十余年间，宋初诗坛上或学白居易，或学贾岛，或学李商隐，不论学谁，无不欲寻唐人未尽之绪而引申之。徘徊日久，至梅尧臣始定于一尊，那就是《读邵不疑学士诗卷杜挺之忽来因出示之且伏高致辄书一时之语以奉呈》中所说的"复想李杜韩"。实际主要是杜、韩二家，李白只是为了凑足音节拉来陪衬的。杜、韩二家，也有先后承传关系。韩愈力破杜甫之余地，梅尧臣又是力破韩愈之余地。由杜甫到韩愈，再到梅尧臣和黄庭坚，这就是由唐诗到宋诗的发展轨迹。韩愈"一眼觑定"少陵奇险处，继续推扩而自成一家；梅、欧等人又"一眼觑定"昌黎诗法之余地，变本加厉，因而造就了宋诗的特色。因此，梅诗之以丑为美、以俗为雅，追求奇崛险怪的诗风，等等，虽然不无因崇拜韩愈而爱屋及乌的感性失误，但从总体倾向来说，是清醒理智的选择。宋诗发展的事实也已经证明，这种选择是成功的。

假如把目光拉近一点，单从宋诗发展的逻辑来说，梅尧臣之以丑为美，在很大程度上是出于对西昆体的逆反心理。梅尧臣崛起诗坛之时，正是西昆体盛极将衰之际。杨、刘诗风，如水陆八珍，珍馐满眼，然食久而腻，反令人思苜蓿、荠菜风味。贺裳《载酒园诗话》说，由晚唐体到西昆体，"正如久处萧寺孤村，又羡玉楼金尾，势必然耳"。那么由西昆体到梅尧臣，则是厌刍豢而思螺蛤、弃肥腻以就清涩的必然趋向。钱锺书先生《谈艺录》谓梅诗“力避巧丽轻快，沦为庸钝村鄙”。又谓其“将易金华殿为土阶茅茨”，颇中梅诗之病，遗憾的是道其然而未探其所以然。应该说，梅尧臣是较早地觉察到诗坛运会所趋而以实践促使其转变的一人。他的诗在以丑为美、以俗为雅方面确有出格过分之处，但这是出于矫枉过正的心理。故虽乏通变之眼光，亦是可以理解而且应予宽容的。这种诗风为当时人认可，并且在苏、黄诗中得到进一步发展，也可以证明梅尧臣是有意地尝试突破，而不是走火入魔地胡来。

其次，从当时的社会文化背景来看，梅尧臣以丑为美的创作倾向，也是当时特殊的文化心理氛围的产物。

北宋王朝虽然结束了五代纷争的局面，然而开国气象不振，在秦汉盛唐恢宏国势的照耀之下，士大夫们常不免戚戚之感，王钦若、丁谓不管如何玩弄天书的把戏，都遮掩不住封建社会趋于衰落的历史定势。发展到梅尧臣的时代，百年承平的表象已经成为挡不住风雨的珠帘。外患频仍，内乱蜂起，新旧党争迭复倾轧，敏感的士大夫早已感到悲凉之雾遍被华林。积重难返，衰世难佐，大厦将倾，非一木可支。严重的现实粉碎了北宋文人的政治理想，使他们的价值取向、人格追求都产生了巨大的变化。画图麒麟、铭功异域的豪情壮志，愿为辅弼、致君尧舜的政治幻想，都显得不切实际了。他们只能在青灯黄卷的书斋里，在诗词创作的象牙之塔里，乃至秦楼楚馆或曲蘖堆中，寻求安身立命之地。他们否定了孔子“知其不可而为之”的“迂”，也否定了孟子以精英自居的“傲”；否定了屈原以身殉其理想的“烈”，也否定了阮籍、嵇康愤世嫉俗的“狂”。现实没有为他们提供用武之地，他们也乐得抛撇了社会责任。他们追求的是自放、自适，努力使自己在悲剧时代活得洒脱自在。心理的失重需要调节，灰暗的心境需要刺激。他们喜欢对传统的观念、规矩插科打诨，嘲弄揶揄。欧阳修、王安石、司马光的经学著作，由开始的舍传求经，很快发展为对经典的怀疑指责。旧的偶像对于维系人心已经不起作用，他们似乎有理由怀疑或者标新立异。

这种蔑弃传统、否定成规的思维方式，直接导致了宋诗美学以丑为美、以俗为雅的倾向。以丑为美，前提是否认美丑有客观标准，打通美与丑的畛域。梅尧臣在这方面是开风气之先的人物。他的《和瘿盂》诗云："物以美好称，或以丑恶用。美恶固无然，逢时乃亦共。弃则为所轻，用则为所重。"《咏刘仲更泽州园中丑石》云："以丑世为恶，兹以丑为德。事固无丑好，丑好贵不惑。"前一首诗讲适用为美，后一首诗讲以为美则美，都是否定美丑的客观标准。《范饶州坐中客语食河豚鱼》诗的结句"甚美恶亦称，此言诚可嘉"，也体现了美丑相依不可迹分的观点。欧阳修有一首《古瓦砚》云："砖瓦贱微物，得厕笔墨间。于物用有宜，不计丑与妍。金非不为宝，玉岂不为坚？用之以发墨，不及瓦砾顽。"观点与梅尧臣如出一口。叶梦得《石林燕语》卷八记东坡语云："凡诗做到众人不爱可恶处，方为工。"吴可《藏海诗话》引东坡《谢李公择惠诗帖》云："公择遂做到人不爱处。"意味中似乎是把做到人不爱处视为诗家上乘境界。《邵氏闻见后录》卷一九载："晁以道问予：'梅二诗何如黄九？'予曰：'鲁直诗到人爱处，圣俞诗到人不爱处。'以道为一笑。"虽以游戏态度出之，仍有以梅圣俞诗高出一等的意味。再联系苏轼、米芾对丑石的偏爱，江邻几画《鬼拔河图》，谢师厚邀梅尧臣赋虱等事，可以说，以丑为美，是北宋文人中普遍流行的一种审美趣味，这是在为处于混乱政局背景下的晦暗心境寻求刺激，把现实的重压付之一笑，使自己活得更为轻松洒脱。宋诗的科诨俳谐中之所以具有黑色幽默的味道，就是因为它是一种带笑的挣扎，玩世不恭中带有潜隐的悲剧意味。

从梅尧臣的诗来看，他之所以不避粗俗恶丑，在很大程度上是为了表现自己旷达洒脱、老气横秋的人格风范。如《裴如晦自河阳至同韩玉汝谒之》：“朝闻单骑归，径走至其第。扣门童仆顽，拒我色甚戾。不顾遂登堂，有马堂下系。辨诈大呼卿，稍应西屋际。逡巡冠带出，青绶何曳曳。有似缩壳龟，藏头非得计。……”闻裴如晦至而径走造访，显示了彼此间交谊非同一般，然而不顾登堂，辨诈大呼，已似无礼，至称裴如晦如缩壳之龟，尤觉谑而成虐，有点过分。可是北宋文人对这种恶作剧的作风特别欣赏，故宛陵以后，“龟缩”一喻遂成宋诗常语。又如《依韵酬永叔再示》，诗中极写与石延年、苏舜钦的交谊，乃云“曼卿子美搂入室，似使二嫂治朕栖”，以石、苏比舜之二妃，自己则如象之欲入兄室。如此地唐突美人，亵渎圣人，前所未有，故通达如钱锺书先生，亦指为“荒唐狎亵”[①]。然而不顾士大夫体统，恣意而行，也许正是梅尧臣追求的风度。看似毫无讲究，其实是有意地歪打正着。

复次，梅尧臣以丑为美诗风的形成，也与他个人的阅历、性格有关系。前面所说，都是当时人所同然的条件，而梅尧臣在以丑为美这一点上如此突出，不能不使人注意他独特的个人因素。梅尧臣自少年时即随叔父梅询生活，由恩荫入仕，以后三为主簿，两任县令，又做过税官、幕僚、监仓、国子监讲官，而终于尚书都官员外郎。他几次考进士不中，直到50岁才由仁宗皇帝赐同进士出身。仕途的失意和生活的穷困使他常常愤世嫉俗，而诗坛宿将的身份又使他形成了自信孤傲的性格。他能够比同时代的诗人更多地写下一些批判现实的诗篇，当然与这种现实遭际不无关系，而他诗作中以丑为美的创作倾向，似乎也与其经历有一定的联系。我们不排斥他受韩愈的影响或有意尝试开拓诗歌领地的积极动机，但同时也可以说，他似乎是借这种诙诡放旷

① 《谈艺录》新版第511页。

的诗风，来发泄他的勃郁不平之气，这是对命运和现实的一种别致的抗争或报复。现存的梅尧臣诗集，自30岁开始存稿，少作无存，我们无法窥见他刚刚走上诗坛的风采。但我们有理由推断，那是他学诗历程中的西昆体时期；欧阳修、穆修等人年轻时的诗作，都明显留有西昆体的痕迹，可以作为佐证。与此形成对比的是，梅尧臣大肆地引丑入诗，是在他的后期创作之中。我曾经将前引各篇以丑为美的诗作进行编年，发现它们多数集中在40多岁至50多岁之间。这当然可以理解为梅尧臣诗风成熟之后仍在不懈地探索，但也可以说这些诗是他对现实彻底失望的产物。

三

最后，让我们以有限的篇幅，对梅尧臣以丑为美的诗风略作评价。

从其主导动机来看，梅尧臣作为宋诗的开山，他之以丑为美，与其以故为新、以俗为雅一样，都是力求出新、超越唐人的手段。他不像以前或以后的许多诗人那样，随人作计，滥造艺术的赝品，这是首先值得肯定的。

从梅尧臣以丑为美的创作实践来看，有令人耳目一新的成功之作，也有令人遗憾的败笔。如“谁知荒凉城，空存如刳腔”“及痗动悲肠，痛逆如刮鳞”，以及《倡妪叹》，等等，皆警切老健，方驾昌黎，不啻过之。至如《夏虫》《八月九日晨兴如厕有鸦啄蛆》之类，既不能化丑为美，又无助于议论抒情，不作可矣。《依韵和刘原甫见寄》云“民颈累累大，池荷一一圆”，对病瘿百姓全无悲悯之意，又有心寻对，亦不免流于恶趣味。盖以丑为美，虽然出格，仍须有所限制。罗丹说：“在艺术里人们必须克服某一点。人须有勇气，丑的也须创造。因没有这一勇气，人们仍然是停留在墙的这一边，只少数人越过墙到另一边去。”梅尧臣是宋代诗人中越过横亘于美丑之间的传统藩篱的少数人之一。我们已经肯定了他的动机与勇气。但是艺术的边界虽有弹性，仍有止境。刘熙载《艺概》云：“昌黎诗往往以丑为美，然此但宜施之古体，若用之近体则不受。”其实不仅是诗的体裁，在形象本身也存在着微妙的分寸感。梅尧臣的成功在于走过火一路，而他的失误也在于过犹不及。他不管古体、近体，而且把鲁迅所说的大便、毛毛虫之类也毫无顾忌地写入诗中，因而招来了后世读者的反感，这是留给后人的一条教训。

闻一多称韩愈那种奇崛险怪的诗风为中唐诗坛上的一种“宏亮的噪音”，雨果称波特莱尔的《恶之花》“给法国文学带来了新的颤栗”。梅尧臣以丑为美的作风没有在当时诗坛上引起这么强烈的震撼效果，但也对宋诗及后人产生了一定的影响。

如前所说，梅尧臣引丑入诗，多数情况下并不是以丑为美，而是把这作为一种手段，来表现他无物不可写的诗胆与功力，表现他倜傥洒脱、纵意自适的人格精神。就这一点来说，黄庭坚显然受了他的影响。黄庭坚的诗有意选择生硬的字面，不谐和的色调、顿挫拗折的节奏，也并非对这些方面的偏嗜，而是要借此构成一种独特的“有意味的形式”。《苕溪渔隐丛话》引《禁脔》云，黄庭坚往往“于当下平字处以仄字易之，欲其气挺然不群”。方东树《昭昧詹言》道：“涪翁以惊创为奇，意、格、境、句、选字、隶事、音节，著意与人远。……而于音节，尤别创一种兀傲奇崛之响，其神气亦随此以见。”所谓“挺然不群”或“兀傲奇崛”，既是读山谷诗得来的感性印象，其实也正是诗人刻意通过节奏声情来传达的自我形象。把梅尧臣或黄庭坚的这种作风称为形式主义固然浅薄，而说他们意在求不美之美，似乎也还未能揭示其创作心态。

对后人更具有启发性的，是梅尧臣通过诗作显示出来的美丑相映、刚柔相济的美学理想。唐太宗说："人言魏徵崛强，朕视之更觉妩媚耳。"梅尧臣似乎有意于追求"崛强"与"妩媚"的融合统一。《接花诗》云"姜女嫁寒婿，丑枝生极妍"，《东溪》诗云"野凫眠岸有闲意，老树著花无丑枝"，《忆吴松江晚泊》诗云"回堤溯清风，淡月生古柳"，这些诗都体现了一种共同的审美情趣。姜女寒婿、老树着花、淡月古柳，是代表着阴阳、刚柔、美丑、骨态等对立范畴的意象组合。它打破了先秦以来"不全不粹之不足为美"（荀子）的儒家美学观和以偏至取胜的道家美学观，而指向更高层次的对立统一。单从诗歌美学来说，它似乎是在追求把韩愈的奇崛险怪和李商隐的婉媚可人结合起来的一种全新的诗品，欧阳修《水谷夜行寄子美圣俞》说梅诗"譬如妖韶女，老自有余态"；钱锺书《谈艺录》称梅诗"于浑朴中时出苕秀"，尽管是对梅尧臣诗风的泛化理解，亦可视作对梅诗这一探索的肯定。梅尧臣之后，这种审美理想得到了更为明确的表述。苏轼《书黄子思诗集后》谓韦应物、柳宗元的诗"发纤秾于简古，寄至味于淡泊"；《和子由论书》中标举"端庄杂流丽，刚健含婀娜"的书品，都与梅尧臣的审美追求相通相似。下逮明清，公安三袁追求的骨与态的结合，老健与嫣媚的统一，乃至龚自珍向往的亦剑亦箫之美，也可以说是这种审美理想的延伸发展。

［原载《徐州师范学院学报（哲学社会科学版）》1990年第2期］

梅尧臣诗的历史评价

◎周义敢　周　雷

梅尧臣（字圣俞）是宋代杰出的诗人。在青年时期，他与欧阳修、尹洙、苏舜钦等人发动了声势浩大的诗文革新运动，并以其诗歌创作的理论与实践，为宋诗开拓了新的道路，使之形成了不同于唐诗的新面目。对于自南宋至清末的诗坛，他的诗曾有过程度不同的影响。

最早全面评价梅尧臣的是欧阳修。他的《书梅圣俞稿后》称赞尧臣青年时期的诗："长于本人情，状风物，英华雅正，变态百出。"十余年后，他又写了《水谷夜行寄子美圣俞》，云梅诗已有自己的特色："近诗尤古硬，咀嚼苦难嘬。初如食橄榄，真味久愈在。"尧臣死后，他写了《梅圣俞墓志铭》，铭中指出梅诗艺术风格的发展变化："其初喜为清丽闲肆平淡，久则涵演深远，间亦琢刻以出怪巧，然气完力余，益老以劲。"此言虽较简略，然大体上符合梅诗的实际情况。铭中又评其性格与诗歌内容："圣俞为人仁厚乐易，未尝忤于物，至其穷愁感愤，有所骂讥笑谑，一发于诗，然用以为欢而不怨怼，可谓君子者也。"此评并不恰当，正如朱东润先生所说："对于尧臣的为人，强调了仁厚乐易的一面，而把他那敢于斗争的一面掩盖起来，甚至说他'用以为欢而不怨怼'，为他进行辩护，这样的评价便不能正确了。"（《梅尧臣集编年校注·梅尧臣诗的评价》）尧臣是位政治诗人，他一生关心国事，愿效命边疆，关怀民生疾苦，曾为自己做了压迫人民的县官而痛心疾首，积极支持范仲淹的“庆历革新”，反对因循保守和官场腐败。加上他屡试不第，久困下僚，无法施展怀抱，故把满腔穷愁感愤一发于诗时，就不可能一味仁厚，无忤于物。他的骂讥笑谑，锐利似剑戟，切中时弊，也不可能“用以为欢而不怨怼”。其名作《田家语》《汝坟贫女》《猛虎行》《灵乌赋》《书窜》，等等，均直接反映重大事件，揭示社会生活的本质，抒写时爱憎分明、激情喷涌，具有强烈的战斗性。这些诗奠定了尧臣在我国诗史上的重要地位，从思想内容到艺术形式，为宋诗开辟了新的道路。当然，欧阳修与尧臣相知甚深，其原意也不是真的要抹煞梅诗的政治意义，他只是想打掩护。但这样做就使后人受到蒙蔽，影响人们正确理解梅诗的思想内容。

在尧臣生活的年代，语诗者必向他求教，其中也包括欧阳修。“作诗三十年，视我犹后辈”，这不是欧阳修的自谦，而是据实而言。同时的诗人韩维，著有《南阳集》，集中屡言深受尧臣教益。如《饮圣俞西轩》一诗，记席间闻教而自振：“唐之众诗人，区别各异派。一经君子评，敛凿弃秕糒。……圣俞善诱掖，斯语不无戒。意欲令吾曹，事业进以大。”韩维乃贵公子，苏舜钦的表兄和姐夫，后为朝廷显要，其由衷钦佩之情，足见尧臣深孚众望。同样的情况还可以著名的文学家、史学家刘敞和司马光为例。刘敞与尧臣交游较久，常诗文酬唱，其《和圣俞十二韵》云：“诗老最前辈，名声三十秋。篇章被海表，岂独鲁与邹。今我亲见之，执鞭乃所求。”他博闻强识，欧阳修每有所疑，辄致书请教，但写诗则倾慕尧臣，愿执弟子之礼。司马光是当时名臣，与圣俞交谊深厚，其《投圣俞》诗，写自己寒冬登门求教，实现心中夙愿。得所赠诗，如获至宝，因此赠诗在烦闷时可以开怀，在羁旅中可以释愁，还可传之子孙。王安石则称尧臣为“真人当天”，应时而出，《诗经》的优良传统得以恢复；苏轼应举时因尧臣识拔而登第，名震京师，等等。这些都已为人们所熟知，无须赘述。

北宋末年，江西诗派兴起，师徒承传，相互标榜，遂谓梅诗已不行时。逮至南宋，又加上朱熹贬尧臣，不行时之论更加盛行。《朱子语类》云：梅诗“不是平淡，乃是枯槁”（卷一三九）。“圣俞诗不好底多。如《河豚》诗，当时诸公说道恁地好，据某看来，只似个上门骂人底诗；只似脱了衣裳，上人门骂人父一般。”（卷一四〇）朱熹认为，欧阳修与尧臣的诗太直太露，不如西昆诗人杨亿的诗巧而浑成，含而不露。朱熹云尧臣某些诗有上述缺点，这是事实，但因此而否定梅诗，甚至为西昆派翻案，则失之武断，同样有脱了衣裳上门骂人之嫌。实际上，当时文人仍爱梅诗，尧臣的文集在绍兴、嘉定年间一版再版就是明证。据傅增湘《藏园群书题记》卷五所记，宋时日本求法僧人还将嘉定本带回日本，此为当今海内外仅存的梅诗宋本。与朱熹同时的陆游，于宋代诗人中就最推崇尧臣，他写道：“李杜不复作，梅公真壮哉！”（《读宛陵先生诗》）“突过元和作，巍然独主盟。”（《书宛陵集后》）这就是说，尧臣的成就超过了元和作家，是李、杜之后最伟大的诗人。《剑南诗稿》中还有不少效宛陵体之作，表现了他是如何醉心于梅诗的。

江西诗派的一些论者，把自己的宗派与梅诗对立起来是失之偏颇的。在宋代，有欧、梅然后才有苏轼，有苏轼然后才有黄庭坚、陈师道。从江西诗派所崇奉的始祖杜甫到黄、陈等三宗，中间的关键是欧、梅，特别是梅尧臣。例如庭坚奇拗硬涩的诗风，就由尧臣古硬怪巧的诗风转变而来。庭坚的《跋梅尧臣诗》云：“梅圣俞与余妇家有连，尝悉其平生诗，如此篇是得意处，其用字稳实，句法刻厉而有和气，他人无此功也。”正因为他全面地、深入地研究过梅诗，才能了解其成功之处，学到其用字和句法的功力，为以后开创江西诗派打下基础。到了南宋后期，江湖诗派与四灵诗派兴起，但文人仍尊崇尧臣，江湖诗派中最出色的诗人刘克庄就很有代表性。他在《后村诗话》中称尧臣为宋诗“开山祖师”，梅诗出，风雅教化兴，华靡的文风就衰落。南宋末年的文天祥亦是如此，他数次写《祭梅圣俞文》，称尧臣上追韩、孟，下启苏、曾，诗如大雅，璀璨琳琅，堪称诗中典范。他高度地评价尧臣，就因为尧臣忧国忧民，与自己志趣相投。

朱东润先生曾在《梅尧臣诗选序》中说过：元明以后，文学批评家对于尧臣的作品，很少有人像陆游、刘克庄那样肯定过；诗人中学宋诗的本来不多，更少有重视尧臣的；直至清末，尧臣还没有得到在诗人中应有的位置。朱先生此说本于夏敬观的《梅宛陵集校注序》：“夫宛陵诗在宋固已显矣，历元明至清，特趋沉寂。宋诗若半山、东坡、山谷、后山、简斋，莫不有为之诠注者，几于家诵户籀，独于宛陵诗，未尝有探索蕴积，闻其宗风，以告当世学人者。”然而，根据笔者所见到的元明以后有关尧臣的资料，上述说法似乎值得商榷。

宋末的方回是江西诗派后起之中坚，并把这诗风带到元代。他自称青年时写诗学尧臣，其《学诗吟》云：“宋诗孰第一？吾赏梅圣俞。绰有盛唐风，晚唐其劣诸。”《送倪耕道之官历阳序》又云：“变西昆体诗为盛唐诗，自梅都官圣俞始。”他论诗推尊杜甫，在其编选的《瀛奎律髓》中首倡江西诗派“一祖三宗”之说，云黄庭坚诗学原是宗奉杜甫的，杜甫该是不祧之祖。他特别赞赏杜甫后期“顿挫悲壮，剥浮落华”的诗作，认为瘦硬枯劲，一斡万钧。他也赞赏梅诗古硬怪巧，益老以劲，与杜诗相类，故誉之为盛唐诗。在《瀛奎律髓》一书中，他特别重视尧臣的律诗，选评了120多首，认为有宋第一。此书成于元朝至元二十年（1283），对元代诗坛有很大影响，并为后来的学宋诗者所推重。元人中重视尧臣的还有刘震孙、龚啸等人。刘震孙的《祭宛陵先生文》云："自嘉祐至今，逾二百年矣。天下之言诗人者，必曰圣俞；国人之诵所尊敬者，必曰宛陵先生。"龚啸在《宛陵集跋》称赞梅诗云："去浮靡之习，超然于昆体极弊之际；存古淡之道，卓然于诸大家未起之先。此所以为梅都官之诗也。"（均见万历本《宛陵先生集》后附）他们都相当重视梅诗，足见其时梅诗并未特趋沉寂。据张元济《涉园序跋集录》所记，日本今仍存元代翠岩精舍复刊宋绍兴本《宛陵先生文集》，这说明当时梅诗在海外亦受欢迎。

明代前期，宰辅大臣杨士奇等人所倡导的台阁体，曾风靡文坛，他们主张文学明道致用，温柔敦厚，歌功颂德。正统四年（1439）袁旭重刻《宛陵文集》，杨士奇为作后序，序中不提梅诗的忧国忧民和针砭时弊，唯取其"爰兴教化，风励多士"，这并不足为怪。但他仍称圣俞诗名特盛于宋仁宗时，说"今天下学士君子，皆知圣俞为宣之杰出"。其所著《文渊阁书目》，记有《梅宛陵诗》《梅宛陵群英集》《梅直讲诗集》等五种，可见当时所传文集版本不少。明代中期，前后七子先后主盟文坛，他们倡言复古，"文必秦汉，诗必盛唐"，鄙薄宋人，说宋无诗人。当时宋诗人，其中也包括尧臣，确实没有得到在诗人中应有的位置。但也有些文学批评家不以为然，如都穆的《南濠诗话》即云，欧、梅之诗"视唐未可便谓之过，然真无愧色者也"。万历四年（1576）姜奇方重刻《宛陵先生集》，其后序云梅诗朴质，风雅未坠，止乎礼义，有概于中，能忧时伤世，非流连光景之作。其时名臣如宋仪望、陈俊亦为该集作序。宋序批评当时后生末学，动舌辄贬黜宋人，是贵古贱今，称赞梅诗是咏歌朝廷之雅歌，是周鲁庙堂之乐章。陈序云梅诗涵衍冲夷似陶潜、韦应物，玄怪奇丽似李贺，在宋诗人中最号宗工。而时人学诗一味摹仿汉魏盛唐，无暇及宋，故不知梅诗的真正价值。明朝后期，文学界批驳了前人"文必秦汉、诗必盛唐"的信条，竭力推重宋元诗文。不少文论家很赏识梅诗，如胡应麟的《诗薮》外编卷五，认为欧阳修推轂梅诗，确是自具眼力。欧阳修并称尧臣、舜钦，却不妥当：“梅诗和平简远，淡而不枯，丽而有则，实为宋人之冠。舜钦虽尚骨力，篇什寥寥，一二偶合，岂可并论。”许学夷的《诗源辩体》后集亦称尧臣为宋诗“开山祖师”，“圣俞五言律不特为诸体第一，亦当为宋人第一也”。“其诗虽多奇变，而讽劝多归于正”。学夷写《诗源辩体》，梳理各种诗体源流，探索艺术规律，评论诗人艺术风格，有独到见解。其对梅诗的评价颇为确切，在明末很有代表性。

清初文坛巨子钱谦益在为施闰章、唐祖命等人诗稿作序时，屡次赞扬宛陵诗，但大旨本欧阳修语，新意不多。康熙年间，王士禛主盟文坛，他喜爱梅诗，常与友人同效宛陵体。其《梅氏诗略序》称欧、梅齐名，梅诗如雅琴，古淡不谐俚俗，朝中公卿知之，外夷知之，流风余韵，至今犹存（《蚕尾文集》卷一）。他认为尧臣诗实胜舜钦诗，舜钦自叹作诗被人比尧臣，是平生不幸，那是缺乏自知之明（《居易录》卷二五）。当时深入研究梅诗的是叶燮，其《原诗·外篇》云梅尧臣与苏舜钦“变尽昆体，独创生新”，此为因时递变，是历史发展的必然。他称赞尧臣等人才气纵横，写诗如天马行空，“必辞尽于言，言尽于意，发挥铺写，曲折层累以赴之，竭尽乃止”。但在矫枉之际，不免于过正之失，这样写诗，必然会直率发露，“含蓄渟泓之意，亦少衰矣”。究其原因，是他们着意于创新，对继承优良传统有所忽视，盖“自汉魏至晚唐，诗虽递变，皆递留不尽之意”。写诗须有言外意，味外味，此为不易之理。在古代诗话中，《原诗》是最有系统性、理论性的著作，作者从诗歌的历史演进来考察和评定梅诗，足见其对尧臣重视的程度。与叶燮同时的贺裳，亦注意全面评价梅诗：梅诗尚平淡，有秀气，温柔敦厚，写情事如见；但拙恶之作亦不少，不少诗流于粗直，硬下险字凑韵，不甚求安（《载酒园诗话》）。在此期间，诗坛上崇尚宋诗的也有相当势力：其中宋荦为新版《宛陵文集》作序；吴之振、吕留良的《宋诗钞》，陈讦的《宋十五家诗选》，均选编了不少梅诗。他们在评语中，均充分肯定梅诗。

乾隆年间，沈德潜继王士禛而为文坛领袖。其诗学专著《说诗晬语》，论尧臣矫正西昆体“尽翻窠臼，蹈厉发扬”，才力高于前人，但缺少“渊涵渟滀之趣”，成就不如欧阳修。沈德潜是叶燮的弟子，主张溯源古诗，崇尚含蓄不露，其论梅诗，渊源于乃师所著《原诗》。比沈德潜晚出的翁方纲，著有《石洲诗话》，书中称尧臣力涤昆体浮滥之风，功不可没，写诗志在深远，天真蕴藉。不足之处是所积不厚，诗作以刻苦出之，清瘦有余，豪气不足。翁方纲是著名的经史、金石学家，亦致力诗学，主张以学术、考证为诗，使之有深厚的功力。其云尧臣所积不厚，是指他学问不足，这明显地反映出当时经史考据之学对诗论的影响。

嘉庆年间重印《宛陵先生文集》，前有宣州知州王庆麟的序。序云尧臣诗作胜于欧阳修、苏轼、黄庭坚、陆游等人之作，因为尧臣崛起于诸大家未起之先，功同于唐之陈子昂、张九龄，其诗风雅淳正，读之者深受感召而不能自已，愿学其为人。清代末年，宋诗派有很大发展，其中致力诗论者是陈衍。他在《石遗室诗话》中指出：宋人诗皆本唐人诗法，“宛陵用意命笔多本香山，异在白以五言，梅变化以七言”。陆游诗的“精深处乃自宛陵得来”。他的《宋诗精华录》，选编宛陵诗20余首，对其古硬风格、写景如画，心向往之。

通过上面简略的评介，可知元明以后，不少文学批评家仍像陆游、刘克庄那样充分肯定尧臣，认真学习梅诗的亦代有其人。当然，在漫长的历史过程中，批评家对梅诗的评价有高有低，学梅诗的有多有少，但大体上说来，尧臣已得到在诗人中应有的地位。我们这样来评价梅诗，可能会失之偏颇，敬请读者教正!

[原载《安徽大学学报(哲学社会科学版)》1990年第2期]

“看似寻常最奇崛，成如容易却艰辛”

——梅尧臣诗“平淡”发微

◎张福勋

梅诗向称“平淡”。胡仔说：“圣俞诗工于平淡，自成一家。”（《苕溪渔隐丛话》后集卷二四，以下简称《丛话》）严羽也说：“梅圣俞学唐人平淡处。”（《沧浪诗话》）不仅别人这么看，对此，他自己也确认不疑。他在作品中正面论说“平淡”的，一共有两处：一是《依韵和晏相公》：“因吟适情性，稍欲到平淡。”一是《读邵不疑学士诗卷杜挺之忽来因出示之且伏高致辄书一时之语以奉呈》：“作诗无古今，唯造平淡难。”

但“平淡”种类有所不同。言简意深，淡而有味者为简淡；清新俊逸，淡而有致者为清淡；幽雅潇洒，淡而深藏者为雅淡；意境高远，淡而古拙者为古淡；闲适空灵，淡而玄妙者为冲淡；外枯中膏，似淡实美者为枯淡。梅诗之“平淡”实属枯淡。如果认为他的诗“平”得常常没有劲，“淡”得往往没有味，便没有真正把握梅诗“平淡”的深刻内涵。

上引《依韵和晏相公》于“平淡”后接着有两句：“苦辞未圆熟，刺口剧菱芡。”自谓其诗并非圆熟平滑，而像菱芡一样，表面苦涩刺口，而内里白厚丰腴，耐人咀嚼。朱东润先生认为，“尧臣这首诗言平淡，是在晏殊的影响下写出的”（《梅尧臣诗选》）。《宋诗钞》于《依韵和晏相公》后紧接有《途中寄上尚书晏相公二十韵》，其中说晏殊的诗和诗论是“浮言近意不历口，直欲海窟拿蛟螭”。这就是说，梅诗的“平淡”和晏诗的“平淡”在“浮言近意不历口”上是一致的。即梅诗的“平淡”，既无“浮言”，也无“近意”。梅尧臣曾自比其诗如气压城雀鹞的“秋空鹰”，又如“一举不能釂”“既釂心已醉”的“巨钟”醇酒。文字“苦硬”“体逸”“思峭”，而绝非平庸浅俗（参见《偶书寄苏小美》）。《答宣阒司理》又言：“复为苦硬句，酬报强把笔。”可知，追求“苦硬”、瘦劲，喜欢枯淡的风格，是诗人执着追求的美学理想。最了解梅尧臣人品和诗品的欧阳修也认为，梅诗的“古淡”“闲淡”，其内核仍然是“深远”[①]。离开了“深远”就把握不准梅诗。因此他将读诗形象地比喻为“食橄榄”：古硬，苦涩，开始确很“难嘬”，但愈咀嚼、愈品尝，“真味久愈在”（《水谷夜行寄子美圣俞》）。这位文学大师还引用梅圣俞自己的话，将这种诗味概括为“状难写之景如在目前，含不尽之意见于言外”；而且认为，梅诗的这种“平淡”，与那种“语涉浅俗而可笑者”冰炭不相容（均见《六一诗话》）。

可知，梅尧臣所说的“平淡”，其实是要求“平淡”其表，“邃美”其里[②]。梅诗的艺术风格，也正是如此。元方回评梅诗“平淡而丰腴”，认为梅诗“淡而实丽，虽用工而不力”（《瀛奎律髓》）。明胡应麟说：“梅诗和平简远，淡而不枯，丽而有则。”（《诗薮》外编卷五）清刘熙载说：“梅诗幽淡极矣，然幽中有隽，淡中有旨。”（《艺概》卷二）钱锺书先生也说：“梅诗时于浑朴中出苕秀。”（《谈艺录》）这些都说中了梅诗“平淡”的深刻意蕴。同时这也反映了我们民族对于诗美的一种传统的审判标准：“所贵乎枯淡者，谓其外枯而中

① 《六一诗话》：“圣俞平生苦于吟咏，以闲远古淡为意，故其构思极艰。”又云：“圣俞覃思精微，以深远闲淡为意。”

② 《宛陵集》卷六〇《林和靖先生诗集序》。

膏，似淡而实美”（《东坡题跋》卷三《韩柳诗》），或者表述为“发纤秾于简古，寄至味于淡泊”（《苏东坡集》后集卷九《书黄子思诗集后》）。梅诗具有这种诗美，所以他当之无愧地被推为“宋人之冠”。

梅诗“平淡”的风格，自有其不同于一般人的特点。

一、取材平平，而用意深刻

梅诗取材，多为小事小景，没有什么能产生“轰动效应”的大题材。然而就在这种平平的取材中，表现了深刻的讽世之心，使诗变得厚重而不浅薄。胡仔说读梅诗“须细味之，方见其用意也”（同上）。这就是他的平淡而又深蕴之处。如《小村》：“淮阔州多忽有村，棘篱疏败谩为门。寒鸡得食自呼伴，老叟无衣犹抱孙。野艇鸟翘唯断缆，枯桑水啮只危根。嗟哉生计一如此，谬入王民版籍论。”

这首诗写小村，摄入镜头的是些诸如断缆野艇、危根枯桑、篱门棘墟、寒鸡呼食等小景物，再配上“老叟无衣犹抱孙”这一特写，材料都平淡无奇，但反映的是在经过一场大水泛滥之后，人民失去了任何生活资料，依然还得为王室交粮纳税的无限怨愤之情。诗人苦心琢饰“谩”字、“寒”字、“野”字、“断”字、“枯”字、“危”字，使人想见其一片衰败景象！尤其是末句“谬入王民版籍论”，更为一种让人心酸的极度痛苦呼喊。因此陈衍评曰：“写贫苦小村，有画所不到者，末句婉而多风。”（《宋诗精华录》，以下凡引，不再注明出处）

二、用语平淡，而感情浓烈

欧阳修认为，梅尧臣诗不仅善于“状风物”，而且长于“本人情”（《书梅圣俞稿后》），往往于枯淡的语言中饱含着浓烈的感情，如同燃烧到极点的东西呈现无色一样。他主张诗要沛然流出，不得强作诗：“强作安得有好辞”（《薛九公期请赋山水字诗》）、“天意无私任自然”（《韩钦圣问西洛牡丹之盛》）。

为南阳官妓曹氏所作《一日曲》，胡仔说：“余阅《宛陵集》，见《一日曲》，味其辞意，乃为南阳一娼语离而作。然则，谨厚者亦复为之耶！”（《丛话》后集卷二四）“谨厚”者，一往情深之谓也。此诗用语十分枯淡，淡得如同水一般，像设为对方想的诗句：“不如水中鳞，双双依绿蒲。不如云间鹄，两两下平湖。鱼鸟尚有托，妾今谁与俱！”自然界有生之物，皆双双两两，尚且有托，而你如今却孤寂凄凉，有谁与你在一起呢！确为情思绵绵、催人泪下的诗句。陈衍评写夫妇之情的《悼亡三首》“最真挚、最纯洁，当为千古第一”。朱东润先生认为，《悼亡三首》连同写父子之情的《悼子》“都是至情动人的诗篇”（《中国历代著名文学家评传》第三卷）。而《戊子三月二十一日殇小女称称三首》（加上《小女称称砖铭》）“都是扣人心弦的名作”。

凡此类抒写人情之作，皆出语平淡而感情深沉，陈衍评之为“最为沉痛”。其他如《正月十五夜出回》《书哀》《初冬夜坐忆桐城山行》《元日》《忆吴松江晚泊》《忆将渡扬子江》《椹涧昼梦》《灵树铺夕梦》等，都感情深沉，勾人心魄。

梅诗不仅写夫妻情、父子情者，写得深沉动人，被前人誉为语愈平淡，情愈真切，而且写朋友情者，如《醉中留别永叔子履》等，也体现出梅诗语淡情深的艺术特色。尤为可贵的是，像《田家语》《汝坟贫女》等这类写劳动人民痛苦的作品，也同样写得拊膺呼天，顿足流涕，见出尧臣那一颗真挚而高尚的心灵。

三、意境深远，而淡然出之

方回《瀛奎律髓》特别欣赏梅诗的这一艺术特点。他评《鲁山山行》，认为人人皆称“霜落熊升树，林空鹿饮溪”为工，然前联“好峰随处改，幽径独行迷”，“尤工而有味”。他欣赏的着重点不仅仅是对偶的工切，而且是诗的意境让人回味无穷。他认为这种深幽的意境还必须淡然出之，否则就“苦于对偶太精而不脱洒”。所以他更欣赏《鲁山山行》的尾句：“人家在何许？云外一声鸡。”含不尽之意见于言外，确系出之“自然”而意味深长。

方回对《金山寺》尾句“老僧忘岁月，石上看江云”也评之为“自然有味”。“有味”而能出之于“自然”，便达到了诗的最高境界。因此他说：“谁言张处士诗后更无人，然则，有梅圣俞可也。”

《东溪》受到方回、纪昀、陈衍、朱自清、钱锺书诸大家交口称赞。尽管他们对这首诗欣赏的角度各有不同，然而有一点是共同的，就是都一致认为这首诗于平淡之中创造了深邃清远的意境，须读者反复咀嚼，方能真正体味其诗意。正如胡欣所说：“圣俞诗工于平淡，自成一家。如《东溪》云：‘野凫眠岸有闲意，老树著花无丑枝。’似此等句，须细味之，方见其用意也。作者于《读邵不疑学士诗卷杜挺之忽来因出示之且伏高致辄书一时之语以奉呈》中曾说：‘作诗无古今，唯造平淡难。’平淡而难，道尽此中甘苦。”平淡而难者，就难在深远的意境竟以平淡而出之。如被方回称为“当世名句，众所脍炙”、纪昀称为“此乃名下无虚”、陈衍称为“的是名句”的“野凫”“老树”两句，“野凫眠岸”“老树著花”，常之又常、平之又平之烂熟之景；然而于“野凫眠岸”后着一“有闲意”，于“老树著花”后缀以“无丑枝”，便状难写之景如在目前，且含不尽之意见于言外了：作者乡居时一种十分纯真憨厚，又深挚、至诚的乡情充溢其间，感人至深。这种平淡的情绪、淡远的意境、质朴的修辞、缓舒的节奏，则更体现了中国诗学的基本品格。

四、寄托遥深，淡而有味

作为政治家的梅尧臣，他也曾深深地卷入以范仲淹为首的革新派与守旧派的斗争漩涡之中，因此他的诗不可能不受到这种政治潮流的冲击和洗刷。有些诗表面看似平淡，实际寄托遥深，即纪昀所谓“托意深微”也。试看《春寒》这首诗：“春昼自阴阴，云容薄更深。蝶寒方敛翅，花冷不开心。亚树青帘动，依山片雨临。未尝辜景物，多病不能寻。”此诗作于庆历六年（1046），作者45岁。这年以范仲淹为首的革新派在政治上受挫。欧阳修被罢知滁州，杜衍、富弼、韩琦、范仲淹等革新派首领人物相继遭罢斥，一时间，黑云压城，政局大变。

在政治上支持革新派，又与几位领袖人物关系甚密的梅尧臣，顿感政局严峻，他曾寄诗提醒欧阳修：“慎勿思北来，我言非狂痴。”（《寄滁州欧阳永叔》）《春寒》正是在这种大背景下写成的。作者深感春昼阴阴，云容薄深，如同另一首诗所说“东风固无迹，何处见春归”（《感春之际以病止酒水丘有简云时雨乍晴物景鲜丽疑其未是止酒时因成短章奉答》）！政治风云突变，对于革新派来说直呈一片“春寒”！诗中以“蝶”因寒而“敛翅”，“花”缘冷而“不开”，表达了革新派人士在此种政治气候下所特有的心境。鉴赏家纪昀一眼就看出了此中的寄寓，说：“三四（句）托意深微，妙无痕迹，真诗人之笔。”所谓“诗人之笔”，正是梅尧臣自己作诗主张的“愤世嫉邪意，寄在草木虫”[①]。这自然就构成了圣俞诗平淡有味的艺术特点。

五、构思精巧，耐人咀嚼

这是梅尧臣的“平淡”不同于陶渊明，也不同于白居易的突出地方。一些诗，表现出的意象平平无奇，不像李贺、孟郊；所用的语辞也极寻常浅易，不像李商隐、西昆体，然而究其里，是想象奇、构思巧，真有挹之无尽、嚼之味永的妙处。

如写“连昏接晨终穷秋”的“秋雨”，这是每个诗人都写滥了的题材，很容易落窠臼。然而诗人突有奇想，将日、月比作“天之雨目”；而长阴不晴使这两目害了一种治不好的眼病：“忽然生翳无药瘳”，于是天公就只知“洒涕落九州”了。这构思已经够奇，谁想下面又翻进一层，说这是从前后稷只知稼穑，却忘了及早告诉上帝“辍泣”所致。这“一向不解休”的秋雨，既妨碍了百姓的正常生产活动，又毁坏了“正熟”的“九谷”，所以“天公哭”，实乃作者为民忧也。

《猛虎行》的构思，又跳出常规，从猛虎吃人逻辑出发，为虎辩解：“食人既我分，安得为不祥？”“而欲我无杀，奈何饥馁肠！”据说是为当时吕夷简而发[②]，讽刺辛辣，激人猛省。

《范饶州坐中客语食河豚鱼》通过“我”与“南人”的诘辩，以及“我”的妥协，嘉许南人一种“拼死食河豚”的大无畏精神，使我们想起鲁迅赞扬第一个吃螃蟹的人。欧阳修认为，这首诗破题几句“春洲生荻芽，春岸飞杨花。河豚当是时，贵不数鱼虾”，“已道尽河豚好处”，似无话再说，但由于作者的巧妙构思，写得“闲远古淡”；而且认为“此诗作于樽俎之间，笔力

① 《宛陵文集》卷二七。

② 详参朱东润编《梅尧臣诗选》，人民文学出版社 1980 年版，第 27 页。

雄赡，顷刻而成，遂为绝唱”（《六一诗话》）。

梅尧臣诗论最突出的一点，就是主张诗歌必须显示出批判政治现实的锋芒。他在《寄滁州欧阳永叔》一诗中曾大声呼喊：“直辞鬼神惧，微文奸魄悲。不书儿女书，不作风月诗。唯存先王法，好丑无使疑。”并且认为只有这样的现实主义文学，才不是只求“一时誉”，而能做到“当期千载知”。

《梦登河汉》一首诗正集中体现了作者的这一论诗主张。这首诗以梦境反映现实，借天上影射人间，一气贯注而又跌宕生姿，想象奇特，充满了奇情异彩。比如诗人本于《诗经·小雅·大车》历数一系列天文星象徒有虚名而不实用，却反其意而用文：认为牛星是有牛而不让拉车，织女星是会织而不让缝制衣裳；斗星是有斗而不让挹酒浆，卷舌星是有舌而不让说话，最后是只有簸箕星任意其簸扬是非。通过这一典故的活用，暗喻朝中贤臣不能进用，只有奸佞肆虐猖狂。抨击黑暗现实十分猛烈、尖锐，表现了一种无所畏惧的战斗精神，确是古代诗歌中现实主义与浪漫主义完美结合的不可多得的一篇作品。

探究梅诗平淡深远之深层原因，我以为至少有以下三点必须加以说明：

（一）覃思精微，刻苦锻炼

平淡有二：“清水出芙蓉，天然去雕饰”[①]，平淡而出于自然，如陶渊明诗，这是一类。还有一类是“大抵欲造平淡，当自组丽中来，落其华芬，然后可造平淡之境”（葛立方《韵语阳秋》卷一），即平淡系由绚烂而出，“一语天然万古新，豪华落尽见真淳”（元好问《论诗绝句》），梅诗之平淡即属于这一种。

① 李白《经乱离后天恩流夜郎忆旧游书怀赠江夏韦太守良宰》。

梅曾自言：“诗家虽率意[1]，而造语亦难。”（《六一诗话》引）此与前引所说“作诗无古今，唯造平淡难”，二者言“难”相似，惟前者就造语说、后者就风格说有异耳。而所谓“难”就难在平淡而自绚丽中来。东坡论平淡说“质而实绮，癯而实腴”（《与苏辙书》），“发纤秾于简古，寄至味于淡泊”（《书黄子思诗集后》），“所贵乎枯淡者，谓其外枯而中膏，似淡而实美……若中边皆枯淡，亦何足道”（《东坡题跋》卷一）！他还以自己所作诗论证说：“须令气象峥嵘，五色绚烂，渐老渐熟，乃造平淡，其实不是平淡，绚烂之极也。”这是他的侄儿赵德麟在《侯鲭录》卷八中根据回忆所记。绚烂之极，乃造平淡，于淡泊之中乃寄至味，“平淡”其表，“邃远”其里。这一由琢饰而至于平淡的诗风，是圣俞生平苦于吟咏，“构思极艰”“覃思精微”（欧阳修《六一诗话》）所致，而绝非“率意”得来也。朱自清《宋五家诗钞》引《孙公谈圃》载云：“公昔与杜挺之、梅圣俞同舟溯汴，见圣俞吟诗，日成一篇，众莫能和。因密伺圣俞如何作诗，盖寝食游观，未尝不吟讽思索也。时时于坐上忽引去，奋笔书一小纸内（纳）算袋中。同舟窃取而观，皆诗句也，或半联，或一字。他日作诗，有可用者入之。”可见，这种平淡付出了多么巨大而艰辛的劳动！梅氏曾谆谆告诫他的诗友要能够安守贫贱，“好学常不倦”，认为要想“归来期著书”就必须“箧楮盈百卷”“幸可穷经传”。只是靠一点小聪明，玩几招小把式，就梦想在艺术上一蹴而就，那不过是自欺欺人罢了。“莫学此疏慵”（《送刘成伯著作赴弋阳宰》），“锻炼无遗力”（陆游《读宛陵先生诗》），方可臻此艺境。金性尧《宋诗三百首》分析圣俞诗风，认为可分为“古淡与刻画两

① 此处“率意”即帅意也，以意为帅，亦即以意为主之意。非“率易”也。而引者常以“率易”目之，实大乖其意。

种”，而且认为“古淡之极易致枯燥，刻画之极易致奇巧”，是将梅诗的“古淡”与“刻画”完全割裂开来看的。其实从以上论述可知，梅诗之妙处，正在“刻画”达于“古淡”，“怪巧”而出以自然，故“枯”其表而“膏”其中，非可谓“燥”也。梅氏多次自论其“诗琢无玉瑕”“文字搜怪奇”而至“明珠满纸上”（《答宣城张主簿遗鸦山茶次其韵》）。曾阐述平淡深蕴云：“诗有内外意，内意欲尽其理，外意欲尽其象，内外意含蓄，方入诗格。”（《诗人玉屑》卷九《续金针诗格》）其妻兄谢绛《答梅圣俞书》亦认为梅诗“亡有一字近浮靡而涉缪异，则知足下于雅颂为深”。这些都说明，梅诗之平淡，是刻苦锻炼、落尽豪华的结晶，其意新语工，如“深山道人，草衣捆屦”（张舜民评语），内含深邃，耐人发掘，绝不可以“浅”和“燥”论之。

（二）诗善用典，开掘不尽

梅诗平淡深远之原因，与梅诗喜用典、善用典分不开。梅诗用典体现了他的一种诗论主张，他曾赞扬吴长文诗：“今者逢吴侯，满腹贮经籍。喷吐五色霓，自堪垂典册。”（《还吴长文舍人诗卷》）可见，作诗就要将满腹的“经籍”，化作如云霓般美丽的诗句。

梅诗用典精工，用典不见痕迹，用典活而不死——这些特点，都为以后宋人作诗“以才学为诗”奠定了基本的模式。

圣俞诗有的如民歌一般浅俗、平淡，但因其用了典，诗意便顿觉深远。如《莫打鸭》：“莫打鸭，打鸭惊鸳鸯。鸳鸯新自南池落，不比孤洲老秃鸧。秃鸧尚有独飞去，何况鸳鸯羽翼长。”据《侯鲭录》载：“宣城守吕士龙，好缘微罪杖营妓。后乐籍中得一客娼，妙丽善歌，有声于江南，士龙眷之。一日，复欲杖营妓并丽华，丽华曰：‘不避杖，但恐新到某人不安耳。’士龙笑而从之。丽华短肥，故圣俞作《莫打鸭》以解之。”（《宋诗纪

事》卷二〇）

一旦将典故拈出，此诗便淡而有“味”，颇耐咀嚼了。

又如《采石月下赠功甫》：“采石月下访谪仙，夜披锦袍坐钓船。醉中爱月江底悬，以手弄月身翻然。不应暴落饥蛟涎，便当骑鲸上青天。青山有冢人谩传，却来人间知几年。在昔熟识汾阳王，纳官贳死义难忘。今观郭裔奇俊郎，眉目真似工文章。死生往复如康庄，树穴探环知姓羊。”

据《苕溪渔隐丛话》说：“圣俞赠功甫云云。余谓李白从永王璘之辟，璘败当诛，郭子仪请解官以赎其罪，有诏长流夜郎。圣俞用此事，尤为亲切。若非姓郭，亦难用矣。功甫母梦李白而生功甫，少有诗名，圣俞尝曰：‘天才如此，真太白后身也！’”

查《宋史·文苑传》：“郭祥正字功父（按‘父’‘甫’二字通），太平州当涂人也，母梦李白而生。少有诗声。梅尧臣方擅名一时，见而叹曰：‘天才如此，真太白后身也！’”

按此诗题目，意思有二：前为“采石月下”，后为“赠功甫”。采石矶据传为李白捉月淹死地，故诗自然而然要写到李白“醉中爱月”“弄月身翻”，并由郭祥正联想到郭子仪，而郭子仪当年曾自请解官以赎永王李璘之罪，而李白又因从永王而被放夜郎，这样李白与郭子仪便联系了起来；而诗人郭祥正又被说成是因其母梦李白而生，故天才如李白后身，如此郭功甫又与李白联系了起来。圣俞此诗精用一典，而将这许多事糅合在一起，将“采石月”与“赠功甫”打成一片写，确为善用典、妙用典！

梅诗用典精工处，又表现在用汉代事则只以汉代事对，用《楚辞》则只以《楚辞》对，而绝不相混。如《郡阁阅书投壶和呈相国晏公》：“聊奉投壶祭征虏，休言击剑马相如。”前用《后汉书·祭遵传》言祭为征虏将军，常对酒设乐，必雅歌投壶；后用《汉书·司马相如传》言司马相如少好读书，学击剑，这是以《汉书》对《汉书》，可谓“工”而“精”。又如《初冬夜坐忆桐城山行》：“路险独后来，心危常自怯。下顾云容容，前溪未可涉。”其中一、三句都用《楚辞·九歌·山鬼》典“路险难分独后来”“云容容兮而在下”，亦很精工。

梅诗用典精工为善，更善者在用典活而不死。用典精工，见其琢饰锻炼之功；用典活而不死，用典不见痕迹，则更见其琢饰归于平淡、锻炼得其自然之力。

如《田家语》“南亩焉可事，买箭卖牛犊”，系由《汉书·龚遂传》“民有带持刀剑者，（遂）使卖剑买牛，卖刀买犊”翻用而来，这一巧妙的反用，更能深刻地揭露滥征兵役对于农业生产力的破坏。

像这种“活学活用”的例子很多，原有典故只要经作者妙手一点化，立即全盘皆活，不得不让人佩服作者那种将百炼钢化为绕指柔的功力和技巧！又如《东城送运判马察院》开头“春风骋巧如剪刀，先裁杨柳后杏桃”，明显系由唐贺知章咏柳名句“不知细叶谁裁出，二月春风似剪刀”化出，但有变化，有发展，意更新，语更工。

这种化用典故之功力，更突出地表现为用典而让人不知用典，不露一点雕琢的痕迹，粗心的读者发现不了这其中蕴含的奥妙，于是构成了外枯向内腴、似芜而实美的诗艺特点。如《离芜湖至观头桥》诗句“时时望乡树，已恨白云遥”，只是平平道来，然而一旦拈出《新唐书·狄仁杰传》：“亲在河阳，仁杰登太行山，反顾，见白云孤飞，谓左右曰：‘吾亲舍其下。’瞻怅久之，云移乃得去。”可见这“白云遥”饱含着深沉的望乡、思亲之情，诗味顿然淳厚了。

（三）学韩承韩，自带踪迹

梅诗之枯淡又是继承韩愈而来。前引《读邵不疑学士诗卷杜挺之忽来因出示之且伏高致辄书一时之语以奉呈》于“作诗无古今，唯造平淡难”后，紧接说自己“既观坐长叹，复想李杜韩。愿执戈与戟，生死事将坛”，可知梅尧臣甘愿为韩愈执戈从事，其学韩承韩之心明矣。

梅诗学韩承韩的痕迹也很明显。如《寄题徐都官新居假山》“太湖万穴古山骨”一句，以“古山骨”言石，即出自韩愈《石鼎联句》诗首句“巧匠斫山骨”。不说石，而说“山骨”，瘦劲峭拔，颇具韩诗风骨，且使诗耐人咀嚼。诗言，虽以太湖石（多孔穴）堆为假山，然而假山不假，因为石具有了山之骨髓。如此，梅诗也就如同韩诗一样，枯淡其表，而深邃其里了。

韩愈是提倡古淡的。他把古淡比作古朴高雅的“轩鹤”，而把其他风格都视为不如“轩鹤”的“鸡群”：“张籍学古淡，轩鹤避鸡群。”（《醉赠张秘书》）梅尧臣积极参与的宋初的诗人革新运动是鼓吹“复古”的，而复古则以唐人为指针，而唐人则又以李、杜、韩、柳为旗帜。而梅尧臣学韩承韩的迹象特别明显。《依韵和永叔澄心堂纸答刘原甫》称赞韩愈：“退之昔负天下才，扫掩众说犹除埃。”并以他所最知心、最崇拜的欧阳修与韩愈比：“欧阳今与韩相似，海水浩浩山嵬嵬。”在他的心目中，韩愈如同青山那样崇高，令人叹为观止；又如大海那样广阔无垠，让人有吸取不尽的涵养和力量。

韩愈称张籍、卢仝之“新怪”，又称孟郊之“奇瑰”。而梅尧臣认为石曼卿、苏小美可比“卢”“籍”，自己则可“拟郊”：“我今或盈轴，体逸思益峭。……其于文字间，苦硬与恶少”（《偶书寄苏小美》），“复为苦硬句，酬报强把笔”（《答宣阒司理》）。在《韵语答永叔内翰》中，他以书法作比，认为那种如同厚皮馒头的肥字，实在是“俗物阿羞”。可知他喜欢的仍然是瘦硬一格，枯淡之风。总之，韩愈、卢仝、张籍、孟郊、欧阳修、梅尧臣在“新奇”上是相通的，而在“古淡”瘦硬上则是一脉相承的。这是梅上承韩愈、下开宋人之处。

当时人也都看出了这一点。《宋诗钞》谓："在河南时，王晦叔（按：指诗人王曙）见而叹曰：'二百年（按：自杜甫殁后）无此作矣!'贤士大夫如温公（按：指司马光）、东坡（苏轼）、介甫（王安石）诸人，咸敬重之。尤与欧阳文忠公善，世比之韩、孟，两公（按：指梅与欧）亦颇以自况（即以韩愈、孟郊自比）。"赵与虤在《娱书堂诗话》中曾极力称赏梅氏的《范饶正坐中客语食河豚鱼》，认为"此诗特雄赡"，"尤为人称美"，而他认为梅诗之"雄赡"承了韩愈"古淡"的特质。

"古淡"是宋初改革诗风的时代要求与时尚，梅诗的平淡既符合时代的风尚，也适应时代的要求。如苏舜钦"作诗千篇颇振绝，放意吐出吁可惊。不肯低心事镌凿，直欲淡泊趋杳冥"（《赠释秘演》），王安石"字如瘦棘攒黑刺，文如温玉烂虹光"（《得王介甫常州书》），诗僧则晖"会将趋古淡，先可去浮嚣"（《诗僧则晖求诗》）。他如邵不疑、林和靖、欧阳修、苏东坡等都无不如是，兹不赘述。

前已述及，宋初诗人规摹唐制，白体祖乐天，"诗多得于容易"（《六一诗话》），去艰涩而流于浅易；晚唐体诗学贾岛，句工密而流于小巧；西昆体出，欲救白体、晚唐体之失，而效李义山，一方面"足以革当时风花雪月、小巧呻吟之病"（方回《瀛奎律髓》），而另一方面又跌入藻饰一径，"丰富藻丽，不作枯瘠语"（《宋诗纪事》卷六引《丹阳集》）。

梅尧臣出，正是以"平淡"力矫西昆体的浮靡藻饰之弊。梅批评他们作诗"迩来道颇丧，有作皆言空。烟云写形象，葩卉咏青红。人事极谀谄，引古称辩雄。经营唯切偶，荣利因被蒙。遂使世上人，只曰一艺充。以巧比戏弈，以声喻鸣桐。嗟嗟一何陋，甘用无言终"（《答韩三子华韩五持国韩六玉汝见赠述诗》）。他是从文学的特质和诗歌的传统两个方面正确地阐述了诗与现实的两重关系，即既来源于现实，又作用于现实：“圣人于诗言，曾不专其中。因事有所激，因物兴以通。自下而磨上，是之谓国风。雅章及颂篇，刺美亦道同。不独识鸟兽，而为文字工。屈原作《离骚》，自哀其志穷。愤世嫉邪意，寄在草木虫。”（同上）他认为，正是在这个根本问题上，西昆体背离了现实主义的创作原则。

梅尧臣的诗歌创作，正是在他这种诗歌理论的指导下进行的：积极干预现实，大胆针砭时政，充满了无所畏惧的战斗精神。他在艺术上又刻意求新，绝不率易而出，“辞虽浅陋颇刬苦，未到二雅未忍捐”（《答裴送序意》）。因此他的诗才达到平淡深远的高超境界，并以自己的理论和创作打破西昆体的形式主义统治，在当时具有极高声望，产生了极大影响。可以说，从梅诗起，宋诗才以自己枯淡的面目变唐别唐，走出了自己的道路。刘克庄总结说：“李、杜，唐之集大成者也；梅、陆，本朝之集大成者也。学唐而不本李、杜，学本朝而不由梅、陆，是犹喜蓬户之容膝，而不知有建章千门之巨丽，爱叶舟之掀浪，而不知有龙骧万斛之负载也。”（《后村大全集》卷九九《李贾县尉诗卷》）梅尧臣对宋诗的贡献，正与其以“平淡”的风格开了宋诗之面貌分不开。

［原载《内蒙古师范大学学报（哲学社会科学版）》1990年第3期］

梅诗内容和艺术的基本特征

◎程　杰

虽然梅尧臣以倡复比兴美刺之“道”的理论主张追踪复古革新大潮，从而代表了当时诗歌领域的革新力量，但是纵览其一生的创作，真正的比兴讽谕之作至少在数量上并不占任何优势。放在整个宋代诗史上考察，更是以其独特的艺术探索和鲜明的艺术成就享有盛誉。梅尧臣作为宋诗“开山祖师”的地位，主要是由其艺术成就奠定的。而所谓艺术成就是包含着内容和形式诸方面的有机统一体。以下就其中突出的几个方面试作分析。

一、诗材的凡近多样

现存梅诗2800余首，在北宋仅次于苏轼，比较起唐代号诗人者三两首便可名世，大家如李、杜也仅千余首的情况，是颇值得注意的。其中可能有文献史料学的原因，但这种差距毕竟是一种客观存在。据朱东润《梅尧臣集编年校注》，梅尧臣诗从天圣九年（1031）至嘉祐五年（1060）共三十载，其中有两大创作高峰，一是庆历四年（1044）至庆历八年（1048），五年间存诗880余首；另一是嘉祐元年（1056）以后，五年有诗810余首，最多的一年是庆历八年，达277首。这年夏间梅尧臣携妻儿还宣城老家，秋后应晏殊辟赴陈州判官任，往返汴、颍、江、淮，有两次跋涉，便有了大量行旅诗，不妨一览其诗题。先是沿汴南下，有《淮雨》《舟次山阳呈王宗说寺丞》《楚童》《杂诗绝句十七首（宝应道中）》《五月二十日夜梦尹师鲁》《五月二十四过高邮三沟》《过茱萸堰》《长芦江口》《阻风》《慈姥矶下》《早发》等。秋后北上诗篇更多，依次有《八月二十二日回过三沟》《牛背双鸜鹆》《岸贫》《村豪》《晚云》《晚日》《前日》《淮阴》《沛公歌》《使风》《田家屋上壶》《小村》《九山》《淮岸》《原有禽倏鸣升遽默下》《泊下黄溪》《濠梁感怀》《涡口》《过涂荆二山遇暗石》《舟上采菊》《九日次寿州》《泊寿春龙潭上夜半黑风破一舟》《兵家渡早发》《水次薛花》《夜行忆山中》《村醪》《川上田家》《发匀陵》《牵船人》《田人夜归》《闻橹》《将次项城阻风舟不能进》《夜渔》等（卷一八）。这尚是不完全的编次目录。按日计程，所遇皆诗，或风土，或人情，或写景，或咏物，或述事，都由行踪一一引出，几乎可以构成完密的旅行日记。诗材之即事便捷，细大不捐，一目了然。这是梅尧臣诗篇繁富的根本原因。

正是这份细大不捐的眼光，把一些在传统诗人偶尔涉及的题材推到了突出的地位。如梅尧臣诗歌中反映家庭生活的作品就较多。唐人于此涉笔较多者如杜甫，不仅实际数量极为有限，所写也只止于"遥怜小儿女，未解忆长安"的可歌可泣之场面及"老妻画纸为棋局，稚子敲针作钓钩"之类典型情景。而梅尧臣则深入妻儿老小、衣食起居、生老病死等家常细节。如《秀叔头虱》写没娘的儿子无人照料显出一头蓬垢（卷一六）；《稚子获雀雏》写雏鸟撞粘蛛网为小儿所逮，成了玩物（卷一六）；《新婚》写续弦之初口呼犹前妻的尴尬（卷一六）；《送薛氏妇归绛州》为出阁的女儿交代家风闺训（卷二六），等等，不胜枚举。

很显然，题材的推扩是向细节化的方向发展的，大多数作品都是关于人际交往和日常琐事的吟咏。在丰富的创作数量中，梅尧臣几乎没有推出一个主导性的题材领域，如阮籍之咏怀，郭璞之游仙，陶渊明、谢灵运之于山水田园，也没有形成如白居易之讽谕、感伤、闲适之类较为明确的中心话题。他倾向于就散文化的生活原态随意实录，即事感咏。所谓山水、田园、行旅之作，乃至于具有新乐府思想价值以反映民主为主题的作品，也都分散在这样一种与时推移的漫然过程之中。这是所谓“闲肆平淡”的一种方式。《孙公谈圃》记载，梅尧臣“寝食游观，未尝不吟讽思索”。苏轼也曾指出，梅“日课一诗”，要求后生引为学诗法[①]。从诗歌题材的角度考察，这种日作不辍、修习与创作浑然不分的情形，使诗材的掇拾即事随便、漫然易得。

对本朝诗深表不满的严羽曾发表过这样的意见：“唐人命题，言语亦自不同。杂古人之集而观之，不必见诗，望其题引而知其为唐人今人矣。”[②]在梅尧臣的诗歌中很少看到歌、行、曲、吟等乐府方式和“古风”“感遇”“咏怀”之类抒情意味十足的命题。即便是气貌与梅尧臣较为相近的中唐诗人孟郊，其《东野诗集》除颇具分量的古调古风外，代表性的作品也大多是纯然“感兴”“咏怀”之作，如《秋怀十五首》等。而梅尧臣的诗题则显示其内容附带了更多的人际应酬和即事实录的成分。诗人立足于生活的家常内容作勤勉不懈但又平实朴素的吟咏，这是一种切实、平淡的创作心态。

二、叙事性

梅诗的叙事性是较为鲜明的，宋人有“圣俞诗长于叙事”[③]的评价。近年已有学者注意到，梅诗中有一些改写他人书信、随笔等散文作品的例子。其中最著名的是作于明道元年（1032）的《希深惠书言与师鲁永叔子聪几道游嵩因诵而韵之》（卷

① 苏轼《答陈传道》（三），《苏轼文集》卷五三。

② 《沧浪诗话》诗评。

③ 刘克庄《后村诗话》后集卷二引张嵲语。

二）。这年九月，谢绛（希深）、尹洙、欧阳修、杨愈等人登游嵩山，梅尧臣没能参加，谢绛写信把此次活动通报给梅尧臣，梅尧臣作了这首五古为答。全诗五百字，几乎逐段演绎谢书。天圣九年（1031），梅诗从这年开始见存作品，梅尧臣便有了一首同样的改写之作《子聪惠书备言行路及游王屋物趣因以答》（卷一）。全诗共四十句，除首尾十二句交代缘起和表达自己的羡慕之情外，中间一大部分全是檃栝杨愈来书所叙游山的过程。这种频繁的改写，说明它属于有意识的尝试。这一尝试引起了当时诗坛朋辈的注意和赞赏。谢绛复信道："自始及末诵次游观之美，如指诸掌，而又语重韵险，亡有一字近浮靡而涉缪异，则知足下于雅颂为深。刘宾客有言'人之神妙，其在于诗'，以明诗之难能于文笔百倍矣。今足下以文示人为略，以诗晓人为精，吾徒将不足游其藩，况敢于奥阼也，叹感叹感。"[①]这里除写亲友间的客套，也道出了谢绛对此诗真诚的赞赏，尤其是所称"诵次游观之美"，不涉"浮靡""缪异"，确实概括了梅诗叙事核实委备的特点。很显然，这一成就是改写所带来的。大概由于这一尝试的成功，梅尧臣在此后的创作中陆续推出一些改写之作，如《寄题滁州醉翁亭》（卷一八）改写欧阳修《醉翁亭记》，《韵语答永叔内翰》（卷二九）改写欧阳修《笔说·世人作肥字说》。还有改写古人作品的，如《武陵行》（卷三）改写陶渊明《桃花源诗序》。

然而这种改写毕竟只能在有限的范围内进行，在梅尧臣的整个创作中，真正的改写之作为数并不多。与此手法相仿的另一种情况倒显得普遍一些，这就是把亲友间和官场上实际的交往尤其是话语谈资加以演述，檃栝成诗，如《许发运待制见过夜话》（卷二三）叙录许氏关于漕运利弊的言论；《潘歙州话庐山》

① 《欧阳修全集》附录卷五。

（卷二四）转述潘区对庐山风景形势的详细介绍；《以近诗贽尚书晏相公忽有酬赠之什称之甚过不敢辄有所叙谨依韵缀前日坐末教诲之言以和》（卷一六）、《读邵不疑学士诗卷杜挺之忽来因出示之且伏高致辄书一时之语以奉呈》（卷二六）也都是座间一时之语的缀录和演述。这给我们一个启示，就日常生活提供的素材作平实的叙录是梅尧臣诗最基本的艺术手法，而改写他们的作品仅是一种特殊的情况，后者即以他人的作品为素材，以诗歌的形式客观地再现出来。这与其说是一种改写、移植，莫如说是诗友间特殊生活内容的叙录。

上述这些题材似乎更宜于用散文的形式来写作，梅尧臣却施诸诗歌，如此大量地舍散体就韵语，也许隐含了某种个人才能的缺陷。现存梅尧臣的文章极少，为数不多的咏物、纪事之赋也多介于古赋、文赋之间，气局狭小，语脉拘拙。前引明道元年（1032）谢绛致书称梅尧臣“以文示人为略，以诗晓人为精”[①]，这句话出于对梅尧臣诗才的赞美，但也透露了梅尧臣在古文写作方面的不足。梅诗因此而多应酬之作，也因以诗笔多成叙述。

梅诗中最为普遍的是直接取材于日常生活经历和具体事件的平实的叙述。如天圣九年（1031）的《伤白鸡》写宠禽为野兽所害的情况：“我庭有素鸡，翎羽白如脂。日所虑狂犬，未尝忧孽狸。暝栖向檐隙，朝啄循阶基。每先乌乌鸣，不失风雨时。虽吾困廪薄，尚汝稻粱遗。昨宵天气黑，阴物恣所窥。潜来衔搏去，但觉声音悲。开门俾驰救，已过墙东陲。呵叱不敢食，夺然留在兹。涌血被其颈，噂呷气甚危。皓臆变丹赤，霜翅两离披。悯心欲之活，碎脑安能治。委瘗从尔命，孰忍姜桂为。犹看零落毛，荡漾随风吹。……”（卷一）就日常生活的一件小事详

① 谢绛《又答梅圣俞书》，《欧阳修全集》附录卷五。

加叙述，不避过程的繁琐和细屑，也不添施夸张和渲染，体现了一种客观、平实的叙录态度。以这样的笔调写成的作品在《梅尧臣集》中比比皆是。其中篇制较长、叙述之法运用较为典型的有：《建德新墙诗》写县署的破败情况和修葺活动（卷五）；《普净院佛阁上孤鹘》写苍鹘以强凌弱，捕食檐间栖禽的情况（卷一四）；《五月十三日大水》描写大雨成灾，水势弥漫，陆地百物均成浮游的情景（卷二五）。

梅诗中普遍的叙事性使一些题材的创作也显示出特色。如反映民瘼，这是梅诗中富有现实价值的部分。与苏舜钦那种大处勾勒，重在抒发悯人愤世之情不同，梅尧臣倾向于客观地展示民众的艰难生态，重在细节的实录和呈现，如《岸贫》："无能事耕获，亦不有鸡豚。烧蚌晒槎沫，织蓑依树根。野芦编作室，青蔓与为门。稚子将荷叶，还充犊鼻裈。"（卷一八）全诗纯然行者所见情景的实录。著名的《田家语》《汝坟贫女》等都是直"录田家之言次为文"（卷一〇），与演述他人文章和议论入诗的方法出乎一辙。对于当时的政治斗争，梅尧臣除了一些托物美刺，也多以直叙法加以反映，如长达五百四十言的《书窜》一诗，首标年月日，接着檃栝御史唐介弹劾宰相文彦博的奏书，然后逐一叙述有关的朝议和唐介终被谪赴边远的经过（卷二一）。这样的诗纯然一副叙事诗的面貌。

在乐府叙事诗之外，杜甫与白居易创造了文人叙事技巧的典范。与杜诗叙事的惨淡经营、长于曲折，与白居易讽谕诗之题材典型、感伤诗之风情摇曳相较，梅尧臣不以艺术构思和章法安排见长，而是就事件本身作客观平实、顺理成章、较少提炼的叙述，正所谓"雄健不足而雅淡有余"[①]。

① 刘克庄《后村诗话》后集卷二引张嵲语。

三、议论化

梅诗的议论化几乎是与叙事性伴生的一个基本特征。作为对所叙事情的主观反映，梅尧臣常在事物的记叙之后作出一些感慨、思考和议论。如前引《伤白鸡》一诗在叙述了白鸡被害之后推论道："斯事义虽小，得以深理推。邓通赐铜山，未免终馁尔。人道尚乃尔，怆焉聊俯眉。"西汉邓通以佞幸得富贵，然终不免于祸。白鸡的命运正与邓通一样，物同人理，因而白鸡之丧不值得惋惜。《晚泊观斗鸡》也是这样的篇末生思之作，作者从眼前舟人斗鸡强胜弱负，联想到汉末军事纷争，推导出"从来小资大"的结论（卷八）。《范饶州坐中客语食河豚鱼》更是这一类因事议论的典型。诗人从席间"客语"中了解到河豚状怪、味美而剧毒的种种特性，为之沉思涵吟，联想到韩、柳迁谪南方所食之蛇和蛤蟆，它们与河豚相较，"斯味曾不比"，然也不似河豚"中藏祸无涯"，由此诗人感到："甚美恶亦称，此言诚可嘉。"（卷八）"甚美恶亦称"，语见《左传·昭公二十八年》，原文是"吾闻之，甚美必有甚恶"。诗人从河豚身上，体会到这句话的真理性。梅尧臣在谈到自己的咏物赋的写作方法时，曾提到"因形析义"之法[①]，其诗歌正是运用此法，即从事物的特殊性获得某种启迪，进而推导出某些富于理性的结论。

这种即事推理并不仅仅是出于对知性活动的爱好，在更多的时候，诗人借此建立起了一种处置外物的理智态度，一种冷静地对待生活境遇的人生哲学。《伤白鸡》一诗中，诗人在不乏伤逝之情的细致描述之后，最后通过推论明确了"人道尚乃尔"、此物不足伤的平静态度。另如《自尉氏南至京皆水及人胫》："陆行畏水深，舟行畏水浅。河流去时阁，涂潦归时践。事与时相

① 《矮石榴树子赋》，《梅尧臣集编年校注》卷九。

违，我惭行处蹇。人生莫为客，为客此安免。”（卷一七）诗人旅途遭遇大水，没有因此悲吁伤怨，而是思及时势与人事之间普遍存在的矛盾性，从容地理解了目前困境的不可避免，表现出直面人生艰难的冷静和理智。这份人生的理智态度使一些在传统诗人原本属于感伤的主题到了梅尧臣诗中都受到了理性的“冷”处理。

如“秋”，本是洋溢着悲怨感伤情绪的母题，而梅尧臣谈及秋，则是“我谓蓬瀛客，清切不畏炎。及观秋兴篇，无远此穷阎。乃知天地大，节候无爱嫌。寒不为富减，暑不为贫添”[①]。由仙道之人喜凉忌热悟会到这样的道理，自然界的凉热有其自身的客观性，与人生之贫富穷达无甚关系。由于这样的观点，时序之悲这些主观性的东西也便失去了存在的根据。在《秋思》中，诗人冷静地写道：“梧桐在井上，蟋蟀在床下。物情有与无，节候不相假。寥寥风动叶，飒飒雨堕瓦。耳听心自静，谁是忘怀者。”（卷二九）时序之哀乐缘于人心之欢戚，内心静定者而物自动摇无从起情。诗中理性思考与客观描写相辅相成，创造出一种面对物役无动于衷的平静贞定的境界。

又如“酒”。酒是情感兴奋剂。据同时人提供的信息，梅尧臣“能饮百许盏”[②]，可谓海量，当梅尧臣欲舒胸臆时，也常以“饮酒”作为慷慨放歌的意象，但梅尧臣对酒持有一份清醒。不仅由于生活的拮据，自觉难“如古人，车旁挂鸱夷”[③]，而且一旦身体有所不适，便注意节制。在《回自青龙呈谢师直》一诗中记述自己酒量不如曩昔，“未及再酌肠如煎”，婉拒友人之劝：“与君无复更留醉，醉死谁能如谪仙。”（卷一四）

又如生死。梅尧臣对人生的有限性持有较为旷达的态度，他在诗中极少哀悼岁月的流逝。在《依韵和永叔感兴五首》中他劝

① 《和吴冲卿江邻几二学士王景彝舍人秋兴》，《梅尧臣集编年校注》卷二八。

② 苏轼《书渊明诗》（二），《苏轼文集》卷六七。

③ 《五月十日雨中饮》，《梅尧臣集编年校注》卷二五。

导欧阳修："勿惊年齿迟，勿叹时节晚。寒松翳林麓，射干生陇坂。野蓬随飘飘，秋实缀纂纂。万物更盛衰，有益必有损。损益皆自然，曷增凫胫短。"（卷二六）又如嘉祐四年（1059）所作的《长歌行》平静地讨论了对待死的态度："世人何恶死，死必胜于生。劳劳尘土中，役役岁月更。大寒求以燠，大暑求以清。维馁求以馌，维渴求以觥。其少欲所惑，其老病所婴。富贵拘法律，贫贱畏笞榜。生既若此苦，死当一切平。释子外形骸，道士完髓精。二皆趋死途，足以见其情。遗形得极乐，升仙上玉京。是乃等为死，安有蜕骨轻。日中不见影，阳魂与鬼并。庄周谓之息，漏泄理甚明。仲尼曰焉知，不使人道倾。此论吾得之，曷要世间行。"（卷二九）通过儒、释、道三家的比较，否定了释、道两家的出世永生之术，认定庄子不以为意、孔子付诸阙如的态度最为可靠。这是一种典型的理性主义的态度。从容的理性讨论中体现出作者面对人生大限平静、淡泊的心境。

面对人生的不遇，传统诗人或"以物喜"，或"以己悲"，表现出强烈的情绪反应，而梅尧臣则常出以平静、沉着的思考，通过思考理解事物的多端、人生的无奈，由此建立起一种冷静的、富有理解和宽容性的思想态度。对于梅尧臣来说，这种客观理性的态度还体现在理性思考本身的朴素性、切实性上。梅尧臣诗中的议论多属于对眼前事物和个人经历的思量和理解，极少深长的理论推究，更没有虚远的玄思。如《送正仲都官知睦州》："每嗟相逢少，常苦离别多。行行复壮壮（疑为'行行'），往往起悲歌。古来易水上，义士有荆轲。捐躯思报恩，饮恨歌奈何。况彼儿女怀，牵缠如蔓萝。是以世间人，鬓发易番番。"（卷三〇）送人远行，为表慰解，平静地从离别的普遍情况说起，全似一次老成的经验之谈。这样的情况在梅诗中是较为普遍的。

梅尧臣对超乎日常经验之外的问题不感兴趣，在《读问月》一诗中，他对李白的把酒问月之态表示不予欣赏，他说："我读李白问月诗，乃知白也心太痴。明月在上尔在下，月行岂独君相随。白兔捣药亦何疗，常娥孤栖欲嫁谁。古人今人被磨灭，休问有来都几时。唯有长照金尊里，此言万世不可移。但能自醉月自落，夜夜如此谁复疑。"（卷二五）一切超现实的美丽想象并不可靠，只有眼前的现实才是唯一可以依赖的内容。同样，一切无稽的猜测和奇谈在梅尧臣看来也是多余的。欧阳修从友人那里得到了石制砚屏，紫色的石头有白色的月形，月中隐约有树影婆娑，图纹令人叹奇。欧阳修得到此物后，叹为奇观，对月影之形成深感不解，遂命画工照以绘成图，并作《紫石屏歌》，寄给苏舜钦，请"穷其原"。与欧阳修事必求"信"，"不敢增损"[1]的态度相比，苏舜钦确如欧阳修所了解的那样，"不惟胸宽胆亦大"[2]，大胆否定他人有关的猜测，并引蚌蛤吸收月花而孕蛛、犀牛望星而星形入角等传说，认为石中有月也是石"久为月照著，岁久光不灭"，相感而有月形[3]。与苏舜钦这种敢想敢说、纵横议论的作风相比，梅尧臣要朴实、客观得多，在同时所作的《咏欧阳永叔文石砚屏二首》中，梅尧臣只是客观地描写砚屏上奇特的石纹（卷一八）。事隔许多年之后，梅尧臣作了《读月石屏诗》，对欧阳修的《紫石屏歌》和苏舜钦的《月石砚屏歌》作了评价，梅尧臣肯定欧阳修"知不可诘不竟述"的态度，对苏舜钦的奇思与结论略存微词。梅尧臣认为石中之月既不能行天纪历，又无纤毫光亮用作人间灯照，又不似圭璧类物温润可玩，"无此等物岂可灵，只以为屏安足惜"（卷二一）。即便与欧阳修相比，梅尧臣的态度也显得更为平实冷静。欧阳修擅长

① 欧阳修《月石砚屏歌序》，《欧阳修全集·居士外集》卷一五。

② 欧阳修《紫石屏歌》，《欧阳修全集·居士集》卷四。

③ 苏舜钦《月石砚屏歌》，《苏舜钦集编年校注》卷四。

理性的叩问和究诘，用他自己的话说是“嗟予不度量，每事思穷探。欲将两耳目所及，而与造化争毫纤”[①]，而梅尧臣极少深入的理性思考，主要是出于人生经验的感喟和总结。

四、刻琢怪巧之笔意

平常的题材、朴素无奇的叙述和切实平静的议论构成了梅尧臣典型的平淡风格，然而，这诸多因素在实现个性化的艺术品位的同时，时刻冒着平淡而至于无味，朴素而了无兴致的风险。但是，梅尧臣在其风格的追求中，并非全然不设其心漫然唠叨，而是有着特殊的“狡狯”和潜伏的“峥嵘”，因而使其平淡中包含了不可等闲的因素。其中最为基本的就是欧阳修所说的，“间亦琢刻以出怪巧”[②]。

梅尧臣走上诗坛之初，其唱酬诗一仍宋初普遍存在的清丽细切的律体风格。但当他的诗笔面对山村水驿，用来反映个人的宦游行旅时，在清丽细润中便逐渐出现一种清苦荒僻的景致。如宝元元年的《山中夜行》：“孤客心多恐，寒风夜度溪。山长羸马困，月黑怪禽啼。远火生樵舍，荒榛乱野蹊。喜言林馆近，闻犬入犹迷。”（卷八）此诗写夜行景况，颔联显然描摹姚、贾笔调。这种风格首先决定于梅尧臣作为下层官员仕宦的漂泊，从艺术上考察则是中晚唐以迄于宋初贾岛、姚合等为代表的清奇僻苦诗风长期流行深刻影响的结果。梅尧臣对姚、贾诗风的特殊造诣和品味颇有会心之见。欧阳修《六一诗话》记载：“圣俞尝语予曰：‘诗家虽率意，而造语亦难。若意新语工，得前人所未道者，斯为善也。必能状难写之景如在目前，含不尽之意见于

① 欧阳修《紫石屏歌》，《欧阳修全集·居士集》卷四。

② 欧阳修《梅圣俞墓志铭》，《欧阳修全集·居士集》卷三三。

言外，然后为至矣。贾岛云“竹笼拾山果，瓦瓶担石泉”，姚合云“马随山鹿放，鸡逐野禽栖”等是山邑荒僻，官况萧条，不如“县古槐根出，官清马骨高”为工也。’余曰：‘语之工者固如是。状难写之景，含不尽之意，何诗为然？’圣俞曰：‘作者得于心，览者会以意，殆难指陈以言也。虽然，亦可略道其仿佛：若严维“柳塘春水漫，花坞夕阳迟”，则天容时态，融和骀荡，岂不如在目前乎？又若温庭筠“鸡声茅店月，人迹板桥霜”，贾岛“怪禽啼旷野，落日恐行人”，则道路辛苦，羁愁旅思，岂不见于言外乎？’”梅尧臣的这一观点似乎受到谢绛的影响。欧阳修《谢希深论诗》记载：“往在洛时，尝见谢希深（绛）诵‘县古槐根出，官清马骨高’……希深曰：‘清苦之意在言外。’”[①]但从《六一诗话》的详细记载可以看出，梅尧臣于中分出“工”和“至”两个层次，表明他的认识更为深入。虽然欧阳修亲聆了谢绛的这一观点，然后来谈及此事，欧阳修基本上都是转达梅尧臣的话。从这一段诗话的有关材料不难看出，梅尧臣早年对中晚唐贾岛、姚合等诗人的“精意刻琢”[②]之处便深有体会。因而在梅尧臣的诗歌中，不时地会遇到这样一些取境幽僻、刻琢工巧的句子，如“冻禽立枯枝，饥兽啮陈根”（《襄城对雪》，卷九），“枯骸托魍魅，细草没麒麟”（卷一〇《古冢》），“冻地坼枯龟，断冰流破镜”（《和仲文西湖野步至新堰二首》，卷一七）。这些句子就描写荒僻清寒的景象而言，确实做到了“状难写之景如在目前”。这些五言景句多见于早年的行旅之作，有些还带有明显的模仿化用前人的痕迹，如前揭“山长羸马困，月黑怪禽啼”，又如“县庭槐已古，堂壁碑未缺”（《送周寺丞宰新郑》，卷二一），在庆历以来的作品

① 欧阳修《试笔》。

② 欧阳修《试笔·郊岛诗穷》。

中也频频出现，可见是梅尧臣创作中一个基本的审美取向。梅尧臣诗歌中一些众所称引的写景名句，如“回堤溯清风，淡月生古柳”（《忆吴淞江晚泊》，卷一六），“好峰随处改，幽径独行迷。霜落熊升树，林空鹿饮溪”（《鲁山山行》，卷一〇），“五更千里梦，残月一城鸡”（《梦后寄欧阳永叔》，卷二五），“野凫眠岸有闲意，老树著花无丑枝”（《东溪》，卷二五），“野艇鸟翘唯断缆，枯桑水啮只危根”（《小村》，卷一八），实际上都以一种荒寒萧瑟、幽僻生新的韵味取胜。

在抒情方面，梅尧臣常能在朴质的笔调中见出深挚的效果，其中不乏一些入里的细节。最突出的是一些伤悼之作，如《梦感》：“生哀百十载，死苦千万春。何为千万春，厚地不复晨。我非忘情者，梦故不梦新。宛若昔之日，言语寻常亲。及寤动悲肠，痛逆如刮鳞。”（卷一五）梦见故妻，醒而伤感，娓娓说来，悼意恺切，尤其是最后两句，取譬奇险而生动。又如《戊子三月二十一日殇小女称称三首》：“生汝父母喜，死汝父母伤。我行岂有亏，汝命何不长？鸦雏春满窠，蜂子夏满房。毒螫与恶噪，所生遂飞扬。理固不可诘，泣泪向苍苍。”“蓓蕾树上花，莹洁昔婴女。春风不长久，吹落便归土。娇爱命亦然，苍天不知苦。慈母眼中血，未干同两乳。”（卷一八）第一首以乌鸦、马蜂反衬，言其恶物反而多子，苍天何其不公，其理又无可究诘，句句平平白话，但说来怆痛至极。第二首换一写法，写娇女之可爱，其母犹伤心。最后之比喻，写出了新生儿去世后产妇泪奶同涌的特定情景。事关人伦，情由至亲，语言朴挚而十分动人。

五、以五言为主的形式选择

与苏舜钦之学韩、杜，欧阳修之学韩、李而多以文为诗的长篇大作不同，梅尧臣的诗歌以五言为主。现据朱东润《梅尧臣集编年校注》把梅诗体式分为个阶段，统计列表如下：

时期	五律	五绝	五古	七律	七绝	七古	其他	小计
天圣九年至明道二年（三年）	76 61%	16 13%	26 21%	2 2%	1 1%	3 3%	1 1%	125
景祐元年至庆历三年（十年）	187 48%	29 7%	126 32%	6 2%	16 4%	16 4%	8 2%	388
庆历四年至至和元年（十二年）	357 24%	61 4%	741 50%	72 5%	116 7%	118 8%	26 2%	1491
嘉祐元年至嘉祐五年（五年）	260 32%	11 1%	218 27%	142 17%	62 8%	106 13%	14 2%	813
合计	880 31%	117 4%	1111 39%	222 9%	195 7%	243 9%	49 2%	2817

从上表可以看出，梅尧臣的作品以五言为主（占74%），而其中又以五古为多。现存最初三年在洛阳钱惟演幕下与谢绛、欧阳修等人唱酬的作品，受当时流行的后西昆体诗风影响较大，内容上以游宴和唱酬为主，形式上则以五律为主，大多写得清丽工细。景祐元年（1034），落第南下赴建德县令至庆历三年（1043）的十年间是梅尧臣的个性风格的形成期。庆历四年（1044）欧阳修在《水谷夜行寄子美圣俞》一诗中称赞“梅翁事清切，石齿漱寒濑”，并强调指出“近诗尤古硬，咀嚼苦难嘬。初如食橄榄，真味久愈在”。“清切”是天圣、明道间就具备的素质，由“清切”而“古硬”则是庆历三年前十年间逐步发展的轨迹。从诗体方面看也确实如此。这十年与最初三年相比，最大的变化就是五律的比重下降，五古的数量大幅度增加。这种趋势在此后的十二年中继续发展，这是梅尧臣诗歌风格成熟并逐步赢得声誉的时期。嘉祐年间的最后五年，梅尧臣受荐为朝官，境况明显好转。此时欧阳修返朝，在其周围重新聚集了一批文士，诗酒唱酬，艺文交游，梅尧臣以文坛宿老悠游其中，多唱和宴游之作，五律作品有所回升。艺术风格交叉影

响，正如欧阳修所言“其应于人者多，故辞非一体”[①]，七言数量也有所增加。尽管如此，五古作品仍然较具分量，整个五言作品的绝对优势丝毫未见改变。

（原载《北宋诗文革新研究》，文津出版社1996年版，第154—169页；内蒙古教育出版社2000年版，第135—154页）

① 欧阳修《梅圣俞墓志铭》，《欧阳修全集·居士集》卷三三。

陶渊明接受史新局面的开创者梅尧臣

◎李剑锋

在宋代首先打开陶渊明接受史新局面的是“变晚唐卑陋之习，启盛宋和平之音”[①]的梅尧臣。他是第一个大力倡导并学习陶诗的宋代诗人，而且第一次对陶诗平淡而深邃的美学价值有了明确的理性认识，并奉之为诗美的极致，从而初步开拓出超越唐人的陶渊明接受史新局面，为苏轼全面而深入地接受、解读陶渊明奠定了最为直接而坚实的基础。

从现存梅尧臣诗文看，他对陶的接受是贯穿终生的，且经历了一个“浅学—力学—超越”的基本历程。

一

44岁以前，梅尧臣已明确把陶渊明作为师法的对象之一，曾表白说：“唯师独慕陶彭泽。”（《梅尧臣集编年校注》卷一三《答新长老诗编》）[②]但他的接受基本停留在浅显层面：在学习陶诗中，表现在对陶诗题材、语词明显的模拟和直接的借用上；在接受陶的为人中，表现在对陶外在风貌的景慕上。

梅尧臣生长在农村，对田园生活极为熟悉，陶潜田园诗最

① 刘性《宛陵先生年谱序》。

② 朱东润《梅尧臣集编年校注》，上海古籍出版社 1980 年版。本文所引梅诗文皆据该书。

易引起他的共鸣。其《田家》（原注：四时）诗四首、《田家语》、《观理稼》、《早春田行》等早期作品都与陶田园诗意趣有或多或少的相似。《田家》四首以春夏秋冬四时为序吟咏田园，最得陶趣。其一云：

> 昨夜春雷作，荷锄理南陂。杏花将及候，农事不可迟。蚕女亦自念，牧童仍我随。田中逢老父，荷杖独熙熙。

该诗与陶《归园田居五首》之三“种豆南山下”，都写从事劳动之乐，用语多本于陶诗。只是陶诗写景在于写意，结云“衣沾不足惜，但使愿无违”。而梅诗则吸取唐人孟浩然等人田园诗的审美观照方式，偏于写景，在写景中融入“熙熙”之乐。尽管有此细微差别，其摹陶痕迹还是一望而知的。

梅尧臣还注意到了陶诗文的其他一些题材，如其《武陵行》抒写《桃花源记》题材；《九月五日得姑苏谢学士寄木兰古酝》写陶好酒；《田归赋》虽云“非效渊明之褊衷”，但显系受《归去来兮辞》启发，等等。

在个别语句上，梅尧臣也是直接借用，用陶典故亦复如此，少作曲折变化：

> 南山尝种豆。（卷六《田家》）
> 陶柳应惭弱。（卷六《县署丛竹》）
> 幽岸足以觞，幸有彭泽酒。（卷二《联句》）

通过梅诗的用典，也可以见出梅尧臣对陶潜为人的理解仅停留于外在风貌上。其《昼寝》《送永叔归乾德》二诗所描绘的陶潜形象“悠然目远空，旷尔遗群物”，与前人所理解的高士、隐士形象是一致的，尚停留在风貌神情上，没有深入陶潜的灵魂。

总之，梅尧臣前期学陶虽不乏个性色彩，但基本没有超越前人，尚停留在浅表层次，这与梅尧臣此期主要学习韦应物等唐人之诗，而未能着力于学陶是密不可分的。学陶的具体原因从创作上讲与韦应物等人也学陶、遵陶不无关系。

二

梅尧臣对陶潜的大力学习是在44岁之后。这以他对陶诗平淡美学价值的认识和大力学习为标志。

在44岁以前，梅尧臣只有一次用“平淡”论诗[①]，44岁之后，梅始屡屡以“平淡”论诗，且将“平淡”与陶诗相提并论。

> 方闻理平淡，昏晓在渊明。（卷一五《答中道小疾见寄》）
> 中作渊明诗，平淡可拟伦。（卷一五《寄宋次道中道》）
> 远寄平淡辞，何报琼与环。（卷一六《和江邻几见寄》）

庆历五年（1045）、六年（1046）两年尧臣的大部分诗作及其后的一部分诗作皆平淡质朴有陶风，这与其对陶诗的大力学习是分不开的。与前期学陶重在题材、词语、用典的浅层接受不同，此期重在学习陶诗的结构、理趣、风格，在力度和广度上都要超过前期。梅尧臣对陶《形影神》《止酒》诗的学习是两个典型例子。

庆历五年（1045），梅尧臣写了《拟陶体三首》，分别以《手问足》《足答手》《目释》为题模拟陶诗；庆历八年（1048）写有《拟陶止酒》一诗，每句皆用“止”字。这几首诗在形式上、结构上与陶原诗如出一辙，但梅尧臣并没有停留在形

① 卷八《和绮翁游齐山寺次其韵》。

似，而是对陶诗的理趣有较深入的把握。如其《依韵和发运主客咏影》专以咏影，《寄题全州孙御史处阴亭》借形影写日月迁逝之速。二诗对陶诗理趣有所继承，同时又有所创造发明。梅尧臣对《止酒》诗的学习更是做到了举一反三，于理趣上多有创造。仅在庆历六年（1046）便写有《樊推官劝止酒》《依韵和通判二十五日雨中》《感春之际以病止酒水丘有简云时雨乍晴景物鲜丽疑其未是止酒时》《汝州王待制以长篇劝予复饮酒因谢之》等四篇，对陶原诗理趣作了个性解读。其中以最后一首写得最为成功，且风格上也类陶诗。诗云：

> 前因饮酒多，乃苦伤营卫。呕血逾数升，几乎成病肺。上念父母老，下念妻儿稚。不死常抱疴，于身宁自贵。樊子来劝我，止饮良有谓。公复遗我诗，责我词甚毅。指以年齿衰，非酒何养气。春饮景可乐，夏饮暑可避。……我读才一过，不觉颜起愧。自此愿少饮，但不使疾炽。书此以谢公，公言诚有味。

诗中历述由饮酒到止酒，再到复饮酒的委曲心灵历程，夹叙夹议，娓娓道来，字里行间的理趣、风貌无不透着陶潜《止酒》诗的风味。但该诗又一定程度上摆脱了对陶诗的规模，抒写自己的心路历程和襟怀，融入饱经风霜后的个性。故虽学于陶，而仍自具风格。

同时，在此期，梅尧臣仍然使用陶诗语词、句式、典故等形式因素，但与前期相比，此期由前期的明显借用向较隐蔽的暗用和创造性的应用转化，将大家都熟悉的陶诗、陶典向陌生化、新奇化发展，而陌生和新奇正是审美发展的必然要求。这正是梅尧臣所说的“以故为新，以俗为雅”（陈师道《后山诗话》）。其化用陶诗语词、意趣、句式，令人几乎不觉。试比较：

1. 带月入涡尾，落帆防石根。（卷一八《涡口》）	带月荷锄归。（陶潜《归园田居五首》之三）
2. 欲辨不知名。（卷一九《拟水西寺峰亭九咏·寒溪草》）	欲辨已忘言。（陶潜《饮酒二十首》之五）
3. 田收野更迥，墟里隔烟陂。……荆扉候不掩，稚子望先知。（卷一八《田人夜归》）	依依墟里烟、稚子候门。（陶潜《归园田居五首》之一、《归去来兮辞》）
4. 斑斑远林鸟，极目波烟中。各识时早暮，不忘巢西东。推物得真意，吾将效陶公。（卷一九《拟水西寺峰亭九咏·栖烟鸟》）	山气日夕佳，飞鸟相与还。此中有真意，欲辨已忘言。（陶潜《饮酒二十首》之五）

前两例在异于陶原诗的情境下，化用了陶诗语词、句式。第三例把陶语掰碎了散在诗中。第四例在领悟陶原诗意趣的基础上，将陶诗意象推演为一首诗，比陶诗显得更为集中。

此期，梅尧臣用陶典，一方面承接前期，标榜陶高雅脱俗之趣，另一方面由对陶风貌的领会转入对陶灵魂的深入理解。如饮酒之趣，《九日次寿州》云“昔人把酒望青榼，今我持酒无黄花”，把自己持酒无花的情况同陶对比，以抒己意，用典不直说，多了一层变化、曲折。这不但表明学陶创作的深入，也表明对陶趣领会的深入。至如前文所引《汝州王待制……》一诗，由于融入身世之感，更体会了饮酒背后的甘苦。这与前期在直述典故中表现超然尘外之趣是很不同的。

此期梅尧臣开始大力接受陶渊明的具体原因有两个。

其一是在庆历四年（1044），43岁的梅尧臣祸不单行，连续经历丧妻失子的人生剧痛。次年，好友尹子渐、裴易又去世。梅尧臣为此写了许多悼念之诗。在这些诗里，面对死亡的梅尧臣都表现了寻求理性解脱的倾向。在短短两年中，梅氏一下子失去这么多至亲好友，痛苦是必然的，寻求解脱也是必然的。而陶诗中超脱生死的理趣、旷达之思正适应了梅氏这种内心渴求。因此他一方面学陶饮酒，“莫惜倒瓶罂”（卷一五《答中道小疾见寄》）、“莫负吾樽罍”（卷一五《和中道雨中见寄》），有寄愁于酒的倾向。但酒又使他生了病，所以另一方面又屡提止酒，学陶《止酒》中的理趣。人在中年的梅尧臣，冷静、理性的态度还是占了上风，所以以理趣见胜的陶诗引起了他极大关注。表现在诗歌创作中，不但是对理趣的追求，更在于对平淡滋味的追求，即以平淡的语言抒写郁愁，把不可解的郁愁以有节制的平淡形式固定下来。梅诗在庆历五年、六年开始出现与陶平淡诗美相似的诗作，其深层原因正根植于此。

其二，梅尧臣之所以在此期开始大力学陶，还有来自知音、朋友方面的影响。庆历六年，梅从汴州乘舟取道颍州回许昌任内，这时晏殊罢相，以工部尚书知颍州。他见到梅后极力推奖，相互多有唱和。晏殊称赞梅诗似陶，有平淡之风，说梅诗“陶韦比格吾不私”（卷一六《途中寄上尚书晏相公二十韵》），而梅尧臣则自谦说“因吟适情性，稍欲到平淡。苦辞未圆熟”，“愧抱独慊慊”（卷一六《依韵和晏相公》），并自白说：“宁从陶令野，不取孟郊新。”（卷一六《以近诗贽尚书晏相公忽有酬赠之什称之甚过不敢辄有所叙谨依韵缀前日坐末教诲之言以和》）梅尧臣回到许昌后，与韩氏兄弟韩绛、韩维、韩缜等多有唱和。韩维诗歌创作极有成就，他赞梅诗“中有冲淡意，要以心志穷”（韩维《览梅圣俞诗编》），并对陶诗极为推崇，其诗风平淡，多有学陶、似陶处。可见，在对平淡诗美的追求上，梅尧臣同晏殊、韩维等人都是一致的，都极力推尊陶诗，三人又互相唱和推许，所以梅尧臣在这一年便多有学陶之诗、似陶之语也就不足为怪了。

三

梅尧臣学陶并最终超越陶诗是在50岁左右，这时他对陶为人的理解也由风貌潜入灵魂。

说“超越”并非说梅诗的艺术成就超过了陶诗，而是说梅诗在陶诗基础上的创造发明完全成为自我个性风格的写照，是“这一个”，而非陶诗或准陶诗。

“超越”在理论上的标志是他提出了“作诗无古今，唯造平淡难”的艺术主张（卷二六《读邵不疑学士诗卷杜挺之忽来因出示之且伏高致辄书一时之语以奉呈》），进一步把对平淡诗美的追求看作诗歌创作的极境。梅尧臣所说的平淡实则是深远的内涵与平淡的形式的自然、完美统一。其《林和靖先生诗集序》云：

> 其（林逋）顺物玩情之诗，则平淡邃美，读之令人忘百事也；其词主乎静正，不主乎刺讥，然后知趣尚博远，寄适于诗尔。①

又《王直方诗话》云：

> 欧阳公谓梅圣俞诗，始读之则叹莫能及，后数日，乃渐有味，何止橄榄回味，久方觉永。

又欧阳修《六一诗话》云：

> 圣俞尝语予曰：“诗家虽率意，而造语亦难。若意新语工，得前人所未道者，斯为善也。必能状难写之景如在目前，含不尽之意见于言外，然后为至矣。”

就平淡美的本质特征而言是“平淡邃美”，其美感特征值得“回

① 朱东润先生将该序收于《拾遗》部分，未编年。但据梅尧臣《送林大年寺丞宰蒙城先归余杭通之侄孙》（卷二三）、《送林大年殿丞登第倅和州》（卷二九），及该序所云：“诸孙林大年能掇拾所为诗，请予为序。”该序当作于尧臣 50 岁以后。

味”，“久则觉永”。具言之：语词上，看似率意而为，平易浅切，实则“造语亦难”，只有达于“工”，“状难写之景如在目前”方才合乎理想；在诗境创造上，不但要“新”，“道前人所未道者”，更重要的是“含不尽之意见于言外”，如此方能使读者愈读愈有味；就情感特质而言，应表现“趣尚博远”的情性，即涤除外物束缚后的淳正性灵，至少是经过理性节制后的真挚情思。故梅尧臣论平淡美时所讲的“情性”常与“古”“适”“疏越”“静正”“不须大厥声”等相联系。让平淡诗情偏于脱离情累的闲远趣尚，梅尧臣自己也并非能做到，但是他为自己设定的一个最高目标。

对平淡美的追求并不是一蹴而就的，而是须经历一个文字和胸襟的双重磨炼工夫，这梅尧臣在学陶中期就已明确认识到。其实，梅尧臣前期、中期学陶的差别，已见出这样一种磨炼过程，所以才能写出较具个性的学陶诗来。只是到后期，本来就“苦于吟咏”的梅尧臣对陶诗的学习更加自觉，故其《晚坐北轩望昭亭山》云：“方同陶渊明，苦语近田舍。”又其《早春田行》：“予非陶靖节，老去爱田园。”但这种向陶诗平淡美的艰苦靠近，并非以丧失自我为前提的，相反，梅尧臣一贯地坚持自我，故其《答了素以用其韵》云：“我趋仁义急，不解如陶谢。”又《答宣阒司理》云：“复为苦硬句，酬报强把笔。”不论是在为人还是在作文上梅尧臣总是坚持自我的。同时，梅诗追求平淡邃美，学不止陶诗一家。其早年学诗便多源并进，后虽云“不取孟郊新”，但仍“窃比于老郊”（卷一八《别后寄永叔》），说“樊文韩诗怪若是，径取一二传优伶”（卷二六《寄题绛守园池》）。可见他对韩孟怪、奇、新的诗风也敞怀接纳，同时又“刻意咏芳菲，追补李杜失”（卷二二《送晋原乔主簿》）。梅诗的平淡风格实则是涵融了多种艺术营养，最终形成

“气完力余，益老以劲”的独特个性[①]。梅尧臣学陶后期，实际上已将陶诗的一切，从语词、典故到句式、风格都融入平淡老劲的个性中去了。

这在梅尧臣尚留有陶诗蛛丝马迹的诗中可以看出。如《饮酒呈邻几原甫》写饮酒之趣虽有陶诗意味，但行文闲肆畅达，摆脱模仿痕迹。《重送杨明叔》一诗，几乎每联中用一“之”字，可谓深得陶《止酒》诗“止”味。两诗不仔细品味，已全然不觉学于陶诗。又如《送林大年寺丞宰蒙城先归余杭逋之侄孙》云：

> 东方有奇士，隐德珠在渊。川鋈为之媚，草树为之妍。殁来十五载，独见诸孙贤。煌煌出仕途，皎皎如淮玭。今为蒙城宰，归问浙江船。何时渡扬子，夜入明月边。有舄不化凫，有琴何用弦。真趣还自得，治民唯力田。

诗中“东方有奇士”“有琴何用弦”“真趣还自得”等语显然从陶《咏贫士》《归园田居》等诗中句式、意趣化出，但它们都成为全诗的有机组成部分，不可句摘。而且整首诗用力甚苦，对仗工整，用语新工，音韵铿锵而又一气贯注，真可谓气完力余，古硬老劲，一读便知为梅诗，而非陶诗。

此期梅尧臣对陶渊明为人的理解也由形貌潜入灵魂，与陶穷愁失志的心态取得心灵共鸣。他因“突冷无晨炊”（卷二一《贷米于如晦》），感叹“陶令奈贫何”（卷二九《次韵和景彝秋兴》）。梅尧臣虽不可能如陶一样贫穷，但官职卑微，处在达官贵人间，难免不发出“故人已贵我独贱，篱根枯死佳花菊”（卷二五《江口遇刘纠曹赵鄂州张大卿》）的慨叹，觉得“才比陶潜无用处”（卷二二《依韵和秋夜对月》）。足见梅尧臣虽仍认为陶“寂然得真趣”（卷二九《次韵和永叔夜坐鼓琴有感二首》之

---

① 欧阳修《梅圣俞墓志铭》。

一），且自云“归意如陶潜”（卷二八《和吴冲卿江邻几二学士王景彝舍人秋兴》），但已从陶外在的风貌深入陶的灵魂了，领会到陶穷愁失志时的难言之苦。这种理解或许是梅氏的误读，但就其学陶来看，是更深入了一步。

梅尧臣对陶形象的这种深入解读，与他一生郁郁不得志的经历是分不开的。而愈到晚年，这种不得志的感触愈为强烈。欧阳修《六一诗话》载：

> 梅圣俞晚年，官亦至都官。一日会饮余家，刘原父戏之曰：“圣俞官必止于此。”坐客皆惊。原父曰：“昔有郑都官，今有梅都官也。”圣俞颇不乐。未几，圣俞病卒。

梅尧臣虽志存淡泊，但心存仁义之道，进取之心终生未泯，故于他人谑言，深有感触，口不能辩，心实不乐，亦非出于无因。所以梅尧臣对陶潜穷愁失志的心态、灵魂能有独到的理解。

四

由梅尧臣对陶渊明刻苦而成功的接受历程看，对一位优秀作家的成功接受，并不是典故、语词等形式上的袭用、模拟，也不是单求神韵上的相似，而是将他的一切化为自我，使之成为自我文学生命的血液；对一位作家的成功接受也不是一蹴而就的，而是须经历一个由浅而深，由神似而超越的过程，需要广纳众家，付出文字和胸襟的双重磨炼工夫。对其诗文的深入接受同时伴随着对其为人的深入理解。当然，梅尧臣学陶“浅学—力学—超越”的基本历程，并不是直线型的，而是前后有交叉。比如，其学陶后期也有《桃花源诗并序》这样规模陶诗同题题材的作品，前期也有化用陶诗语词极为成功的例子，像他33岁所写

《早渡芦江》云："带月出寒浦，残星浸水渍。""带月"二字能移写寒夜之景，其凄冷之意，全不似陶诗"带月荷锄归"之"带月"便娟可人，已脱出陶诗窠臼。但这一历程的基本方向是大致如上述的。

梅尧臣接受陶渊明的具体原因已散见于上文，但对一位长期被忽视的大作家的发现尚有更为复杂而必然的条件。从大的时代背景、审美思潮考虑，尚可进一步理解梅尧臣接受陶的必然性。

从大的时代背景看，已走入下坡路的宋代统治者抛弃了盛唐人建功立业的精神，倡导淡泊自守的品格。这是从开宋之祖赵匡胤便开始的政治引导，他"杯酒释兵权"，鼓励士大夫"多蓄歌儿舞女"，享乐人生，同时采取切实措施，保证士大夫官僚在职与退休后的优厚待遇，消弭其不臣之心、功业之志。而宋代又重文轻武，士大夫官僚多从科举进身，有较高的文化修养，在进退无虞、优游自得的生活中大多推崇自白居易始大力倡导的"中隐"观念。到欧阳修等人发起儒学复古运动，虽意在进取，但在个人修养上仍感于"世好竞辛咸，古味殊淡泊"（欧阳修《送杨辟秀才》），推崇淡泊自守的品格。其他如范仲淹、韩维等人都曾有过相似的言论[①]。正是在这种推崇淡泊品格的时代氛围中，陶潜的人品在皇宋一开始便得到异口同声的推尊。梅尧臣更奉淡泊为人生正味，奉行"淡泊全精神，老氏吾将师"（卷二六《依韵和邵不疑以雨止烹茶观画听琴之会》）的精神，因此便极易同淡泊自守的陶潜取得心灵共鸣。

从时代审美思潮看，宋初、中期渐渐兴起一股推崇平淡美的时代审美思潮。这股思潮直接导源于中晚唐山水诗风，而文化渊源则来自先秦道家。道家认为"道之出言，淡乎其无味"（《老子》第三十五章），但"大盈若冲，其用不穷"（《老子》第四十五章），故人应师法道，"见素抱朴，少私寡欲"

① 范仲淹《祭谢宾客文》，韩维《送宋钧秀才落第还乡》。

(《老子》第十九章)。由于在人生追求上推崇冲淡，所以在美学追求上就推崇平淡朴素之美，认为“淡然无极而众美从之”(《庄子·外篇·刻意》)。中晚唐人推崇“独善”的人生道路，在淡泊自守中又加入空灵的禅趣，释皎然论诗即推崇冲淡之美，司空图在《二十四诗品》中把“冲淡”列为第一品，而且每一品中都体现着老庄、禅宗的虚静恬淡、超尘拔俗的精神品格。他又在《与王驾评书》中把王维、韦应物的诗推为平淡美的典范。同时，司空图论诗又主张“味外之味”“旨外之旨”“景外之景”，这便离揭示平淡美“邃美”的内涵仅隔一层窗纸了。宋初美学思潮虽笼罩在唐风之下，掀起一股浮艳之风，但白体诗人、晚唐体诗人都对平淡诗风有侧重不同的推崇。释圆智论诗便推崇“辞尚平淡，意尚悠远者”(圆智《远上人湖居诗序》)。随着儒学复古运动在文学领域的开展，统治阶层对西昆雕艳文风尤为不满，提倡平易流畅的文风。晏殊、欧阳修等人推崇平淡诗美已略如前文所言，连诗风豪放的苏舜钦也极力推尊梅诗，表示“会将趋古淡，先可去浮嚣”(苏舜钦《诗僧则晖求诗》)。可见，不论是从纵向的审美历史看，还是从横向的审美追求看，梅尧臣的时代确乎蔚然兴起一股推崇平淡诗风、平易文风的审美趣尚。如前文所论，梅尧臣本人也是从多种渠道接受平淡诗风熏染的。梅尧臣的平淡诗说实际上是在时代之风的推助之下继承和发展了皎然、司空图的观点。然而，难能可贵的是，梅尧臣把平淡诗美的创作源头由王维、韦应物进一步向前推到陶潜，比他们更清醒地看到陶诗的艺术价值所在，并实践了一条学习陶诗的成功之路，从而为陶渊明接受史作出了贡献。如果联系苏轼等人推崇陶渊明的言论，那么梅尧臣在陶渊明接受史上的开创之功便显而易见了。

[原载《山东师范大学学报(人文社会科学版)》1997年第5期]

论梅尧臣的边塞诗

◎张廷杰

公元1038年10月，西夏首领元昊经过长时间的准备，毅然筑坛受册，宣布称帝，国号大夏，建都兴庆府（今宁夏银川），改元天授礼法延祚，摆脱了臣属于宋的地位，随后即对北宋发动了大规模、连续性的掠夺战争，一时间，鄜、延、环、庆、泾、原、秦、凤等州烽烟四起，战火连绵。仅在宋宝元二年（1039）三月至庆历二年（1042）九月的三年多时间里，宋师就连遭三川口、好水川和定川砦三次惨败。边关不断告急，宋廷震恐惊慌，群臣议攻议守莫衷一是。当时官僚文人如韩琦、范仲淹、欧阳修、梅尧臣、苏舜钦、尹洙等人，都密切关注着宋夏战事的进展。他们或躬身御敌于疆场，或进御戎之策于庙堂，同时也采撷了大量的边塞题材入诗，推出了宋代边塞诗创作的热潮，其中梅尧臣、苏舜钦的边塞诗最为突出。

梅尧臣的边塞诗广泛而深刻地涉及当时围绕宋夏战事所发生的一系列社会政治、军事、民生各个方面，表现了诗人那种爱国赤子所特有的焦灼、忧虑、愤慨以及因败绩不断而蒙羞受辱、痛苦悲哀等各种复杂丰富的感情世界。梳理其边塞诸诗，我们便可清晰地感受到诗人感情脉搏的强烈震动和那种赤子报国的火热心胸。

一、心系边塞思报国

宝元二年（1039）初，宋夏边塞屯兵，战争阴云密布。这时诗人任襄阳知县，虽身在内地，却心系边关，写下《襄城对雪》二首，表达对戍边将士苦寒的关切与同情。其二云：

> 登城望密雪，浩浩川野昏。谁思五原下，甲色千里屯。冻禽立枯枝，饥兽啮陈根。念彼无衣褐，愧此貂裘温。

这首诗是梅尧臣边塞诗的杰作。其可贵在于对雪触起体恤边塞苦寒而生自愧之情。比起那些对雪娱赏、自命闲雅的文士来，其精神境界迥然有异。以晏殊而言，《宋人轶事汇编》卷七录《东轩笔录》语云："庆历间西师未解，晏元献为枢密使。会大雪，欧阳永叔与陆学士经同往候之。遂置酒西园，永叔赋《晏太尉西园贺雪歌》，其断章云：'主人与国共休戚，不唯喜悦得丰登。须怜铁甲冷彻骨，四十余万屯边兵。'晏深不平，语人曰：'昔韩愈亦能作言语，赴裴度会，但云："园林穷胜事，钟鼓乐清时。"不曾如此作闹。'"欧阳修对雪诗与梅尧臣对雪诗皆无意娱赏而心忧边患，与晏殊这位早将边塞战事戍军置之脑后，只顾胜赏寻乐的"清客相公"格格不入。晏殊对欧阳修"如此作闹"，其心地之狭私、名实之不称显而易见。欧阳"主人与国共休戚"之殷勤勉励，岂非变为绝妙讽刺？

梅尧臣少年时就以边关报国而心许。在任襄城县令之八年前，他任河南县和河阳县主簿，正值20多岁少壮年华，他写了《环州通判张殿丞亢》一诗，其中有"欲向萧关外，穷阴雪暗沙。碛寒鸿雁少，冰合水泉赊。自有从军乐，应无去国嗟"等句，是勉励张亢，也是表明自己守边卫国的情志。那时，元昊初继父德明位，雄心勃勃，为解除以后南下侵宋的后顾之忧，用兵矛头尚在河、洮、湟、岷一带的唃厮啰、吐蕃政权，宋夏边塞暂时无大战事。但小战时有发生，未雨绸缪，当是志士备边应当预见得到的。梅尧臣十分清楚地意识到：宋夏之战，迟早难免，英雄用武，必有其时。所以在《张修赴威胜军判官》诗中，他投笔从军志向表达得更为明确：

> 青骊渡河水，侠气动刀环。入幕沙尘暗，临风鼓角闲。地形通柏谷，秋色满榆关。谁复轻儒者，难淹笔砚间。

这显然充溢着一种乐观豪迈的英雄主义气概。写边塞风光也雄奇壮丽，一洗劳苦愁怨的消沉之气。特别是结句在赞美张修中蕴含着英雄自勉的深意。“儒者”终难淹笔砚，投笔从戎会有时，他非常自信地期待着亲赴疆场杀敌报国的大好时机。恰好就在他作这首诗的景祐元年（1034），元昊开始屡攻环庆一带府州。庆州一战宋师败绩，环庆路都监齐宗矩被俘，苏舜钦愤而作《庆州败》一诗记其事。战幕拉开，更使诗人疆场杀敌的激情炽热难捺。正在诗人心绪浩茫之时，康定元年（1040）三月，他的好友尹洙参军赴边，任权签书秦凤经略安抚司判官事。尹洙参军是因大将葛怀敏的举荐。梅尧臣为之欢欣鼓舞，走笔作《闻尹师鲁赴泾州幕》一诗，尽情抒发企慕勉励之意，云：“胡骑犯边来，汉兵皆死战。昨闻卫将军，贤俊多所荐。”诗还想象尹洙赴边途中飞骑直前的情景：“青山出二崤，白马如飞电。关山冒风露，儿女泣霜霰。”笔势淋漓酣畅，其向往边关、报效疆场之志又一次被振奋起来。但请缨无路的现实使他感到痛苦而又不平，故而又写了《桓妒妻》一诗。诗引述桓司马之妻妒妾转怒为喜的故事，慨叹“嫉忌尚服美，伤哉今亦无”，看来是暗讽妒者以抒不平的。那么讽喻所指是为谁何？朱东润先生认为是指范仲淹。朱先生在其《梅尧臣诗选》本诗释义中说：“范仲淹在陕西担当对敌作战的重任，和梅尧臣又是旧交，也没有加以汲引。”朱先生还引述了欧阳修《答陕西安抚使范龙图辞辟命书》中“今奇怪豪隽之士，往往蒙见收择，顾用之如何尔。然尚虑山林草莽，有挺特知义、慷慨自重之士，未得出于门下也，宜少思焉”等语，认为欧阳修这封信和梅诗《桓妒妻》作于同年，信中这些话有向范仲淹举荐梅尧臣之意，“是值得注意的”。但笔者认为这一看法尚有商榷之处。一因诗意所指“嫉忌”之人十分隐晦，并未稍露所指对象，或许泛指宋廷妒贤之人。二因欧阳修书称“山林草莽”之士与梅尧臣之县令身份不合。虽云县令位卑，但总是朝廷命官，终究与山林草莽之士不同，故不一定就是为梅尧臣鸣不平。三因欧阳修确无举荐尧臣赴边之事，关于这一点，在欧阳修《圣俞会饮》诗中对尧臣有过“嗟余身贱不敢荐，四十白发犹青衫”的直接说明。但不管《桓妒妻》讽指为谁，诗人请缨无路的痛苦感叹是表现得十分清楚的。

为了迅速而有效地击退西夏的进攻，梅尧臣不顾自己官小位卑的处境，跃跃欲献却敌之策。此时他思维的兴奋点就是“好言兵”。其重要的“言兵”举动就是特意注《孙子》献于宋廷，表现了他积极御敌的战略思想和态度。

梅尧臣注《孙子》一事，其诗亦有记载，见于《依韵和李君读余注孙子》。诗对其注《孙子》十三篇的动机有所剖白，其略有三：一是为进御敌制胜之策。他首先肯定《孙子》对御敌制胜的重要作用说：“将为文者备，岂必握武贲。终资仁义师，焉愧道德藩。”二是爱国责任感的驱使。在国难当头之时，他不因自己官小位卑而沉默，而是积极注《孙子》以献却敌之策，诗云：“庙谋盛夔契，正议灭乌孙。吾徒诚合进，尚念有亲尊。”话说得委婉而得体，但赤诚报国之心炽热可感。三是抒诗人投笔从戎、疆场御敌之志。一旦有了这种机会，他相信运用《孙子》战策，定会克敌制胜。诗中“挥毫试析理，已厌前辈繁。信有一日长，可压千载魂”等语所表达的正是这种意思。而且细味其说，可知诗人是摒弃了前辈所注不切实战之繁语，以“寻流方见源”为指归，从宋夏实战要求出发，删繁就简，阐发精义，大大增强了实用性和可操作性。对此，我们在他的好友刘敞的赠诗《圣俞坠马伤臂以其好言兵调之》中也可略知大概，其诗中有“知兵心自许”“上马常慷慨”“匹似陈汤病，犹成绝塞功”等语亦对梅尧臣注《孙子》的动机及内容有所涉及。欧阳修对其所注《孙子》也非常重视，必欲先睹为快，在其与尧臣书中说：“孙书注说，日夕渴见，已经奏御，敢借示否？”可惜梅注《孙子》久已湮没无闻！尽管梅尧臣一片赤诚，结果恰如他所担心的：进奏不报，石沉大海，并没有引起朝廷的反响与重视。与始料相反，他却被派往南方湖州监管盐税。在无可奈何的心境中与欧阳修怏怏会饮作别，时潇潇细雨，寒色凄凉，诗人于恹恹尽醉之际，尽吐落拓失意之块垒，遂作《醉中留别永叔子履》诗云：“谈兵究弊又何益，万口不谓儒者知。酒酣耳热试发泄，二子尚乃惊我为。露才扬己古来恶，卷舌噤口南方驰。”其抑郁悲愤之情不能自已。欧阳修席间亦赋《圣俞会饮》诗予以劝慰：“遗编最爱孙武说，往往曹杜遭夷芟。关西幕府不能辟，陇山败将死可惭。嗟余身贱不敢荐，四十白发犹青衫。”思欲报国而无路请缨的境遇，始终使梅尧臣抱恨不已。直到晚岁仍在对雪感叹说：“少壮心空在，悠然感岁华。”（《腊日雪》）

二、战事纪实悲伤逝

对于边塞战事实况，梅诗也多有反映，主要表现在三个层面：一是战事纪实。有关于固原之战的战况纪实诗二首：《故原战》和《故原有战卒死而复苏来说当时事》。“故原”即今宁夏固原县，当时为宋之镇戎军。这里是宋军前线指挥中心地，领一城七寨二堡，为战略要冲，是宋夏战事最为激烈的地方。著名的好水川之战（1041年2月）、定川砦之战（1042年9月）以及1040年9月西夏进攻镇戎军的三川口之战都可称为故原战。因为这三次大战虽各有处所，但都在镇戎军周围不远。那么梅诗《故原战》究竟是指哪一次战事呢？根据朱东润先生《梅尧臣诗选》和《全宋诗》第5册，此诗编年当在庆历元年（康定二年十一月改元庆历）。朱先生注云："康定二年二月环庆副都部署任福与西夏战于好水川，为敌所杀。好水川在甘肃（今为宁夏）隆德县，地近固原，诗中作故原。"《故原战》诗云：

落日探兵至，黄尘钞骑多。邀勋轻赴敌，转战背长河。大将中流矢，残兵空负戈。散亡归不得，掩抑泣山阿。

据史料载，康定二年（1041）春，元昊亲率十万大军，声称将攻渭州，但其真正目的是要在固原一带消灭宋军泾原路主力。采取的战术是诱敌深入，即先在好水川（隆德县城北五里处）设下伏兵，引诱宋军钻入口袋，围而歼之。当元昊统兵南下时，安抚副使韩琦巡边正在高平，闻讯后急趋镇戎军集合本部兵马，又新募勇士八千，共一万八千人，令环庆副总管任福率军迎击，并以泾原都监桑怿为先锋，钤辖朱观、都监武英、泾州都监王珪各率所部出战，从任福节制。韩琦的作战计划是，或"出敌之后"，或"据险设伏"（《宋史·任福传》），但任福、桑怿急功邀勋，刚愎自用，盲目冒进。当时"谍传敌兵少，福等颇易之"（同上），导致全军覆没，大将任福"身被十余矢"，但仍"挥四刃铁简，挺身决斗，枪中左颊，绝其喉而死"，并大呼："吾为大将，兵败，以死报国尔。"这一仗，宋军死伤近万人。当韩琦率军接应残兵败卒时，行至途中，数千名阵亡者的父兄妻子，手持死者旧衣、纸钱，阵前招魂，面对韩琦哭诉曰："汝昔从招讨出征，今招讨归，而汝死矣，汝之魂亦能从招讨以归乎！”哀恸之声震天地。诗云“散亡归不得，掩抑泣山阿”正指此事。这样一次残酷的战争，梅尧臣只用短诗一首四十字，便作了高度概括。以史证诗，字字有来处，句句有所本。对于这次战后狼藉之战场惨景，梅尧臣在其《故原有战卒死而复苏来说当时事》一诗中也有具体的记载：

纵横尸暴积，万殒少全生。饮雨活胡地，脱身归汉城。野獾穿废灶，妖鹏啸空营。侵骨剑疮在，无人为不惊。

诗所记述的是一位死里逃生的战场幸存者口述亲历目击之惨景，所描绘的是一幅千军万马厮杀过后横尸遍野、血肉狼藉的充满着血腥气的悲惨画面。其笔调哀伤沉痛，蕴含着诗人哭时伤逝的破碎心情。

他的《寄永兴招讨夏太尉》内容比较复杂，从战事纪实角度看，所记述的则是固原好水川之战以前的三川口之战以及其他战事，可作史诗来读，诗前段云：

宝元元年西夏叛，天子命将临戎行。二年孟春果来寇，高奴城下皆氐羌。五原偏师急赴敌，昼夜不息趋战场。马烦人怠当劲虏，虽持利器安得强。二师覆败乃自取，岂是廊庙谋不臧。朝廷又选益经略，三幕贤俊务所长。或取李悝备边策，或欲五道出朔方。仲夏科民挟弓矢，季冬括驴赍道粮。官军未进复犯塞，搴旗杀将何猖狂。遂令士卒愈沮气，欲使乘障胆不张。

此诗所记史事，大略有四。其一为三川口之败绩。朱东润先生注云：“二年孟春，疑当作‘三年孟春’。宝元三年即康定元年。宝元三年正月……刘平、石元孙与西夏战，败于（延州）三川口。”朱说甚是。宝元二年元昊虽有侵宋之事，但与“孟春”时令不合。这年三月元昊先对延州外围金明寨守将李士彬施反间计，被李识破。九月围攻延州保安军，被巡检指挥使狄青击退；又以三万骑兵攻承平寨，被宋军奋力抵抗，又被环庆钤辖高继隆等抄其后路，元昊惧而退兵；同时，夏军又攻宋镇戎军之陇竿城（今宁夏隆德县城），被宋将刘兼济击败。一时战火不绝，延绵数百里。但均不在“孟春”。能与“孟春”吻合的则是宝元三年正月的三川口之战。至于作者何以将宝元三年之事记在二年，概因一时误记所致。

三川口在今延安西北约二十公里处，当时边帅范雍是一个懦弱无能、不识兵机的书生，闻说元昊进攻延州，“惧甚”，急请朝廷增兵，既无布防措施，又中了元昊诈降之计，使号称“铁壁相公”的李士彬十万甲兵一夕崩溃。在调动鄜、延、环、庆副都部署刘平及石元孙救援时，惊惶失措。而刘平亦轻敌冒进，《续资治通鉴长编》（以下简称《长编》）卷一二六记其“素轻贼，谓其下曰：‘义士赴人之急，蹈汤火犹平地，况国事乎！’因昼夜倍道兼行”，致使“马烦人怠”，于三川口兵败被执。而主帅范雍在延州被围攻的危急关头惊恐无措，置城防于不顾，急忙去郡南嘉岭山求神保佑，又听从钤辖内侍卢守勤的主意，欲派都监李康伯去“见元昊，为偷生之计”（《宋史·叶清臣传》）。幸好李康伯以宁可“死难，不可出城见贼”之态度拒绝受命。其慵懦无能、贪生怕死可见一斑。由此看来，梅尧臣将三川口败绩之责一股脑归于刘平、石元孙，说“二师覆败乃自取”是有失公允的。而当时的枢密院知事陈执中总结其败因则是：“范雍纳诡诈之说，失于戒严；刘平任轻躁之心，丧其所部。”（《长编》卷一二六）此说较为公允。时隔二十多年之后，欧阳修以更清醒客观的头脑总结反思此战及好水川、定川寨等战之败因时说："盖往年以不知边事之谋臣驭不识干戈之将，用骄兵执朽器以当桀黠新兴之虏，此所以败也。"（《欧阳文忠公集》卷一一四）。

其二记宋廷边关易帅，议攻守策。三川口败后，宋朝"上下纷攘，远近惊骇"，急忙撤范雍边帅之职，命夏竦、韩琦、范仲淹二人共赴陕西御边，即诗"三幕贤俊"所指。仁宗于三川口败后，"出手诏赐两府及执政旧臣，俾条上陕西攻守之策"，于是，内臣边将议攻守者纷纷攘攘，逐渐形成两派。论攻者请五路入讨，扫灭元昊；论守者则欲严边城，实关内，绝互市，待其困弱之时，众心离叛，乘隙讨伐。韩琦主攻，范仲淹主守。主帅夏竦及边臣于康定元年十一月派韩琦、尹洙，将所画攻守二策进呈京师，"求决于上"。朝廷用攻策，乃下诏令鄜延、泾原两路于正月上旬会兵"入讨西贼"。此诏一出，遭到枢密副使杜衍、经略判官田京、馆阁校勘欧阳修等人强烈反对。此间范仲淹亦六次上书，陈述利害，云："今须令正月内起兵，军马粮草，动逾万计，入山川险阻之地，塞外雨雪大寒，暴露僵仆，使贼乘之，所伤必众。"（《长编》卷一三〇）因此，他请求延缓出兵，待"贼界春暖，则马瘦人饥，其势易制"之时，再举兵讨伐。仲淹此议，也是度上意不可逆而用缓兵之计以阻其五路出兵之冒险计划。其实，边帅夏竦也是主守的。《长编》卷一二九载："夏竦等合奏：'今兵与将尚未习练，但当持重自保，俟其侵轶，则乘便掩杀，大军盖未可轻举。'"

其三，记"科民"与"括驴"之事。诗中"仲夏科民""季冬括驴"，皆于《长编》卷一二九有载。康定元年（1040）夏六月，"诏陕西、河北、河东、京东西等路，量州县户口，籍民为乡弓手、强壮，以备盗贼"。十二月，"诏开封府、京东西、河东路括驴五万，以备西讨"。

其四，记宋夏好水川战事。前引《故原战》诗二首，正指此战。此战确使宋军“士气愈怯”，胆气不张，关右震惊。仁宗为之旰食，夏竦、韩琦、范仲淹皆被免职。宋廷下令“陕西诸路总管，司严边，毋辄入贼界，至则御之”（《宋史·仁宗纪》）。至此，宋军五路进讨之攻策也成为泡影，而西夏军则更志骄意满，嘲笑宋将无能。西夏中书令张元题诗界上云：“夏竦何曾耸，韩琦未足奇。满川龙虎辇，犹自说兵机。”

三、赤心忧国复忧民

梅尧臣的边塞诗还广泛涉及其他与战事相关的许多方面，大略如：

（一）进御敌决胜之策。其《寄永兴招讨夏太尉》诗中，认真总结宋师屡败的原因，冷静思考，客观分析，提出“所宜畜锐保城壁”“守而勿追彼自困”的战略主张。即便是遭到边境小的“夺攘”，也不轻举妄动。反观宋军之缺乏训练，他又提出“况今鹰犬乏雄勇，便拟驰骋徒苍惶。且缓须时励犀卒，终期拉朽功莫当”的战略思想。在其《疲马》诗中借疲马暮途以喻战，阐明同样观点：“疲马不畏鞭，暮途知几千？当须量马力，始得君马全。”应当说，他这种不因小骚扰而乱大谋，守外实内，知己知彼，待机决胜的主张是有一定战略眼光的，可惜宋廷在屡遭败绩后，方寸已乱，无所适从。

（二）抒边患扰民之痛。梅尧臣的边塞诗不仅深切关注着前方战事的胜败，还把眼光投注于战争给后方人民带来的沉重灾难，深刻地反映“塞上备胡羌，关中调兵食”（《送栎阳宰朱表臣》）战争扰民这一重大社会题材。他的代表作《田家语》和《汝坟贫女》皆因此而作。宋廷虽面对强敌软弱不堪，但搜刮百姓毫不手软。在战事吃紧期间，屡次下诏“括马”“括驴”“括粟”“括钱”“科民”筑城修寨，科弓手御“盗贼”，竭尽搜括之能事，使举国百姓陷入水深火热的灾难深渊，尤其是陕西、河北、河东、京东、京西等路百姓更不堪其害。《田家语》和《汝坟贫女》二诗中所反映的正是河南襄城县强征弓手祸害人民之事。诗及小序中“田闾敢怨嗟，父子各悲哭。南亩焉可事，买箭卖牛犊”，以及“老幼俱集”“僵尸相继”等语，言百姓之苦难；“恶使操弓韣”“老吏持鞭朴”“郡吏来何暴”等语，言官吏之残暴；“主司欲以多媚上”以及《送栎阳宰朱表臣》诗中“塞上备胡羌，关中调兵食。秦民尚苦输，汉吏勤求职”等语，则揭示恶吏暴虐百姓、贪残媚上之肮脏心态。上述三个侧面构成一幅有机完整的社会黑暗图景，深切表达了作者忧国忧民的痛苦心情。

（三）赞筑城水洛之功。其《董著作尝为参谋归话西事》诗，所记述的则是对宋夏战事中发生的围绕修筑水洛城引起争论乃至诉讼刑狱的一件大事的看法。“董著作”究系何人？朱东润先生《梅尧臣诗选》注曰“未详”，其实正是当时受命筑城水洛的著作佐郎董士廉。据《宋史·郑戬传》载：“初，静边寨主刘沪谋筑水洛、结公二城，以通秦、渭援兵，招生羌大王族为边卫。戬使沪与著作佐郎董士廉督其役。”韩琦《安阳集·故崇信军节度副使检校尚书工部员外郎尹公墓表》中记此事始末甚详，亦有“时宣徽使郑公（戬）为陕西四路帅主，静边寨主刘沪议遣其属官著作佐郎董士廉与沪于章川堡南入诸羌中开道二百里，修水洛城以通秦之援兵”等语，可知董著作为董士廉明矣。这次修筑水洛城之役，边将争议颇大。据《续资治通鉴长编》卷一四五、一四七载，兴役之初，韩琦、文彦博、尹洙、狄青等人皆以未便，纷纷上奏朝廷请罢。但陕西四路帅主郑戬则“固请终役”。甚至郑戬被韩琦奏罢四路帅主，改知永兴军后仍“命刘沪、董士廉督役如故”。朝廷一时难决，命鱼周询等人行视、相度“修水洛城利害以闻”。知渭州尹洙反对修城，先命

"沪、士廉罢役，且召沪、士廉"，但二人既不罢役，也不奉召，却"日增版趋役"。《宋史·尹洙传》载："洙不平，遣人再召沪，不至；命张忠往代之，又不受。于是谕狄青械沪、士廉下吏。戬论奏不已，卒徙洙庆州而城水洛。"事情闹得挺大，为平息事端，谏官孙甫、余靖、欧阳修等人皆上本陈说"利害"，终以迁官尹洙，平释刘沪、董士廉而了断。但尹洙因对此事操之太切而多受指责。那么梅尧臣态度如何？姑引其《董著作尝为参谋归话西事》诗以资证，诗云：

> 子说颇骁勇，筑城收汉疆。提兵无百骑，偷路执生羌。大将罪专辄，举军皆感伤。归来出万死，羸马亦摧藏。

显然是对尹洙所为隐有指责之意。他首先以"子说颇骁勇"等四句赞颂刘沪收服"生羌"、立功边塞的战绩。这是有据可查的，《长编》卷一四八载余靖言："今刘沪一战而服数百千户，因其势而城之，虽留援兵，不足为罪。"欧阳修亦赞其功："刘沪经营水洛之初，先以夺身力战，然后诱而服从，乃是诸蕃族畏沪之威信。"这就足以说明梅尧臣所颂非虚，刘沪之功有目共睹。然而，令诗人感慨万端的是大将有功未赏反而获罪，故以"举军皆感伤""羸马亦摧藏"咏叹之。值得称道的是，诗人与尹洙乃为洛阳故友，在闻尹从军事边时为之欢欣，及闻处事不当又不为之偏袒护短，更不因尹洙有过而与之疏远，在尹洙谪死之后，其《哭尹师鲁》诗云"谪死古来有，无如君甚冤"，"平生洛阳友，零落几人存"。这种不因私废公，又不因公有隙而远私情，始终置国家利益于私交之上的品格，确实可贵。

（四）勉励边关将帅建功。梅尧臣的边塞诗还有不少以"清边尘"而勉人之作，如《送潘供奉承勋》"长大实好带弓剑，何不往助清边尘"；又《邵伯堰下王君玉饯王仲仪赴渭州经略席上命赋》："未破河西寇，朝廷尚有忧。淮南命儒将，塞上足封侯。莫擐黄金甲，须存百胜谋。昔尝经黠虏，今去正防秋。"又《送顾中舍赴德顺军》："闻从垄坻去，垄坻多羌兵。……志士莫忆家，将军亦儒生。"还有一些赞颂边将功业之作，如《送赵仲宝永兴乾耀提举捉贼》："知君少以勇，曾向萧关战。横刀突虏围，夺马伤胡箭。"在赞功诗中，有两首《送渭州经略王龙图》诗写得很有气势。其一云："儒将一临塞，虏臣无犯边。卷旗瞻汉地，收马入胡天。"其二云："西城橐驼来贺兰，入贡美玉天可汗。萧关夜开月团团，弹筝古峡呜哀湍。"从上举诸诗中，我们皆可清楚地感受到诗人在勉人中夹有自勉，在赞功中流露向往疆场的拳拳爱国之心。

四、小结与思考

综观梅尧臣的边塞诗，其特点是非常突出的，撮其要者有如：

（一）**包容量大**。其诗以边塞战事为核心，辐射旁及当时社会政治、经济、前方军事战略及战况、后方所遭边患之祸害、百姓以及诗人的情感态度等方面，从而构成北宋社会形象的整体画面。以其诗歌所集中反映边塞主题的深度和广度而论，虽然北宋诗家林立，除苏舜钦之外，恐怕罕有其匹。

（二）**纪实性强**。其边塞诗或涉及边塞题材之作有数十首之多。皆以诗写史，按以史籍，皆确凿有据可稽考，绝无空泛虚构之病。因此，可作诗史来读。诗人曾有"我于诗言岂徒尔，因事激风成小篇""因事有所激，因物兴以通"等创作主张，其边塞诗正是作者"因事"有感，激发而成的篇章。反观当时那些只顾"烟云写形象，葩卉咏青红""经营唯切偶""有作皆言空"的浮靡派诗人，梅诗的价值就越发值得称道了。

（三）**富于批判精神**。宋廷的昏庸无能，边将的寡谋轻敌，官吏的贪残暴戾、嫉贤妒能，人民的灾祸连结，都引发起诗人万般愤世嫉邪之气。梅尧臣边塞诸诗对这一切都有深刻的揭露与批判，毫无巧言媚词以求荣身之意，从而显示了他崇高的人格力量和刺美究弊的伟大精神。在《依韵和达观禅师赠别》诗中，作者对自己的人格操行有过剖白："平生少壮日，百事牵于情。今年辄五十，所向唯直诚。既不慕富贵，亦不防巧倾。宁为目前利？宁爱身后名？文史玩朝夕，操行蹈群英。"可见他就是这样一位将祸福荣辱置之度外，而只关心国家安危、生民苦乐的人。

（四）笔势淋漓酣畅，心潮奔腾激越。梅诗向以风格"平淡"为论者所推赏。他确有风格"平淡"之作，但其边塞诸诗没有丝毫"平淡"的风格，相反总给人一种纵横捭阖、起伏跌宕的艺术感受，其间所蕴英雄郁勃之气回环吞吐，更有一股激动人心的冲击力。诚如其《依韵和晏相公》诗云："微生守贱贫，文字出肝胆。"面对强敌入寇、丧师辱国的现实，他无论如何是"平淡"不成的，所具有的只是"愿执戈与戟，生死事将坛"（《读邵不疑学士诗卷杜挺之忽来因出示之且伏高致辄书一时之语以奉呈》）的报国激情。因此，以风格"平淡"概括梅诗，肯定是失之偏颇的。

（五）长于议论思辨。其边塞诗对宋夏战事的经验教训多有分析和思考，亦有对具体人物或事件的评价和看法，往往在议论说理中观点鲜明，褒贬不隐。如《寄永兴招讨夏太尉》诗中分析宋军致败之由，提出御敌决胜之策；《疲马》诗喻战争之理；《董著作尝为参谋归话西事》诗评价筑水洛城之是非等，无不如此。

上述几个特点，是梅尧臣的也是宋代边塞诗的时代特点。和盛唐边塞诗相比，宋诗没有盛唐诗那样气势恢宏，也缺少威猛雄壮的气概。这固然是两朝武力强弱的差别，也是两个时代精神内涵迥异的反映。盛唐主动扩张，杀伐征讨无往不胜，强迫四夷臣服；而宋代被动挨打，防御失措，屡遭败绩，屈己图安以“事夷狄”。这种大相径庭的时代特点表现于诗，自然会形成唐宋边塞诗主体风格的不同。前者往往有一种悲壮慷慨、所向无敌的英雄主义气概，如岑参《轮台歌奉送封大夫出师西征》之“四边伐鼓雪海涌，三军大呼阴山动”；后者却时常表现出一种苍凉悲哀、每战必败的悲伤主义基调，如梅诗之“马烦人怠当劲虏，虽持利器安得强”“遂令士卒愈沮气，欲使乘障胆不张”。

不过，宋承唐绪，虽然二者边塞诗风格迥异，但其相通之处仍然存在。比如战争给人民带来的灾难，梅尧臣就继承了杜甫手眼诗法，其《田家语》《汝坟贫女》的内在精神与杜诗《兵车行》《石壕吏》等是相通的。唐诗中述边塞军营之劳苦、征人思妇的苦情等内容在宋人诗词中同样有所反映。

中国古代边塞文学源远流长，是与戍守征战伴随始终的，是中华民族传统文化中有相当研究价值的重要课题。研究这一课题对于中华民族五千年传统文化的形成、融合互补与发展，对今天继承和发扬传统爱国主义精神，对促进民族团结、加强中华民族凝聚力等方面都有极为重要的意义。可是，过去较多注重唐代边塞诗的研究，很少涉及其他时代的边塞诗，更少涉及诗歌以外的其他文学形式；只注重从汉民族利益的角度思考问题，而很少反过来从其他少数民族利益的角度思考问题。因此，存在着明显的局限性。我们应当放开眼界，打破局限，立足于整个中华民族文化的整合与发展，着眼于包括诗、文、词，乃至小说、戏剧等各种文学样式在内的整个边塞文学的研究，这样的研究也许更有价值和意义。这是笔者在探讨梅尧臣和苏舜钦的边塞诗（苏之边塞诗另有专文论及）时产生的一些粗浅认识，附记于此，企盼得到学界的重视与呼应。

［原载《宁夏大学学报（人文社会科学版）》1998年第1期］

梅诗的化俗为雅与意新语工[①]

黄美铃

一、梅诗与日常生活——化俗为雅

中国诗歌传统中对日常生活题材的关注与描写，虽在杜甫手中奠定，但一直到宋代，日常生活的题材，才普遍、广泛为诗人接受，并不断地被挖掘与深化，赋予日常琐务新的美感意趣。宋诗人往往在描绘日常生活的诗中，蕴藏生动、活泼的趣味。他们也“在诗歌的意象中有所开拓创新，因而使得极为平凡的场景，也闪烁出不寻常的光彩，使人产生新的审美感受，感到人世间和自然界本有的诗意和美感”[②]。在平淡的日常琐细生活中，即能有诗意的美感，自有其趣味在，这是宋诗日常生活化极大的意义与价值。

以下我们以梅尧臣为例，说明梅诗不仅反映广阔的社会政治现实，对个人日常生活观察所及的小事物与细微的情感，他也都写入诗中，呈现出他创作题材之深广与多样化。欧阳修曾称誉梅诗云：

其体长于本人情，状风物，英华雅正，变态百出，哆兮

① 选自黄美铃《欧、苏、梅与宋诗的形成》，台北文津出版社 1998 年版。标题为此处编选所加，注释格式略有变动。

② 傅璇琮、倪其心、许逸民《宋人绝句选·前言》，齐鲁书社 1987 年版，第 2 页。

> 其似春，凄兮其似秋，使人读之，可以喜，可以悲，陶畅酣适，不知手足之将鼓舞也。斯固得深者邪，其感人之至，所谓与乐同其苗裔者邪！[1]

欧公认为梅诗无论抒情、写物，皆姿态百出无一不可，且具深厚的感染力。他所采择的题材，也不受前人所囿，对被前人忽视的日常琐事，或被认为平凡无奇而不入诗的细微事务，梅尧臣都将它用作诗的题材。事实上，即使是叙写不被注意、平凡的小事件、小感情，若能出以新意，化腐朽为神奇，也能具有重大的价值与意义。以下即由梅尧臣的实际创作中，分析他诗歌的日常生活倾向，将从三个角度加以说明：一是梅诗取材于日常事物，二是梅诗刻画日常的人情，三是梅诗以日常语言来表达。借由这三方面的考察，可以清晰地呈现梅诗是如何贴近日常生活的。

（一）取材于日常事物

有关梅诗对日常景物的吟咏，我们可以先看梅尧臣如何描写小动物的世界：

> 春菢畏雷后，壳开形已完。嫩毛轻染蘖，小掌未全丹。见物初能喋，浮波尚怕寒。[2]（咏新出鹅儿）
>
> 桑间小妇好声音，映叶穿枝意已深。尽日呼郎郎不应，萧萧风雨到前林。[3]（咏莺）
>
> 行者势若去，飞者翻若逐。拒者如举臂，鸣者如动腹。跃者趯其股，顾者注其目。[4]（咏草虫）

---

① 《居士外集》卷二三《书梅圣俞稿后》，台北世界书局 1971 年版，第 531 页。

② 梅尧臣著，朱东润编年校注《梅尧臣集编年校注》卷一七《西湖观新出鹅儿道损持国曼叔请予赋之》，台北源流出版社 1983 年版，第 397 页。

③ 《梅尧臣集编年校注》卷二〇《莺》，第 535 页。

④ 《梅尧臣集编年校注》卷一四《观居宁画草虫》，第 241 页。

怒剑休追逐，疑屏漫指弹。与蚊更昼夜，共蜜上杯盘。[①]（咏蝇）

日结一尺网，知吐几尺丝。百虫为尔食，九腹常苦饥。[②]（咏蜘蛛）

蚯蚓在泥穴，出缩常似盈。龙蟠亦以蟠，龙鸣亦以鸣。自谓与龙比，恨不头角生。蝼蝈似相助，草根无停声。[③]（咏蚯蚓）

贫衣弊易垢，易垢少虱难。群处裳带中，旅升裘领端。藏迹讵可索，食血以自安。人世犹俯仰，尔生何足观。[④]（咏虱）

由以上诗例中，我们可以看出梅尧臣体物的功夫何等细腻微妙，无论写鹅、莺、草虫、蝇、蜘蛛、蚯蚓甚至虱，都能刻画入微，曲尽其妙，把平凡的题材写得栩栩如生，传神之至。这种对细微生物的细腻观察与描绘，在宋诗中是极为习见的题材，张高评先生曾考察宋诗人这种创作特色的现象及意义说：

宋人对寻常所见的生物，有极细致的观察，对凡庸鄙俗的材料，也尝试赋予极风雅的诗味，这是宋人“化俗为雅”诗论的具体实践。黄庭坚有《演雅》一诗，咏及飞鸟与昆虫四十一类。梅圣俞有《师厚云虱古未有诗邀予赋之》《扪虱得蚤》《九月九日晨兴如厕有鸦啄蛆》《聚蚊》《蚯蚓》《蜘蛛》诸什。苏轼有《虾蟆》《蜣螂》《蝎虎》《蜗牛》诸作，又有“但寻牛矢觅归路”之句。范成大有《次韵

① 《梅尧臣集编年校注》卷二六《蝇》，第867页。
② 《梅尧臣集编年校注》卷一〇《咏蜘蛛》，第158页。
③ 《梅尧臣集编年校注》卷一五《蚯蚓》，第310页。
④ 《梅尧臣集编年校注》卷一五《师厚云虱古未有诗邀予赋之》，第283页。

> 早蚊》之诗，杨万里有《洗面绝句》《晒衣》《冻蝇》《寒雀》诸作，刘克庄亦有《穴蚁》之诗，都是暂时扬弃实用功利的牵绊，站在现实距离之外，化自然丑为艺术美，去超脱去欣赏。既要涉身其中去体悟，又要出乎其外去欣赏，就是这种“距离矛盾”的巧妙安排，才造就“化俗为雅”的成功。[①]

即使是平凡、日常的小动物世界，经他们独特精心的艺术处理后，展现新的观察角度与视野，生动活泼，别有意趣，成为具艺术价值的作品。

我们再看梅诗如何铺写自然物象，他的诗集中，有许多咏花、赏花之作。如《梅花》[②]咏梅之孤高情韵，咏《牡丹》[③]，虽不言其国色天香，但结合春游，从容富贵，气度自现。咏《杏花》[④]，言春色凝聚于杏，姿彩妍丽，又冰清玉洁。诗人必对日常自然之景物，有细腻的观察，才能有如此生动的刻画。他另有《冬雷》《大风》《晓日》《夏雨》《雪》[⑤]等叙写自然物象之作，或就其景象、形貌刻画，或咏物而寓比兴深意，平凡的日常题材，经他缜密的观察，使习见的景物，蕴涵新意。梅尧臣另有写日用饮食者，观其诗集，多处有咏茶之作，知其嗜茶。如《尝茶和公仪》：“汤嫩水轻花不散，口甘神爽味偏长。”[⑥]《吕晋叔著作遗新茶》：“屑之雪云轻，啜已神魄惺。会待嘉客来，侑谈当昼永。”[⑦]《得福州蔡君谟密学书并茶》：“茶开片锷碾叶

① “《国立编译馆馆刊》”第二十一卷第一期《化俗为雅与宋诗特色》，第 104 页。
② 《梅尧臣集编年校注》卷一，第 25 页。
③ 《梅尧臣集编年校注》卷一四，第 235 页。
④ 《梅尧臣集编年校注》卷一，第 27 页。
⑤ 《梅尧臣集编年校注》卷一二《冬寒》，第 207 页。卷一八《大风》，第 440 页。卷一八《晓日》，第 479 页。卷六《夏雨》，第 90 页。卷二四《雪》，第 756 页。
⑥ 《梅尧臣集编年校注》卷二七，第 930 页。
⑦ 《梅尧臣集编年校注》卷二七，第 944 页。

白，亭午一啜驱昏慵。”[①]《得雷太简自制蒙顶茶》：“自煮至揉焙，入碾只俄顷。汤嫩乳花浮，香新舌甘永。”[②]《答建州沈屯田寄新茶》：“春芽研白膏，夜火焙紫饼。价与黄金齐，包开青箬整。”[③]皆写友人赠茶，诗人以诗颂茶，谓茶味甘腴芬馥，饮后能涤除昏昧，驱解烦闷。其他写饮食的诗，尚有《食橙寄谢舍人》[④]《玉汝赠永兴冰蜜梨十颗》[⑤]《答持国遗鲊鱼皮脍》[⑥]《玉汝遗橄榄》[⑦]《食荠》[⑧]《隐静遗枇杷》[⑨]《吴正仲遗蛤蜊》[⑩]《黄国博遗银鱼干二百枚》[⑪]，等等，诸如此类细微的生活饮食题材，皆入诗中，诗人在友人赠物后，品尝其美味，将这种愉悦的感受写入诗中，可见他的诗，是日常生活的真实记录。

梅诗中除了咏颂花卉、茶叶、食品，还有一些贫苦生活的记载，如“文章自是与时背，妻饿儿啼无一钱”[⑫]“瘦儿两胫不赤冻，病妇十指休补缝”[⑬]。他也曾写因断炊，向朋友贷米的经验：

> 举家鸣鹅雁，突冷无晨炊。大贫丐小贫，安能不相嗤。幸存颜氏帖，况有陶公诗。乞米与乞食，皆是前人为。[⑭]

① 《梅尧臣集编年校注》卷二七，第964页。
② 《梅尧臣集编年校注》卷二七，第986页。
③ 《梅尧臣集编年校注》卷二九，第1124页。
④ 《梅尧臣集编年校注》卷七，第109页。
⑤ 《梅尧臣集编年校注》卷一六，第378页。
⑥ 《梅尧臣集编年校注》卷一六，第381页。
⑦ 《梅尧臣集编年校注》卷一七，第387页。
⑧ 《梅尧臣集编年校注》卷一七，第419页。
⑨ 《梅尧臣集编年校注》卷一九，第527页。
⑩ 《梅尧臣集编年校注》卷二四，第746页。
⑪ 《梅尧臣集编年校注》卷二四，第749页。
⑫ 《梅尧臣集编年校注》卷一四《回自青龙呈谢师直》，第232页。
⑬ 《梅尧臣集编年校注》卷二六《永叔赠绢二十匹》，第884页。
⑭ 《梅尧臣集编年校注》卷二一《贷米于如晦》，第565页。

因举家断炊，而求之友人，诗中犹以颜光禄、陶渊明也曾有乞米、乞食的经验，自我解嘲一番，在贷米中还能有一份幽默在。他虽贫，却能安贫乐道，有“生甘类原宪，死不学陶朱。但乐诗书在，未忧钟鼎无”[①]的胸襟，表现了君子固穷的豁达气度。他另有对家居日常生活景物琐事的描述，如《秋日家居》云：

> 移榻爱晴晖，翛然世虑微。悬虫低复上，斗雀堕还飞。相趁入寒竹，自收当晚闱。无人知静景，苔色照人衣。[②]

作者在平居生活中，悠闲地观察小虫上下移动与雀鸟的嬉戏。又如《闲居》云：

> 读易忘饥倦，东窗尽日开。庭花昏自敛，野蝶昼还来。谩数过篱笋，遥窥隔叶梅。唯愁车马入，门外起尘埃。[③]

摹写日常闲居的闲淡心境，以细腻、敏锐的观察，写花、蝶、笋、梅，每个场景，都细致无比。这样的创作心态，是努力在一些寻常的生活情境中，发现题材，赋予新的美感与诗趣。

宋人由日常生活及身边细微的事物取材的创作倾向，非常明显，梅诗如此，他的同道好友苏舜钦，也有一些诗表现这种细致、敏锐的观察。如《沧浪观鱼》云：“瑟瑟清波见戏鳞，浮沉追逐巧相亲。”[④]《重过句章郡》云：“窥鱼翠碧忘形坐，趁伴蜻蜓照影飞。”[⑤]诗人取材于细微事物：鱼、蜻蜓，赋予它们精神，表现生趣。我们再以最细微的景致“蜘蛛结网”而言，即有

① 《梅尧臣集编年校注》卷一八《贫》，第437页。
② 《梅尧臣集编年校注》卷二四，第745页。
③ 《梅尧臣集编年校注》卷二四，第727页。
④ 《苏舜钦集》卷八，台北河洛图书出版社1976年版，第101页。
⑤ 《苏舜钦集》卷六，第81页。

陈师道的："风翻蛛网开三面，雷动蜂窠趁两衙。"[①]陈与义谓："蛛丝闪夕霁，随处有诗情。"[②]范成大则云："静看檐蛛结网低，无端妨碍小虫飞。"[③]充分体现宋诗人对细微物态、物象的描写与掌握。在南宋号为"诚斋体"的杨万里，他的诗长于捕捉寻常刹那的风情光景，钱锺书先生喻之"如摄影之快镜，兔起鹘落，鸢飞鱼跃，稍纵即逝而及其未逝，转瞬即改而当其未改，眼明手捷，踪矢蹑风，此诚斋之所独也"[④]。如《闲居初夏午睡起二绝句》之一："日长睡起无情思，闲看儿童捉柳花。"[⑤]在如此细琐的场景中，诗人由百无聊赖的闲，到见儿童嬉戏时，瞬间的天真烂漫，意味十足。又《小池》："小荷才露尖尖角，早有蜻蜓立上头。"[⑥]勾勒景致何等精微，妙趣横生，生机盎然，情味隽永。又如《冻蝇》："隔窗偶见负暄蝇，双脚挼挲弄晓晴。日影欲移先会得，忽然飞落别窗声。"[⑦]写眼前微事，突出表现一蝇负暄之状，瞬间动作、神态，多么传神、逼真。宋诗人在前人忽略或不注意的事物中，体察入微，以慧笔灵心捕捉其意蕴，使日常习见的琐务与生活情景呈现新颖的美感，这种由日常景物所悟得的新审美意趣，形成宋诗一大特色。

（二）刻画日常的人情

梅诗除了写日常事物，他也有很多刻画日常人情的诗，一般的诗，虽也源自生活，但通常是表达生活中较特殊的事件，诗中

① 《后山诗注》卷五《春怀示邻里》，台北商务印书馆1968年版，第182—183页。
② 《陈与义集校笺》卷一五《春雨》，上海古籍出版社1990年版，第438页。
③ 《石湖居士诗集》卷二七《四时田园杂兴·秋日》，台北商务印书馆1968年版，第273页。
④ 钱锺书《谈艺录》（补订本），台北书林出版公司1988年版，第138页。
⑤ 《诚斋集》卷三，台北商务印书馆，文渊阁《四库全书》本，第1160册，第35页。
⑥ 《诚斋集》卷七，第75页。
⑦ 《诚斋集》卷一一，第115页。

的情感，也常是经淬炼、提升后较崇高、不凡的情感。但梅尧臣写日常人情的诗，则以日常的题材，写真实的生活面貌，由与友人的交往、家庭的生活，表现身边平凡人的日常情感。如《南邻萧寺丞夜话别》云：

> 忆昨偶相亲，相亲如旧友。虽言我巷殊，正住君家后。壁里射灯光，篱根分井口。来邀食有鱼，屡过贫无酒。明日定徂征，聊兹酌升斗。宵长莫惜醉，路远空回首。①

起笔写与萧寺丞一见如故，接着描述二人比邻而居，其四周环境，皆取材日常习见之物，平凡中富亲切感。以下叙两家日常往来情状，作者赴萧寺丞邀约，受热情招待。但对方来访，则因家贫而无酒可回应，今因萧欲远出，临行聚首，酌酒话别，末句劝酒之词，抒肺腑之情，情味深长。这首诗，取材日常景物与人情，平实中有淳厚之致。

梅尧臣另有写与友人日常往来的诗篇。如友人邀他吃馄饨，他即写下《江邻几邀食馄饨学书谩成》②。他请朋友吃鱼脍，也记下《设脍示坐客》云：

> 汴河西引黄河枝，黄流未冻鲤鱼肥。随钩出水卖都市，不惜百金持与归。我家少妇磨宝刀，破鳞奋鬐如欲飞。萧萧云叶落盘面，粟粟霜卜为缕衣。楚橙作齑香出屋，宾朋竞至排入扉。呼儿便索沃腥酒，倒肠饫腹无相讥。逡巡瓶竭上马去，意气不说西山薇。③

为宴客，不惜百金，少妇磨刀，宾朋竞至，呼儿取酒，倒肠饫

① 《梅尧臣集编年校注》卷八，第133页。
② 《梅尧臣集编年校注》卷二一，第578页。
③ 《梅尧臣集编年校注》卷二一，第577页。

腹，顺叙写来生动传神，表达的情感多么真挚。他将友人间的日常感情写得亲切有味，实为真情至性之所发。

梅尧臣诗中抒写对家人的情感，更是体贴入微。他与元配谢氏恩爱逾恒，谢氏去世后，梅尧臣对她怀念有加。有《悼亡三首》①《泪》②《秋日舟中有感》③《元日》④《椹涧昼梦》⑤《灵树铺夕梦》⑥《三月十四日汝州梦》⑦《忆吴松江晚泊》⑧《悲书》⑨《梨花忆》⑩等诗，极写对谢氏的追忆，表达他们之间深厚的情谊。之后他续弦刁氏，在《新婚》诗中，可看出尧臣不忘旧情，然对新妇也十分爱重的心情：

> 前日为新婚，喜今复悲昔。闺中事有托，月下影免只。惯呼犹口误，似往颇心积。幸皆柔淑姿，禀赋诚所获。⑪

其后，又曾在《愿嚔》诗中表达对妻的情感：

> 猛虎不独宿，鸳鸯不只栖。虞舜游苍梧，帝子夜向潇湘啼。时既禅禹妃亦老，老泪洒竹无高低。流根及笋驳红藓，此情乃与天地齐。我今斋寝泰坛下，侘傺愿嚔朱颜妻。⑫

---

① 《梅尧臣集编年校注》卷一四，第245—246页。
② 《梅尧臣集编年校注》卷一四，第246页。
③ 《梅尧臣集编年校注》卷一四，第247页。
④ 《梅尧臣集编年校注》卷一六，第326页。
⑤ 《梅尧臣集编年校注》卷一六，第338页。
⑥ 《梅尧臣集编年校注》卷一六，第338页。
⑦ 《梅尧臣集编年校注》卷一六，第341页。
⑧ 《梅尧臣集编年校注》卷一六，第347页。
⑨ 《梅尧臣集编年校注》卷一六，第351页。
⑩ 《梅尧臣集编年校注》卷一六，第358页。
⑪ 《梅尧臣集编年校注》卷一七，第364页。
⑫ 《梅尧臣集编年校注》卷二二，第589页。

作者在外地思乡，希望妻子在家中也同样思念他。朱颜与嚏[①]，两相结合，形成日常生活中极有趣的题材。他也曾几度遭丧子、丧女之痛，写出一字一泪、至情至性的诗篇，如《书哀》[②]《悼子》[③]《戊子三月二十一日殇小女称称三首》[④]等，皆是情深意切、沉痛至极的血泪之作，这些诗深刻地表现出他对家人的情感。

关于日常生活的诗，如何提升到深刻的境地，吕正惠先生曾指出：

> 所谓日常生活的诗，并不是始于细节琐事而终于细节琐事，也并不是只领受日常生活的每一刻欢欣与愉悦。他还能够从日常人事里体会人生的问题，并进一步的加以质疑。只有这样，日常生活的诗才能提高到第一流的文学的地位。[⑤]

梅诗中的《田家语》与《小村》正是他对社会生活真实、深刻的观察，情感真挚，读之令人动容。如《田家语》诗中反映田家生活的艰辛面：

> 谁道田家乐？春税秋未足。里胥扣我门，日夕苦煎促。盛夏流潦多，白水高于屋。水既害我菽，蝗又食我粟。前月诏书来，生齿复板录。三丁籍一壮，恶使操弓

① 传统诗歌中有将打喷嚏的生理反应，喻成别后相思的心理感应。如《诗经·邶风·终风》：“愿言则嚏。”毛亨撰，郑玄笺，孔颖达正义《毛诗正义》卷二，台北艺文印书馆1979年版，十三经注疏本，第80页。苏轼《元日过丹阳明日立春寄鲁元翰》：“白发苍颜谁肯记，晓来频嚏为何人？”即将自己打喷嚏写成思念人的征候。苏轼著，王文诰辑注《苏轼诗集》卷一一，台北学海出版社1983年版，第534页。

② 《梅尧臣集编年校注》卷一四，第247页。

③ 《梅尧臣集编年校注》卷一五，第286页。

④ 《梅尧臣集编年校注》卷一八，第445—446页。

⑤ 《杜甫与日常生活》，吕正惠《杜甫与六朝诗人》，台北大安出版社1989年版，第212页。

> 𩯆。州符今又严，老吏持鞭朴。搜索稚与艾，唯存跛无目。田闾敢怨嗟，父子各悲哭。南亩焉可事？买箭卖牛犊。愁气变久雨，铛缶空无粥。盲跛不能耕，死亡在迟速。我闻诚所惭，徒尔叨君禄。却咏归去来，刈薪向深谷。[①]

前半以田家自述的口吻，说出租税、兵役、水灾等带来的苦难。结尾作者咏其感慨。他细致地体察田家疾苦，并怀着对农民深切的同情，来揭露当权者的压迫。他必然对农民日常生活的观察极其深入，才能了解他们的痛苦所在。结语的无奈，蕴涵深情，隐含时代的沉痛，准确传神地表现了那个时代农民的真实生活，是写日常感情中的深刻之作。另一首《小村》：

> 淮阔州多忽有村，棘篱疏败谩为门。寒鸡得食自呼伴，老叟无衣犹抱孙。野艇鸟翘唯断缆，枯桑水啮只危根。嗟哉生计一如此，谬入王民版籍论。[②]

作者透过对一村庄生活的描绘，反映出淮河流域两岸人民生活穷困之状。由破败的篱笆、无衣的老叟、寒鸡、断缆、枯桑等景物，绘出他们凄苦的生活图像。田园荒芜、渔桑无收，人们无奈地忍受生活匮乏的煎熬。诗人对小村人民生活有细致的观察，并寄予无限的悲悯与同情，才能有力地概括人民的辛酸与灾难。陈衍评之曰："写贫苦小村，有画所不到者，末句婉而多风。"[③]作者对社会生活有敏锐的观察，又有深一层的反省，使他描写社会生活的诗篇真切感人，反映了社会的问题与人民的悲哀。

---

① 《梅尧臣集编年校注》卷一〇，第164页。

② 《梅尧臣集编年校注》卷一八，第475页。

③ 陈衍评点《宋诗精华录》，江西人民出版社1984年版，第35页。

（三）以日常语言来表达

在梅诗日常生活化的特质中，他不仅将日常题材、日常人情引入诗中，在语言方面，他有很多诗也以口语、俚语等非常白话的日常语言来表现。诗的语言原本是最精炼、具艺术技巧的语言，但梅诗往往运用一些前人不入诗的日常题材与语言，使他某些诗具有日常生活的亲切感。如他写虱子的诗，即有《师厚云虱古未有诗邀予赋之》[①]《秀叔头虱》[②]与《扪虱得蚤》[③]。在《八月九日晨兴如厕有鸦啄蛆》[④]中，写晨起入厕见蛆，这些题材和语言是前人无法想象可写入诗中的。

以下再举数例，说明他的诗歌语言和日常语言合流，如白话般浅显通俗之处。

> 去日觅钓竿，定能垂钓否？若不暇钓鱼，钓竿当去取。（《王殿丞赴莫州日就余求钓竿数茎以往今因其使回戏赠》）[⑤]

其语浅白如话，犹如口语般，具亲切、活泼兴味。

> 结庐野田中，其高足以觇。坐卧劣自容，巢栖未尝厌。但能风雨蔽，何惜茅蓬苫。（《田庐》）[⑥]
>
> 力田冒风雨，缉箨为台笠。寒蓑相与用，阴野低迷入。（《台笠》）[⑦]

① 《梅尧臣集编年校注》卷一五，第283页。
② 《梅尧臣集编年校注》卷一六，第349页。
③ 《梅尧臣集编年校注》卷一七，第398页。
④ 《梅尧臣集编年校注》卷一九，第517页。
⑤ 《梅尧臣集编年校注》卷一〇，第158页。
⑥ 《梅尧臣集编年校注》卷二七，第913页。
⑦ 《梅尧臣集编年校注》卷二七，第915页。

原上种良桑，桑下种茂麦。雉雊麦秀时，蚕眠叶休摘。（《桑原》）①

给给机上梭，往反如度日。一经复一丝，成寸遂成匹。（《龙梭》）②

织妇手不停，心与日月速。常忧里胥来，不待鸡黍熟。但言督县官，立要断机轴。谁知公侯家，赐帛堆满屋。（《织妇》）③

作者以朴质通俗的语言，捕捉农民现实生活的场景，明白、自然，具亲切、活泼兴味。梅诗在语言运用上很生动，他敢于用俗语、口语入诗，再举其诗：

朝开南篱梅，暮闻北池蛙。何时科斗生，草根已吐芽。只畏草叶长，其下可隐蛇。游子且勿行，科斗成虾蟆。（《初闻蛙》）④

纯用白描，通俗的语言，平易浅近，显得清新活泼。

树头阳乌饥啄枣，破红绕地青蝇老。青蝇雨湿惊不飞，残枣入泥人不扫。（《乌啄枣》）⑤

泥滑滑，苦竹冈。雨萧萧，马上郎。马蹄凌兢雨又急，此鸟为君应断肠。（《竹鸡》）⑥

写得明白如话，自然流畅，有生气。

---

① 《梅尧臣集编年校注》卷二七，第918页。
② 《梅尧臣集编年校注》卷二七，第922页。
③ 《梅尧臣集编年校注》卷二七，第922页。
④ 《梅尧臣集编年校注》卷二五，第762页。
⑤ 《梅尧臣集编年校注》卷二五，第805页。
⑥ 《梅尧臣集编年校注》卷七，第103页。

万钱买尔身，千钱买尔笑。老笑空媚人，笑死人不要。（《倡妪叹》）[①]

妾命似春冰，不受杲日照。有分定随流，绿波应解笑。不是郎情薄，自是郎年少。待郎欢厌足，妾发如蓬藋。（《妾薄命》）[②]

几乎用口语、俗语写成，“笑死人不要”“不是郎情薄，自是郎年少”，语言通俗浅近，使这类诗展现清新明畅的风格，诗歌语言也更鲜活、自然、丰富。不避俚俗，甚至化俗为雅，正是他诗歌语言的特色之一。

梅尧臣之后，俚俗字句即不断在宋诗人笔下出现。以苏轼的诗为例，试看他如何用俚俗诗语，写出具有趣味的诗：

半醒半醉问诸黎，竹刺藤梢步步迷。但寻牛矢觅归路，家在牛栏西复西。[③]

写醉后寻不得归路，顺着“牛矢”走，终找到住处。像这样鄙俗的语言，经东坡点化后，竟也显出轻松与幽默。后来南宋杨万里更是以俗语入诗的能手。如《梅花下小饮》：“今年春在腊前回，怪底空山早见梅。数点有情吹面过，一花无赖背人开。”[④]写梅而用“怪底”“无赖”等俚语，而情味不减。又如《山村》：“雨足一年生事了，我行三日去程赊。老夫不是如今错，初识陶泓计已差。”[⑤]犹如口语般浅近活泼，生动风趣。庄季裕《鸡肋编》曾列举宋诗人以方言、俗语入诗的例子，云：

① 《梅尧臣集编年校注》卷二六，第 866 页。

② 《梅尧臣集编年校注》卷二六，第 867 页。

③ 《苏轼诗集》卷四二《被酒独行遍至子云威徽先觉四黎之舍三首》之一，第 2322 页。

④ 《诚斋集》卷七，第 73 页。

⑤ 《诚斋集》卷三二，第 348 页。

> 陈无己诗亦多用一时俚语，如“昔日剜疮今补肉”“百孔千窗容一罅”“拆东补西裳作带”“人穷令智短”“百巧千穷只短檠”“起倒不供聊应俗”“经事长一智”“称家丰俭不求馀”“卒行好步不两得”，皆全用四字。“巧手莫为无面饼”“不应远水救近渴”“谁能留渴须远井”“瓶悬甏间终一碎”“急行宁小缓”“早作千年调”“一生也作千年调”“拙勤终不补”“斧斫仍手摩”“惊鸡透篱犬升屋”“割白鹭股何足难”“荐贤仍赌命”。而东坡亦有“三杯软饱后，一枕黑甜余”，皆世俗语。如“赌命”“软饱”犹可解，而“黑甜”后世不知其为睡矣。如《诗》云“串夷载路”，《书》云“吊由灵”，安知非当时之常谈也。[1]

俗语、俗字在诗中要运用得当，十分不易。张戒尝云：“粗俗语在诗句中最难，非粗俗，乃高古之极也。”[2]因俚俗字词如用得不恰当，将失之鄙俗。梅诗不避俚俗处，即曾遭到后人批评、质疑[3]。事实上，以日常的俗事俗语，在诗中表达俗情俗态，需更高的艺术技巧，是如《西清诗话》中云：“诗家不妨间用俗语，尤见功夫……此点瓦砾为黄金手也。”[4]俚俗语言也能增添诗的艺术性，故释惠洪《冷斋夜话》也说：“句法欲老健有英气，当间用方俗言为妙。如奇男子行人群中，自然有颖脱不可干之韵。”[5]

---

① 庄季裕《鸡肋编》，台北艺文印书馆 1966 年版，百部丛书集成，第 37 页。

② 张戒《岁寒堂诗话》卷上，《历代诗话续篇》，台北木铎出版社 1983 年版，第 450 页。

③ 吴乔《围炉诗话》卷五，也曾批评梅诗有“粗鄙”之失。贺裳《载酒园诗话》云：“梅诗诚有品，但其拙恶者亦复不少。”《清诗话续编》第 414 页。又钱锺书《谈艺录》云：“其古体优于近体，五言尤胜七言。然质而每钝，厚而多愿，木强鄙拙，不必为讳。固不为诗中之‘杜园贾谊’矣，‘热熟颜回’之讥，‘鏖糟叔孙通’之诮，其能尽免乎！”台北书林出版公司 1988 年版，第 167 页。

④ 无为子《西清诗话》，《古今诗话续编》本，台北广文书局 1973 年版，第 80 页。

⑤ 释惠洪《冷斋夜话》卷四，台北艺文印书馆 1970 年版，第 4 页。

梅尧臣以日常俚俗语言入诗，不仅在创作上体现，后来更演化为具有理论根据的创作理念。陈师道《后山诗话》中曾记载一段梅氏对诗歌语言创造的论点，云：

> 闽士有好诗者，不用陈语常谈，写投梅圣俞，答书曰："子诗诚工，但未能以故为新，以俗为雅尔。"[①]

梅尧臣认为作诗要能巧妙地运用口语、俗话以及前人的材料，在古法中生新奇，对诗歌将大有裨益。这种"以俗为雅"的论点，相继被诗人们提出讨论着。如：

> 诗须要有为而作，用事当以故为新，以俗为雅。好奇务新，乃诗之病。[②]
>
> 东坡云：街谈市语，皆可入诗，但要人镕化耳。[③]
>
> 盖以俗为雅，以故为新，百战百胜，如孙、吴之兵，棘端可以破镞，如甘蝇飞卫之射，此诗人之奇也。[④]
>
> 昔唐人寒食诗有不敢用"饧"字，重九诗有不敢用"糕"字，半山老人不敢作郑花诗，以俗为雅。彼固未肯引里母妇而坐之于平王之子、卫侯之妻之列也。何也？彼固有所甚靳而不轻也。[⑤]

诗人们共同关怀的问题是，讨论如何将古语、俗语适当择取，用入诗中，也可见宋人在拓展语汇、辞意上所做的努力。以俗为

---

① 《历代诗话》，台北艺文印书馆，1974 年版，第 188 页。

② 苏轼著，孔凡礼点校《苏轼文集》卷六七《题柳子厚诗二首》其二，中华书局 1986 年版，第 2109 页。

③ 周紫芝《竹坡诗话》，《历代诗话》，第 206 页。

④ 黄庭坚《山谷诗集》卷一二《再次韵杨明叔·并引》，台北艺文印书馆 1969 年版，第 710 页。

⑤ 杨万里《诚斋集》卷六六《答庐谊伯书》，第 626 页。

雅，是宋诗在题材的捕捉与语汇的开拓上大大超越前人之处。就内容而言，呈现许多对日常生活琐细事物、感情的描绘与关注；就语言而言，将日常的俚语口语入诗，化俗为雅，使日常生活诗歌的描绘更传神、活泼，表现生活的趣味与诗意。经梅氏的开拓，使宋诗在内容与语言方面增添了更丰富的资源。

由于宋人在命意、造语上力求创新，因此他们在题材的择取上显得相当广泛丰富。他们对日常习见的事物，都有深入、细致的观察，将诗歌题材扩展到生活日常的琐细见闻，“宋代诗人们不满足前人对某些事物粗线条的勾勒，力求在那些已被开掘的领域中寻找新的审美感受和新的表达方式，多侧面地深化同一题材的认识意义或审美情趣”[①]。使诗歌更自如地表现生活中宽广的内涵，对各种题材可谓搜罗无遗，几乎到“无意不可入，无事不可言”[②]的地步。缪钺先生即指出：

> 凡唐人以为不能入诗或不宜入诗之材料，宋人皆写入诗中，且往往喜于琐事微物逞其才技。如苏、黄多咏墨、咏纸、咏砚、咏茶、咏画扇、咏饮食之诗，而一咏茶小诗，可以和韵四五次。[③]

可知宋诗人对日常生活的摹写描绘，委曲详尽，取材广阔，立意新颖。钱锺书先生也留意到这类的问题。他认为：

> 用宋代文学批评的术语来说，凭借了唐诗，宋代作者在诗歌的“小结裹”方面有了很多发明和成功的尝试，譬如某一个意思写得比唐人透彻，某一个字眼或句法从唐人那里来

① 范宁、华岩《宋辽金诗选注序》，北京出版社，1988年版，第2页。

② 刘熙载《艺概》卷四，论苏轼之语，台北华正书局1985年版，第108页。

③ 缪钺《论宋诗》，《宋诗论文选辑（一）》，高雄复文书局1988年版，第5页。

反而比他们工稳。[1]

处于“世间好语言已被老杜道尽”[2]的宋朝，如何求新求变，对宋诗人是一大考验，他们或在“琐事微物逞其才技”，或在“小结裹”方面有创发。透过对平凡、细微生活内容的尽情刻画，展现宋诗人对日常生活的细腻观照，形成宋诗以日常生活入诗的特色。

（原载黄美铃《欧、梅、苏与宋诗的形成》第四章《渊雅自适与日常生活化的特色》第三节，台北文津出版社1998年版，第96—110，118—124页）

二、意新语工

（一）理论陈述

在宋代诗歌理论发展史里，有关命意与造语的讨论，最早提出明确、具体主张的应属梅尧臣，《六一诗话》中记载了一段他与欧阳修的对话：

> 圣俞尝语余曰：“诗家虽率意，而造语亦难。若意新语工，得前人所未道者，斯为善也。必能状难写之景如在目前，含不尽之意见于言外，然后为至矣。贾岛云‘竹笼拾山果，瓦瓶担石泉’，姚合云‘马随山鹿放，鸡逐野禽栖’等是山邑荒僻，官况萧条，不如‘县古槐根出，官清马骨高’为工也。”余曰：“语之工者固如是。状难写之景，含不尽之意，何诗为然？”圣俞曰：“作者得于心，览者会以

① 钱锺书《宋诗选注序》，台北木铎出版社 1984 年版，第 14 页。

② 胡仔《苕溪渔隐丛话》前集卷一四，引王安石语，台北长安出版社 1978 年版，第 90 页。

意，殆难指陈以言也。虽然，亦可略道其仿佛：若严维‘柳塘春水漫，花坞夕阳迟’，则天容时态，融和骀荡，岂不如在目前乎？又若温庭筠‘鸡声茅店月，人迹板桥霜’，贾岛‘怪禽啼旷野，落日恐行人’，则道路辛苦，羁愁旅思，岂不见于言外乎？”[①]

梅尧臣将“意”与“语”置于对等的地位，他主张诗歌贵在立意新颖，另出机杼，语言力求适切工稳，才能创作出具艺术价值的诗作。诗必自出新意，造语工巧，才能触“前人所未道”。梅氏并举具体诗例说明其观点。关于“状难写之景，含不尽之意”牵涉诗歌表达情意的层面，下文将再详论。梅氏揭举“意新语工”，意新是指创作内涵，语工是形式之美，宋人在诗歌创作上要求新变，自有其“生于唐后”的历史处境，而命意造语求新求变，一直为宋诗论家所承袭、遵循，此义各家论之者众。苏轼主张：“出新意于法度之中，寄妙理于豪放之外。”[②]黄庭坚谓：“古之能为文章者，真能陶冶万物，虽取古人之陈言，入于翰墨，如灵丹一粒，点铁成金。”[③]吕本中云：“自古以来语文章之妙，广备众体，出奇无穷者，唯东坡一人，极风雅之变，尽比兴之体，包括众作，本以新意者，唯豫章一人，此二者当永以为法。”[④]杨万里亦云：“传派传宗我替羞，作家各自一风流。黄陈篱下休安脚，陶谢行前更出头。”[⑤]其《诚斋诗

① 《历代诗话》，第158页。
② 《东坡全集》卷九三《书吴道子画后》，台北商务印书馆，文渊阁《四库全书》本，第1108册，第503页。
③ 《山谷内集》卷一九《答洪驹父书》，台北商务印书馆，文渊阁《四库全书》本，第1113册，第186页。
④ 吕本中《童蒙诗训》，《宋诗话辑佚》，第604页。
⑤ 杨万里《诚斋集》卷二六《跋徐恭仲省干近诗三首》其三，台北商务印书馆，《四部丛刊》本，第250页。

话》云："翻尽古人公案，最为妙法。"[①]戴复古称："须教自我胸中出，切忌随人脚后行。"[②]胡仔以为："学诗亦然，若循习陈言，规摹旧作，不能变化，自出新意，亦何以名家，鲁直诗云：'随人作计终后人。'又云：'文章最忌随人后。'诚至论也。"[③]徐师川言："作诗自立意，不可蹈袭前人。"[④]宋诗人及批评家多认同作诗应开辟新意，超越世俗惯常之见，不蹈袭古人，展现个人独特风格，追求自成一家[⑤]，乃可传诸久远。

且宋诗话在评断具体诗作时，也常以能否创发新意，作为盱衡其优劣的标准，如《后村诗话》评王岐公《夫人阁端午帖子》诗云："编出新意于彩丝巧粽之外，可喜也。"[⑥]又认为张文潜的《咏淮阴侯》能发"前人所未发"[⑦]，另如《娱书堂诗话》称美戴复古咏严子陵钓台诗曰"新意可喜"[⑧]。凡此皆可证得宋人无论创作或评论，立意皆贵求新的诗学理念。

（二）梅诗——立意求新

梅尧臣在众多的诗篇中，高度展现其精湛的艺术技巧，意新而语工，清陆蓥曾称美梅诗说：

> 欧阳公《诗话》："圣俞、子美齐名，子美超迈绝

---

① 《历代诗话续编》，第140页。

② 戴复古《石屏诗集》卷七《论诗十绝》其四，台北商务印书馆，文渊阁《四库全书》本，第1165册，第656页。

③ 魏庆之《诗人玉屑》卷五《宋子京笔记》引，台北商务印书馆，1974年版，第98页。

④ 《吕氏童蒙训》引，《宋诗话辑佚》，第589页。

⑤ 关于"自成一家"之论点，可参见张高评《自成一家与宋诗特色》，《第一届宋代文学学术研讨会论文集》，高雄丽文文化事业股份有限公司1995年版，第91—147页。

⑥ 刘克庄《后村诗话》卷二，台北商务印书馆，文渊阁《四库全书》本，集部420册，1986年，第2页。

⑦ 同上注，卷四，第13页。

⑧ 赵与虤《娱书堂诗话》卷下，《历代诗话续编》，第500页。

> 伦，圣俞独造闲淡。”先广文尝摘其佳句为一帙。《纳凉》：“竹阴过晚雨，林表见残虹。”《泛江》：“斜阳鸟外落，新月树头生。”《寄永叔》：“五更千里梦，残月一声鸡。”《秋日》：“悬虫低复上，斗雀堕还飞。”《经田家》：“南岭禽过北岭叫，高田水入低田流。”《东溪》：“野凫眠岸有闲意，老树著花无丑枝。”语似平易，实未经人道。每一展诵，手泽宛然，旧业不增，长喟竟夕。[①]

陆蓥指出诸多梅诗佳句，语似平易，实未经人道。文思奇特，语意生新，展现他“意新语工”的诗论。

我们以梅尧臣观察大自然的诗为例，来说明他以一贯客观、细腻、敏锐的观物态度创作，并能自出机杼，不蹈袭前人，出以新意。如咏梅云“似畏群芳妒，先春发故林。曾无莺蝶恋，空被雪霜侵”[②]，不就传统颂梅之劲节凌雪着笔，而以梅畏百花妒，才率先绽放，却因无莺蝶依恋而芳心落寞。语意警绝，一新人耳目。又如《晚云》中“忽舒金翠尾，始识秦女鸾。又改为连牛，缀燧怀齐单”[③]，以高度的联想力，用典故摹写晚霞的奇谲变幻，手法新颖，难写之景，历历在目。再如《梅雨》，诗中叙写梅雨情景，而以“东池虾蟆儿，无限相跳梁。野草侵花圃，忽与栏干长。门前无车马，苔色何苍苍”[④]，将平日为人厌烦的梅雨，写得清新生动，意趣盎然。寻常景象，经匠心独运的安排，滋味隽永。另外在《牡丹》诗中，诗人摆脱寻常观点，不由牡丹富贵天成的娇美姿容抒写，而由眼前景物兴发，“粉英不

① 《问花楼诗话》卷二，《清诗话续编》，台北木铎出版社 1983 年版，第 2305 页。

② 《梅尧臣集编年校注》卷一《梅花》，第 25 页。

③ 《梅尧臣集编年校注》卷一八，第 471 页。诗中“秦女鸾”征引《列仙传》，萧史教秦穆公女弄玉吹箫，作凤凰声引来成群凤凰之典故。“怀齐单”则借用《史记·田单列传》的故实。

④ 《梅尧臣集编年校注》卷二五，第 792 页。

忿付狂蝶，白发强插成悲歌。明年更开余已去，风雨吹残可奈何”[①]。珍惜当下，赏花爱花情意，甚具慧思。

梅尧臣写平常习见景物，亦能出以新意，即使前人写得滥熟的题材，也常能发现新的观察角度，如写春风：“常愁春云低，谁料春风恶。摇扇无定响，折干时闻落。吹花拥细草，送雨来高阁。”[②]写夜：“群物各已息，众星灿然森。虾蟆将食月，魑魅争出阴。”[③]写日出：“日光如镕金，涌上沧海流。一朝复一朝，铸出万古愁。”[④]尽管是写平凡的事物，运思造境却极为巧妙，给人新颖的诗意[⑤]。

（原载黄美铃《欧、梅、苏与宋诗的形成》第七章《尚意的诗学》第三节《意与语》，台北文津出版社1998年版，第258—261，281—282页）

---

① 同上注，卷一四，第 235 页。

② 《梅尧臣集编年校注》卷一八，第 441 页。

③ 同上注，卷二五，第 772 页。

④ 同上注，卷二三，第 693 页。

⑤ 关于梅诗写平常习见景物，亦能出以新意，可再详参本论文第四章第三节，梅诗取材于日常事物小节。

博采众长话宛陵

——论梅尧臣师法众长对其诗风形成之影响

◎吴大顺

梅尧臣是宋代一位很重视师法前人的诗人。他对《诗经》、汉魏古诗的学习，对唐代李杜、元白、韩孟的学习，以及年轻时期对西昆工夫的扬弃都表现出诗人师法前人的强烈意识以及理论上的自觉性。我们从他诗集中大量“拟某某”“效某某体”的诗题上也可见一斑。其诗歌中表现出的简古纯粹、深远闲淡、古硬怪巧的独特风格与他对前辈诗人的学习是分不开的。本文试图从梅尧臣诗歌主体风格的三个方面追踪其创作的艺术渊源，从而探究诗人学习各家诗法对形成自己独特诗风的影响。

一、简古纯粹的诗风与《诗经》

梅尧臣现存2800多首诗中，大多具有强烈的现实精神，特别是怨刺讽喻、指陈现实和抒怀寄慨的作品。或同情人民的生活与苦难，如《贫岸》（卷一八）、《汝坟贫女》（卷六）、《田家语》（卷一〇）[1]；或关注国家时局抒发报效祖国之热情，如《闻尹师鲁赴泾州幕》（卷一〇）、《依韵和李君读余注孙子》（卷

① 宛陵诗歌系年和卷次均按朱东润《梅尧臣集编年校注》，上海古籍出版社1980年版。

一〇）；或针砭不合理的社会现象和残酷的政治斗争，如《送栎阳宰朱表臣》（卷一一）、《书窜》（卷二一）等。这些诗歌情感激越、语言流荡朴拙，于激昂清越的情感中透露出简古纯粹的笔法。这种风格的形成受诗人极力推崇《诗经》雅颂传统和美刺精神之诗学观念的影响，也是《诗经》不事雕琢、朴拙自然之艺术魅力长期熏陶的结果。

梅尧臣“学长于《毛氏诗》，为《小传》二十卷”[①]。其诗学观念之形成与他对《诗经》的爱好与深入的研究密不可分，其创作倾向和创作风格之形成也从《诗经》中接受了风骨与魂魄。

梅尧臣诗学观念的核心就是主张恢复《诗经》的雅颂传统，强调诗歌反映现实，因事而发、有为而作，批判社会的政教功能，反对仅以诗人自居和涂抹风月、抒写儿女之情的浮薄之作。“我于诗言岂徒尔，因事激风成小篇。辞虽浅陋颇刬苦，未到二雅未忍捐。安取唐季二三子，区区物象磨穷年。”（《答裴送序意》，卷一五）其中“二雅”即《诗经》的大雅、小雅。“雅者正也，言王政之所由废兴也。”（《毛氏大序》）诗人力求把二雅作为衡量诗歌思想内容和现实意义的尺度。在《还吴长文舍人诗卷》（卷二六）中说：“诗教始二南，皆著贤圣迹。后世竟剪裁，破碎随刀尺。我辈强追仿，画龙成蜥蜴。”“二南”，即《周南》《召南》。“《周南》《召南》正始之道，王化之基。”（《毛诗·关雎序》）“王者，所以观风俗、知得失、自考正也。”（《汉书·艺文志》）可见，诗人对当时社会，特别是诗坛淡化、扭曲“二南”以来所创立的诗教传统之现状极为不满。在《韩三子华韩五持国韩六玉汝见赠述诗》（卷一六）中更明确全面地提出了他的诗教观念，以及恢复雅颂传统的强烈愿望，强调诗歌创作应“因事有所激，因物兴以

① 欧阳修《梅圣俞墓志铭》，《欧阳修全集》卷三三，中国书店1986年版，第235页。

通”，托物讽喻、反映现实，像屈原那样“愤世嫉邪意，寄在草木虫”，反对“烟云写形象”“有作皆言空”的风月之作。

在创作实践中，诗人自觉效法杜甫、白居易乐府诗的写时事、深美刺传统以富沉郁情感的古体诗创作技法，来贯彻其恢复雅颂传统的理论宣言。

梅尧臣一向崇尚杜诗的创作精神，特别是对杜甫乐府写实事创作方法心领神会。在《读邵不疑学士诗卷杜挺之忽来因出示之且伏高致辄书一时之语以奉呈》（卷一六）中云：“既观坐长叹，复想李杜韩。”在《汝坟贫女》中以一位失去老父的孤独女子自述之口吻，实录般记载了战争给后方老百姓带来的灾难。“拊膺呼苍天，生死将奈向”的结语，突出地展现了诗人同情人民悲惨遭遇的伟大形象。该诗无论主题内容、情感表达，还是结构安排、语言风格均与杜甫“三吏”、“三别”、《兵车行》的精神气骨有相似之处。诸如此类作品像《田家语》《村豪》（卷一八）、《大水后城中坏庐舍千余作诗自咎》（卷一〇）均从杜甫那里得到过启发。

陈衍说：“宛陵用意命笔多本香山。”[①]梅尧臣在用意上主要学习白居易“惟歌生民病，愿得天子知”[②]的创作思想。他反复强调“不书女儿书，不作风月诗”（《寄滁州欧阳永叔》，卷一六）来努力接续雅颂的美刺精神。

在命笔处多本香山“其辞质而径”“其事核而实”的艺术手法和“首句标其目，卒章显其志”[③]的结构特点。《汝坟贫女》完全以贫女自述的口吻结篇，《故原有战卒死而复苏来说当时事》（卷一一）以亲身经历那场战斗的士兵的视角如实再现血腥

① 陈衍《石遗室诗话》，转引自吕美生《梅尧臣诗歌理论的历史贡献》，《安徽大学学报（哲学社会科学版）》1988年第2期。

② 白居易《寄唐生》，《全唐诗》卷四二四，中华书局1960年版，第4663页。

③ 白居易《新乐府序》，《全唐诗》卷四二六，第4689页。

的战斗场面，《书窜》（卷二一）则史诗般再现了唐介弹劾“宰相文彦博专权任私，挟邪为党”[①]的政治事件。这些诗多用民间口语，语言浅近，感情真挚而激愤，态度鲜明。为了更明确地表现诗歌的现实主题，诗人仿效白居易的做法在诗题下标注文或序文。如《汝坟贫女》注曰：“时再点弓手，老幼俱集，大雨甚寒，道死者百余人，自壤河至昆阳老牛陂，僵尸相继。”在《田家语》的序文中明确提出“因录田家之言次为文，以俟采诗者云”，意在表明其作诗之目的。诗之结尾也往往抒情显志，进一步表明创作意图，如“我闻诚所惭，徒尔叨君禄。却咏归去来，刈薪向深谷”（《田家语》），“独此怀百忧，思归卧云壑”（《大水后城中坏庐舍千余作诗自咎》）等。

其实，梅尧臣学习杜甫、白居易诗歌技巧也是基于他对《诗经》的爱好与推崇。杜甫和白居易都是以推崇《诗经》诗学传统、宣扬风雅比兴、注重诗教精神著称的诗人。他们诗作中广泛的现实内容和深刻的人民性，特别是乐府诗，深得《诗经》的精魄。所以梅尧臣把杜甫、白居易语言古朴浅白、情感真挚深沉的乐府诗视为学习的模范。很显然，诗人是想借学习杜、白该类诗歌的创作技法来贯彻其恢复雅颂传统的诗学主张。这也使他这类诗歌在学习杜、白的技法中表现出浅白古朴的特色。

梅尧臣不仅仅满足于学习杜甫、白居易的诗歌技法和结构来体现其诗学观念。在学习杜、白的同时，诗人还大量使用《诗经》的词语、典故，或化用《诗经》的句法和意境入诗，这样更加强化了他的诗歌简古朴素的特征。《汝坟贫女》以生死无依的贫女之口，展示了康定元年（1040）宋廷防边备战、征发丁壮给老百姓带来的灾难。该诗明显受到《诗经·周南·汝坟》的启发。该诗中国难当头的现实描写与《诗经·汝坟》中“王室如

① 李焘《续资治通鉴长编》卷一七一，上海古籍出版社（影印）1985年版，第1573页。

毁”的情形极为相似；在行哭凄怆、生死无依的贫女形象中，也仿佛见到《诗经·汝坟》中徘徊在汝水之畔、苦盼夫归的女子之身影。《梦登河汉》（卷一五）中以天上的星宿徒有虚名而无实用，来讽刺统治者尸位素餐，只知欺压百姓之描写，也是《诗经·小雅·大东》主题和意境的进一层引申。《水荇》（卷一六）“尚芼参差荇，薄言无此嫌”就化用了《诗经·关雎》“参差荇菜，左右芼之”之句；“聊与子所宜”（《寄滁州欧阳永叔》）化用《郑风·女曰鸡鸣》“与子宜之”之句；“南箕成簸扬，寺孟咏侈哆”（《见牧牛人隔江吹笛》，卷一八）化用《诗经·巷伯》“哆兮侈兮，成是南箕”之句。吸收《诗经》词语入诗就更普遍了，如“薄言”“衮衣”“风什”“厌厌”“南山”“疐尾”“鲐背”“重锝”“坎坎”“蹲蹲”等均出自《诗经》。

二、深远闲淡的诗风与陶、王、韦山水田园诗

梅尧臣“幼习于诗，自为童子，出语已惊其长老”[①]。他的至交欧阳修说“其初喜为清丽闲肆平淡”[②]，可见其早期诗歌的风格。梅尧臣现存诗集中30岁左右在洛阳时期的诗歌多是写景状物、依韵赠答的内容，艺术上最突出的特点是注意细致地描摹山水景物，突现山姿水态的可感性。《依韵和载阳登广福寺阁》（卷二）、《游龙门自潜溪过宝应精舍》（卷一）是其代表。最能表现梅诗写景状物功力的是《希深惠书言与师鲁永叔子聪几道游嵩因诵而韵之》（卷二）。这些诗写景生动细密、语言清丽，深受陶渊明、王维和韦应物田园山水诗的影响。这是梅尧臣

① 欧阳修《梅尧臣诗集序》，《欧阳修全集》卷四二，第295页。
② 欧阳修《梅圣俞墓志铭》，《欧阳修全集》卷三三，第235页。

努力学习这几位诗人创作技法的结果。

梅尧臣十分推崇陶渊明的诗。梅集中提及陶渊明的地方比比皆是。“才比陶潜无用处，纱巾时任酒沾濡”（《依韵和秋夜对月》，卷二二）；“诗本道情性，不须大厥声。方闻理平淡，昏晓在渊明”（《答中道小疾见寄》，卷一五）；“唯师独慕陶彭泽，奇迹仍收王会稽”（卷一三《答新长老诗编》）。这些诗句或表现对陶渊明处世态度之倾慕，或表明对陶诗平淡风格的嘉许。在创作实践中，梅尧臣师法陶渊明田园诗，写了大量追求田园闲适生活与田园之乐的诗篇。如《野田行》（卷七）以闲适的情调描写了春天田家劳作的情景：“青皋暗藏雉，万木欣已春。桑间偶耕者，谁复来问津。”《闲居》（卷二四）则表达了诗人闲居乡里之乐：“漫数过篱笋，遥窥隔叶梅。”其中，多处化用陶渊明的诗句和意境。这些诗心境闲适、意趣淡远，语言平淡古朴，确实深得陶诗平淡之意蕴。《田家》（卷一）、《山村行》（卷七）、《泊下黄溪》（卷一七）、《早春田行》（卷二四）等都写得平淡深远。梅尧臣更多的诗是描写山姿水态的，受王维、韦应物的影响更明显。

钱锺书认为梅尧臣“五言律诗受了王维、孟浩然的启发”[①]。这确实道出了王维对梅尧臣山水诗之影响。王维对梅尧臣的影响主要表现在取景的角度和方法上。王维作诗往往将诗与画的精神融会贯通，即以画意作诗，用诗意绘画，使得其山水诗具有突出的空间感和立体感，在诗的意境中渗透着浓郁的画意。梅尧臣在观照山水时也总是力图寻找最佳角度和诗意化的视点，营构深远和谐的画面，从而突现山姿水态的意趣，如《鲁山山行》（卷一〇）。梅尧臣在写景状物上表现出的独到眼光和深厚功力显然受到王维山水诗的启发。

---

① 钱锺书《宋诗选注》，人民文学出版社 1989 年版，第 14 页。

对梅尧臣山水田园诗创作影响最直接的要数韦应物。朱弁云："圣俞少时，专学韦苏州。"[①]韦应物是自觉学习陶渊明而"自成一家之体"[②]的中唐山水诗人。其山水诗兼陶渊明清淡和二谢秀美为一体，田园诗于陶渊明归田之乐的情趣中注入了对农民的关注与同情，艺术上既重视立意构思又重视锤炼辞句，语言既简古平淡，又清雅流丽。梅尧臣在以上几方面都有学习他的痕迹。其田园诗在平淡自然的田园风光的描绘中透示出对农民生活的关心。"野芦编作室，青蔓与为门。稚子将荷叶，还充犊鼻裈"（《岸贫》，卷一八），"寒鸡得食自呼伴，老叟无衣犹抱孙"（《小村》，卷一八），已将描写的重心转移到对农事的关心和对农民生活的同情上。韦应物类似的诗句也很多。如"饥劬不自苦，膏泽且为喜。仓廪无宿储，徭役犹未已。方惭不耕者，禄食出闾里"（《观田家》，卷一九二）[③]，"唯当岁丰熟，闾里一欢颜"（《郊居言志》，卷一九三）。我们通过以上比较对勘，发现二者是有渊源的。梅尧臣山水诗重在学习韦应物细致观察景物的技巧。韦应物对景物的观察细致精微，"寒树依微远天外，夕阳明灭乱流中。孤村几岁临伊岸，一雁初晴下朔风"（《自巩洛舟行入黄河即事寄府县僚友》，卷一八七），"绿阴生昼静，孤花表春余"（《游开元精舍》，卷一九二），都是诗人细致观察山水景物特征的名句，梅尧臣学习这种技法也写了许多像"野凫眠岸有闲意，老树著花无丑枝。短短蒲茸齐似剪，平平沙石净于筛"（《东溪》，卷二五）的诗句。韦应物还喜欢用新颖的立意、锤炼的词语表现其闲淡古雅的风格。如"夜雾著衣重，新苔浸屐湿"（《即中对雨赠六锡兼

---

① 朱弁《风月堂诗话》，《四库全书》本。

② 白居易《与元九书》，转引自陶敏《韦应物集校注》，上海古籍出版社 1998 年版，第 641 页。

③ 所引韦应物诗歌及所标卷次均按《全唐诗》第 6 册，中华书局 1960 年版。

简杨凌》，卷一八八），“出巘听万籁，入林濯幽泉”（《经少林精舍寄都邑亲友》，卷一八七），这些诗句对偶贴切，意境深幽，在平淡自然中见出清新与流丽。梅尧臣在构思炼句方面不遗余力地师法韦应物，并进一步求奇求新，远远超出了韦应物。“一洗尘襟无俗虑，柳条开眼共看春”（《次韵和江邻几送客回同过金明池》，卷二九），诗人运用逆向思维，倒置意象的主客位置，以柳条睁开眼睛窥视春色这一反常规的动作形象地展示了早春的勃勃生机，构思奇特，新颖别致。类似的诗句如“冻地拆枯龟，断冰流破镜”（《和仲文西湖野步至新堰二首》，卷一七），“霜落熊升树，林空鹿饮溪”（《鲁山山行》），“斜阳乌外落，新月树端生”（《泛舟城隅呈永叔》，卷九）等都是诗人“覃思精微”、千锤百炼中得来的。比较而言，梅尧臣的诗歌在注重声律对偶、色彩对比的同时，更重视意象之间的对比映衬，动静结合与画面的立体效果。

总之，梅尧臣山水田园诗最后形成深远闲淡的风格，同他对陶渊明、王维、韦应物的学习是分不开的。陶渊明平淡自然的诗风深深影响了梅尧臣的审美观念，诗人已将陶诗清淡闲远之境视为理想的美学境界追求。但是，陶诗中所具有的那种内在的人格精神，梅尧臣是无法得到的，他只能在王维、韦应物开拓的山水诗技法和风格中步入田园山水的领域。然而，诗人对《诗经》、汉魏古体诗深厚的造诣和修养又使得其山水田园之作处处流荡着古诗古语的格调，从而形成其山水田园诗于平淡中透出闲雅古幽的风格。

三、古硬劲峭的诗风与韩愈、阮籍

梅尧臣是一位既重视诗教传统，又追求艺术品位的诗人。部分指陈现实、抒怀寄慨的诗歌，在精神底蕴上虽然继承了《诗经》雅颂传统和杜甫、白居易批判现实的美刺精神，但在艺术上具有“意新语工，得前人所未道”[①]的创新意识。为了实践其艺术的创新，诗人选择了对韩愈奇险艺术技巧和阮籍《咏怀》诗舒展自由的艺术形式的学习，从而形成了该类诗歌古硬劲拔并时出精警怪巧的艺术风格。

叶燮《原诗》云：“宋之苏、梅、欧、苏、王、黄，皆愈为之发其端。”[②]钱锺书也以为梅尧臣“古诗从韩愈、孟郊还有卢仝那里学了些手法”[③]。梅尧臣对韩愈奇险诗法的学习确实表现出明显的自觉性。他指陈时政、抒怀寄慨的作品随处可见韩愈诗风的影响。《余居御桥南夜闻祅鸟鸣效昌黎体》将险恶的政治形势比之于“一身九首如赘疣”的祅鸟“抽人之筋系车辀”的可怖气氛；《拟韩吏部射训狐》中以“呼集鬼物夸阴狞。夕盗鸡雏无畏避”的祅鸟象征奸佞小人，立意新奇、意象凶恶、气氛恐怖，令人毛骨悚然。《聚蚊》（卷四）、《彼鴷吟》（卷六）、《猛虎行》（卷六）无不是学习韩愈呈奇示险的艺术个性。诗人往往塑造一些面目凶残的恶禽丑物，并对这些恶禽丑物极力描写与夸张变形，突出其恐怖与怪诞的本性，从而营造一种阴森恐怖的氛围来暗示时局的危艰与政治斗争的凶残。那些重在表现诗人一己之慨的诗歌也大量吸收韩愈险怪的技法。《送苏子美》（卷一四）极力渲染南方鸟兽的凶猛、食物的怪异，突出南方风物人情之莫测，以表现对朋友远去南方的担忧，构思奇特，同韩愈《永贞行》（卷三）[④]十分相似；《范饶州坐中客语食河豚鱼》（卷八）写江南河豚形状之怪异，毒性之剧烈，也受韩愈《答柳柳州食虾蟆》（卷一一）和《初南食贻元十八协律》（卷一一）的启发；

① 欧阳修《六一诗话》，《欧阳修全集》，第1037页。

② 叶燮《原诗》，《清诗话》，上海古籍出版社1963年版，第570页。

③ 《宋诗选注》，第14页。

④ 所引韩愈诗歌及卷次均按钱仲联《韩昌黎诗系年集释》，上海古籍出版社1984年版。

《观杨之美画》（卷二二）中对龙蛇兽魔、雷电神异的铺张描写，在韩愈《龙移》（卷三）、《答张彻》（卷四）等诗中能找到原型。

梅尧臣对韩愈的学习还表现在化俗为奇、以故为新的翻新手法上。韩诗往往将一些十分俗气的事物当作美来看待，从平常庸俗的事物中提炼诗意。他用“鸱枭啄母脑，母死子始蕃。蝮蛇生子时，坼裂肝与肠”（《孟东野失子》，卷六）的诗句安慰孟郊的丧子之痛。他还能将牙齿将落未落和腥臊入口生理的不适与痛苦，提炼成诗意，感受其不美之美[①]。梅尧臣也能从“扪虱反得蚤”这样恶俗的行为中领略其中的美感：“去恶虽未殊，快意乃为好。”（《扪虱得蚤》，卷一七）《八月九日晨兴如厕有鸦啄蛆》（卷一九），由茅厕中乌啄粪蛆等腐臭粗俗的事物中感悟“物灵必自洁，可以推始终”的思理。其次，梅诗新奇比喻的运用也受韩愈的影响。“谁知荒凉城，空存如刳腔”（《金陵怀古》，卷一八），以刳尽了的胸腔比喻城之荒败；“郑声实美好，蠹情如剔剐”（《见牧牛人隔江吹笛》，卷一八），以剔肉剐骨的刻骨之痛来比喻音乐对人产生的刺激；还有“慈母眼中血，未干同两乳”（《戊子三月二十一日殇小女称称三首》，卷一八），“悲愁快于刀，内割肝肠痛”（《悲书》，卷一六）等。这些比喻注重双方在生理感受上的相似性给读者以强烈刺激，唤起读者的审美快感，立意奇特。韩诗类似的比喻也有很多，如“肌肤生鳞甲，衣被如刀镰”（《苦寒》，卷二）。再次，梅诗中散文句法的运用也能见到韩诗的影子。梅尧臣对韩愈奇险诗风的师法主要体现在古体诗中。诗人总是纵横恣肆地铺陈事物，运用散文笔法左右腾挪，使所写之事物穷形尽相，如《观杨之美画》（卷二二）、《梦登河汉》（卷一五）、《逢牧》（卷

① 舒芜《序》，陈迩东注《韩愈诗选》，人民文学出版社 1997 年版，第 10 页。

一五）等，使得他的诗歌也具有了韩愈“姿态横生、变态百出”[①]的特点。

梅尧臣古硬劲峭的艺术风格的形成，又不同程度地受阮籍《咏怀》诗风格的影响。阮籍遗世高蹈的人生态度和旨趣遥深的《咏怀》诗自由抒怀的诗艺风格，对梅尧臣深化人生体验、开阔创作视野都起了重要作用。

梅尧臣以“阮籍独不寐，徘徊起弹琴”（《夜》，卷二五）来暗示自己内心的矛盾和痛苦；以“白眼步兵吾久师”（《缙叔以诗遗酒次其韵》，卷二九）表示对阮籍以酒避祸、傲视礼法之精神的仰慕；“不若阮步兵，醉鞍伸两脚”（《周仲章通判润州》，卷二一），借用阮籍的典故劝慰朋友不要像阮籍那样过于孤独与苦闷，希望朋友能与诗人一样，以达观平和的心态对待人生和仕途；“诗能如阮籍，评不愧钟嵘”（《依韵和仲源暮冬见寄》，卷二三）是诗人对阮籍诗歌“言在耳目之内，情寄八荒之表，洋洋乎合于风雅”[②]的以较大艺术空间表现风雅精神之艺术技巧的深刻理解与推崇的最好说明。在创作中，诗人有《拟咏怀》（卷二三）、《效阮步兵一日复一日》（卷二三）模仿阮诗，还用阮籍《咏怀》为题写了一组感慨人生、阐发思理的诗歌，如《咏怀·西方有乌鼠》（卷二四），通篇运用比喻象征，深受阮籍《咏怀》的启发。

梅尧臣并不是简单地学习韩愈新奇险怪的造境方法，即通过奇险怪诞境界的铺写塑造一种光怪陆离的恐怖感和离奇性，以唤起读者审美的快感，宣泄内心的郁闷。梅尧臣追求新奇的目的是想更好地张扬《诗经》雅颂的内在精神，让《诗经》的雅颂精神流淌在新奇精警的艺术境界中，因此往往借韩诗这种奇险的艺

① 张戒《岁寒堂诗话》，丁福保辑《历代诗话续编》，中华书局 1983 年版，第 458 页。
② 钟嵘著，陈延杰注《诗品注》，人民文学出版社 1998 年版，第 23 页。

术技巧表现重大的政治事件或内心极大的郁闷。有人以为梅诗比韩诗更富人情味而不及韩诗诡奇怪异。其实，二者之区别一方面体现了梅尧臣学习韩诗之目的。换言之，韩诗把奇险怪异的境界作为一种审美理想来追求，当然不排除韩诗也有寄托比兴的成分。而梅诗把新奇作为一种表现技巧来看待，其真正目的是想在新奇精警的艺术氛围中表现更为深广的社会内容和更为郁勃的情绪，也不排除梅尧臣对这种艺术境界本身有偏好的一面。另一方面，梅尧臣整合内化阮籍《咏怀》诗忧生惧患之人生感慨，吸收《咏怀》诗大量使用比喻象征、神话典故拓展艺术表现空间的写作技巧，也使得他这类诗具有浓郁的人情味，避免了韩愈奇崛和险怪的偏颇，从而形成了他该类诗歌在古硬劲拔中透出怪巧的独特风格。

总之，梅尧臣诗歌风格之形成是以大胆师法前辈诗人为基础的。诗人师法各家之目的在于创新，形成自己独特的风格。诗学观念上，他既不满西昆诗人雕章琢句、远离风雅的情形，要求恢复《诗经》的雅颂传统和美刺精神，又不满元白诗“不求宫律高，不务文字奇”[①]的浅切，提出“状难写之景如在目前，含不尽之意见于言外”[②]的美学标准，创作上以大胆师法杜诗博大深沉、韦诗平淡简古、韩诗新奇险怪之风格来体现《诗经》雅颂传统和美刺精神。同时，我们也看到，由于诗人自觉学习各家风格，也导致其诗风的多样性和不一致性。山水田园诗平淡古雅；怨刺诗激昂清越，语言简古；指陈时政、抒怀寄慨诗古硬劲峭并时出新警怪巧；酬赠唱和诗和乐圆融。这种多样性艺术风格之形成，一方面受诗人审美趣味发展变化的影响，另一方面是诗人在不同时期学习不同风格的诗人所致。每位诗人对其诗风的影

① 《全唐诗》卷四二四，第4663页。

② 《欧阳修全集》，第1037页。

响，也不是同等和绝对的。写景状物诗受陶渊明、王维、韦应物的影响，但其间新奇比喻和古词古语的运用又来自《诗经》和韩愈的影响；怨刺讽喻诗受杜甫、白居易的影响，但《诗经》的雅颂精神、韩诗奇特的构思都贯注于其中；指陈时政、抒怀寄慨诗主要师法韩愈奇险的诗风，但其间比喻象征的普遍使用也得利于对阮籍的倾慕与学习。可以说，是在各家诗风的综合影响下，诗人包举融通、变化创新，从而形成了自己独特的诗风，开宋诗一代之面貌。

［原载《广西师范学院学报（哲学社会科学版）》2000年第3期］

谈梅尧臣诗歌题材、风格的多样性

◎霍松林

一

梅尧臣踏上北宋诗坛的时候，现实主义诗人王禹偁早已下世，西昆派的形式主义逆流正泛滥成灾。他不但没有随波逐流，而且以自己的创作显示了诗歌革新的实绩，并影响其他诗人，使其诗歌在反映现实的道路上奋勇前进。龚啸称赞他“去浮靡之习，超然于昆体极弊之际；存古淡之道，卓然于诸大家未起之先”，是相当中肯的。

和脱离现实的西昆派不同，梅尧臣诗歌的突出特点之一是其题材风格的多样化。

他所处的时代政治腐败，阶级矛盾和民族矛盾日益尖锐；而民族矛盾的发展加重了人民的负担，又加深了阶级矛盾。对于这一切，他没有袖手旁观。他一方面和范仲淹、欧阳修站在一起，要求实行政治改革；另一方面并“因事激风成小篇”①，他用劲健的诗笔，饱含着对人民的同情，从各个方面反映了当时的社会生活，对当时各种不合理的现象进行了揭露和抨击。

在《挟弹篇》中，诗人描写了王孙公子们的荒淫生活：“手持柘弹灞陵边，岂惜金弹射飞鸟。……醉倒银瓶方肯去，去卧红

① 《答裴送序意》。

楼歌吹中。”在《村豪》中，又刻绘了地主的奢豪和气焰：

日击收田鼓，时称大有年。烂倾新酿酒，饱载下江船。女髻银钗满，童袍毳氎鲜。里胥休借问，不信有官权。

地主们“不信有官权”，原是很自然的事情，因为官府所代表的正是这些剥削者的利益。

梅尧臣用相当多的篇章，反映了民间疾苦。他在《田家四时》里，写农民辛苦劳作了三季，到冬天还是“鹑衣着更穿”。在《观理稼》里，写农民“一腹馁犹甚”，还不得不起早贪黑地从事生产，“来时露沾屦，归去月侵锄”。在《田家》里写道：“南山尝种豆，碎荚落风雨。空收一束萁，无物充煎釜。”辛勤耕作，却又遭了天灾。在《伐桑》里写道：“二月起蚕事，伐桑人阻饥。已伤持斧缺，不作负薪非。聊给终朝食，宁虞卒岁衣。月光无隔碍，直照破荆扉。”正当养蚕的时节，由于饥饿煎迫，却把桑树砍了来换粮食。在《啼禽》里写道：“盆茧未成丝，破裤劝可脱。安知增羞颜，赤胫衣短褐!”听到鸟儿叫脱却“破裤”，就感到羞愧，因为连破裤也没得穿，短褐下露着两条光腿。《岸贫》一诗，展示了一幅水边贫民的生活图画：

无能事耕获，亦不有鸡豚。烧蚌晒槎沫，织蓑依树根。野芦编作室，青蔓与为门。稚子将荷叶，还充犊鼻裈。

又如《小村》：

淮阔州多忽有村，棘篱疏败谩为门。寒鸡得食自呼伴，老叟无衣犹抱孙。野艇鸟翘唯断缆，枯桑水啮只危根。嗟哉生计一如此，谬入王民版籍论。

结尾这两句，是对贫民的深切同情，也是对统治者的有力鞭挞。像这样生活赤贫的穷苦人民，真是“民不聊生”，统治者还把他们算作治下的百姓，还要向他们征敛课税，真可以说无耻、残酷到无以复加了。

在那个外患深重的时期，穷苦人民既要负担更苛重的赋税，又要服兵役。而这种兵役制度又极端残暴和腐朽。梅尧臣在《田家语》中揭露道：

> 谁道田家乐？春税秋未足。里胥扣我门，日夕苦煎促。盛夏流潦多，白水高于屋。水既害我菽，蝗又食我粟。前月诏书来，生齿复板录。三丁籍一壮，恶使操弓韣。州符今又严，老吏持鞭朴。搜索稚与艾，唯存跛无目。田闾敢怨嗟，父子各悲哭。南亩焉可事？买箭卖牛犊。愁气变久雨，铛缶空无粥。盲跛不能耕，死亡在迟速。……

统治者不管人民遭受了多么严重的水灾和蝗灾，仍然一面急如星火地勒索赋税，一面又强抓壮丁，竟连老弱稚幼都不能幸免。诗人在序言中揭露了这一事实的内情，即是“主司欲以多媚上，急责郡吏，郡吏畏不敢辨，遂以属县令。互搜民口，虽老幼不得免”。当时政治之黑暗就可想而知了。

《田家语》是对征兵情况概括地的叙述，《汝坟贫女》则对此作了更具体集中的描写。诗人在序中说：“时再点弓手，老幼俱集，大雨甚寒，道死者百余人，自壤河至昆阳老牛陂，僵尸相继。”于是他通过一个贫女的控诉，集中突出地反映了这种惨象：

> 汝坟贫家女，行哭音凄怆。自言有老父，孤独无丁

> 壮。郡吏来何暴，县官不敢抗。督遣勿稽留，龙钟去携杖。勤勤嘱四邻，幸愿相依傍。适闻闾里归，问讯疑犹强。果然寒雨中，僵死壤河上。弱质无以托，横尸无以葬。生女不如男，虽存何所当！拊膺呼苍天，生死将奈何？

在这里诗人抒写了对在残暴的征兵中死难者及其家属的同情，紧接着他在《昆阳城》《老牛陂》《故原战》《故原有战卒死而复苏来说当时事》及《董著作尝为参谋归话西事》等诗篇中，或揭露主将昏庸、赏罚不公，或慨叹士兵们因指挥失宜而白白牺牲，在读者面前，展开一幅幅惨痛的战败图景，令人目不忍睹。通过这一系列的篇什，全面地揭露了统治阶级在民族灾难深重之际所表现的残暴腐朽与昏愦无能。

当然，诗人写这些诗，并不等于他对抗击民族侵略怀有消极情绪。相反，他对卫国御敌是十分积极的，他不但亲注《孙子》献给统治者，而且在《依韵和李君读余注孙子》的结尾表示要亲赴战场。对如何克敌制胜，他也有一套切实可行的办法。在他代人做的《寄永兴招讨夏太尉》这篇长诗中，历叙几次战役失败的原因，指出在缺乏雄兵猛将的情况下，应坚守城壁，训练士卒，待条件成熟，才可像摧枯拉朽一样击溃敌人（后范仲淹防御西夏，用的也正是此法）。在《送河北转运使陈修撰学士》中，还提出了改善军需供应的建议。在《蔡君谟示古大弩牙》中，更希望能精制兵器——“愿侯拟之起新法，勿使边兵死似麻”，可见诗人对反侵略战争的态度是十分积极的。

梅尧臣在从各个方面反映人民疾苦，揭露阶级矛盾和民族矛盾的同时，还写了不少反映政治斗争的诗。景祐三年（1036），范仲淹上书批评时政，要求选贤任能，被奸相吕夷简陷害，被贬到饶州，梅尧臣写了《彼䴕吟》和《啄木》，对腐朽的统治者进行了猛烈的抨击，对范仲淹表现了热烈的同情。对因替范仲淹抱不平而相继被贬的欧阳修和尹洙，也都赠以诗章（《闻欧阳永叔谪夷陵》《闻尹师鲁谪富水》）给予安慰和支持，并勉励他们“宁作沉泥玉，无为媚渚兰”，必须要和奸邪势力斗争到底。

诗人对于人民的苦难是十分同情的，他幻想通过政治力量解除人民的痛苦。这反映在他的诗歌创作里，就使得不仅直接反映政治斗争的诗（如《书窜》等）带有政论性，而且其他一些诗也往往有此特点。例如他在许多赠友出仕的诗作中，均勉励他们要为人民办些好事，或是希望他们不要过分地剥取民脂。《送制置发运唐子方学士》《送王介甫之毗陵》等，都是比较突出的例子。

梅尧臣诗歌题材的范围是相当广阔的，以上所谈，只是其中比较重要的一部分。然而仅就这一部分来看，也可说已是“多样化”的了。

二

题材的多样化，会有助于创造多样的艺术风格。

梅尧臣在《读邵不疑学士诗卷杜挺之忽来因出示之且伏高致辄书一时之语以奉呈》中说：“作诗无古今，唯造平淡难。”这“平淡”，只是他提出的反对西昆派“浮艳”诗风的一个口号，并不能概括他的全部诗歌的风格。有些评论家却把他全部诗作的艺术风格归结为“平淡”，这是有片面性的。例如他学韩愈、卢仝的那些诗[①]，就不“平淡”，而是“怪巧”。又如《送赵谏议知徐州》：

① 如《余居御桥南夜闻袄鸟鸣效昌黎体》《观博阳山火》《月蚀》《日蚀》《梦登河汉》《秋雨篇》等。

鹿车几两马几匹，轸建朱幡骑彀弓。雨过短亭云断续，莺啼高柳路西东。吕梁水注千寻险，大泽龙归万古空。莫问前朝张仆射，球场细草绿蒙蒙。

则又很“雄浑”。陆游就曾看出这个特点，说梅尧臣的诗中不乏雄浑之作①。

同“平淡”说相反，有的评论家认为梅尧臣的诗“蹈厉发扬”“腾踔六合”。如清初的叶燮在《原诗》中说：“自梅、苏（苏舜钦）变尽昆体，独创生新，必辞尽于言，言尽于意，发挥铺写，曲折层累以赴之，竭尽乃止。才人伎俩，腾踔六合之内，纵其所如，无不可者；然含蓄渟泓之意，亦少衰矣。”叶燮的学生沈德潜在《说诗晬语》中也说：“宋初台阁倡和，多宗义山，名西昆体。梅圣俞、苏子美起而矫之，尽翻窠臼，蹈厉发扬。才力体制，非不高于前人，而渊涵渟滀之趣，无复存矣。”这种评论也不全面。在梅尧臣的诗歌中，固然有不少既不“平淡”、也不“含蓄”的“蹈厉发扬”的作品，但也有“平淡”的、“含蓄”的作品。

事实上，诗人是从多方面反映生活、多方面学习传统的，这就形成了他的诗歌风格的多样化。欧阳修指出：“其初喜为清丽闲肆平淡，久则涵演深远，间亦琢刻以出怪巧。”②又说：“其体长于本人情，状风物，英华雅正，变态百出。”③这大致是不差的。

梅尧臣固然提出了“平淡”的主张，但他也提出过更高的标准。他对欧阳修说：“诗家虽率意，而造语亦难。若意新语

① 陆游《读宛陵先生诗》：“欧尹追还六籍醇，先生诗律擅雄浑。导河积石源流正，维岳嵩高气象尊。玉磬漻漻非俗好，霜松郁郁有春温。……”

② 《梅圣俞墓志铭》，见《欧阳文忠公集》卷三三。

③ 《书梅圣俞稿后》，见《欧阳文忠公集》卷七三。

工，得前人所未道者，斯为善也。必能状难写之景如在目前，含不尽之意见于言外，然后为至矣。”[①]“虽率意”“而造语亦难”，作诗要以思想内容为主，但也要重视语言形式。要求诗歌“意新语工，得前人所未道”，有独创性；要求诗歌“状难写之景如在目前”，有鲜明的形象性；要求诗歌做到“含不尽之意见于言外”，有巨大的概括力。就诗人现存的2800多首诗来看，其中的部分优秀篇章，有的达到了这些要求，有的基本上符合这些要求。

所谓基本上符合这些要求，是指做到“意新语工”，形象鲜明，具有较深的思想意义，但不一定能“含不尽之意见于言外”。叶燮、沈德潜的评论，正道出这些诗的特点。

“含不尽之意见于言外”，这当然是很高的艺术境界，但这种蕴藉含蓄的风格也只是诗歌风格之一种。有些题材、有些思想情感，是很难写得含蓄的。例如《诗经》中的《巷伯》，写一个被迫害者愤怒地诅咒陷害他的恶人：“取彼谮人，投畀豺虎！豺虎不食，投畀有北！有北不受，投畀有昊！”这当然不含蓄。但那种怒不可遏的情感，又如何能够表现得含蓄呢？像这样的不含蓄的诗，却也仍然是好诗。梅尧臣的诗，有些的确不够含蓄：其一是一部分揭露统治者的罪恶、同情人民疾苦的作品，如《田家语》《汝坟贫女》等；其二是一部分直接批评时政、发表政见之作，如《寄永兴招讨夏太尉》《书窜》等。其中最有代表性的是《书窜》：

> 皇祐辛卯冬，十月十九日。御史唐子方，危言初造膝。曰朝有巨奸，臣介所愤嫉。愿条一二事，臣职敢妄率！巨奸宰相博，邪行世莫匹。曩时守成都，委曲媚贵昵。银

① 《欧阳文忠公集》卷一三八《诗话》。

> 珰插左貂，穷腊使驰驿。邦媛将侈夸，中金赍十镒。为言寄使君，奇纹织纤密。遂倾西蜀巧，日夜急鞭扶。红经纬金缕，排料斗八七。比比双莲花，篝灯戴星出。几日成几端，持行如鬼疾。明年观上元，被服稳称质。璨然惊上目，遽尔有薄诘。既闻所从来，佞对似未失。且云奉至尊，于妾岂能必！遂回天子颜，百事容丐乞。臣今得粗陈，狡狯彼非一。偷威与卖利，次第推甲乙。是惟阴猾雄，仁断宜勇黜。必欲致太平，在列无如弼。弼亦昧平生，况臣不阿屈！臣言天下公，臣身宁自恤！君傍有侧媚，喑哑横诋叱。指言为罔上，废汝还蓬荜。是时白此心，尚不避斧锧。虽令御魑魅，甘且同饴蜜。既其弗可惧，复以强辞窒。帝声亦大厉，论奏不容毕。介也容甚闲，猛士胆为栗。立贬岭外春，速欲为异物。外内官恂恂，陛下何未悉！即敢救者谁？襄执左史笔。谓此倘不容，盛美有所咈。平明中执法，怀疏又坚述。介言或似狂，百岂无一实！恐伤四海和，幸勿苦仓卒。亟许迁英州，衢路犹嗟咄。翌日宣白麻，称快口盈溢。阿附连谏官，去若坏絮虱。其间阴获利，窃笑等蛙蟠。英州五千里，瘦马行驮驮。……莫作楚大夫，怀沙自沉汨。……①

这首诗反映了当时一场激烈的政治斗争。据《东轩笔录》记载：“张尧佐，以进士擢第，累官至屯田员外郎，知开州。会其侄女有宠于仁宗，册为修媛，尧佐遂骤迁擢，一日中除宣徽、节度、景灵、群牧四使。是时御史唐介上疏，引天宝杨国忠为戒，不报。又与谏官包拯、吴奎等七人论列殿上，既而御史中

① 此诗因激烈地批评统治者，欧阳修为梅尧臣编集子时未敢收入。这是据《苕溪渔隐丛话》前集卷三一引《东轩笔录》移录的。

丞留百官班，欲以廷争。卒夺尧佐宣徽、景灵两使，特加介五品服，以旌敢言。未几，尧佐复除宣徽使，知河阳。唐谓同列曰：‘是欲与宣徽而假河阳为名耳，我曹岂可中已邪？’同列依违不前，唐独争之，不能夺。仁宗谕曰：‘差除自是中书。’介遂极言宰相文彦博以灯笼锦媚贵妃而致位宰相，今又以宣徽使结尧佐，请逐彦博而相富弼。又言谏官观望挟奸，而言涉宫掖，语甚切直。仁宗怒，趣召两府，以疏示之。介犹诤不已，枢密副使梁适叱介，使下殿，介诤愈切。仁宗大怒，玉音甚厉，众恐祸出不测。是时，蔡襄修起居注，立殿陛，即进曰：‘介诚狂直，然纳谏容言，人主之美德，必望全贷。’遂贬春州别驾。翌日，御史中丞王举正救解之，改为英州别驾。……”《书窜》着重写了唐介对奸相文彦博的斗争。通过唐介的口，无情地揭露了文彦博为了奉承贵妃，以达到升官发财的目的，“日夜急鞭挟”，穷凶极恶地敲剥人民的丑行。

梅尧臣主张“平淡”“含蓄”，为什么又会写出像《田家语》《书窜》这样一些既不“平淡”又不“含蓄”的诗呢？这是因为他对人民的深重灾难感同身受，对政治腐败、小人专权、正直之士受迫害等一切罪恶事实不能容忍。由于强烈的爱和憎要求尽情地表达，便形成“辞尽于言，言尽于意，发挥铺写，曲折层累以赴之，竭尽乃止”的艺术特点。

梅尧臣的一些优秀诗篇，往往“意新语工”，形象鲜明，且又有言外之意。这里我们不妨探讨一下他表现“言外之意”的艺术手法。

梅尧臣对《诗经》很有研究，著有《毛诗小传》二十卷。在他的创作中，对《诗经》的“比兴”，特别是“比”这种手法，采用得很多，且富有创造性。

在生活中，有些现象是与另一些现象相对立的，诗人往往即以对比的手法，尖锐地揭露其矛盾。例如《陶者》：

陶尽门前土，屋上无片瓦。十指不沾泥，鳞鳞居大厦。

寥寥二十字，就把剥削与被剥削的阶级对立关系赤裸裸地揭露出来了。

在各种生活现象中，有些是彼此有类似之处的，诗人因之往往运用了类比的手法，把他要反映的事物烘托得更为突出。例如《牵船人》：

沙洲折脚雁，疑人铺翅行。奈何暮雨来，复值寒风生。湿毛染泥滓，缩颈无鸣声。尔辈正若此，犹胜被坚兵。

诗人要刻画的是牵船人的形象，但他不正面写牵船人，却用六句诗描绘了一只冒着暮雨寒风，缩头铺翅，挣扎在沙洲之上的折脚雁，然后用“尔辈正若此”一句转过来，对雁的描写便变成了对人的刻画，使读者很自然地由折脚雁的形象想到牵船人的形象。而当你正在想象牵船人的形象时，诗人又用了一“比”——“犹胜被坚兵”，立刻把你引入另一种意境。像折脚雁一样冒着暮雨寒风，缩颈弯腰，挣扎在荒凉的沙洲之上的牵船人，其遭遇已经很悲惨了，但究竟还是比那些被统治者抓去当兵，在刀枪下惨死的人强一些。于是，《田家语》《汝坟贫女》《故原战》等作品中所描绘的残酷悲惨景象，又立刻会展现在你的面前。

诗人不仅借折脚雁写出牵船人的形象，而且烘托出一种气氛：在寒风暮雨吹打的沙洲之上，牵船人的伴侣，就只有那只和自己遭遇相似的折脚雁。环境之荒凉，心情之孤凄，也就可想而知了。

用折脚雁比牵船人，突现劳动者的悲惨处境，已可以激起读者的同情；再用被迫而在刀下送死的兵丁比牵船人，就更使读者由同情人民进而痛恨统治者。逼得人民“被坚兵”的是统治者，逼得人民处于折脚雁一样的悲惨境地的，不也是统治者吗？

看到某种现象而联想到其他现象，这需要熟悉生活。梅尧臣由于同情人民、了解民间疾苦，因而即使看到微不足道的某些禽鸟昆虫之类的东西，也能使他联想到人民，采用“比”的手法来揭露社会现实的某些方面。《牵船人》是这样的。与之类似的作品还有不少，如《依韵吴冲卿秋虫》：

梧桐叶未老，露滴玉井床。秋虫如里胥，促织何苦忙！苒苒机上丝，入夜为鼠伤。织妇中夕起，投梭重徊徨。那闻草根声，訇入然肝肠。天子固明圣，措意如陶唐。下民惟力穑，不见田畴荒。岂知裒敛人，督责矜健强！所以机中女，心斗日月光。年年租税在，聒耳信已常。哀哉四海人，无不由此戕！吴侯当厅时，静坐爱初凉。方将同佳人，欢乐举杯觞。繁鸣杂蟏蛸，感怆情不皇。况蒙朝家恩，兄弟登俊良。意虑宜恤物，以慰众所望。今者秋虫篇，不异《七月》章。

由秋虫中的促织联想到统治者的爪牙里胥。里胥为了完成横征暴敛的“任务”，凶狠地督责织妇。促织却也来彻夜鸣叫，简直是里胥的帮凶！

诗人有时用对比，有时用类比，有时又把二者结合起来。如《食荠》：

世羞食荠贫，食荠我所甘。适见采荠人，自出国门南。土蠹瘦铁刀，霜乱青竹篮。携持入冻池，挑以根叶参。手龟不自饱，食此尚可惭。肥羔朱尾鱼，腥膻徒尔贪！

一般人以食荠为羞，因为那太穷酸了；诗人自己却甘于食荠。这是对比。接着，诗人刻画了采荠人的形象：拿着破旧、简陋的刀子和篮子，冒着风霜，在冻池里采荠，双手冻裂；好容易采了一些，却顾不得自己吃，饿着肚子卖给别人。看着这一切，诗人连食荠也感到惭愧了。食荠与采荠，都是穷，但也有差别。这是类比，同时含有对比的意味。与采荠人相比，食荠已觉惭愧；那么，那些吃肥羊羔、朱尾鱼的阔人又该作何感想呢？这又是对比。食荠是一件小事，然而诗人巧妙地运用对比与类比相结合的手法，在寥寥数十字的篇幅中，对现实的揭露是多么深刻！

如果说上述这些诗由于诗人用对比、类比的手法揭露了复杂的社会矛盾，发人深思，那么以下要谈的一些诗，由于诗人采用了另外一些手法却显得更有“言外之意”。

现实中的各种现象是互相联系、互相制约、互相影响的。因此，诗人可以写出此一现象与其他现象的关系，从而揭露生活的本质；也可以只写此一现象，给读者以驰骋想象的广阔的天地，让他们推想与之联系的其他现象。前面谈到的《村豪》，尽管诗人只写村豪，但当你看到那个“日击收田鼓，时称大有年”的地主的形象时，难道不会联想到备受剥削的农民吗？前面谈到的《田家》《伐桑》《啼禽》《岸贫》，等等，尽管诗人只写农民，但当你看到那些愁吃愁穿的贫苦农民的形象时，难道不会联想到敲剥民脂民膏的地主和官吏吗？

在生活中许多类似的现象中，诗人有时却只集中突出地描写某一现象，来启发读者的联想。如《聚蚊》：

日落月复昏，飞蚊稍离隙。聚空雷殷殷，舞庭烟幂幂。蛛网徒尔施，螗斧讵能磔！猛蝎亦助恶，腹毒将肆螫。不能有两翅，索索缘暗壁。贵人居大第，蛟绡围枕席。嗟尔于其中，宁夸嘴如戟。忍哉傍穷困，曾未哀癯瘠。利吻竟相侵，饮血自求益。蝙蝠空翱翔，何尝为屏获。鸣蝉饱风露，亦不惭喙息。薨薨勿久恃，会有东方白。

光天化日之下不敢活动，只在黑夜里行凶；没有能耐去侵扰达官贵人，而只来吮吸穷人的血，这是蚊子。然而仅仅是蚊子吗？还有替蚊子帮凶的蝎子。难道也仅仅是蝎子吗？还有不起作用的蛛网、螗斧，袖手旁观的蝙蝠、鸣蝉呢。从这些现象中不也可以使你联想到与之相似的社会现象吗？诗人希望天亮，不也意味着希望政治清明吗？

《聚蚊》的言内之意是很深刻的，它通过蚊子不咬贵人、只吸贫民膏血的现象，揭露了富贵与贫贱的对立。所以，即使不去玩味它的言外之意，也已经是一篇好诗了。另一些诗则与此不同，如果只停留在言内，是看不出什么社会意义的，因为它“言在此而意在彼”。如《清池》：

泠泠清水池，藻荇何参差！美人留采掇，玉鲔自扬鬐。波澜日已浅，龟鳖日复滋。虾蟆纵跳梁，得以缘其涯。竞此长科斗，凌乱满澄漪。空有文字质，非无简策施。仙鲤勿苦羡，宁将廛蛤卑。徒剖腹中书，悠悠谁尔知！聊保性命理，远潜江海湄。泚泚曷足道，任彼蛙黾为！

这首诗的意旨全在言外。那个波澜日浅的水池，大约是暗指当时封建朝廷里的文化机关，即所谓“馆阁”。龟呀，鳖呀，虾蟆呀……大约是暗指那些“文学儒臣”。腹中有书，而无人赏识，只好远潜江海之滨的仙鲤，大约是暗指被拒于“馆阁”之外的真有学问、真有文才的人。欧阳修在《梅圣俞墓志铭》中说：“大臣屡荐，宜在馆阁；尝一召试，赐进士出身，余辄不报。”这显然是有所感而作的。

再看《彼鴷吟》：

> 断木喙虽长，不啄柏与松。松柏本坚直，中心无蠹虫。广庭木云美，不与松柏比。臃肿质性虚，朽蝎招猛觜。主人赫然怒，我爱尔何毁！弹射出穷山，群鸟亦相喜。啁啾弄好音，自谓得天理。哀哉彼䴕禽，吻血徒为尔！鹰鹯不搏击，狐兔纵横起。况兹树腹怠，力去宜滨死。

前面提到，这首诗是为范仲淹上书批评时政被贬而作的。明白这一点，则它的言外之意也就容易领会了。如果说《清池》只抨击了封建朝廷的文化机关，那么，这篇《彼䴕吟》则鞭挞了整个封建朝廷。蠹虫、朽蝎，指危害国家的奸邪小人；“主人”指最高统治者；因啄食蠹虫、朽蝎而被“弹射出穷山”的䴕（即啄木鸟）指正直的谏官。䴕禽被逐之后，群鸟皆喜，高歌庆贺，天下事也就不复可问了。

梅尧臣写过一篇《古意》：“月缺不改光，剑折不改刚。月缺魄易满，剑折铸复良。势利压山岳，难屈志士肠。男儿自有守，可杀不可苟。”这表现了他的刚正不屈的高贵品质。正因为有这种品质，所以在当时激烈的政治斗争中，他敢于写出像《闻尹师鲁谪富水》，特别像《书窜》那样激烈地批评时政的政论诗。然而老写那样的诗，毕竟是危险的，石介、苏舜钦、王益柔等就都因为写诗指斥奸党而遭受打击。因此，他为了坚持斗争，有时也需要采取一种比较曲折隐蔽的表现形式，像《彼䴕吟》那样言在此而意在彼的政治诗，也就跟着产生了。

葛立方在《韵语阳秋》（卷一）里谈梅尧臣的诗，举出“状难写之景如在目前”的例子是：“沙鸟看来没，云山爱后移。”“秋雨生陂水，高风落庙梧。”“含不尽之意见于言外”的例子是：“危帆淮上去，古木海边秋。”“江水几经岁，鉴中无壮颜。”就是把“景”只看作自然景物，又把“景”和“意”分开来谈。其实，“景”不只是自然景物，所谓“状难写之景如在目前”，就是要求诗的形象的鲜明性。前面谈到的批评时政、揭露社会矛盾的许多好诗，其形象都十分鲜明，而“不尽之意”，也正是通过那种鲜明的形象表现或暗示出来的。此外，梅尧臣也写了许多偏重描写自然景物的诗，而其中的优秀篇什不仅“状难写之景如在目前”，而且“含不尽之意见于言外”。如《田家》：

高树荫柴扉，青苔照落晖。荷锄山月上，寻径野烟微。老叟扶童望，羸牛带犊归。灯前饭何有？白薤露中肥。

写田家景物如在目前。高树啊，落晖啊，山月啊，野烟啊，牛啊，犊啊，白露啊……乍看起来，田家生活真有诗情画意，令人神往。然而仔细一读，就发现诗人并不是唱牧歌式的田园赞美诗，而是抒写民间疾苦。柴扉、羸牛、青苔，生事之萧条可以想见。而辛苦地劳动一天，直到月上，才“荷锄”“寻径”，回到家里，当然疲乏而又饥饿；然而用以充饥的，只有白薤。葱、蒜一类的白薤，即使很“肥”也不是很理想的晚餐啊！

又如《献甫过》：

几树桃花夹竹开，阮家闾巷长春苔。启扉索马送客出，忽觉青红入眼来。

前两句是写主人门外之景。“几树桃花夹竹开”，也是可以欣赏的；然而闾巷长满春苔，可见“门前冷落”，没有什么客人来拜访主人，也就没有什么客人来欣赏桃竹。主人是不是偶然出来瞧瞧呢？且看下两句：在送李献甫这位朋友出门的时候，“忽觉青红入眼来”，可见他好久不曾外出，夹竹的桃花何时开的，满巷的青苔何时长的，全不知道。虽然只用了寥寥二十八字，而世态之炎凉、主人之落落寡合、献甫这位朋友之不忘故人、由朋友之来而引起的“空谷足音”之感……不都透露出来了吗?

又如《秋日家居》：

> 移榻爱晴晖，翛然世虑微。悬虫低复上，斗雀堕还飞。相趁入寒竹，自收当晚闱。无人知静景，苔色照人衣。

第二联真可谓状难写之景如在目前，但这也不是单纯写景；通过写景，表现了闲适、宁静的心境。

再看这首有名的《鲁山山行》：

> 适与野情惬，千山高复低。好峰随处改，幽径独行迷。霜落熊升树，林空鹿饮溪。人家在何许？云外一声鸡。

写景之妙，自不待言，更重要的是通过写景，表现了诗人与自然美融合无间的淳朴感情。

三

在梅尧臣将近3000首诗中，艺术成就较高的也只是一小部分。欧阳修因他未“得用于朝廷，作为雅颂以咏歌大宋之功德”而替他惋惜。其实，他还是写了一些为统治者歌功颂德的作品，并得到统治者的夸奖。和欧阳修的看法不同，我们认为这些诗的内容是平庸的，也谈不上什么艺术性，统治者并没有值得歌颂的功德而硬要歌颂，必然会走上形式主义的道路。此外，他以“平淡”来反对西昆派的浮艳，这是有进步意义的，他那些以“平淡”为工的诗，像《苕溪渔隐丛话》所举的“野凫眠岸有闲意，老树著花无丑枝”“鸠鸣桑叶吐，村暗杏花残”“月树啼方急，山房人未眠”等，正如朱弦疏越，淡而有味。但有不少作品，也确如钱锺书先生所说，是“淡”得没有味，“平”得没有劲的。钱先生分析说：“他要矫正华而不实、大而无当的习气，就每每一本正经地用些笨重干燥得不很像诗的词句来写琐碎丑恶得不大入诗的事物，例如上茅房看见粪蛆、喝了茶肚子里打咕噜之类。可以说是从坑里跳出来，不小心又恰恰掉在井里去了。”[①]这些看法也是符合实际的。我还想补充一点：苏轼曾说梅尧臣“日课一诗”，他自己也说“人间诗癖胜钱癖，搜索肝脾过几春”（《诗癖》）。看起来，他的生活圈子并不十分广阔，在具有深刻社会意义的生活现象激发他不得不写诗的时候，“因事激风成小篇”，他可以写出好诗。但这种情况并不是经常的，在没有具有深刻社会意义的生活现象激发他的时候硬要“日课一诗”，就只好“搜索肝脾”，甚至“用些笨重干燥得不很像诗的词句来写琐碎丑恶得不大入诗的事物”了。如在他的集子中的某些送人诗，相当多的和韵、次韵诗，还有不少的拟古之作，就是这样。

当然，这许多缺点并不能掩盖他创作中的进步倾向。他在反西昆的诗文革新运动中所起的积极作用和他的不少反映并同情民间疾苦的诗作，是应该得到重视的。陈振孙在《直斋书录解题》（卷一七）中说：“圣俞为诗，古淡深远，有盛名于一时。近世少有喜者，或加毁訾；惟陆务观重之，此可为知者道也。自世竞宗江西，已看不入眼；况晚唐卑格方锢之时乎！杜少陵犹有窃议妄论者，其于宛陵何有!”江西诗派包括的诗人很多，情况也较复杂，不能一概而论。但作为一种诗派，其主要倾向可以说是偏重形式而缺乏深广的社会内容。这里的“晚唐卑格方锢”，指

① 见钱锺书《宋诗选注》，人民文学出版社 1989 年版，第 16 页。

江湖派而言。江湖派的代表即是排斥杜甫而推尊晚唐的姚合、贾岛，其基本倾向也是脱离现实的。在北宋的反西昆运动中产生很大影响，“有盛名于一时”的梅尧臣，在“自世人竞宗江西”以至江湖派风靡一时的南宋受到“毁訾”，只有爱国诗人陆游（还有稍后的文天祥等）非常重视他[①]，这也反映了文学史上两种倾向的斗争。

（原载霍松林《唐音阁论文集》，河北教育出版社2000年版）

① 陆游（务观）对梅尧臣的确推崇备至。如在《书宛陵集后》里说：“突过元和作，巍然独主盟。诸家义皆堕，此老话方行。赵璧连城价，隋珠照乘明。……”在《梅圣俞别集序》里，评价更高。

北宋党争与梅尧臣的诗歌创作

◎巩本栋

梅尧臣是北宋著名的诗人，他的诗歌创作以及其在中国文学史上的地位，虽然人们一般多给予较高评价，认为他是宋诗的开山祖师，但同时也还存在一些有争议的问题。比如他与范仲淹的关系、梅诗风格的演变和主要特征，以及其在宋诗发展中究竟起了何种作用等，似都还可作进一步讨论。本文拟从北宋党争的角度，对梅尧臣其人其诗进行探讨，希望能就上述问题求得一些新的认识。

一、“梅穷独我知，古货今难卖”

梅尧臣生平仕宦不显。他年轻时多次应进士试均不中，26岁左右以叔父梅询的门荫，补太庙斋郎，出任桐城县主簿。其后辗转任河南县、河阳县主簿，知建德、襄城县，监湖州盐税。宋仁宗庆历五年（1045），受知许州王举正之辟，赴许昌任签书判官，三年后，又受晏殊聘命，签书陈州镇安军节度判官。皇祐三年（1051），梅尧臣召试学士院，赐同进士出身，改太常博士，次年监永济仓。嘉祐元年（1056），翰林学士赵概与欧阳修等共荐梅尧臣补国子监直讲，至嘉祐五年（1060），迁尚书都官员外郎，同年卒。

对梅尧臣的仕宦遭际，他的好友欧阳修曾屡致慨叹。如庆历元年（1041），梅尧臣将赴湖州任监盐税之职，欧阳修置酒相送，并作《圣俞会饮》诗，其中写道："吾交豪俊天下选，谁得众美如君兼。……关西幕府不能辟，陇山败将死可惭。嗟余身贱不敢荐，四十白发犹青衫。"[①]庆历六年（1046），在《梅圣俞诗集序》中，欧阳修又进一步写道："予友梅圣俞，少以荫补为吏，累举进士，辄抑于有司，困于州县凡十余年。年今五十，犹从辟书，为人之佐，郁其所畜，不得奋见于事业。"[②]梅尧臣的长期"困于州县"，"累举进士，辄抑于有司"，固然是一个原因，因为在北宋时亦略承唐代，进士科向为人所重视，是否进士出身在一定程度上会影响其仕途[③]，然而，何以"关西幕府不能辟"？又何以"嗟余身贱不敢荐"？个中更主要的和深层次的原因，便不能不归结于宋仁宗庆历年间及其前后在统治阶层内部发生的那场激烈的思想政治斗争——庆历党争了。梅尧臣在庆历党争新旧两派之间所处的尴尬地位，最终决定了他一生穷困不遇的命运。

以范仲淹、吕夷简分别为首的统治阶层内部自然形成的两个不同派别之间的这场斗争，不仅涉及维护君权和宋王朝国家总体利益的问题，而且实际上它深刻地反映出以名节志气相尚，试图变革图新、强邦固本与宽忍优容、因循守旧两种不同的士风、政风之间的冲突和斗争。当统治阶层中的有识之士面临社会阶级矛盾和民族矛盾逐渐激化的局面，亟欲起而兴利除弊，缓和内外矛盾的时候，他们首先所遇到的困难和障碍，并非某一个人的

① 傅璇琮等主编《全宋诗》卷二八二，北京大学出版社1998年版。

② 曾枣庄等主编《全宋文》卷七一六，巴蜀书社1988—1994年版。

③ 梅尧臣最后一次应进士试在景祐元年（1034），是年他33岁（欧阳修集中有书简《与谢舍人绛》，题曰"宝元元年"，夏敬观、朱东润两先生皆以其为景祐元年之误，可从。参朱东润《梅尧臣集编年校注》卷八，上海古籍出版社1980年版），此后如果他再去应试，亦未必没有考取的机会。

反对，而是这种因循保守的政风、士风。即如景祐三年（1036）范、吕之争，欧阳修以书怒责高若讷而被贬夷陵，他在途中写给尹洙的信中就说道：“五六十年来，天生此辈，沉默畏慎，布在世间，相师成风。忽见吾辈作此事，下至灶门老婢，亦相惊怪，交口议之。不知此事古人日日有也。但问所言当否而已。又有深相赏叹者，此亦是不惯见事人也。”（《与尹师鲁第一书》，《全宋文》卷六九八）范氏三谏以三贬告终，稍后的庆历革新也不能成功，其主要原因大抵即在于此。

在范仲淹、吕夷简等人之间的矛盾和冲突表面化的时候，梅尧臣的职务不过是一知县，且远在建德（今浙江建德东），他并未也不可能直接参与到这一冲突和斗争中去。然而，早在梅尧臣以叔父梅询门荫出仕任桐城县主簿，继而任满转河南县（与河南府同治洛阳）主簿时，他与在西京洛阳任留守推官的欧阳修，通判、其妻兄谢绛，知河南府伊阳县尹洙，尹洙之兄尹源，户曹参军杨子聪，签书河阳判官富弼以及陈州通判范仲淹等一批意气风发的士人皆过往较密。作为他们中的一员或曰诗友，梅尧臣在政治态度上是明显地倾向于范仲淹、欧阳修等人一边的，只不过这种倾向性主要是通过他的诗赋创作来加以表现的。在范仲淹二谏失败出知睦州后，梅尧臣写下了《清池》等诗，在范仲淹与吕夷简发生正面冲突而第三次被贬出朝廷之后，梅尧臣又写下了《彼鴷吟》《啄木》和《灵乌赋》等作品。这些诗文，用梅尧臣自己的话说，是托物喻人，“闵尔之忠”，“作赋以吊汝”（《梅尧臣集编年校注》卷一五《灵乌后赋》，以下简称《校注》），用范仲淹的话说，则是“矫首赋灵乌，拟彼歌沧浪”（《鄱阳酬泉州曹使君见寄》，《全宋文》卷一六五），它们都形象地表达了诗人梅尧臣对范仲淹等人的同情和对吕夷简之辈排斥贤能的不满与抨击。及至庆历三年（1043），宋仁宗用范仲淹、富弼革新弊政，时梅尧臣在湖州监税，现在没有文献明确记载他对这场革新的态度，然次年秋他任满回到京城，改革实已失败，范仲淹、富弼亦相继离京外任，不满新政的王拱辰等人又借进奏院以卖故纸钱会客事大作文章，将与宴的苏舜钦、王益柔等十余人贬斥净尽，梅尧臣曾作《杂兴》《送逐客王胜之不及遂至屠儿原》《邺中行》《送苏子美》等诗，对友人苏舜钦、王益柔等人的不为当局所容，“纷然射去如流矢”（《校注》卷一四《邺中行》），深表同情。由此可见，梅尧臣在当时之难以为旧派和旧风气的代表人物所用，是可以想见的。

然而遗憾的是，梅尧臣也并不真正属于以名节、志气相尚的新风气、新派别中的人物，他在思想观念上与范仲淹等人是有隔膜的。

梅尧臣的思想兼受其父梅让和叔父梅询的影响。

梅让世为宣城（今属安徽）人，居乡务农，终生不肯仕进，以为“士之仕也，进而取荣禄易，欲行其志而无愧于心者难。吾岂不欲仕哉？居其官不得行其志，食其禄而有愧于其心者，吾不为也”（欧阳修《太子中舍梅君墓志铭》，《全宋文》卷七五三）。这位宁可终生不仕亦不屈其志的人物，既颇近于孔子所谓“有所不为”的“狷者”（《论语·子路》），也是与主张全身适性的道家多有联系的。梅尧臣自幼生活在其父身边，虽十二三岁后随梅询离乡辗转于州府官舍，然在他接受儒家思想教育的同时乃至其走上仕途以后，恐怕仍不能不受到其父影响而于道家思想多所汲取，虽则其思想的主要倾向仍属儒家。观其早年在西京洛阳所作诗《伤白鸡》及《和杨子聪会董尉家》，后所作《陪淮南转运魏兵部游濠上庄生台》，尤其是《灵乌赋》，在对范仲淹深寄同情之外，又区分贤、智，以麟、龙、凤为贤，驹、龟、乌则为智，认为乌虽灵而“不若凤之时鸣，人不怪兮不惊。龟自神而刳壳，驹负骏而死行，智骛能而日役，体劬劬兮丧精”（《校注》卷六）。这些作品中所蕴含的情愫，显然也可从道家所谓“死生存亡、穷达贫富……是事之变，命之行也”（《庄子·德充符》），以及“安时而处顺”（《庄子·养生主》），“行事尚贤”（《庄子·天道》）等观点中，找到其根源。

范仲淹对梅尧臣在《灵乌赋》中所表露出的同情和劝慰，自然不会不理解，但范与梅在思想上的不同也是显而易见的。范仲淹自幼而孤，发奋苦学，服膺儒术，尤长于《易》，并力主崇儒家名教以奖劝天下。故《宋史》本传谓“学者多从质问，为执经讲解，亡所倦”，“每感激论天下事，奋不顾身，一时士大夫矫厉尚风节，自仲淹倡之”。因此，梅尧臣所表现出的道家思想倾向，也就与范仲淹主张积极入世的政治态度和对先天下之忧而忧的强烈的忧患意识和责任感的强调，与范仲淹所大力倡导的以儒家名教、气节相尚的士人风尚，具有明显的分歧和差异。范仲淹作《灵乌赋》和梅尧臣，“请臆对而心谕”曰：“彼希声之凤皇，亦见讥于楚狂；彼不世之麒麟，亦见伤于鲁人。凤岂以讥而不灵，麟岂以伤而不仁。故割而可卷，孰为神兵；焚而可变，孰为英琼。宁鸣而死，不默而生。……君不见仲尼之云兮，予欲无言。累累四方，曾不得而已焉。又不见孟轲之志兮，养其浩然。皇皇三月，曾何敢以休焉。此小者优优，而大者乾乾。我乌也勤于母兮自天，爱于主兮自天；人有言兮是然，人无言兮是然。”（《全宋文》卷三六七）又作《答梅圣俞灵乌赋》诗曰：“危言迁谪向江湖，放意云山道岂孤。忠信平生心自许，吉凶何恤赋灵乌。”（《全宋诗》卷一六九）其“感物之意”虽同，然起懦警顽，与原作“殊途”，殆无可疑。

梅尧臣的叔父梅询，字昌言，宋太宗端拱二年（989）进士及第，是一位有文才辞辩而卞急好进的人物，与梅让不同。他在宋真宗时曾屡上书为朝廷言西北边事，颇著声名。宋仁宗时官至翰林侍读学士，迁给事中、知审官院。梅尧臣自12岁起就跟随梅询学习，后又以梅询之荫出仕，故其一生思想行事受梅询的影响是相当深刻的。最明显的例子是梅尧臣一如其叔父，亦喜论兵，并注《孙子兵法》十三篇。在《依韵和李君读余注孙子》一诗中，梅尧臣便把自己注解《孙子》的缘起、对兵家思想的认识、注解本身的特点以及对自己研习兵法或将为世所用而引起的感奋，讲得很清楚①。由此我们可知，梅尧臣之注《孙子》并非偶然，而是自有其因缘的，至于这种因缘的结成，则当与梅询的影响密不可分。

然而，梅尧臣对《孙子兵法》的爱好，也与范仲淹异趣。范仲淹既然向以"敦奖名教，以激劝天下"为己任（《近名论》），则不但对道家思想予以排斥，而且于兵家之说亦有所不取。范仲淹出任陕西经略安抚副使时，少喜谈兵的张载曾上书谒见，主张对西夏用兵，而范则劝其读《中庸》，并告诫他说："儒者自有名教，何事于兵？"②从此事看，他对梅尧臣的谈兵未必首肯，是可以想见的。事实上，梅尧臣在注《孙子》中所表现出来的才能，也并未得到朝廷的重视，虽然梅尧臣奏上其所注《孙子》之时，正是宋与西夏关系紧张，沿边互市既已断绝，元昊官爵亦被削去，宋仁宗多次下诏命近臣举方略材武之士和诏许京朝官、选人、三班使臣有文武器干者自陈的时候③。

朋党是中国古代社会中一种很普遍而又颇为复杂的政治现

---

① 梅尧臣对《孙子》的注解，现存于《十一家注孙子》之中，其特点还可参欧阳修为梅氏所撰《孙子后序》所言："（梅）尝评武之书曰：'此战国相倾之说也。三代王者之师，司马九伐之法，武不及也。'然亦爱其文略而意深，其行师用兵、料敌制胜亦皆有法，其言甚有次序。而注者汨之，或失其意。乃自为注，凡胶于偏见者皆抉去，傅以己意而发之，然后武之说不汨而明。'"（《全宋文》卷七一六）

② 吕大临《横渠先生行状》，见《张子全书》卷一五《附录》（《四库全书》本）。

③ 晁公武《郡斋读书志》（孙猛校证本，上海古籍出版社 1990 年版）卷一四兵家类《王皙注孙子》题下云："仁庙时，天下承平久，人不习兵。元昊既叛，边将数败，朝廷颇访知兵者，士大夫人人言兵矣。故本朝注解孙武书者，大抵皆当时人也。"可与此相参。现存北宋仁宗时士人所注《孙子》尚有王皙注，今亦见《十一家注孙子》。

象。在朋党问题的观念和认识上，梅尧臣与范仲淹等革新派也有着明显的差距。

范仲淹大力倡导儒家名节，在当时曾得到许多士大夫的响应和支持，一时蔚成风气。为此一风气所化之士人，在政治上多能持积极进取的态度，对宋王朝所面临的内外矛盾日渐激化的局面，多抱着一种深切的忧患意识，希望能兴利除弊，强国固本，因而在实际的政治生活中，他们往往会不期然而然地显示出相同或相近的政治倾向性和采取一些较为一致的行动。而这种倾向性和行为，在当时是被反对派或保守派指斥为所谓私相交结的朋党的。

那么，范仲淹等新风气中人是如何看待朋党问题的呢？

首先，他们是坚决反对以私利相结、于国家有害的朋党行为的，而认为自己的所作所为与一般所谓朋党并无相似之处，两者界限分明，不可称为朋党。即如范、吕之争，范仲淹抨击吕夷简执政进用人材多出私门，就是认为其有朋党之嫌。在范仲淹自饶州移知润州后所上谢表中，他仍坚持自己的意见，认为："前代国家，或进退群臣，听决大事，若出于君上，则中外自无朋党，左右皆为腹心；若委于臣下，则威福集于私门，祸衅积于王室。"（《润州谢上表》，《全宋文》卷三六九）即使如欧阳修这位曾撰《朋党论》力辩君子、小人之党，似乎并不在乎被别人指为朋党的新派人物，实际上也并非如此。康定元年（1040），时任陕西安抚副使的范仲淹曾写信给欧阳修，欲聘他为节度掌书记，但被他谢绝了。其主要原因，就是避朋党之名。欧阳修在给梅尧臣的信中说道："亲老，求官南方，此理当然。安抚见辟不行，非惟奉亲避嫌而已，从军常事，何害奉亲？朋党，盖当世俗见指，吾徒宁有党耶？直以见召掌笺奏，遂不去矣。"（《与梅圣俞书》，《全宋文》卷七一〇）这便道出了欧阳修的真实心理。

然范仲淹等人既皆为崇尚名节、期冀革新的新风气中人，思想政治观念较为一致，处事又多不避讳，因而在行迹上也就不免会授人以所谓朋党的口实。对此，他们的看法则是：如果以道义相许、为国事相合算是朋党的话，那这种君子之党但有无妨。庆历四年（1044）四月，宋仁宗曾就君子、小人之党的分别问题询问身边的大臣，范仲淹回答说："臣在边时，见好战者自为党，而怯战者亦自为党，其在朝廷，邪正之党亦然，唯圣心所察耳。苟朋而为善，于国家何害也？"（《长编》卷一四八）而欧阳修亦持此论。这些看法虽然是在新派被指为朋党的既定现实下所发的，仍不可不谓惊人之论。

梅尧臣也认为友朋相交应以道义相同为原则，这是没有问题的。他在《异同》一诗中说："吾闻圣贤心，不限亲与疏。义殊目前乖，道同异代俱。"（《校注》卷一四）但同时他又反对"河滨捧土人，海畔逐臭夫"之类"同趣即尔徒"的做法（《异同》），他认为"同趣"与"同道"的意义并不相同，"同趣"未必"同道"，而"同道"不必"同趣"，也就是说"同道"不妨"异论""异趣"。

范仲淹、欧阳修等是梅尧臣早年在西京洛阳就结识的朋友，在范、吕之争中，梅尧臣也是站在范仲淹等人一边的，并且由于在文学上的共同爱好，梅与欧阳修的关系还要更深一些。然而，他对于范仲淹、欧阳修等人在思想、政治上或自觉或不自觉地保持着统一的步调大有看法，甚而明确认为他们的行为是结党。例如，景祐三年（1036）范仲淹等人与吕夷简发生冲突，梅尧臣在《灵乌赋》中虽对范寄予同情，但在赋的结尾说道："同翱翔兮八九子，勿噪啼兮勿睥睨，往来城头无尔累。"对诸人的一致行动似已不以为然。在次年所作的《谕乌》诗中，梅又写道："乌时来佐凤，署置且非良。咸用所附己，欲同助翱翔。"在《灵乌后赋》中他还指责"主人"醒悟后，翩然归来的灵乌，“复憎鸿鹄之不亲，爱燕雀之来附。既不我德，又反我怒。是犹秦汉之豪侠，远已不称，昵已则誉”（《校注》卷一五）。诗中的矛头，都是对着范仲淹等人的所谓朋党行为的。直到晚年，梅尧臣仍未改变自己的看法。在《次韵答黄介夫七十韵》中，他写道：“鄙性实朴钝，曾非傲公卿。昔随众一往，或值谤议腾。曰我非亲旧，曰我非门生。又固非贤豪，安得知尔名。是时闻此言，舌直目且瞠。俄然我有答，贤相持权衡。喜士同周公，其德莫与京。”（《校注》卷二八）他对自己遭受排斥特为愤懑，视范仲淹等人的行动为朋党，而从中亦透露出梅尧臣与范仲淹等人的分歧的产生，并非因为某一具体的人事，而在于两者思想观念上存在着相当的差异。

梅尧臣既然在思想观念上与范仲淹等人存在明显差异，那么他与范仲淹一派的分歧与矛盾迟早便会出现。宝元二年（1039）三月，时宋与西夏关系紧张，范仲淹以韩琦荐知永兴军，未至改陕西都转运使，七月又除龙图阁直学士、陕西经略安抚副使。范仲淹上任后，陆续荐用欧阳修（未应聘）、张方平、滕宗谅、许渤等人，却没有荐用曾注《孙子》又十分渴望从军边塞建功立业的梅尧臣（所谓“关西幕府不能辟”），尽管欧阳修在《答陕西安抚使范龙图辞辟命书》中还曾委婉地暗示，希望他能任用一些像梅尧臣那样的“慷慨自重”的士人①。以此事为媒介，梅尧臣与范仲淹等人（主要是范）之间的矛盾表面化起来。梅尧臣对自己不能为范氏所用极为不满，甚而这种不满还发展到对庆历革新中范仲淹等人推行的一些政治举措有意见。这种不满和意见，从其陆续写下的《桓妒妻》《醉中留别永叔子履》等诗文中可以看

① 欧阳修《答陕西安抚使范龙图辞辟命书》曰：“伏见自至关西，辟士甚重……今奇怪豪俊之士，往往蒙见收择，顾用之如何尔。此在明哲，岂须献言。然尚虑山林草莽，有挺特知义、慷慨自重之士，未得出于门下也，宜少思焉。”（《全宋文》卷六九七）从中可以略见范仲淹、欧阳修与梅尧臣三人之间的关系。

得很清楚。其实，平心而论，范仲淹之不用梅尧臣，正能见出范氏在用人问题上是出于公心，并非朋党。周煇《清波杂志》卷四“辟置幕府”条记范仲淹语：“幕府辟客，须可为己师者乃辟之；虽朋友亦不可辟。盖为我敬之为师，则心怀尊奉，每事取法，庶于我有益耳。”[①]即可见出此点。而梅尧臣因此对范仲淹耿耿于怀，反不免显出自己的偏激和狭隘来。世传梅尧臣曾作《碧云騢》，对当时许多朝廷大臣颇多讥刺，今虽尚不能遽断其为有，亦并非完全事出无因[②]。

总之，梅尧臣既不满意吕夷简等旧派人物的所作所为，亦与范仲淹等新风气中人物在思想观念和行为方式上有分歧，这种处于新旧两派之间的尴尬地位，决定了他既不能为旧派人物所用，也难以为新派人物如范仲淹等所理解，其不遇实是势在必然。他与范仲淹的矛盾并非源于个人之间的恩怨或人事之争[③]，而是庆历前后复杂的思想政治斗争、新旧士风之争或曰“党争”形势下的产物。

二、“近诗尤古硬，咀嚼苦难嘬”

诗穷而后工。处在北宋庆历前后新旧两派斗争夹缝中的梅尧

① 周煇《清波杂志》，刘永翔校注本，中华书局 1994 年版。

② 《碧云騢》作者问题，向有争议，或以为梅尧臣所作，或以为魏泰所作而嫁之梅尧臣，尚待考实。详参叶梦得《避暑录话》卷上、邵博《闻见后录》卷一六、张邦基《墨庄漫录》卷二、周煇《清波杂志》卷四、李心传《旧闻证误》卷二、晁公武《郡斋读书志》卷六、陈振孙《直斋书录解题》卷二一、周紫芝《太仓稊米集》卷六七、马端临《文献通考》卷二一七等。

③ 梅尧臣的叔父梅询与吕夷简有一层特殊关系。梅询知濠州时，吕夷简为州通判，“询待遇特厚。其后援询于废斥中以至贵显，夷简之力也”（《长编》卷一二四仁宗宝元二年八月）。梅询与夏竦亦有旧。康定元年（1040），夏竦为陕西经略安抚使，梅尧臣曾代询作《寄永兴招讨夏太尉》。然梅尧臣与吕夷简关系并不亲近，甚而已成敌对，且今亦无材料可证梅尧臣与夏竦关系相近。故范仲淹似不会以梅询之故乃疑梅尧臣而不用，或纵范仲淹有疑，亦绝非其不用梅的主要原因。

臣，虽为此付出了沉重的政治代价，但这场斗争同时也玉成了这位宋代诗歌创作和发展的开山祖师。

梅尧臣是一位诗人，他对诗人和诗歌创作在社会生活中应扮演的角色和发挥的作用，有着自己明确的认识。在《答韩三子华韩五持国韩六玉汝见赠述诗》中，其即明确主张诗人应积极投身于现实生活之中，诗歌应该反映现实，因事而发，有为而作，反对仅以诗人自居和单是涂抹风月、抒写儿女之情的作品。在这种理论和认识的指导下，当诗人以极大的热情倾注于政治现实生活，并试图做出一番事业而又无形中陷入庆历前后革新与守旧两派之争，希望最终破灭的时候，他对时政的种种意见和看法，他内心的种种愤懑不平，也就会很自然地以文学，主要是诗歌的形式表现出来。因此，庆历党争之影响梅尧臣的诗歌创作，是直接而非间接的。欧阳修曾谓其是“自以其不得志者，乐于诗而发之”（《梅圣俞诗集序》，《全宋文》卷七一六），正道出这一事实。而观上节所举出的许多作品，也正可以清楚地看出梅尧臣是怎样以诗歌为形式积极反映社会现实，直接介入那场激烈的派别斗争的。

文学作品是文学家对生活的独特审美体验的反映，它的价值和意义不仅在于表现什么，而且在某种意义上更在于怎样表现，即用以表现作家对生活审美体验的形式和手法究竟如何。梅尧臣在生活中对社会现实、对新旧两派斗争的关注与自觉或不自觉地介入，影响到其诗歌创作的艺术表现手法和形式，是托物讽喻和以议论为诗之法的大量运用。

庆历前后的党争相当激烈，任何不慎的言行都可能遭到政治上的打击。在这种情况下，梅尧臣以诗歌为形式表达自己对庆历党争的看法，自然宜用比兴寄托之类较为隐晦曲折的手法，而不能过于直露。此外，梅尧臣诗歌创作的艺术渊源，又可以追溯到《诗经》和《楚辞》，他对自《诗经》以来的美刺的诗歌传统，对比兴寄托和讽喻手法十分尊崇（详下文）。因而，在庆历党争十分激烈的情况下，更多地运用托物讽喻的艺术手法，也就很容易成为其诗歌创作的一个突出的特点。比如，景祐元年（1034）梅尧臣曾作《清池》一诗，朱东润先生即认为“此诗疑有所托”。考前一年（明道二年）底，在是否废郭后的问题上，范仲淹等与吕夷简发生冲突，结果范仲淹贬知睦州，上书支持范仲淹的富弼也因此出为绛州通判。梅尧臣有诗《彦国通判绛州》送富弼赴任。又，他在同一时期所作的《赋秋鸿送刘衡州》诗中，也是把在朝比作“遂止天泉池”，把出知衡州的刘沆比作南归衡阳的秋鸿，与《清池》诗相参，可知后者确是有比兴寄托的。跳梁的蛤蟆，日复滋长的龟鳖，是比把持朝政的吕夷简等人，而“远潜江海湄”的仙鲤，则当指范仲淹、富弼等，同时也应包括他自己在内。至于梅尧臣在其后写下的许多反映庆历党争的诗歌中，托物讽喻手法就有着更多和更纯熟的运用。像《彼䴕吟》和《啄木》中，以“猛觜”啄“朽蝎”的啄木鸟比猛烈批评吕夷简和抨击时政的范仲淹，后又在《日蚀》《谕乌》中以乌比范仲淹（苏轼《仇池笔记》卷上即谓《日蚀》诗“因俚说以寓意也”），《猛虎行》以“当途食人肉，所获乃堂堂”的猛虎拟容不得忧时伤世、敢言朝政之人的吕夷简，凌霄花以比趋附执政之人（《凌霄花》），桓温妾则以自比（《桓妒妻》），等等，皆为此一手法。至如所作《灵乌赋》《灵乌后赋》等，亦同，更近乎一种寓言体。

除运用托物讽喻之法刺美时政之外，庆历党争还影响到梅尧臣诗歌创作的表现手法，又形成其以议论为诗的特点。以议论为诗的传统，当然也可以追溯到《诗经》，而且这一手法的运用，既非梅诗中所专有（如在欧阳修、苏舜钦等人的诗歌创作中也同样有以议论为诗的现象），也并不只出现在梅尧臣的那些反映党争题材的诗作中，但毫无疑问，在梅尧臣的此类题材的诗歌创作中，以议论为诗的手法是运用得更早，也更为频繁的。

梅尧臣景祐元年（1034）以前的诗作，据朱东润先生《梅尧臣集编年校注》，现存127首，编为三卷。其中除《伤白鸡》《和杨子聪会董尉家》两首诗于篇末加以议论外，余皆极少涉及理语。然自景祐元年，尤其是景祐三年（1036）以来，梅尧臣诗歌创作中以议论为诗的成分明显地增加了。像“附炎人所易，抱义尔惟难。宁作沉泥玉，无为媚渚兰”（《校注》卷六《闻尹师鲁谪富水》），称赞尹洙因道义而甘愿与范仲淹同贬；“盛怒反为喜，哀矜非始图。嫉忌尚服美，伤哉今亦无”（《校注》卷一〇《桓妒妻》），讽世之忌才今不如古；“莫如且敛翮，休用苦不量。吉凶岂自了，人事已交相”（《校注》卷一五《谕乌》），刺范仲淹有朋党行为，不如适时而退，皆是其例。而像《聚蚊》《寓言》《感遇》《醉中留别永叔子履》《杂兴》《异同》《梦登河汉》《日蚀》等，或通篇议论，或议论与抒情、描写交织，亦皆作于景祐三年以后，反映了当日激烈的党争。此外，在梅尧臣后期创作的其他题材的诗歌中，尤其是五古、七古长篇中，以议论为诗手法的运用更是相当普遍。其所以形成如此特点，我们把它归因于庆历党争的影响，恐怕与事实相差不远。

党争题材的选择，为表现这一题材而对托物讽喻以及以议论为诗手法的大量运用，又进而影响到梅尧臣诗歌创作风格的发展变化及其主要特征的形成。

梅尧臣自幼学诗，本多得其叔父梅询指导。梅询在真宗时颇有诗名，为时人所称①。今所存诗虽仅28首，然用典贴切，风格清丽，可见一斑。从梅尧臣早年在西京洛阳的存诗来看，受梅询影响的痕迹尚较为明显，讲究用典的工稳，音节的流畅，也

① 参杨亿《杨文公谈苑》、欧阳修《翰林侍读学士给事中梅公墓志铭》及刘攽《中山诗话》等。梅询今存诗见《全宋诗》卷九九。

注意藻饰，其风格大致属于清丽闲淡一派。其时，梅尧臣先后任职河南、河阳县主簿，西昆派的重要人物钱惟演恰为西京留守，谢绛、欧阳修、杨子聪、尹洙、富弼、王复、尹源等亦多任职西京。在钱惟演这位西昆派首领的提倡和奖掖下，梅尧臣与谢绛、欧阳修和尹洙等人于公务之余，游宴唱和，切磋琢磨，相互争竞，在诗歌创作艺术手法和风格上，已出现新的变化。这种变化可从两方面看：一方面，由于钱惟演及梅询的影响，梅尧臣对西昆派是持扬弃态度的。他既看出西昆派过于讲究用事、词藻、对偶，脱离现实的弊病，然又不完全反对其在用意和用事、用语上颇下功夫的创作倾向，而是对所谓“昆体工夫”有所学习和继承（梅询作诗亦与西昆派相近）。所以，他曾明确主张作诗应追求“意新语工”的境界，并以诗歌“语涉浅俗”为“可笑”（欧阳修《六一诗话》引）；另一方面，在尹洙、尹源兄弟与欧阳修、谢绛等人积极主张文以致用、倡为古道、写作古文的时候（梅尧臣对此也十分赞成，他自己的古文还屡得欧阳修推奖），梅尧臣也开始在诗歌创作领域里另辟一途。他不仅学习韩愈，将古文手法带入诗歌创作实践，同时又跨越韩愈，开始自觉地向《诗经》《楚辞》和汉魏古诗学习，因而其诗风亦逐渐发生变化。观其当日所作《黄河》《希深惠书言师鲁永叔子聪几道游嵩因诵而韵之》等，即可见其中消息。多年后，梅尧臣回忆起这段生活时说道：“还思二十居洛阳，公侯接迹论文章。文章自此日怪奇，每出一篇争诵之。其锋虽锐我敢犯，新语能如夏侯湛。于今穷困人已衰，不见悬金规《吕览》。”（《校注》卷二六《依韵答吴安勖太祝》）这一夫子自道应当是可信的。

景祐元年（1034），梅尧臣应进士举下第，而前一年底，范仲淹、孔道辅因在废郭后的问题上与吕夷简冲突被贬出知，这都不能不引起梅尧臣的怨愤和同情，表现在诗歌创作上，他写了《西宫怨》《聚蚊》《清池》等许多作品，忧愁愤懑，风格已绝非闲肆平淡所能概括。及至景祐三年（1036）以后，以范、吕冲突为主要表现的新旧两派之间的斗争激化，梅尧臣自觉或不自觉地介入其中，依违于两派之间，而终不能为其中任何一派所用，其诗风更为之一变，“古硬”的特征渐至明显。庆历四年（1044），也就是范仲淹等人所主持的政治革新刚刚失败之后，欧阳修在《水谷夜行寄子美圣俞》中评梅诗，有“近诗尤古硬，咀嚼苦难嘬。初如食橄榄，真味久愈在”云云（《全宋诗》卷二八三）。所谓“近诗尤古硬”，正是指的梅尧臣自景祐年间至庆历初托物讽喻，刺美现实，“骂讥笑谑”，抒写其不得志的“穷愁感愤”的作品（欧阳修《梅圣俞墓志铭》，《全宋文》卷七五五）。而造成梅氏“穷愁感愤”进而也是造成梅诗风格由清丽闲淡向古拙简劲转变的主要原因，如上所述，不是别的，正是北宋庆历前后激烈的党派斗争[①]。

所谓“古硬”或“苦硬”的含义，欧阳修称之为“琢刻以出怪巧，然气完力余，益老以劲”，称之为“咀嚼苦难嘬”，又称之为“古健写奇秀”（《全宋诗》卷二八二《忆山示圣俞》）。梅尧臣亦以其所说为是。他曾自道作诗“涤心洗腑强为答，愈苦愈拙徒兴嗟”（《校注》卷二五《晏成续太祝遗双井茶五品茶具四枚近诗六十篇因以为谢》），“复为苦硬句，酬报强把笔”（《校注》卷二六《答宣阒司理》），又在《偶书寄苏子美》中将自己与苏舜钦相比，谓：“吾交有永叔，劲正语多要。尝评吾二人，放检不同调。其于文字间，苦硬与恶少。虽然趣尚殊，握手幸相笑。”（《校注》卷一四）验之以梅尧臣的诗作，尤其是五古、七古，我们大致可以知道，所谓“古硬”，包

① 梅尧臣古硬诗风的形成，当然亦有其本身的因素。他曾屡言“窃常恃赋禀，平直如劲箭”（《依韵公择察推》），“所禀介且拙，尝耻朋比为”（《责躬诗》）。他之与范仲淹有隙，并在诗歌创作方面走上古硬一路，当与他这种耿介的性格不无关系。

含着用意的独特和深刻、用语的简约锻炼与朴拙古淡、音节与用韵的顿挫和清切等多层含义，这与他诗歌题材的选择、艺术表现手法的托物讽喻和以议论为诗、以文为诗等都密切相关。比如他作于景祐三年（1036）的《猛虎行》，托物讽喻，对极力排斥、打击范仲淹等新派力量的吕夷简的蛮横逻辑进行了强烈的抨击[①]。诗中运用拟人手法、议论手法，从反面落笔，音节铿锵顿挫，将吃人猛虎的丑恶嘴脸揭露无遗，风格是古拙简劲的。再如他庆历五年（1045）写下的《梦登河汉》（原注：六月二十九日），以天上的星宿徒具虚名而无实用，来讽刺世上的统治者尸位素餐、只知欺压下民，是《诗经·小雅·大东》中就出现过的主题，唐代韩愈作《三星行》，承之而寓己意。梅尧臣此诗亦承《诗经》及韩诗而来，然想象更为丰富，形象地反映了当时激烈的思想政治斗争。他同时所作的另一首诗《日蚀》，其中写到当权者把持朝政，有“有人见之如不见，谁肯开口咨天公”两句，即为此诗注脚。旧派何以嚣张，言官何以不言，当权者又何以无能，就中有诗人的困惑，更充满了诗人的愤慨，情感较《猛虎行》为复杂。全诗以对话出之，虽多议论却能口语化，虽神奇怪谲却仍根于现实，古典与今典融合，想象奇特，笔法苍劲，音节顿挫，也是古拙简劲一派。

梅尧臣这种古硬的诗风，不仅突出地表现在他的古体诗中，而且也同样体现在他的五七言律诗的创作中。像《和永叔中秋夜会不见月酬王舍人》《画真来嵩》《和欲雪二首》《建溪新茗》《送张景纯知邵武军》《送徐君章秘丞知梁山军》《答高判官和唐店夜饮》《送刁景纯学士使北》，等等，多能切近所写人与事物的特点，着眼大处，旧题翻新，以古拙简劲之笔，写平易率常之情，劲而不放，易而不俗，用古而不冷僻，朴拙而不

① 参朱东润《梅尧臣集编年校注·叙论》及卷六补注。

生涩，确是自具特色，与当时许多人不同。宋人邵博曾将梅尧臣与黄庭坚比较，以为“鲁直诗到人爱处，圣俞诗到人不爱处”（《邵氏闻见后录》卷一九）。近人夏敬观先生也指出梅尧臣的诗能够“熟意炼生，生意炼熟”；“熟辞炼生，生辞炼熟”；“熟调炼生，生调炼熟”，即“人人用正面写的，他却用反面写；人人用反面写的，他却用正面写；人人爱说的意思，他却不说；人人不说的，他却要说”；“人人整用的，他大半打碎了用；人人零用的，他却整趸的用”，又“往往挪移前后次序，使章法变换，不见其首，不见其尾，令人捉摸不定”（《梅尧臣诗导言》）。这些话都深刻地指出梅诗在内容、手法上所下的功夫之多，因而在风格上也显示出其自身的独特之处，而这种独特性，在我们看来，正是其诗风的古拙简劲。

梅尧臣的诗风，欧阳修亦曾谓之“其初喜为清丽闲肆平淡”（《梅圣俞墓志铭》），后受庆历党争等因素影响，演为古拙简劲，其中仍不免有古淡或平淡的成分，然而这种平淡自从得到当时晏殊等人的赞赏后，似乎被一些论者片面地强调了。如南宋胡仔就说：“圣俞诗工于平淡，自成一家。”（《苕溪渔隐丛话》后集卷二四）刘克庄亦有“世之学梅诗者，率以为淡”之语（《后村诗话》前集卷二）。明清以来论及梅诗者如陈俊、许学夷、翁方纲等，虽兼及梅诗风格中苦硬和平淡的两种因素[①]，而多数人如贺裳、吴之振、王士禛、纪昀等则多以旨趣平淡或古淡论之[②]。

对于以平淡论梅诗，朱东润先生在《梅尧臣诗的评价》一文

---

① 参陈俊《万历刻宛陵集后序》、许学夷《诗源辩体》后集《纂要》卷一、翁方纲《石洲诗话》卷三等。

② 参宋仪望《万历重刻宛陵梅圣俞诗集序》、贺裳《载酒园诗话》、吴之振《宋诗钞·宛陵诗钞序》、王士禛《带经堂诗话》卷一、纪昀等《四库全书总目》卷一五三《宛陵集》提要等。

中曾详加辩驳（见《校注》卷首），他认为梅诗是古硬一派，而“把尧臣作品归结为平淡，不但不符合梅诗的实际情况，也是违反尧臣的主观要求的”，并分析人们称梅诗平淡时往往引以为据的梅尧臣自己所说的一些话，如“因吟适情性，稍欲到平淡”（《校注》卷一六《依韵和晏相公》），“作诗无古今，唯造平淡难”等（《校注》卷二六《读邵不疑学士诗卷杜挺之忽来因出示之且伏高致辄书一时之语以奉呈》），不过是在特定场合下对他人看法和诗作的评价，不应就认为是梅尧臣自己的论诗主张。读者可以参见。我们很赞同朱先生的看法，并认为应当进一步指出，梅尧臣谈及平淡问题的那种特定的具体语言环境，实际就是中国古代士人交往和文学史上十分常见的唱和应酬现象。由于唱和应酬之作的性质是同题共作，所以和作要顾及原唱，这不但在某种程度上限定了唱酬双方语意表达的内容和分寸，而且也影响到唱和应酬作品本身的风格①。梅尧臣上述关于平淡问题的看法和他自己诗风中平淡的倾向，都可由此加以解释。

三、“作诗三十年，视我犹后辈”

梅尧臣的诗歌创作，主要有远、近两个源头：一是《诗经》《楚辞》和汉魏古诗，一是韩诗。他直接承继了自《诗经》以来的诗歌创作的美刺传统、讽喻精神和比兴手法，自觉从《诗》《骚》和汉魏古诗中汲取营养。同时，他又十分重视向中唐以来的诗人尤其是韩愈诗歌的学习。此外，从师承关系上看（请参上文），他对西昆派又持扬弃态度，对西昆工夫并不轻视。因而他能够超越北宋初年以来诗学晚唐的一般风尚，能够师法前人而又

① 参拙撰《论唱和诗词的渊源、发展及特点》，载《中国诗学》第1辑，南京大学出版社1991年版。

加以变化，逐渐形成自己独特的古硬诗风，并对宋诗风貌的形成和宋诗的发展产生了重要影响。

梅尧臣对《诗经》的学习用功很深，对《楚辞》和汉魏晋宋的古诗颇为推崇。欧阳修在《梅圣俞墓志铭》中曾谓梅尧臣“长于《毛诗》”，并撰有《毛诗小传》二十卷（王安石曾向梅尧臣索借此书[①]，今已不存）。梅尧臣自己在诗文中也一再地谈到这一点，而且，他还曾自道学诗经历说：“我于文字无一精，少学五言希李陵。当时巨公特推许，便将格律追西京。”（《校注》卷二六《依韵答吴安勖太祝》）由此都可见梅尧臣对自《诗经》以来的美刺传统和比兴寄托的手法以及汉末建安风骨的学习和继承，是具有某种理论上的自觉的。而这种自觉，亦体现在梅尧臣的诗歌创作中。

上文我们已谈到梅尧臣是怎样以诗歌为形式对庆历党争，对现实生活进行反映的。从他诗歌中所表现出的那种强烈的现实主义精神和爱憎分明的情感以及大量运用的托物讽喻手法，自然都可以很清楚地看出其诗与《诗经》《楚辞》的渊源关系。此外像《梦登河汉》等直接承袭《诗经・小雅・大东》的题材则更丰富和形象，《丞相》《来梦》《闵谗狡》等主要用四言句式而又有变化，《汴之水》等多用杂言，《送王平甫拟离骚》《谢师厚归南阳效阮步兵》《拟咏怀》《效阮步兵一日复一日》《夜坐》《拟陶潜止酒》等诗作，则从语言到用意、从手法到风格都显是向屈原、阮籍、陶渊明等人学习的例子，至于梅尧臣在诗歌创作中颇多化用《诗经》、汉魏古诗中的典故，袭取其诗意，学习其朴拙的语言风格等，那更是在在有之的。比如他著名的《汝坟贫女》诗，虽然与同时所作的《田家语》一样，都是写实，都真实

① 《梅尧臣集编年校注》卷二七《得王介甫常州书》云：“勤勤问我《诗小传》，《国风》才毕《葛屦》章。昔时许我到圣处，且避俗子多形相。未即寄去慎勿怪，他时不惜倾箱囊。”

地反映了康定元年（1040）宋廷一方面要防边备战，另一方面又担忧内乱，于是不得不大量征发丁壮，从而给百姓带来极大痛苦的社会现实。然而，他表现这一现实的角度和手法，明显受到《诗经·周南·汝坟》中描写的启发。再比如梅尧臣另一首更为著名的诗《田家》，将汉人杨恽的诗“田彼南山，芜秽不治。种一顷豆，落而为萁”[①]与三国魏曹植的诗句“煮豆持作羹，漉豉以为汁。萁在釜下然，豆在釜中泣”[②]巧妙地联系起来，来写百姓的贫苦和遭受的自然灾害，古朴自然而又刻意出新。这种努力向汉魏古诗学习，又不失其自身特色的做法，应该说是很富有创造性和很成功的。学习《诗》《骚》和汉魏古诗，当然是中国古代诗人的较普遍的传统，但在诗学中、晚唐成为一般风尚的北宋初期，梅尧臣有意识地向《诗》《骚》学习，便不能不显示出其独特性。

梅尧臣对韩诗的学习继承，前人也曾见及。如清叶燮《原诗·内篇》曰：“韩愈为唐诗之一大变。其力大，其思雄，崛起特为鼻祖。宋之苏、梅、欧、苏、王、黄，皆愈为之发其端，可谓极盛。”夏敬观先生《唐诗说·说韩愈》亦云：“宋人学退之诗者，以王荆公为最。王逢原长篇亦有其笔。欧阳永叔、梅圣俞亦颇效之。诸公皆有变化，不若荆公之专一也。”关于欧阳修、苏轼等人之受韩愈影响，前人谈之已多，这里不必赘论。我们要指出的是，韩愈的诗歌本有奇崛险怪与本色自然两方面的特征，正如清人赵翼所说的：“其实昌黎自有本色，仍在文从字顺中，自然雄厚博大，不可捉摸，不专以奇险见长。恐昌黎亦不自知，后人平心读之自见。若徒以奇险求昌黎，转失之矣。”（《瓯北诗话》卷三）就欧阳修来说，他更多的是沿着韩愈“文

① 《先秦汉魏晋南北朝诗·汉诗》卷二，中华书局1983年版。
② 《先秦汉魏晋南北朝诗·魏诗》卷七《七步诗》。

从字顺，自然雄厚博大”的路子走的（当然亦有变化）；而梅尧臣则不仅学韩诗的“文从字顺”，更较多地接受了韩愈以文为诗、以议论为诗和韩诗奇崛风格的影响。上文我们所一再谈到的梅尧臣的以议论为诗（当然此法亦为欧阳修等人普遍所接受），以及梅诗的古硬作风（尤其是其古体诗），就都与韩诗有着较为直接的艺术传承关系。此外，在诗歌创作的题材取向上，梅尧臣也是步武韩愈的。欧阳修曾指出韩愈作诗能“资谈笑，助谐谑，叙人情，状物态，一寓于诗而曲尽其妙”（《六一诗话》），而他论梅尧臣诗，亦明确提出“其体长于本人情，状风物，英华雅正，变态百出”（《书梅圣俞稿后》）。其间两者的承继关系，不难窥知。

然而，梅尧臣之学韩愈，亦能加以发展变化，自具面目。梅尧臣论文，本就主张同道异趣，体现个性。这与他在思想和生活态度上的主张同道不妨异趣是一致的。他曾盛赞“韩子于文章，所贵不相效。譬彼古今人，同心不同貌”（《校注》卷二五《依韵和宣城张主簿见赠》），又谓“孟卢张贾流，其言不相昵。或多穷苦语，或特事豪逸。而于韩公门，取之不一律”（《校注》卷一八《别后寄永叔》），便都反映了他的这种主张。梅尧臣既然主张文学创作要体现作者的个性，反对千人一面，那么他对韩愈的学习，自然也就并非随人作计，而是能入乎其内而出乎其外，发展变化，自成面目了。比如，在诗歌创作题材的开拓上，梅尧臣与韩愈一样，都能够“叙人情，状物态”，曲尽其妙，但较之韩诗，梅诗的题材范围更为扩大，对日常社会生活的反映更为广泛，以至于有时不免走得过远，甚而将一些并不美妙的事物写进了诗中[①]。又如，在诗歌艺术手段上，梅尧臣学习韩愈以文为诗、以议论为诗的手法（尤其在古体诗的创作中），对韩

① 如《扪虱得蚤》《八月九日晨兴如厕有鸦啄蛆》等。

诗的好押险韵也颇为欣赏，但他同时又能运以比兴之法，托物讽喻；讲究意新语工，不弃“昆体工夫”。所以，他的诗虽写得并不像韩诗那么奇崛拗峭，却能古拙简劲，自具一格。

梅尧臣在艺术上法乎《诗》、《骚》、汉魏诗歌及韩诗的做法以及其古硬的诗风，尽管在当时尚不能完全为人所接受和认同①，但后来他对宋诗风貌和特色的形成与发展，产生了十分重要的影响，其中对梅诗特为推重并受其影响较大而又能以其自身的创作在宋诗发展中占有重要地位的人物，则当数欧阳修、王安石和苏轼、陆游等人。

欧阳修虽在政治上和文坛中的地位远较梅尧臣为高，但与长他4岁的梅尧臣交往颇深，并在诗歌创作上对梅尧臣推崇备至，而且，这种推崇绝非出于私情或应酬，因为欧阳修不但对梅诗有着相当深刻的体认，同时对梅尧臣的文学观点和创作也是持一种赞成和学习的态度的，甚而其论诗及创作也都曾受到梅尧臣不同程度的影响。即如欧阳修的《六一诗话》，是现存我国古代最早的一部诗话，共28则，其中记梅尧臣论诗语或有关梅尧臣的轶事便有8则，超过全书的四分之一。欧阳修集中今存《猛虎》《和圣俞聚蚊》《憎蚊》《啼鸠》《啼鸟》《斑斑林间鸠》等诗歌，托物讽喻，则都是学习梅诗的明证②。

王安石的诗歌创作也曾受到梅尧臣的一定影响。庆历二年（1042），王安石考取进士，此时欧阳修与梅尧臣等在政坛、文

① 梅尧臣《答宣�司理》写道：“风赋义趣深，传训或得失。后人语虽浅，辨识犹百一。欧阳最我知，初时且尚窒。比以为橄榄，回甘始称逆。老于文学人，尚不即究悉。宜乎与世士，横尔遭诟唧。誓将默无言，负暄方抱膝。非非孰是是，都莫答问诘。”（《校注》卷二六）由此可见，一种新诗风的出现，并不是马上就能为人所认可的。

② 关于欧阳修在诗歌创作上多向梅尧臣学习，陈尚君先生在《欧阳修与北宋文学革新的成功》一文中曾经论及（载《研究生论文选集·中国古代文学分册》，江苏人民出版社1983年版）。又，王水照先生《北宋洛阳文人集团与宋诗新貌的孕育》（载《中华文史论丛》第48辑，1991年12月）亦予指出，请参。

坛上已有大名。王安石通过曾巩与欧阳修相识，大约同时或稍后又得以与梅尧臣相识。庆历七年（1047），王安石调知鄞县（今宁波东南），梅尧臣便有诗送行。嘉祐二年（1057），王安石出知常州，梅尧臣又作诗勉励他体恤民情，治州有绩。王安石至常州后亦有信给梅尧臣，梅尧臣作诗《得王介甫常州书》相答，诗中说道："勤勤问我《诗小传》，《国风》才毕《葛屦》章。昔时许我到圣处，且避俗子多形相。未即寄去慎勿怪，他时不惜倾箱囊。知君亦欲此从事，君智自可施庙堂。何故区区守黄卷，蠹鱼尚耻亲芸香。"（《校注》卷二七）从中不仅可见王安石对梅十分推崇，而且他已准备也像梅尧臣那样，为《诗经》重新作注。再联系到梅尧臣在《送王介甫知毗陵》中说到的"学《诗》闻已熟，爱棠理岂无"（《校注》卷二七），可知王安石对《诗经》的学习钻研，所以用功甚多，当与梅尧臣的影响不无关系。王安石作诗注重炼字、炼句和深妙工致，对高古简劲诗风十分推崇［如称张籍的诗"看似寻常最奇崛，成如容易却艰辛"（《王荆文公诗笺注》卷四五《题张司业诗》），实际这既可视为他自己的一种审美追求，也可用以概括梅尧臣的诗风］，晚年集句多取梅诗[①]，又喜李商隐诗，并时称西昆体。将此与梅尧臣相对照，恐怕并不难发现两者的相似之处及前者对后者的某种承袭和学习。

苏轼与梅尧臣谊属晚辈，嘉祐二年（1057），苏轼、苏辙、曾巩等同榜登进士第，此年知贡举的便是欧阳修，而梅尧臣则为参详官。苏轼对梅尧臣颇为敬重，对梅诗也很爱好，据陆游记载："苏翰林多不可古人，惟次韵和陶渊明及先生（指梅尧臣）二家诗而已。"（《梅圣俞别集序》）苏轼天姿纵横，对前人的创作成就自是无不汲取，然对梅尧臣诗歌本人情、状风

① 李壁《王荆文公诗笺注》卷一三，中华书局上海编辑所 1958 年版。

物，无所不写、无所不入的题材取向，对梅与苏舜钦和欧阳修等人所开始大量运用的以文为诗、以议论为诗和以才学为诗的艺术手法，则是直接承袭并更极大地加以拓展了的。也很显然，苏门弟子黄庭坚、陈师道等人对梅尧臣的诗也很喜爱并曾受到一定的影响。《王直方诗话》载："山谷尝称圣俞'声喧釜且裂，点疾盎萤立'之句，谓追古作者。陈无己喜圣俞诗，独诵其两句云：'胡地马牛归陇底，汉人烽火起湟中。'"[①]观黄庭坚及江西诗派中人作诗追求用意的深刻、讲究词句锻炼以及瘦硬生新的诗风，与梅尧臣讲求"意新语工"的创作倾向以及诗风的古硬当不无联系。

至如南宋伟大的爱国主义诗人陆游，对梅尧臣更是推崇备至。他曾称梅尧臣"天资卓伟，其于诗，非待学而工。然学亦无出其右者。方落笔时，置字如大禹之铸鼎，炼句如后夔之作乐，成篇如周公之致太平，使后之能者欲学而不得，欲赞而不能，况可得而讥评去取哉"（《梅圣俞别集序》）。又两作《读宛陵先生诗》，评梅诗曰："欧尹追还六籍醇，先生诗律擅雄浑。导河积石源流正，维岳崧高气象尊。玉磬漻漻非俗好，霜松郁郁有春温。向来不道无讥评，敢保诸人未及门。""李杜不复作，梅公真壮哉！岂惟凡骨换，要是顶门开。锻炼无遗力，渊源有自来。平生解牛手，余刃独恢恢。"（《剑南诗稿校注》卷六〇）陆游是从江西诗派的影响下走出来的人，他后来虽然明确提出过"工夫在诗外"的观点（《剑南诗稿校注》卷七八《示子遹》），并不赞成一味地讲究用典和藻饰，但对江西诗派的重视用事，讲求音律和字句锻炼，仍是继承了的。因而，他以"学亦无出其右者"推重梅尧臣，指出其在宋诗发展中的地位，并向其

① 胡仔《苕溪渔隐丛话》前集卷三一引此，人民文学出版社 1962 年版，并指出"胡地"两句非梅尧臣诗，而是王安石《次韵元厚之平戎庆捷》中的诗句，是正确的。然陈师道爱好梅诗仍属可信。

学习，也很自然。今《剑南诗稿》中标明效宛陵体的诗作即有8首，可见其对梅诗的欣赏，而从陆游诗歌的古淡而又不乏工致来看，就中也不无梅诗影响的因素。

综上所述，我们以为，梅尧臣一生仕宦不显主要是由于他在庆历新旧两派的斗争中所处的尴尬地位所造成的，他与范仲淹的矛盾反映了双方思想观念上的分歧，而并非出于个人恩怨。梅尧臣重提自《诗经》以来诗歌美刺的优良传统，主张诗歌创作反映现实，体现个性，不仅以诗歌为形式直接介入和反映了北宋党争，而且在艺术上大量运用托物讽喻和以议论为诗的手法，进而也影响到其古拙简劲诗风的形成。一般所谓梅诗平淡的看法是不够完整和全面的，且梅诗风格的古淡，原与其唱和应酬多有关系。梅尧臣诗歌创作的远源是《诗》、《骚》、汉魏古诗，近源则为韩诗，他也学晚唐、中唐，但又跨越唐人走得更远。同时，他受梅询和钱惟演的影响，对西昆派在艺术上的讲究锻炼并不一概反对，从而能以“西昆工夫”，造古拙简劲之境，对宋诗的发展起了重要的作用。

（原载《首届宋代文学国际研讨会论文集》，复旦大学出版社2001年版）

梅尧臣早期事迹考

◎李一飞

梅尧臣（1002—1060）一生五十九年的生活历程中，仁宗天圣九年（1031）是一转折点：这年他在河南县主簿任，与同官河南府的欧阳修、尹洙等相聚并缔交，揭开其生活与创作新的一页；他的《宛陵先生集》也自是岁起存稿。此后三十年的仕履、行迹历历可见，而此前三十年的事迹，虽有元张师曾《宛陵先生年谱》（以下简称《年谱》）、朱东润先生《梅尧臣传》叙及，然皆非专叙早期，故甚简略。今钩稽尧臣追忆前事之作，证以其他史料，作此以见教于方家。窃见朱东润先生《梅尧臣集编年校注》（以下简称《校注》）于梅诗用功甚巨，编年尤为精审，除个别有说外，为省篇幅，径予征引，不另作重复考证。

一、从叔父宦游

《宛陵先生集》卷三《芜湖口留别弟信臣》诗云："少也远辞亲，俱为异乡客。"①卷一四《送刘郎中知广德军》云："昔在少年时，辛勤事诸父。"尧臣之父让，居宣城故里，终生未仕；叔父询，字昌言，端拱二年（989）登进士第后一直仕宦在外，尧

① 《宛陵先生集》卷三，第16页，《四部丛刊初编》本，上海书店据商务印书馆1926年版重印。以下简称《宛陵集》。

臣辞亲远客即指辞父母从叔父宦游。欧阳修《居士集》卷二七《翰林侍读学士给事中梅公（询）墓志铭》载梅询事甚详，南宋陈天麟据以编《许昌梅公年谱》（《四库全书存目丛书》史部《二梅公年谱》本），《志》《谱》载梅询大中祥符、天圣间的仕履为：真宗大中祥符五年（1012）以刑部员外郎为荆湖北路转运使。六年（1013）坐擅借驿马给人奔丧而马死，夺一官，通判襄州。八年（1015）徙知鄂州。九年（1016）徙知苏州。天禧元年（1017）复为刑部员外郎、陕西转运使。四年（1020）迁工部郎中，坐朱能反，贬怀州团练副使，再贬池州。仁宗天圣元年（1023），拜度支员外郎，知广德军。四年（1026），徙知楚州。五年（1027）知陕府。尧臣从其宦游即在此期间内。《宛陵集》卷一〇《早夏陪知府学士登叠嶂楼》云："伊我去闾井，尔来三十秋。"《校注》考定此诗作于庆历四年（1044），推知尧臣离乡背井、从叔父宦游始于大中祥符六年（1013）。是年尧臣12岁，梅询通判襄州。

以后梅尧臣屡有诗追忆、言及从叔父宦游的一段经历。忆在鄂州云："忆昔我仲父，五马立踟蹰。愿君访旧迹，因报八行书。"（《送辛都官知鄂州》）忆从游苏州云："我尝为吴客，家亦有吴婢。"（《病痈在告韩仲文赠乌贼觜生醅酱蛤蜊酱因笔戏答》）忆从游陕西云："往年入关中，道旁见太华。始识仙掌大，颇似揽造化。"（《送王道粹郎中使华州》）"少客两京间，熟游嵩与华。"（《晚坐北轩望昭亭山》）"长安初见君，君颔微有须。"（《逢雷太简殿丞》）"谁忆新丰酒，乘驴灞水东。"（《雪》）其《送刘郎中知广德军》忆从游广德军云："昔在少年时，辛勤事诸父。诸父为桃州，物宜皆可数。……于今三十年，追想渐成古。”[1]《校注》考定此诗作于皇祐四年（1052），推知从叔父宦游广德军在天圣元年（1023），与《年谱》合。其他诸地之游，亦大体记考无误，唯从游怀州需进一步确考。

《宛陵集》卷二三《寄怀刘使君》云：“昔我从仲父，三年在河内。春游丹水上，花木弄粉黛。人夸走马来，尽眼看没背。薄暮半醉归，插花红簇队。……”《梅尧臣传》第一章引此诗，注谓夏敬观“以陕西为河内”，以此诗为追述从叔父询在陕西时事，“似不可信”，而以此诗所记为尧臣从叔父初到襄州时的情况。其实，二说均似有误。今按：尧臣诗言及“河内”的还有多首，其《卫州通判赵中舍》云：“我久在河内，颇知卫风俗。”《哭尹子渐》云：“故人河内守，昨日报已亡。同气泣上党，悲风生太行。”《送河内令孙偕兼怀太守晁子长》云：“君今作邑太行阳，八月黄河雁初落。”明河内邻卫州、上党，在太行南、黄河北。《逢雷太简殿丞》云：“长安初见君，君颔微有须。后于河内逢，秀峻美髯胡。”明从叔父游河内在游长安后，故此“河内”既非距卫州甚远的长安，亦非在从叔父宦游陕西之前的襄州，而是指怀州河内郡。王存《元丰九域志》卷二：河北西路“怀州，河内郡，防御，建隆元年升团练，四年升防御，治河内县。……东北至本州界一百八十三里，自界首至卫州七十里。……县二：河内、武陟”。《水经注》卷九《沁水》：“沁水出上党涅县谒戾山。……东过野王县北，汉高帝二年为河内郡，魏怀州刺史治。……又东与丹水合，水出上党高都县故城东北阜下，俗谓之源源水。《山海经》曰：沁水之东有林焉，名

① 《宛陵集》卷一四《送刘郎中知广德军》，第5页。《校注》：“诸本皆作‘桃’，冒广生曰：‘桃字疑。’”按：桃州，广德军旧名。陈天麟《许昌公（梅询）年谱》录梅询《送王屯田出守广德》诗，有“家山东畔古桃州，往岁分符作懿游”句，知“桃”字不误。此诗《全宋诗》梅询卷失收。

曰丹林，丹水出焉，即斯水矣。东南流注于沁，谓之丹口。（沁水）又东过武德县南，又东南至荥阳县北，东入于河。”明河内系怀州治所，东北邻卫州，沁水自西北流经城下，丹水自北注之，再东流经武陟县南入黄河。尧臣与欧阳修同有《送刘秀才归河内》诗，尧臣诗云“君家太行下”，又有《王知章尉河内》云：“古县太行下，老槐三四株。”《夏侯彦济武陟主簿》云：“怀县曾余往，风谣为尔知。寒先太行近，润接大河卑。”记河内一带地理位置均合。至于流经襄州的汉水虽有支流曰丹水，但于州西北百余里已注入汉水，襄州附近亦无河内地名。又：尧臣从叔父游襄州时年十二，与《寄怀刘使君》“春游丹水上，花木弄粉黛。……薄暮半醉归，插花红簇队”的风流张扬亦不合。而从游怀州三年，时二十上下，正合。再推敲诗题《寄怀刘使君》，称使君而不言何州何郡使君，为《宛陵集》所不曾见；诗内有已追怀旧游怀州而无怀刘使君意。据此种种，疑诗题“寄怀”下夺一“州”字而梅询为怀州团练副使，亦当历三年，即天禧四年（1020）至乾兴元年（1022）。《年谱》载梅询天禧四年坐朱能反“贬为怀州团练副使。未几，公复以计捕斩之。朝廷责其在前为玩愒，再贬池州”，似一贬再贬均在天禧四年，恐误，至少是表述含糊。

二、筮仕初官

欧阳修《梅圣俞墓志铭》云：“圣俞初以从父荫，补太庙斋郎，历桐城、河南、河阳三县主簿。”[①]明尧臣于天圣九年（1031）为河南县主簿之前，已入仕为太庙斋郎、桐城县主簿

① 《欧阳修全集·居士集》卷三三，中国书店 1986 年版，第 235 页，据世界书局 1936 年版影印。含《居士集》五十卷、《居士外集》二十五卷、《书简》十五卷等，共一百五十三卷，附录五卷。下引该书，径称《居士集》《居士外集》等。

二官。

关于尧臣筮仕初官的时间，《年谱》附系于大中祥符九年（1016）下，是年尧臣15岁，显非入仕之年。今按：《宛陵集》卷二四《令狐秘丞守彭州》云："前时草草别，渺漫二十年。从宦各所适，非为道路偏。"卷五二《送毕甥之临邛主簿》云："自我历官三十年，有脚未曾行蜀川。"《校注》考定前诗作于庆历五年（1045），后诗作于嘉祐二年（1057）。据前诗推出初"从宦"为天圣四年（1026），以后诗"历官"整年计，推出初官为天圣五年（1027）。"从宦""历官"含义不尽相同，"二十""三十"也只能视作约数，故推出的时间未必完全吻合。好在还有旁证可寻，林逋《林和靖先生诗集》卷四有《寄梅室长》诗，题注："宋本下有尧臣二字。"室长，太庙祀官名，《全唐文》卷六八唐敬宗《南郊赦文》："郊庙行事斋郎，减二年劳；室长掌座礼生赞者，减一年劳。"《全宋文》卷三一八有赵世长《斋郎室长预太庙大享奏》，知太庙分室奉祀列祖，分室设长。林逋寄诗尧臣时，尧臣正官太庙斋郎为室长；逋诗系酬尧臣天圣中见访所作（详下文"交游"节）。以后尧臣有《送韩六玉汝宰钱塘》，题注："予尝访林逋湖上。"诗云："顷寻高士庐，正值浸湖雪。雪中千万峰，参差县前列。……今逾二十年，志愿徒切切。……"《校注》考此诗作于庆历七年（1047），推知尧臣访林逋，其后林逋寄诗尧臣，约在天圣五年（1027）。其时尧臣已补官太庙斋郎。林逋卒于天圣六年（1028）十二月（见《续资治通鉴长编》卷一〇六），其寄尧臣诗不得迟于天圣六年。合前二诗推知梅尧臣筮仕补太庙斋郎在天圣五年。

其后，尧臣自太庙斋郎出为桐城县主簿。其为桐城县主簿情况，亦可从其追忆诗中得见一二。《宛陵集》卷一《河南受代前一日希深示诗》云："我昔在桐乡，伊人颇欣戴。今来佐洛南，事事为时背。”于今昔对比中，见官桐城时颇受邑人欢迎、爱戴。卷二六《初冬夜坐忆桐城山行》云：“我昔吏桐乡，穷山使屡蹑。路险独后来，心危常自怯。下顾云容容，前溪未可涉。半崖风飒然，惊鸟争堕叶。修蔓不知名，丹实坼在荚。林端野鼠飞，缘挽一何捷。马行闻虎气，竖耳鼻息歙。遂投山家宿，骇汗衣尚浃。……”诗作于庆历五年（1045），忆十余年前官桐城主簿时因差使过穷山遇虎受惊骇，情境宛然。卷五五《逢雷太简殿丞》叙与太简于长安、河内相逢之后，“又会在桐乡，谈诗多孟卢。学书得天然，钟王不能奴。荏苒三十载，邂逅遇京都”。诗作于嘉祐二年（1057），既可见其官桐城时文学活动一瞥，也可推知天圣八年（1030）尧臣已在桐城主簿任。《宛陵集》卷一存其最早诗《右丞李相公自洛移镇河阳》，李相公即李迪，据《续资治通鉴长编》卷一〇八、卷一一〇：迪于天圣七年（1029）九月自知青州移知河南府；九年（1031）正月钱惟演判河南府，代李迪，知李迪自洛移镇河阳在其时，时尧臣已在河南主簿任。又据《居士外集》卷二《书怀感事寄梅圣俞》：“诏书走东下，丞相忽南迁。送之伊水头，相顾泪潸潸。腊月相公去，君随赴春官。送君白马寺，独入东上门。”丞相即钱惟演，惟演于明道二年（1033）九月罢河南任赴随州本镇，见《长编》卷一一三。腊月惟演赴随州本镇后，尧臣河南、河阳主簿三年任满赴礼部试，则其罢桐城主簿、初为河南主簿约在天圣八年末、九年初。

三、婚娶

梅尧臣原配夫人谢氏，《范文正公集》卷一一《太子宾客谢公（涛）神道碑铭》：“女四人……次适殿中丞梅尧臣。”《居士集》卷三六《南阳县君谢氏墓志铭》记梅尧臣致书欧阳修请为亡妻谢氏撰墓志铭云："吾妻，故太子宾客讳涛之女、希深之妹也。希深父子为时闻人，而世显荣。"其完婚年岁，《年谱》云：天圣五年（1027），"先生二十六岁，娶谢氏夫人"。《校注》卷一四《悼亡三首》注谓"是圣俞天圣六年始娶"。一岁之差，殆出于对史料异文的不同理解与取舍。《谢氏墓志铭》云："庆历四年秋，予友梅圣俞来自吴兴，出其哭内之诗而悲曰：'吾妻谢氏亡矣，丐我以铭而葬焉。'……夫人以其年七月七日卒于高邮。"《宛陵集》卷三三《五月二十四日过高邮三沟》忆云："甲申七月七，未明至三沟。先妻南阳君，奄化向行舟。"庆历四年（1044）岁次甲申，知谢氏卒于是岁无疑。尧臣叙及与之共同生活的年岁，却有差异，其《悼亡三首》云："结发为夫妇，于今十七年。"《怀悲》则云："东西十八年，相与同甘苦。"于是经欧阳发等编定的欧阳修撰《谢氏墓志铭》引梅尧臣语云："谢氏生于盛族，年二十以归吾，凡十七（一作'八'）年而卒。"十七、十八的不同，便出现了完娶为天圣六年、五年之异。然值得注意的是《谢氏墓志铭》明谓"夫人享年三十七""年二十以归吾"，即与尧臣共同生活为十八年。自庆历四年（1044）逆推十八年为天圣五年（1027），是梅尧臣与谢氏结婚在天圣五年。时尧臣初入仕为太庙斋郎，年二十六，谢氏年二十。

《宛陵集》多有追忆与谢氏完婚后贫约生活、新婚宴乐的作品。《怀悲》云："自尔归我家，未尝厌贫窭。夜缝每至子，朝饭辄过午。十日九食齑，一日傥有脯。东西十八年，相与同甘苦。……"欧阳修撰《谢氏墓志铭》记尧臣语云："吾贫可知也，然谢氏怡然处之。治其家，有常法。其饮食器皿，虽不及丰侈，而必精以旨；其衣无故新，而浣濯缝纫，必洁以完；所至官舍虽庳陋，而庭宇洒扫，必肃以严；其平居语言容止，必怡以和。吾穷于世久矣，其出而幸与贤士大夫游而乐，入则见吾妻之怡怡而忘其忧，使吾不以富贵贫贱累其心者，抑吾妻之助也。”所记为婚后十余年中事，然婚初数年的印象是最深，也是最主要的。前引《初冬夜坐忆桐城山行》上半记山行遇虎“骇汗衣尚浃”后，下半描写归来语妻情景：“归来抚童仆，前事语妻妾。吾妻常有言，艰勤壮时业。安慕终日间，笑媚看妇靥。自是甘努力，于今无所慑。老大官虽暇，失偶泪满睫。书之空自知，城上鼓三叠。”温柔燕昵之私中溢出英隽理智之气，可谓“入则见吾妻之怡怡而忘其忧”、伉俪情深的具体写照，“相看犹不足，何况是长捐”（《悼亡三首》）！深刻的失偶之痛即源于旧日深情难以割舍之中。

尧臣与谢氏生育的子女，据《谢氏墓志铭》，有“二男一女”，《梅圣俞墓志铭》则谓“子男五人：曰增、曰墀、曰坰、曰龟儿，一早卒；女二人，长适太庙斋郎薛通，次尚幼”。谢氏卒后二年，尧臣续娶刁氏，推知尧臣与谢氏生的子女为增、谢氏卒后旋夭的十十（见《书哀》《悼子》）和适薛通的长女。《校注·叙论》考谓尧臣嘉祐五年（1060）卒时，梅增已33岁，则增生于天圣六年（1028），即尧臣与谢氏成婚的次年。

四、交游

王洙（997—1057），字原叔，应天宋城人。天圣二年（1024）进士，历知濠、襄、徐、亳等州，官终翰林学士。洙学赡博，尝预修《崇文总目》、编纂《杜工部集》二十卷、著《易传》十卷及杂文千余篇。梅尧臣与之交游始于仁宗天圣间，《宛陵集》卷二九《送王龙图源叔之襄阳》云：“忽惊车骑临，乃是荆州长。登堂语出处，陈事犹梦想。别逾二十年，相遇今始两。……”诗作于庆历七年（1047），推知尧臣初与王洙别在天圣五年（1027）以前。《居士集》卷三一《翰林侍读侍讲学士王公（洙）墓志铭》：“初举进士，为庐州舒城尉，坐事免官，归居南京。故相临淄晏公为留守……荐其才，留居应天府学，教诸生。”考王洙于天圣二年与宋庠、宋祁兄弟，余靖等为同榜进士；晏殊于天圣五年为南京留守（夏承焘《二晏年谱》）。尧臣与洙初交游当在其时。

王素（1007—1073），字仲仪，开封人。旦次子，质之弟。历知渭、汝、定州，开封、成都、太原府，官至工部尚书。与欧阳修、苏舜钦、尹洙、孙沔、宋庠、宋祁等交游。《宛陵集》卷二六《留别汝守王待制仲仪》云：“邂逅二十年，三遇三暌索。会合信难常，焉用计疏数。”诗庆历六年（1046）作，推知二人约于天圣四年（1026）相识、交往。庆历四年（1044）尧臣有《邵伯堰下王君玉饯王仲仪赴渭州经略席上命赋》，乃送王素自淮南转运按察使改知渭州作，为再遇再暌索，至汝州遇而复别，为“三遇三暌索”矣。

苏舜元（1006—1054），字才翁，梓州铜山人。仁宗朝赐进士出身，知开封府咸平县，官终三司度支判官。有集，已佚，《全宋诗》卷二七二录其诗12首。弟舜钦，字子美，诗与尧臣齐名。尧臣与苏舜元兄弟均有交往。其《度支苏才翁挽词三首》云：“二十识君貌，交游非一朝。”明与舜元相识约在天圣三年（1025），时舜元20岁，尧臣24岁。此后交游日多，然早期情况难以详考。《居士集》卷四一《苏氏文集序》云：“天圣之间，予举进士于有司，见时学者务以言语声偶擿裂，号为时文，以相夸尚。而子美独与其兄才翁及穆参军伯长作为古歌诗杂文。”又称梅尧臣“其为文章，简古纯粹，不求苟说于世”（《梅圣俞诗集序》），可见梅与欧、苏氏兄弟交游主要是学问、文章旨趣相投。

雷简夫，字太简，同州郃阳人。历知坊、阆、雅、虢、同等州，累迁职方员外郎，卒。《宛陵集》卷五五《逢雷太简殿丞》

云："长安初见君，君颔微有须。后于河内逢，秀峻美髯胡。又会在桐乡，谈诗多孟卢。学书得天然，钟王不能奴。……"尧臣于天禧元年（1017）从叔父游陕西，四年游怀州河内，天圣八年（1030）官桐城主簿，与雷简夫交游分别在此三时期内。《宋史》卷二七八《雷简夫传》载其早年，"隐居不仕。……康定中，枢密使杜衍荐之，召见，以秘书省校书郎签书秦州观察判官"，是二人早年交游在雷隐居未仕时。

令狐挺，《宛陵集》卷二四有《令狐秘丞守彭州》诗，原注"挺"，诗云："前时草草别，渺漫二十年。从宦各所适，非为道路偏。今始一相遇，言愧少壮前。……"诗作于庆历五年（1045），推知二人相识后离别约在天圣四年。二十年后，尧臣在许昌签书判官任，送挺以秘书丞出守彭州。挺能诗，皇祐中张方平知江宁，挺以祠部员外郎为提刑，相与唱和；《宋诗纪事》卷三一引彭乘《墨客挥犀》录其《题相思河》诗一首。其与尧臣早期交游情况无考。

林逋（968—1028），宋初著名山林诗人。字君复，杭州钱塘人。早年放游江淮间，后归钱塘，隐西湖之孤山，史称其"二十年足不及城市"，真宗赐号"和靖处士"；卒，仁宗赐谥"和靖先生"。有《林和靖先生诗集》四卷，梅尧臣为之序。

梅尧臣与林逋交游，时在仁宗天圣中。《宛陵集》卷六〇《林和靖先生诗集序》记其事云："天圣中，闻宁海西湖之上有林君，崭崭有声，若高峰瀑泉，望之可爱，即之逾清，挹之甘洁而不厌也。是时，予因适会稽还，访于雪中。"卷三〇《送韩六玉汝宰钱塘》自注："予尝访林逋湖上。"诗忆云："顷寻高士庐，正值浸湖雪。雪中千万峰，参差县前列。……今逾二十年，志愿徒切切。"《林和靖先生诗集》卷一亦有《和梅圣俞雪中同虚白上人见访》诗记其事云："湖上玩佳雪，相将唯道林。早烟村意远，春涨岸痕深。地僻过三径，人闲试五禽。归桡有余兴，宁复比山阴。”梅诗作于庆历七年（1047），推知访林逋约在天圣五年，合逋诗，更知在是岁春。逋诗为和尧臣而作，然尧臣原唱已不存。以后有《对雪忆往岁钱塘西湖访林逋三首》忆其事云：“昔乘野艇向湖上，泊岸去寻高士初。折竹压篱曾碍过，却穿松下到茅庐。”“旋烧枯栗衣犹湿，去爱峰前有径开。日暮更寒归欲懒，无端撩乱入船来。”“樵童野犬迎人后，山葛棠梨案酒时。不畏尖风吹入牖，更教床畔觅鸱夷。”叙写冒雪寻路至茅庐、樵童野犬迎客、烧柴焙烤湿衣、主人以山果酒食相待、主客对案开怀饮谈、至暮忘归，倾心契合情状可见。别后，逋有诗《寄梅室长》云：“君家先祖隐吴门，即日追游往事存。若向明时奏飞牍，并将康济息元元。”据题知作于尧臣官太庙斋郎时；君家先祖，指汉代弃官隐会稽的名士梅福，字子真，《汉书》卷六七有传。陆游《渭南文集》卷二二、光绪《浙江通志》卷四三记会稽有“梅子真泉”、鄞县有“梅福宅”等遗迹。尧臣《读汉书梅子真传》自称“子真实吾祖，耿介事炎汉”。逋诗援古赞今，以匡时安民、报效明时。合尧臣《林和靖先生诗集序》，知尧臣约于天圣四、五年间，尝适会稽寻访其先祖梅福遗迹，五年春，还过钱塘，因慕名而冒雪访林逋于西湖孤山，并以诗唱酬。

梵才师，宋初诗僧，又号长吉上人，居天台禅寺，常云游南北，征诗于名士，宋李庚《天台续集》卷上收宋庠等赠送诗甚多，己亦能诗，林逋谓其“囊集暮云篇”，称其“孤禅安逆旅，警句语谁人”（《林和靖先生诗集》卷一），胡宿《读僧长吉诗》称其“作诗三百首，平淡犹古乐”（《全宋诗》卷一七九），然其诗今已不存。尧臣与之交游有诗多首，其中叙及早期交游情况的有《淮南遇梵才吉上人因悼谢南阳畴昔之游》《依韵和长吉上人淮甸相遇》（《宛陵集》卷八），谢南阳，指谢绛，绛于宝元二年（1039）卒。后首云：“今朝更道旧，感怆各颦眉。同游谢公门，远想袂沾洟。惜哉胡不仁，碎彼东方琪。”前首谓畴昔之游后“契阔十五年”，二诗作于庆历元年（1041），推知尧臣与梵才畴昔同游谢绛门约在天圣五年（1027）。时谢绛之父涛正以西京留守司秘书监的名义退居洛阳，“及居西京，不关人事，惟理医药，与方术士语，终日不休”（《居士外集》卷一二《太子宾客分司西京谢公墓志铭》）。绛为国史编修官，常归洛觐省；而尧臣之叔父询正在知陕府任上（《许昌梅公（询）年谱》）；洛阳、陕州邻近，故尧臣与梵才同游洛阳谢门。其后不久尧臣娶谢绛之妹。

《宛陵集》卷二五《刘牧殿丞通判建州》云：“平生交游少，海内寡与期。”同卷《乙酉六月二十一日予应辟许昌……》云：“性僻交游寡，所从天下才。”二诗作于庆历五年（乙酉）尚如此说，则30岁前交游更少可知，加之早期诗无存，故其早期交游可考者仅此数人。

五、诗作

近、当代学者夏敬观、朱东润二先生先后对梅尧臣诗的编年，进行了深入、细致的研究和考证，肯定梅氏作品从天圣九年（1031）起存稿，大体上是可信的。今存《宛陵集》六十卷虽无30岁以前的属于梅尧臣个人的作品，但可考知尧臣早期是有诗歌创作活动并有作品的。欧阳修《梅圣俞诗集序》谓尧臣“幼习于诗，自为童子，出语已惊其长老”；《水谷夜行寄子美圣俞》云：“梅翁事清切，石齿漱寒濑。作诗三十年，视我犹后辈。”题注作于庆历四年（1044），推知尧臣大中祥符八年（1015）14岁时已开始作诗。上文提到的林逋《和梅圣俞雪中同虚白上人见访》，也证明尧臣有原唱。《宛陵集》中颇有追叙早年诗歌创作活动之作：

刻意向诗笔，行将三十年。尝经长者目，未及古人肩。昔慕荀文若，多称王仲宣。今惭此微贱，重辱相君怜。（卷二八《谢晏相公》）

我于文字无一精，少学五言希李陵。……还思二十居洛阳，公侯接迹论文章。文章自此日怪奇，每出一篇争诵之。其锋虽锐我敢犯，新语能如夏侯湛。（卷四八《依韵答吴安勖太祝》）

昔在少年时，辛勤事诸父。……岁登有乐事，或亦作歌舞。赋诗当清明，解禊思洛浦。其言在黑石，往往被乐府。于今三十年，近想渐成古。（卷一四《送刘郎中知广德军》）

又会在桐乡，谈诗多孟卢。（卷五五《逢雷太简殿丞》）

春雨懒从年少狂，一生憔悴为诗忙。（卷四六《依韵和春日见示》）

从中可见尧臣少时即开始学诗、作诗；其作取法汉魏古淡，也倾慕孟郊、卢仝的怪奇；或被人传唱，或受长辈称赏，自己也颇为自负。与欧阳修所云吻合。可以肯定，梅尧臣前期写下了数量不少的诗，司马光《和吴冲卿三哀诗》（《全宋诗》卷四九九）谓"圣俞诗七千"，然《宛陵集》六十卷收诗仅2800余首，一般认为无30岁前之作。这原因，欧阳修序梅集云："圣俞诗既多，不自收拾，其妻之兄子谢景初惧其多而易失也，取其自洛阳至于吴兴以来所作，次为十卷。"以后经欧阳修、宋绩臣等补辑，于绍兴十年（1140）编成的六十卷本，也不存早期诗。这原因，朱东润先生推测云："编集时以洛阳为断，洛阳以前的作品，全部删弃，这样的决心，不是谢景初所能办到的。应当说这是尧臣自己。"（《校注·叙论四·原注和由原注引起的推测》）

这一推测是有道理的。宋祁《宋景文公笔记》卷上《释俗》云："余于为文似蘧瑗，瑗年五十，知四十九年非。……每见旧所作文章，憎之，必欲烧弃。梅尧叟喜曰：‘公之文进矣，仆之为诗亦然。’”在不喜旧作这点上，尧臣与宋祁有同感；其《宛陵集》卷五《桃花源诗并序》记嘉祐元年（1056）在汴京与都官员外郎张颙相遇，颙居武陵，因请尧臣作桃花源诗，尧臣“即重其意，许其录幼时所为五言，归阅故稿，则颇不惬心，遂别为一章，以塞张侯之请”。数语不仅说明嘉祐元年，尧臣幼时所为“故稿”尚在，也说明其对幼作“颇不惬心”，这恐怕正是尧臣不愿以之示人而将其删弃的主要原因；其雪中访林逋诗，宁肯20年后追忆其事再写3首七绝，而不愿留存当时所作或许是五律（林逋和诗为五律）的原唱，也是一个耐人寻味的旁证。而对旧作之所以“憎之”“不惬心”，恐怕与早年尚奇，以后“稍欲到平淡”（《依韵和晏相公》）的艺术追求和审美情趣的变化有关；而从天圣九年（1031）起存稿，也标志着这一年与欧阳修等相聚会，翻开了尧臣诗歌创作新的一页。

必须补充说明的是：我们肯定梅尧臣作品从天圣九年起存稿大体可信，还是留有余地的。这是因为：随着辑佚、补缀工作的进一步开展，《宛陵集》失收的佚诗还可能被陆续发现，新近编纂的《全宋诗》就从《全芳备祖》《永乐大典》等古籍中辑出10首编作一卷（卷二六二），尽管其中大部分仍为30岁以后所作，但既然如欧阳修所说“圣俞久在洛中，其诗亦往往人皆有之”（《书梅圣俞稿后》），则其后编集时尧臣有意裁汰的30岁以前诗，也仍有保存、流传下来的可能。如其中《戏谢师直》，刘攽《中山诗话》载：“梅圣俞幼《戏谢师直》诗曰：‘古锦裁诗句，斑衣戏坐隅。木奴今正熟，肯效陆郎无？’师直小名锦衣奴，至十岁读此，方悟之。”师直，谢绛次子景温之字，《宋史》卷二九五有传。据《续资治通鉴长编》卷四九〇，谢景温于哲宗绍圣四年（1097）卒，而史传载其卒年七十七，推知其生在天禧五年（1021），至10岁（天圣八年，1030）方悟姑丈尧臣戏诗意，则梅诗为30岁以前之“幼”作无疑。又如辑自《全芳备祖》的《鸡冠花》，赞美秋至百芳变枯时盛开的鸡冠花，生出“由来名实副，何必荣华早。郡（疑当作‘君’）看先春花，浮浪难自保”的观感，其败举不馁、期于有成的雄心不似一再遭挫后诗中常见的失望和嗟怨，也有理由认为是其早期所作。又《宛陵集》卷一一后有联句诗八首，题曰《联句附》。诚然，作者编集时可依自己的见解任意裁汰自己的作品，如谢景初取尧臣诗编集时，尧臣截留了30岁以前之作；但按理说，他不能也不会任意删除包括有他人诗句在内的联句诗，故这“附”在卷一一之后的8首联句诗，也很可能有30岁以前之作。如《希深洛中冬夕道话有怀善慧大士因探得江字韵联句》《希深本约游西溪信马不觉行过据鞍联句》《同希深马上口占送九舅入京成亲联句》《风瑟联句》《问答·送九舅席上作》几首，均在洛中与谢绛同作。尧臣天圣、明道间在洛阳官河南主簿时，与欧阳修、尹洙、谢绛、杨愈等交游，唱和诗甚多，但无联句，当时或以后也无文叙及或忆及联句之事。今按：《宛陵集》卷四八《依韵答吴安勖太祝》云：“还思二十居洛阳，公侯接迹论文章。”知约天禧五年（1021）尧臣20岁时曾居洛阳，天圣五年（1027）26岁时与家居洛阳的谢氏结婚，谢绛为谢氏兄，这期间与其交往密切。故疑这5首与谢绛在洛阳的联句诗为尧臣早期所作。

考索梅尧臣早期事迹，还不能不提到读书应举，这是封建士子的必修课和入仕的必经之途。尧臣也一样，少时勤于学业，自云：“往居闾闬乏经过，闭门读书多废食。”（《吴冲卿学士以王平甫言淮甸会予予久未至冲卿与平甫作诗见寄答之》）欧阳修亦谓尧臣“幼习于诗……既长，学乎六经仁义之说。其为文章，简古纯粹”。但举进士的道路并不平坦，“累举进士，辄抑于有司”（《居士集》卷四二《梅圣俞诗集序》）。欧序作于庆历六年（1046），此前尧臣举进士不第可考者，除景祐元年（1034）一次（见欧阳修《赠梅圣俞》原注“时闻败举”，题注“景祐元年”）外，天圣中至少还有一次。检《宛陵集》卷一有《依韵和希深游府学》诗，前六句“东府尊儒日，中州进学初。牲牢奠商后，典籍讲秦余。大法存无外，群英乐自如”，点明与时为河南通判的谢绛游视府学在于尊儒重教、劝学励进的旨意后，结句云：“时惭游圣末，来驾折辕车。”言己学业未成，愧对先圣，“折辕”与杜甫《奉赠韦左丞丈二十二韵》之“青冥却垂翅”一样，谓己尝举进士不第，仕途受挫。《居士集》卷五《与谢三学士绛唱和八首》其一《和国庠劝学之什》，与梅诗同作，题注：“明道元年。”史纪：此前的贡举年有天圣八、五、二……年。可知尧臣于这几年中至少有一次应举落第。

（原载《文学遗产》2002年第2期）

论《瀛奎律髓》对梅尧臣五律的评点

◎聂巧平　李光生

方回（1227—1307）的《瀛奎律髓》①是一部唐宋五、七言律诗评选本，成书于宋末元初。全书以类编排，每类各一卷，凡49卷，共收入唐宋诗人376家，五、七言律诗2992首。方回《瀛奎律髓序》云："所选，诗格也；所注，诗话也。"在编选体例上将选本与诗话结合在一起，具体直观地阐述编纂者的诗学观点。令人饶有兴趣的是，"唐诗"与"宋诗"这两种不同风味的诗，方回却把它们编纂在一起，并加上评点，不能说是没有深意的。

《瀛奎律髓》入选宋代221家，诗1765首，在数量上明显超过唐诗。众所周知，方回选评《瀛奎律髓》，其目的是"主江西，倡为一祖三宗之说"（《四库全书总目》卷一八八《瀛奎律髓》提要），在江西诗派式微之时，为重振江西诗导夫先路。学术界最近的研究比较重视《瀛奎律髓》的"一祖三宗"之论与方回的江西诗学观，尤其重视研究方回的宋诗理论范畴"格高"论。然而，方回作为有宋一代一流的诗学批评家，其诗学见解是相当全面而深刻的。《瀛奎律髓》所体现的方回的诗学观的另一个侧面，即重视盛唐诗、重视诗歌的韵味同样应该受到我们的重视。方回对梅尧臣五律诗的评点集中地体现了《瀛奎律髓》重视诗歌的"韵味"和重视"盛唐"的诗学审美趣尚。本文试图探讨

---

① 方回《瀛奎律髓》，黄山书社 1994 年版。本文所引俱据此版本。

方回诗学观的这一侧面。

一

《瀛奎律髓》选录梅尧臣诗127首，其中五律94首。以入选诗总数而论，在宋代诗人中仅次于陆游188首（其中五律55首）而位居第二，远远超出方回所推崇的“三宗”（黄庭坚35首，其中五律13首；陈师道111首，其中五律75首；陈与义68首，其中五律37首）；若以入选的宋代五律而论，则以梅尧臣位居第一。可见方回对梅尧臣五律的重视。

《瀛奎律髓》卷二二评梅尧臣的五律《和永叔中秋月夜会不见月酬王舍人》曰：

> 宋初诗人惟学“白体”及晚唐，杨大年一变而学义山，谓之“昆体”，有《西昆酬唱集》行于世。其组织故事有绝佳者，有形完而味浅者。尚以流丽对偶，岂肯如此淡静委蛇，而无一语不近人情？梅公之诗为宋第一。

不难发现，方回认为“梅公之诗为宋第一”特指五律而言。卷二三评梅诗《闲居》云：

> 若论宋人诗，除陈、黄格高，以格律独鸣外，须还梅老五言律第一可也。

方回又指出：

> 老杜诗为唐诗之冠，黄、陈诗为宋诗之冠。黄、陈学老杜者也。嗣黄、陈而恢张悲壮者，陈简斋也；流动圆活

者，吕居仁也；清劲洁雅者，曾茶山也。七言律，他人皆不敢望此六公矣。若五言律诗，则唐之工者无数，宋人当以梅圣俞为第一，平淡而丰腴。（卷一陈简斋《与大光同登封州小阁》）

方回推崇梅诗五律为“宋人第一”，主要是认为梅诗有“味”：《瀛奎律髓》言及梅尧臣五律之“味”共有16处之多，如“自然有味”（卷二评《次韵景彝赴省直宿马上》）、“幽而有味”（卷四评《鲁山山行》）、“怪而有味”（卷四七评《过永庆院》）、“深劲有味”（卷一六评《次韵和李舍人旅中寒食感事》）、“戏言而有味”（卷一六评《七夕》）和“有情味”（卷二七评《燕》），等等。方回的评点揭示了梅诗之“味”的丰富审美层次和内涵。

方回以“味”评梅诗，既有宏观的把握，又有微观的透视，即大到梅诗整体风貌乃至有宋一代的诗歌背景，小到梅诗的具体作品乃至一联一句。如《鲁山山行》：

适与野情惬，千山高复低。好峰随处改，幽径独行迷。霜落熊升树，林空鹿饮溪。人家在何许？云外一声鸡。

鲁山层峦叠嶂，千峰竞秀，这恰与诗人爱好大自然的情趣相符。次联写“山行”。“改”字，既表明鲁山层出不穷的美景，又点出诗人移步换形的美感；“行”字，不单是点题。着一“迷”字，不仅传“幽”“独”之神，而且以小景见大景，进一步展现出“千山高复低”的境界。山径“幽深”容易“迷”，独行无伴容易“迷”，“千山高复低”更容易“迷”，一“迷”字，可见无穷野情、无尽野味。难怪方回评此联“幽而有味”。颈联勾画了一幅山林熊鹿嬉戏图。笨拙的熊爬树，憨态可掬，透过稀疏的树枝可见群鹿在小溪边嬉戏饮水，妙味横生，紧扣了首联“适与野情惬”的题旨。鹿是野鹿，最易受惊，诗人因林空才能望见远处“鹿饮溪”，表明鹿未受到任何惊扰。整联以动写静，表明了山中人迹罕至，异常幽静的意境，又暗含了“幽径”之“幽”。全诗以“人家在何许？云外一声鸡”收尾，更是余味无穷。杜牧的“白云生处有人家”，是看见了人家；王维的“欲投人处宿，隔水问樵夫”，是看不见人家，才询问人家。而这里又是另一番情景：望近处，只见“熊升树”“鹿饮溪”，没有人家；望远方，只见白云浮动，亦不见人家；于是自问：“人家在何许”呢？恰在此时，云外传来一声鸡叫，仿佛是有意回答诗人的提问。诗人喜悦之情跃然纸上，通篇可谓兴味盎然。

二

《瀛奎律髓》从多侧面、多角度来品评梅诗“味”的实质。“平淡有味”是宋人对梅诗的定评，方回对此是非常认同的：

> 五六平淡之中有滋味。（卷三评《夏日陪提刑彭学士登周襄王故城》）
>
> 圣俞诗淡而有味。（卷一四评《晓》）
>
> 此篇独佳，淡泊中浓醇味。（卷一六评《春社》）
>
> “笑处”“归时”一联淡而有味。（卷一七评《依韵和签判都官昭亭谢雨回广教见怀》）
>
> 圣俞平淡有味。（卷二三评《闲居》）

以上皆言平淡之“味”。梅诗“平淡”的风格特征，是他本人的夫子自道，“作诗无古今，唯造平淡难”[1]（卷四六《读邵不疑学士诗卷杜挺之忽来因出示之且伏高致辄书一时之语以奉呈》）、“方闻理平淡，昏晓在渊明”（卷二四《答中道小疾见寄》）、“中作渊明诗，平淡可拟伦”（卷二五《寄宋次道中道》）、“因吟适情性，稍欲到平淡”（卷二八《依韵和晏相公》）。“平淡”是梅尧臣自己所欣赏的艺术境界，也是他追求的风格特色。

但是，平淡并非“味淡”或“味浅”，而是在淡泊之中散发出浓厚的醇味。方回以辩证的眼光看到了梅诗“淡”的审美特质，就是“淡而实丽”。方回常常以“丽”来言“淡”，如“次联丽甚”（卷二评《谢永叔答述旧之作和禹玉》）、“流丽圆活”（卷二评《次韵景彝赴省直宿马上》）、“五六清丽”（卷一〇评《寒食前一日陪希深远游大字院》）、“五六流丽劲健”（卷一九评《答高判官和唐店夜饮》），等等。

“淡”与“丽”（或“浓”）本是一对矛盾的审美范畴。不过，方回的评点主要倾向于“淡”与“丽”之间的辩证统一关系，即“丽”寓于“淡”之中，“淡”是“丽”的终极形态。正如《韵语阳秋》卷一评梅圣俞所言：“大抵欲造平淡，当自组丽中来，落其华芬，然后可造平淡之境，如此则陶、谢不足进矣。”[2]此亦与黄庭坚论杜诗“简易而大巧出焉，平淡而山高水深”出于同一审美认同感。就是说，“简易”“平淡”出自雕琢，而雕琢之极致亦近天然，这就是方回论梅诗“淡”与“丽”的本质联系之所在。

方回认为，梅诗之“味”是“淡”而有“韵”。方回在评点僧人怀古的诗时指出：“宋之盛时，文风日炽，乃有梅圣俞

① 梅尧臣《宛陵先生集》，《四部丛刊》本。
② 葛立方《韵语阳秋》，何文焕辑《历代诗话》，中华书局 1981 年版，第 483 页。

之蕴藉闲雅，陈后山之苦硬瘦劲，一专主韵，一专主律，梅宽陈严，并高一世，而古人之诗或半可废。”（卷四七评僧怀古《寺居寄简长》）方氏认为宋代诗坛“主韵”的梅尧臣和“主律”的陈后山并高一世，分领“五律第一”和“七律之冠”。那么，梅诗之“韵”与“味”有某种内在联系吗？答案当然是肯定的。《瀛奎律髓》卷四评《宣州二首》云：

梅诗似唐不装不绘，自然风韵，又当细咀。

卷二〇评《九月见梅花》曰：

圣俞诗不见着力之迹，而风韵自然不同。

梅尧臣《九月见梅花》诗云：

江南风土暖，九月见梅花。远客思边草，孤根暗碛沙。何曾逢寄驿，空自听吹笳。今日樽前胜，其如秋鬓华。

首联点明“见梅花”的地点、时间，并交代了九月梅花生长的得天独厚的环境与条件；中两联写“客”之“思”，“客”是“远客”，而且还是“孤客”，独在异乡漂泊的沧桑感因梅花的怒放自然而然引发故乡之愁思。“边草”是否依然青青？想着故乡的一草一木，心中对故乡深深的爱恋难以释怀。于是，希望能得到故乡的消息，然“何曾”明确标识了与故乡遥远的距离：故乡的信使不曾到达这里。天各一方，只好独自拨弄故乡的胡笳，独自品尝感受那一串串悲情缭绕的乡音。纵在樽前酒醉，亦难排遣这份苦恋。全诗娓娓道来，那么自然，那么淡静，然淡静中蕴涵着深深的韵味。

以“味”论诗由来已久。早在梁代，钟嵘提出了“滋味说”。司空图的“韵味说”与严羽“禅味说”影响深远。有宋以来，“平淡之味”成为宋人论诗评诗的中心话语。欧阳修《水谷夜行寄子美圣俞》曰：“近诗尤古硬，咀嚼苦难嘬。初如食橄榄，真味久愈在。”[①]苏轼进而曰：“发纤秾于简古，寄至味于淡泊。”（《书黄子思诗集后》）《王直方诗话》亦云：“欧阳公谓梅圣俞诗，始读之则叹莫能及，后数日，乃渐有味，何止橄榄回味，久方觉永。”[②]上述诸人对“味”的蕴底的揭示不能说对方回的梅诗评点的视角没有影响。很明显，方回所言之“味”就是欧阳公所喻“食橄榄”之味，需要在慢慢咀嚼中品味。同时，在方回看来，“蕴藉闲雅”的梅诗之“韵”，在含蓄蕴藉中展现自然之姿，在丰腴纷丽中流露平淡之味，亦当细细品味。可以说，方回评梅诗的“味”和“韵”实际上是不同角度、不同层面的同一说法，它们在本质上属于同一审美范畴，即“韵味”。“韵”指自然风致，是一种自然之味，是“味”的一种表现。

三

《瀛奎律髓》对“圆熟工巧”的艺术力推崇备至。方回认为这种艺术造诣是使诗歌达到“平淡”之境的重要途径。卷二〇评张泽民《梅花二十首》云：

> 夫诗莫贵于格高。不以格高为贵而专尚风韵，则必以熟为贵。熟也者，非腐烂陈故之熟，取其左右逢源是也。此

① 《全宋诗》卷二八三，北京大学出版社 1991 年版。
② 常振国、绛云编著《历代诗话论作家》，湖南人民出版社 1984 年版，第 603 页。

> 二十首梅花诗，他人有竭尽力气而不能为之者，公谈笑而道之，如天生成，自然有此对偶，自然有此声调者……

“韵味”作为方回重要的评诗标准，是一个与“格高”相对相济的综合诗学概念[①]。诗法“瘦硬”可达到“格高”，而“圆熟”可达到“蕴藉”。卷一六评《依韵和李舍人旅中寒食感事》云：

> 圣俞诗不争格高，而在乎语熟意到，此乃“吴体”。

具体而言，“圆熟”指透悟诗道，笔法娴熟，左右逢源。从《瀛奎律髓》对于“圆熟”的分析中，我们可以归纳以下几点认识：第一，“圆熟”与宋末陈腐的“烂熟”诗风有区别。宋末“陈腐以为熟”是衰世诗风；而方回所推崇的“熟”是左右逢源、自然圆转的手法与艺术造诣。第二，“圆熟”与“工巧”有关，即通过精心雕刻和娴熟的艺术手段达到工巧圆熟的艺术境界，这是与“瘦硬”相对又相济的风格追求。第三，“圆熟”是自然天成，呈现出自然的诗体风貌，与“自然韵致”相关。与“圆熟”范畴相应的有“细润”“丰腴”等，实质上近似于“淡而实丽”，即通过细致雕琢和娴熟的笔法，使诗歌呈现出丰满的形态，让读者咀嚼出平淡之味。方回所云“淡而有味。此亦信手拈来，自然圆熟”（卷一四评《晓》）就是此意。“淡而有味”与“自然圆熟”互为因果，互为表里。同时，这也是方回评诗时将“味”与“韵”两个近似的概念相互换用，“韵”即是“味”的又一佐证。

“工”亦是方回评梅诗的一个重要术语：

> 五六工而自然。（卷三评《夏日晚霁与崔子登周襄王故城》）

---

① 李仲祥《方回论“格高”与“圆熟”》，《殷都学刊》1998年第3期。

以“双”对“品”，甚工，异世之所鲜。（卷三评《和张民朝谒建明寺二次用写望试笔韵》）

起句爽，三四工，“井泉石”事新。（卷四评《送姚质夫太丞知深州》）

三四言大风，五六言雨雪，皆工而新。（卷一七评《韩子华约游园上马后雨作遂归》）

中四句精工不可言。（卷一八评《颖公遗碧霄峰茗》）

“剑道”“刀州”绝工，末句又不走了邛州事也。（卷二四评《送钱驾部知邛州》）

在方回的评点中，“工”多指句法对仗工稳，语言造字的凝练精致，鬼斧天工，不着痕迹，耐人寻味。这与其论诗“味”中的“丽”和论诗“韵”中的“圆熟”相关、相通。更重要的是，方氏从梅诗之“工”中领悟到了梅诗之“味”，即梅诗“工而有味”。如：

五六平淡之中，有滋味，亦工致。三四亦无不工。（卷三评《夏日陪提刑彭学士登周襄王故城》）

“熊”“鹿”一联，人皆称其工，然前联尤幽而有味。（卷四评《鲁山山行》）

五言律，圣俞之所长。而送人诗至于五言律尤工，无所为，不刻画，据事言情，而有无穷之味。（卷二四评《送邵户曹随侍之长沙》）

梅诗《春寒》第四联云：“蝶寒方敛翅，花冷不开心。亚树青帘动，依山片雨临。”春寒料峭，推迟了春天的脚步，窒息了大地的生机，天宇间充塞着寥落凄冷的气氛。四句对仗工整：“蝶寒”对“花冷”，“敛翅”对“开心”，“亚树”对“依山”，“帘动”对“雨临”，看不出丝毫的人工斧迹，来得脱洒，来得自然，运思精巧细腻，体现出诗人细致的观察和敏锐的感受。诗人以精工的对偶、纷华的物象，寄托着深微的意绪，韵味悠长。方回评此诗曰：“梅诗淡而实丽，虽用工而不力。”清代纪昀亦是赞不绝口：“三四托意深微，妙无痕迹，真诗人之笔。”

四

从南宋初期开始的唐宋诗之争，对后代诗学产生深远影响。《瀛奎律髓》也没有回避这一问题。方回把他对这两种诗歌的审美气质差异的认识具体落实到诸家诗歌的评点中。如：

> 此老杜集之晚唐诗也。（卷一二评杜甫《秋清》）
>
> 放翁诗出于曾茶山，而不专用江西格，间出一二耳，有晚唐，有中唐，亦有盛唐。（卷四评陆游《顷岁从戎南郑屡往来兴凤间暇日追忆旧游有赋》）
>
> 右丞诗，入宋惟梅圣俞能及之，可言互看。（卷四评王维《送杨长史济赴果州》）

以上方回列举的“盛唐”“中唐”“晚唐”“宋”这些诗学名词，并不是叙述诗史的时代分期，而是表达诗风和样式区别的一种术语。方回以为这些诗风和样式区别的标志是“诗味”和“诗格”；“味”主“平淡”，“格”主“高古”。在方回的评点中，唐之杜甫，俨然宋调；而宋之梅尧臣，纯乎唐音。

方回认为梅诗五律是“盛唐”诗延续，而贯穿其中的线索是诗之“韵味”。在具体论评时，方回习惯于用横向比较的方法。值得注意的是，方回对其他诗人多是在个体与个体之间进行比较，如苏黄优劣论、二苏优劣论[①]。唯对梅诗多是与唐代尤其是盛唐诗这一整体进行比较。不仅如此，方回在评点唐人诗歌时，也多拿梅诗与之比较：

宋诗与唐不异者，梅尧臣为最。（卷四评《宣州二首》）

梅诗似唐不装不绘，自然风韵，又当细咀。（卷四评《宣州二首》）

圣俞诗全不似宋人者。张籍、刘长卿不能及也。（卷四评《余姚陈寺臣》）

宋人诗善学盛唐而或过之，当以梅圣俞为第一。……且如“午市巴姑集”，唐人之精者仅能之。（卷二四评《送徐君章秘丞知梁山军》）

圣俞诗似唐人而深厚过之。（卷二四评《送唐紫薇知苏台》）

与此相应，方回评点唐人优秀诗作时亦往往以梅诗作为参照视点：

右丞诗，入宋惟梅圣俞能及之，可互看。（卷四评王维《送杨长史济赴梁州》）

此三诗，梅圣俞送行诗似之。（卷二四评岑参《送秘书虞校书虞乡丞》《送张子尉南海》《钱李尉武康》）

唐人之所长，而宋人多不为之，惟梅圣俞集中有次调度，多是作送人之官诗耳。（卷四三评杨衡《送人流雷州》）

以上引文中，“梅诗似唐不装不绘，自然风韵，又当细咀”一句明确说明了梅诗似唐的根本因素是有“韵”，是“不装不

① 王有胜《简评方回的苏诗评点》，《云梦学刊》2001 年第 1 期。

绘”的“自然风韵”。

但是，在方回眼里，盛唐诗之“韵”和梅诗之“韵”是同中有异的。它们都“自然”“不装不绘”，但它们毕竟是不同时代的诗歌，具有不同的内涵。盛唐诗韵重在追求兴象玲珑的诗境。盛唐著名诗评家殷璠喜用“兴象”论诗，在评述孟浩然诗时，也说“无论兴象，兼复故实”（见《河岳英灵集》）。所谓“兴象”，是指诗人的情感、精神对物象的统摄，使之和诗人心灵的颤动融为一体，从而获得生命，具有个性和活力。如其《宿桐庐江寄广陵旧游》云：“山暝闻猿愁，沧江急夜流。风鸣两岸叶，月照一孤舟。建德非吾土，维扬忆旧游。还将两行泪，遥寄海西头。”诗作于落第后南游吴越，诗人以风鸣江急的激越动荡之景写自己悲凉的内心骚动，曾经“感激遂弹冠，安能守固穷”昂奋向上的少年热情虽因失意化作了苍凉，但内心深处并不平静，依然在不安，依然在骚动，依然在渴望。一“愁”一“急”，实在是诗人自己情感直露的表白与宣泄。全诗体现着一种形象化的情景交融之美。

梅诗之“韵”是蕴藉闲雅，于细咀雕琢中追求一种安详从容的气度、宁静古淡的诗境。如其《宣州二首》之一：“北客多怀北，庖羊举玉卮。吾乡虽处远，佳味颇相宜。沙水马蹄鳖，雪天牛尾狸。寄言京国下，能有几人知？”北客羁旅京都，备受思乡之苦，但诗人并不急于去缠绵悱恻地宣泄描摹那份离乡的苦痛与怀乡的煎熬，而是在品尝宣州风味的美酒佳肴中淡化对故乡的浓思，于舒缓中让人感受到一份平静。全诗语言自然晓畅，粗读近似白居易的风格，其实是典型的宋诗。它是经过了细密的雕琢后而返归自然。这种自然，没有绚丽的色彩，更像是一份内敛的情怀。

梅诗之“韵”是“蕴藉闲雅”“自然圆熟”，具体到语言技法上是多用典用事。“龙蟠虎踞本是熟事，以‘宫地牧牛羊’

为对，不觉杜撰之妙。”（卷三评《金陵》）“五六用事妙，不觉其为用事也。”（卷一五评《吴正仲见访回日暮必未晚膳因以解嘲》）“‘轻如汉家后’直用飞燕事。”（卷二七评《燕》）多用典用事是梅诗之韵与“江西诗”的暗合之处。不过，梅诗的“韵味”成就了其五律“宋代第一”。方回如此肯定梅尧臣在宋代诗坛的地位，还基于梅圣俞倡导宋诗新局面、为宋诗发展所作出的贡献。“圣俞诗一扫‘昆体’，与盛唐杜审言、王维、岑参诸人和。”（卷四评《送任适尉乌程》）笔者认为，圣俞诗与盛唐诸人不仅仅在诗歌韵味上有某种契合，更是在开创一代诗风这一点上有契合。在“扫昆体”这点上，作为江西后劲的方回是引梅圣俞为同调的。据《四库全书总目》卷一八八《瀛奎律髓》提要说方回“大旨论诗排西昆而主江西，倡为一祖三宗之说”。这种“同调”当是清代纪氏批点梅诗所谓“党护”“门户”之论的原因之一。

方回认为梅尧臣是宋人，而其五律与唐人相侔，因为梅诗多“韵”，以故“似盛唐”。如曰“宋诗与唐不异者，梅尧臣为最”“圣俞诗全不似宋人者”“宋人诗善学盛唐而或过之”“圣俞诗似唐人而深厚过之”俱是从诗韵角度论及的。在梅诗评点上习惯与方回唱反调的清人纪昀亦在梅尧臣《余姚陈寺臣》后批云：“此真不似宋人，此评最是。通体俱饶高韵。六句尤佳。”据此，我们可以有这样的认识：方回对盛唐诗是极其推崇的。前人多从《瀛奎律髓》多选宋诗这一表面现象即得出方回“宗宋”的结论，笔者认为，这未免武断。方回把梅诗放在盛唐这一空间高度进行评点，其出发点固然是推崇梅氏，但不可否认，在方回的潜意识里流露了对盛唐诗的喜爱，这也体现在他对盛唐诸家诗作的具体评点中。因此，我们是否还可以这样说：方回如此推崇梅诗五律深源于其所具有的盛唐风韵。另外，梅诗五律有韵，这并不是说梅诗七律就无“韵味”，相反，梅诗有些七律的

“韵味”比之其五律并不逊色，如《东溪》，其中“野凫眠岸有闲意，老树著花无丑枝”名句的平淡趣味堪为宋诗审美特征的典范。上述所论是就大体倾向而言。

五

众所周知，方回论诗标举“格高”，主“一祖三宗”，曰：

> 古今诗人当以老杜、山谷、后山、简斋四家为一祖三宗。余可配飨者数焉。（卷二六评张耒《清明》）

又曰：

> 诗先看格高，而意又到、语又工为上；意到语工而格不高，次之；无意无格又无语，下矣。（卷二一评曾茶山《上元日大雪》）

方回评点入选的律诗多以“一祖三宗”为参照系，以“格高”为标准，潜意识中不时流露出执着的宗派意识和优越的宗派情结。然而，方回又说梅尧臣诗“不争格高”，这似乎与其极力推崇梅诗自相矛盾。实则未然。

原来，在《瀛奎律髓》中存在两种诗歌系统，一个是盛唐诗系统，另外一个是以江西诗派为代表的宋诗系统。方回对这两种诗歌系统的批评标准与他的文体学观念密切相关。方回认为，七律与五律具有不同的审美特征，因此，应该有不同的批评标准。七律主“格”，五律主“味”。前者以杜甫、黄庭坚、陈师道、陈与义、吕本中、曾几六人为代表，后者以盛唐王维、孟浩然和宋代梅尧臣为代表。方回在评价宋诗系统时，强调以“格高”为第一，明确标举江西诗派一致推崇的“格”作为主要标准。

值得注意的是，方回极力“尊杜”，提倡“一祖三宗”，但是，方回对他们诗歌的评点并非都是溢美之辞。他们有意或无意追求“瘦硬”的弊端和寡淡无味的率意之作方回深致不满，并毫无保留地客观指出。兹举几例：“末句即今人所谓打诨也”（卷一一评杜甫《多病执热怀李尚书》）、“此诗足见游戏翰墨”（卷四四评杜甫《耳聋》）。方回作《瀛奎律髓》，一方面弘扬宋诗，一方面对弊端予以匡正。从方回对梅尧臣五律的评点中，我们不难发现他对自己建立的江西诗学体系从另一侧面进行了修正与补充。具体地讲，就是主张在以“格高”为基础的前提下，一要以“细润”济“粗犷”，二要以“圆熟”济“生硬”，三要以“丰腴”济“枯涩”[①]。“圆熟”与“生硬”相对，而与“细润”和“丰腴”相关；其实，“细润”“丰腴”可并纳入“圆熟”这一综合审美范畴中。“三宗”诗与梅诗犹如宋代诗坛的两面旗帜，遥相呼应，“格高”与“圆熟”是它们分别的标识，并共同统一在方回的诗论中，成为其诗学理论评诗标准的重要两极。因此，方回评点梅诗对我们全面考察其诗学理论及其文学史观具有深远的指导意义和参考价值。

那么，在“唐诗”与“宋诗”的对比中，方回的价值天平倾斜哪边呢？笔者认为，方回对唐诗与宋诗是并重相待的：既崇唐又尊宋。纵然其出发点是力挽江西诗派于狂澜即倒。其诗学观是一种辩证发展的观点，认为宋诗之源泉存在于对唐诗的继承中，并且在艺术表现上丰富了唐诗的内涵，许多方面超越了唐诗。这与严羽的诗学观形成鲜明对比。严氏以盛唐诗作为至高的审美标准和审美理想，不仅源于“贵远贱近”的传统负面意识的

① 李庆甲《前言》，《瀛奎律髓汇评》，上海古籍出版社 1986 年版，第 5 页。

影响，更源于其诗学批评理论的局限把握。方回所主张的既继承唐诗之“韵”，又肯定宋诗之“格”的诗学观较严氏“尊唐贬宋”诗论是一种超越与进步。《瀛奎律髓》重视诗歌的继承与发展的辩证统一的诗学观对清代的“宋诗热”产生了直接的影响。

[原载《西南民族大学学报（人文社会科学版）》2004年第2期]

覃思精微　深远闲淡

——论梅尧臣的辞赋创作

◎刘　培

在诗文革新运动兴起之际，较早把经世致用的思想引入辞赋创作领域，并积极探索宋赋新貌的作家当推梅尧臣。

梅尧臣（1002—1060），字圣俞，宣州宣城（今安徽宣城）人。他虽早有文名，却在科场上很不如意，长期在地方做主簿、县令、节度使判官一类小官。50岁时才经仁宗面试，赐同进士出身。之后任太学博士、都官员外郎等职。尧臣一生著述颇丰，《四部丛刊》本《宛陵先生集》系明万历本影印，有赋19篇，另有辞3篇。

天圣九年（1031）梅尧臣任河南县主簿。当时钱惟演判河南府，兼西京留守，欧阳修为西京留守推官。在钱氏周围，聚集了一批有革新之志的文人，他们积极酝酿诗文革新。河南地近洛阳，梅尧臣来往其间，与他们诗歌唱和，过从甚密，文学主张与政治倾向深受这批文人影响，遂成为诗文革新运动的中坚之一，也成为政治上改革派的衷心拥护者。但他一生仕途偃蹇，备历炎凉，即使在改革派当政时，也很不得意。基于这两个方面的原因，梅尧臣赋中关切时政与倾吐穷愁的内容并存，具有深沉的沧桑感，对社会人事也富于深刻的理性之思。梅尧臣在辞赋风格方面也做了许多有益的探索。

二

尧臣深受经世致用的文学思潮的浸染，为文主张有为而作，不务空言。他标举风雅兴寄的传统，以一个关心民瘼的落拓文人的眼光针砭时弊。

北宋时期，作为文人闲逸生活点缀的品茶之风十分兴盛，天下向风，争相种植、贩卖茶叶以渔利。梅尧臣的《南有嘉茗赋》从重农桑的观点着眼，指出："古者圣人为之丝枲絺绤而民始衣，播之禾麰菽粟而民不饥，畜之牛羊犬豕而甘脆不遗，调之辛酸咸苦而五味适宜。适之醴酒而燕飨之，树之果蔬而荐羞之。于兹可谓备矣，何彼茗无一胜焉，而竞进于今之时？"我们姑且不论他的观点是否正确，在达官贵人们虚吸缓引之时，他想到的是野芦作室、青蔓为门的赤贫的人民。他以一个贴近下层人民的落拓文人身份，对享乐之风表示了由衷的愤慨。透过现象穷究根本是梅尧臣诗文的一个显著特征，他以敏锐的目光指出品茗之风的背后潜藏着士风疲弱、因循苟且、不关心国计民生痛痒的危机："抑非近世之人，体惰不勤，饱食粱肉，坐以生疾，藉以灵荈，而消腑胃之宿陈？"长期的承平气象造就了北宋文人追求怡情雅趣的承平心理，尧臣的"体惰不勤"一语中的。

梅尧臣的标举风雅更表现为对现实政治动向的关心。他从改革派的立场出发评论政治得失，讥刺小人擅权专行。据叶梦得《石林燕语》卷九载，景祐元年（1034）范仲淹献百官图讥切吕夷简，坐贬饶州，梅尧臣遂作《灵乌赋》以寄，声援范氏。在赋中，梅尧臣写道："夫人之灵，大者贤，小者智。……鸟之灵，大者凤，小者乌。贤不时而用，智给给兮为世所趋。……凤不时而鸣，乌鸦鸦兮招唾骂于邑闾。"字面上劝诫范氏保身待时，做一个进退合度的巧宦，暗寓作者对乡愿塞途、直士被斥的现实的谴责。作者慨叹范氏道："乌兮，事将乖而献忠，人反谓尔多凶。凶不本于尔，尔又安能凶？凶人自凶，尔告之凶，是以为凶。尔之不告兮，凶岂能吉？告而先知兮谓凶从尔出。胡不若凤之时鸣，人不怪兮不惊。”怀忠忧国的人因指陈时弊而被贬斥，在感慨范氏不幸的同时，梅尧臣以富于理性的哲思，指出朝政的荒谬悖理。

梅尧臣对自己的文学才能颇为自负，但一生备受压抑，有志难伸。因此，他对权臣嫉贤妒能、任人唯亲充满愤恨，对小人攀附权贵的行径鄙夷不屑。范仲淹于康定元年（1040）被起用，为经略安抚副使，负责西北边事。梅尧臣颇为踌躇满志，希望立功边塞，他的朋友们也积极向范氏推荐，但范氏对梅尧臣的愿望置之不顾。庆历三年（1043）范氏被任命为参知政事，起用了孙明复、李泰伯诸人，仍然未寓目于梅尧臣。尧臣在失望之余，作《灵乌后赋》以刺范。赋曰：“今也主人悟，弹者去，丰尔食于太仓，置尔巢于高树……尔于此时，徒能纵苍鹰，逐狡兔，不能啄叛臣之目，伺贼垒之去，而复憎鸿鹄之不亲，爱燕雀之来附。既不我德，又反我怒。是犹秦汉之豪侠，远己不称，昵己则誉。”讥刺范仲淹得意忘形，任用小人，压抑贤才。同时，梅氏还作了《谕乌》诗刺范。梅尧臣一生都没有饶恕范仲淹，直至范死后，还作诗以刺之。对于这段公案，论说颇多。我们认为文学才能与政治才干不能等量齐观，范仲淹是干练的政治家，他看重的是政治才干。梅尧臣虽然富于文学才能，但在政治方面并不见得擅长。范氏是位君子，断不会因为梅的诗文出色就去嫉妒他。不过，撇开这桩公案，梅尧臣的这篇赋所讥刺的内容却是具有普遍意义的。在镇压王镇叛乱时，文彦博勾结张贵妃，窃功以致相位，为梅尧臣所不齿。他的长诗《书窜》对文氏的卑劣品行大兴挞伐。其《问牛喘赋》同样讥刺了这类权臣。这篇赋依据邴原问牛喘以审阴阳是否协调立意，鞭挞今之宰相道：“及其后世，我自我，物自物，天自天，人自人……曰吾委佩而端冕，服美而食珍，上奉天子，下役烝民。天何预于我哉！我亦无愧于兹辰。”在古今宰相的对比中，作者把今相的尸位餐禄、作威作福刻画得入木三分。

与此联系，梅尧臣对那些攀龙附凤以趋利的小人进行了冷嘲热讽。《凌霄花赋》中，梅尧臣描写凌霄花道：“绿根兮附质，布叶兮敷苗。朱花粲兮下覆，本干蔽兮不昭。嗟呼，此木几岁几年而至于合抱，夫何此草一旦一夕而遂曰凌霄？”唐代的萧颖士曾作《伐樱桃树赋》，咏物言事，曲笔刺奸，梅赋与萧赋立意一致。梅氏把善于钻营的小人比作善于攀附的凌霄花，体物贴切而诙谐有趣。在赋中，作者还褒扬卓尔不群的人格以自励：“安知蘋藻自洁，兰蕙自芳，芙蓉出污而自丽，芝菌不根而自长。”

梅尧臣一生郁郁不得志，他的赋有不少穷愁之叹。在《雨赋》中，他把自己的仕途比作在雨地里苦苦挣扎：“坏瓦漏屋，蒸菌出木，过而为酷者欤；朝使人愁，夜使鬼哭，迷而不知复者欤。将告之雨，雨无听也；将告之天，天且敻也。穷居知命，是何病也。噫!”对仕途的心灰意冷溢于言表。他把自己的不幸归咎于不能随波逐流，秉性痴拙，具有古之君子的遗风，因而，在失意不满之中，亦常常流露出自怜、自得之情。《鸤鸠赋》中，他以鸤鸠自比，指出鸤鸠在智力诸方面比不上委曲随俗的众鸟，但天性淳朴，自得其乐，赋中写道：“虽不能趋暄燠之时，亦毛翮而自持；虽不能决爪吻之利，亦饮啄而自遂；虽不能弄喉舌之辩，亦呼鸣而自善；虽不能理窠之完，亦栖处而自安；虽不能适变赴情，亦随宜而自宁。”固穷自励、履道而安的形象跃然纸上。《乞巧赋》中，梅尧臣阐述自己笃守拙性——天巧，顺道而行，而对奔竞驰骛、哗众取宠的为宦之资——人巧，不屑一顾。《矮石榴树子赋》同样表达了他固穷而自得的情怀。

在穷愁之中，亲情的慰藉是他心灵的寄托。在《思归赋》

中，梅尧臣思念自己白发皤然的父母，回想父母对自己的养育之恩，不禁有挂冠归田之思："惟秋之气，至憀栗而感人，日兴愁思，侧睇江滨。忆为童子，当此凛辰，百果始就，迭进其珍。"作者在仕途上苦苦挣扎，心为形役，对欢乐的童年心驰神往，像童年时代那样沐浴着父母的爱，才是他的精神家园。在对幸福童年的遐想中，作者的眷眷之情流诸笔端。北宋中期的赋家大都喜欢创作怀乡的题材，大抵以归乡与仕路对比，借怀乡来表达仕途偃蹇，在这些作品中，梅尧臣的这篇赋是较早的一篇。

梅尧臣的赋并没有完全沉浸于个人的穷愁之叹，而是把自己的人生感受上升到具有普遍意义的理性高度，从而具有一种洞达人事的理趣。

梅尧臣对名高而位卑的处境颇感苦闷，对声名、地位有独到的认识。在《红鹦鹉赋》中，他写红鹦鹉因为异于常，而被人囚于笼中，以供玩赏。赋曰："吾谓此鸟，曾不若尺鷃之翻翻。""虽使饮琼乳、啄雕胡以充饥渴，铸南金、饰明珠以为关闭，又奚得于乌鸢之与鸡雏？"外在的声名虽可以博取饮食之俸，但也会成为人生的羁绊，使自己变成任人评论的角色，只得敛情约性，委曲随俗，身心不得自由。《哀鹧鸪赋》写一鸟翩然远逝，一鸟耽于饮食羁留笼中殒命，世俗之人亦然，为博取高名俸禄而处身仕途，危机四伏。作者感慨道："呜呼！翻飞远逝而不为失兮，安然饱食不为福兮。焉知不为名之累兮。"与此赋内容相类的还有《放鹊赋》。梅尧臣一直认为自己仕途坎坷是由于才美而遭忌，因而，他对声名的看法颇为新颖而深刻。在《麈尾赋》中，他把人的声名比作麈尾。壮麈"其身已杀，其肉已燔，其骨已弃，独其尾之犹存。饰雕玉以为柄，入君握而永言。聊指麾之可任，虽脱落而蒙恩"。身已被杀，虽声施后世，又有何益！赋中又写道，生若蚍蜉、死若埃尘的犬豕之流"生无以异于其类，死不为时之所珍"，壮麈的一生似乎远在它们之上。其实，从身灭形释的角度来考虑，壮麈与犬豕又没有什么不同。

梅尧臣认为宇宙精微奥妙，非人的智力所能穷尽，对一些怪异现象应遵循“不语怪力乱神”的古训，宁可存疑，也不应妄下断语或归咎为神灵所为。因而，梅尧臣的赋中时常表现出唯物论的理性精神。《鬼火赋》《鬼火后赋》两赋探讨了鬼火的问题。前一篇曰：“噫，谓鬼为无，吾不敢谓之无；谓鬼为有，吾不敢谓之有。”对鬼的有无不置可否。《后赋》中又说：“且闻兵死之血，久而化之，既云血化，安有鬼为？”对鬼的存在持否定态度。康定元年（1040），天大风，朝廷认为是上天谴告，乃诏出郡县系狱死罪已下者。梅尧臣对此大不以为然，在为此而作的《风异赋》中，他否定了天道与人事的联系，他认为：“夫风者，天地之气也，犹人之呼嘘喘吸，岂常哉！若应人事之变，则余不知。”表现出高出流辈的真知灼见。真宗以来祥瑞大兴，文人们乘势畅论天人感应，一些思想家更从哲学高度确立天道与人事之联系，处在当时的环境，梅尧臣的唯物精神是难能可贵的。

二

梅尧臣是北宋杰出的文学家，其诗歌创作为开创宋诗的新风貌奠定了基础，其诗文的风格也影响了欧阳修等人，对诗文革新运动不无开启之功。在赋艺方面，梅尧臣在众多方面进行了有益的探索。

（一）梅赋辞约而意丰，重视传神写照的艺术效果

梅尧臣的大多数赋往往剪去枝蔓，拔去浮言腴语，多采用简笔勾勒的技法，寥寥几笔，便境界全出。他的诗闲远古淡，这种尚简约、重传神的为赋技法抑或受到作诗技巧的影响。如《鬼

火赋》写水边鬼火明灭的情景道："放舟于颍水之上，夜憩于项城之野。阴气四垂，而雨微下，左右望之，若无睹者。有光荧然，明于水边，人皆谓之鬼火，吾独未为然焉。"短短几句，在深邃晦暗的背景上凸现出明灭于水边的鬼火，构成迷茫而又飘忽、阴森的意境。《哀鹧鸪赋》中是这样描写鹧鸪的："其音格磔，其羽斓斑，其生遐僻，其趣幽闲。饮啄乎水裔，栖翔乎竹间。"轻轻点染，远离尘世、自得其乐的形象便跃然纸上。其他如《针口鱼赋》写针口鱼道："有鱼针喙形甚小，常乘春波来不少。"《南有嘉茗赋》："土膏脉动兮雷始发声，万木之气未通兮此已吐乎纤萌。"均诗意盎然。

梅尧臣还善于根据内容的需要有选择地采用赋的铺陈手法，即使铺陈也并不是全方位地描绘，而是抓住与内容密切相关的物象的某一特征，略施重彩。如《矮石榴树子赋》为了寄寓不媚俗苟容的人生态度，抓住石榴树异于常态的特征进行描写："偃偃盘盘，若屈若郁，纫纫结结，非曲非直。干不足攀，阴不足息。夫何挺质之可惑耶，意为异欤，为妖欤？"作者不偶于俗的人格追求与树的特异之态相辅相成，混融为一。《风异赋》中，为了表现天道与人事互不关涉，特意描绘风暴的景象曰：

> 出屋远望，西北之陲，亘天接地，混混赫赫，不见端涯。逡巡则赤埃赭雾，突荡奔驰。阳精失色，白昼如晦。号空吼穴，扬砂走块，众心惊惶，广衢翳昧。莫辨谁何，执手相对。其少顷也，稍明故归，人未宁兮，相与而为队。顺前者措足之不暇，逆进者举武而愈退。睇山川兮安陈，趋城郭兮安在？所可视者，五六步之内。越翌日，四方恬霁，乾坤黯惨，物色憔悴。

他怀着好奇的心情描写了沙暴发生的全过程，从云状、天色、风声、风势、人的惊慌失措诸方面多角度地展现沙暴的景象，这样的铺陈在梅赋中并不多见。这段文字并无神秘、怪异的色彩，只是想说明这种景象是丰富多彩的自然现象中的一种，与人事无涉。《思归赋》中，他不惮其烦地罗列儿时享用的果品菜蔬，对幸福童年的悠然遐想和对双亲的眷恋便自然流注于字里行间。

（二）梅赋风格平易，内蕴丰富，富于哲思

梅尧臣的赋语言浅显流畅，感情温和、平静，不喜宣泄，从而形成一种“平淡”的风格。这种平淡并非直白浅露，而是状难写之景，含不尽之意，将丰富的内蕴、激越的情绪寓于平淡之中，平淡而生气流行，鸢飞鱼跃，令人如食橄榄，初觉苦涩，咀嚼之后，甘味方出。如《述酿赋》，作者先述古时楚地酿酒之法：“必良其器，必香其泉”，“取有丰约，味有酴泊。则曰圣曰贤，和神怿气，积日弥年”。现今之酿酒则“自时厥后，兹道浸隳”，“昔也熙熙，终日不乱，舒畅四肢；今也冥冥，迷魂倒魄，不知其醒”。今昔对照，作者似乎是在感叹酒道日衰，今不如昔。然而赋接着写道：“吾观于世，未始达此。夫以天下为垆罂，兆庶为粱米，君臣为曲蘖，道德为酒醴，酣仁漱义，四海熏和，莫知所以。逮乎率土浇弊，材不授矣；君臣乖异，法不施矣；道德遂薄，酒弗饴矣；餔诈啜伪，昏然而无归矣。”巧妙地把治理天下比作酿酒，指出只有上下和洽才能天下大治，酿酒之理通于为政之道，这样就使文章深入一层。作者更进一步指出，现今酒道日衰，使人迷魂倒魄，而大伪斯兴的天下，君臣乖异，道德浇薄，是一个率土浇弊的醉世，是一个是非混淆的世界。梅氏坚持改革立场，力主革除积弊，如果联系他的思想来看待这种观点，那么这篇赋的确可以反映出他勇跃的变革意识；若联系他潦倒的经历来看，自负甚高而位处下僚，人品卑劣的文彦

博之流却窃居高位，那么，这篇赋又蕴含着对世道人心的无尽感慨。梅尧臣以一个独醒者的眼光冷静地睇视着醉世，他把自己对治道、仕途乃至历史发展的种种感触熔铸于述酿之中，看似娓娓而谈，平淡道出，却山高水深，内蕴深厚，富于普遍意义。

又如《击瓯赋》。梅尧臣指出瓯声清越悠扬："其可尚者，鸣非瓦釜律度合，鼓非土缶音韵同，和非埙篪上下应，作非钟磬节奏侔。而又冰质莹然，水声修然，度曲泠然，入耳浏然。"这段文字赞美瓯之自然天成的天籁之音，其中亦寄寓了不偶于俗、倾心高洁的人格追求，同时也包含了曲高和寡、妙理出于法度之外等人世间的普遍规律。又如《鱼琴赋》写"为琴之美者"的桐树，初被斫为木鱼，日击而椎，运命堪嗟，后又被制为琴，乃升堂入室，侧身儒雅之流。在平淡的叙述中，作者以"呜呼琴兮，遇与不遇，诚由于通窒"一语道破天机，于是意蕴随之而丰富起来，深邃起来，人世间的穷达际遇、作者自身的困厄经历、昏主庸臣的埋没人才等感触尽在不言中。

梅赋寓奇峭于平淡的风格并未使赋境流于险怪枯索，而是摇曳生姿，情韵盎然，如《矮石榴树子赋》的自得闲在，《击瓯赋》的胸次清旷，《鬼火赋》的幽冷，《灵乌赋》的愤激，均有动人之处。姿态婉媚而又富于哲思，平易而见工巧，譬若妖韶女，老自有余态。

（三）散体文风对梅赋的影响

梅尧臣有意识地将散文手法引入辞赋当中，使赋向散文靠近、混融。他的赋语言伸缩自由，不刻意追求对偶骈俪的工巧，体现出散体文的语言风格。如《针口鱼赋》："其为针也，颖不能刺肌肤，目不能穿丝缕，上不足以附医而愈疾，下不足以因工而进补，以口得名，终亲技女。"文气一贯而行文流转灵动，去骈体已远。即使对偶，梅氏也喜用散句形成的排偶，如

《南有嘉茗赋》："一之日雀舌露，掇而制之，以奉乎王庭；二之日鸟喙长，撷而焙之，以备乎公卿；三之日枪旗耸，搴而炕之，将求乎利赢；四之日嫩茎茂，团而范之，来充乎赋征。"骈体的工整已经消失在散句的长短不齐之中。梅赋喜议论的特点也呈现出散文的影响。有些赋高屋建瓴地议论人事，极具慧眼，如《乞巧赋》论天巧与人巧，均涵盖古今，发人深省；有些赋对人所难言之理一语道破，抉出物情之关键，警醒有力，如《针口鱼赋》指出巧言令色之人其实无所用处，"以口得名，终亲技女"。《放鹊赋》议论祸福相倚，"岂专心以谋食兮，昧目前之祸根"，利令智昏，这是福祸相倚的原因所在。

总之，梅尧臣的赋既追求丰富的内蕴、动人的情致和深邃的理趣，又具有散文的平易、流畅和议论，兼取诗与散文之长处，指出了宋赋发展之向上一路，对欧阳修等人文赋的创作具有直接的启迪作用。

（原载《云梦学刊》2005年第5期）

论梅尧臣诗的平淡风格

◎莫砺锋

梅尧臣诗歌的主要风格是“平淡”，似乎已是文学史上的定论，但是细究起来，问题又不这么简单。我们至少应该注意到这样两种意见：第一种意见认为梅诗还称不上真正的平淡，例如南宋朱熹说：“圣俞诗亦不得谓之好……他不是平淡，乃是枯槁。”[①]今人钱锺书先生也说：“不过他‘平’得常常没有劲，‘淡’得往往没有味。”[②]第二种意见则认为梅诗的主导风格不是平淡，持这种意见的主要是今人朱东润先生，他说：“把尧臣的作品归结为平淡，不但不符合梅诗的实际情况，也是违反尧臣的主观要求的。”[③]本文试就这两种意见谈谈我们对梅诗平淡风格的看法。

梅尧臣集中保存的诗作，始于仁宗天圣九年（1031），是年尧臣年30岁，正在河南县主簿任上。在以后的三四年间，他与欧阳修、尹洙等人交往甚密，形成了一个文学创作的小团体，而以文坛前辈和官场上司的双重身份对他们予以关怀的就是当时任西京留守的西昆派诗人钱惟演。从天圣九年至景祐元年（1034），梅诗共存126首，值得注意的是这些作品中西昆派的影

① 《朱子语类》卷一三九，中华书局 1986 年版。

② 《宋诗选注》，人民文学出版社 1958 年版，第 16 页。

③ 《梅尧臣诗的评价》，《梅尧臣集编年校注·叙论一》，上海古籍出版社 1980 年版。

响相当细微。例如西昆派诗人对诗歌体裁最喜七律[①]，而此期梅诗中只有两首七律，而且其风格近于白居易的闲适诗而不像昆体那样秾丽深密。受昆体影响较显著的只有一首题作《无题》的五律，相反，多数作品倒体现了与昆体风格背道而驰的闲淡清丽之风，如：

> 夜色际阴霾，灯青谢客斋。梧桐生静思，络纬动秋怀。小酌宁辞醉，清言不厌谐。谁怜何水部，吟苦怨空阶。（《新秋雨夜西斋文会》）

此诗作于天圣十年（1032），时尧臣年31岁，故元人方回称其“妙年细密”[②]，其实此诗清丽闲淡，风格近于韦应物。南宋朱弁说梅尧臣少时“专学韦苏州”[③]，诚非虚语。再如作于天圣九年的《田家》四首，作于明道二年（1033）的《刘秀才归河内》等诗，以清丽之辞写静谧之境，受王维、储光羲的影响较深。当然梅尧臣早年的诗作肯定有所散佚，但正如欧阳修在《梅圣俞诗集序》中所说“圣俞诗既多，不自收拾，其妻之兄子谢景初惧其多而易失也，取其自洛阳至于吴兴以来所作，次为十卷”，并没有经过有意的删汰，所以现存作品是能反映他初期创作的真实面貌的。因此说，虽然梅尧臣初入诗坛时曾受到西昆派诗人的关怀，他本人与西昆派诗人的关系也相当密切[④]，但他的诗风从一开始就显示了与西昆体分道扬镳的倾向。欧阳修在《梅圣俞墓志铭》中说“其初喜为清丽闲肆平淡”，对梅诗的早期风格描述

---

① 《西昆酬唱集》共收诗 247 首，其中七律有 143 首。

② 《瀛奎律髓汇评》卷一七，上海古籍出版社 2005 年版。

③ 《风月堂诗话》卷上，《四库全书》本。

④ 景祐元年（1034）钱惟演卒。梅尧臣作《随州钱相公挽歌三首》，内有“文章明时访，忠言故吏知。居常呜咽涕，翻作众人悲”之句，语甚沉痛。梅尧臣后来还续娶西昆派诗人刁衎的孙女为妻。

得很准确。然而必须指出，此时梅尧臣的创作尚停留在学习唐人的阶段。他或许是看到了西昆派一味模仿李商隐而造成的秾密诗风之弊而想要矫正之，或许是出于自己的艺术个性而选择了王维、韦应物等唐代诗人作为学习的典范，从而使其诗具有“清丽闲肆平淡”的风格，可是这种风格与王、韦诗风相比，因袭多而变化少，并没有形成梅诗的独特风格。如果梅尧臣始终停留在这个水平上的话，那么他与宋初学习白居易的王禹偁、学习贾岛的魏野，乃至学习李商隐的西昆派诗人之间只有风格取向的差异，而没有本质上的区别。当然，梅尧臣对王维、韦应物等人的倾心并非仅仅是早期的事。即使在他中年乃至晚年的诗中，风格类似王、韦的作品也仍时时出现。清人王士禛论诗崇唐轻宋，但对开创宋调的梅尧臣颇为赞赏，原因即在于此。王士禛在《香祖笔记》中说：“予每与施愚山侍读言及《宛陵集》，施辄不应，盖意不满梅诗也。一日，予曰：‘扁舟洞庭去，落日松江宿。此谁语？’愚山曰：‘韦苏州、刘文房耶？’予曰：‘乃公乡人梅圣俞也。’”王士禛赞赏的一联见于下面这首诗：

> 来衣茶色袍，归变椹色服。孤舟[①]洞庭去，落日松江宿。水烟晦琴徽，山月上岩屋。野童遥相迎，风叶鸣橡槲。（《送良玉上人还昆山》）

此诗作于嘉祐三年（1058），时梅尧臣已57岁，这可算是他的晚年作品了，可是风格仍酷肖韦应物、刘长卿，以至于施闰章误以为韦、刘之诗。我们觉得学习王、韦是形成梅诗平淡风格的一个因素，但并非主要因素，否则的话，梅尧臣就不可能以迥异于唐诗的风格特征而开宋诗风气之先了。

① 南宋龚明之《中吴纪闻》卷一载此诗，“孤舟”作“扁舟”，中华书局1985年版。

景祐元年（1034），梅尧臣赴汴京应进士试不第，调任德兴县令知建德县（今安徽东至）。是年五月欧阳修赴汴京，七月钱惟演卒，八月梅尧臣南归宣州，不久赴建德县任。梅尧臣从此远离了洛阳，结束了与师友切磋诗艺的一段生活，这是他生活道路上的一个大转折，也是他创作道路上的一个大转折。从那以后，梅尧臣显然把较大的注意力投向了现实生活的题材。题材主要有两大类，第一类是写民生疾苦的，例如35岁时作于建德县任上的《田家》《陶者》，以及39岁时作于襄城县任上的《田家语》《汝坟贫女》等诗。第二类是咏朝政大事的，例如35岁时所作反映范仲淹与吕夷简之斗争的《彼鴐吟》等。第一类题材在梅尧臣于康定元年（1040）秋解襄城县任后很少再写，因他后来没有再做过知县一类的直接接触人民的地方官，也就失去了直接观察人民生活的机会。第二类题材则时断时续地出现在他笔下，50岁时还写了辞意愤激的《书窜》以咏唐介因弹劾文彦博而被远谪之事[①]。朱东润先生由此而认为："尧臣是一位激昂慷慨的战士，把他作品的特征，归结为平淡，是和他的身份不相称的。"[②]的确，如果把"平淡"仅仅理解为类似于王维、韦应物诗风的一种风格特征，那么梅尧臣的这些作品显然难以归结为"平淡"。但是事实上梅尧臣后来所追求的"平淡"，已经不限于初期的"清丽闲肆平淡"，而是具有更加深厚的内涵的全新的风格，而这种"平淡"风格与激昂愤慨的情感内蕴是并不彼此排斥的。

我们先看梅尧臣的诗论：

微生守贱贫，文字出肝胆。一为清颍行，物象颇所

---

① 此诗前人或疑为魏泰伪作，我们认为朱东润《梅尧臣集编年校注》肯定此诗为梅作的理由是充分的。

② 《梅尧臣诗的评价》，《梅尧臣集编年校注·叙论一》。

览。泊舟寒潭阴，野兴入秋菼。因吟适情性，稍欲到平淡。苦辞未圆熟，刺口剧菱芡。方将挹溟海，器小已潋滟。广流不拒细，愧抱独慊慊。疲马去轩时，恋嘶刍秣减。兹继周南篇，短桡宁及舰。诚知不自量，感涕屡挥掺。（《依韵和晏相公》）

此诗作于庆历六年（1046），时梅尧臣45岁，正在许昌签书判官任上。他因事途经颍州，遇见罢相后以工部尚书知颍州的晏殊，彼此唱和。朱东润先生认为“这首诗言平淡，是在晏殊的影响下写出来的”[①]。我们觉得这种说法难以成立。梅尧臣是一个个性倔强的人，他早年任河南县主簿时，钱惟演正判河南府兼西京留守，是他的顶头上司，但梅尧臣在诗歌创作上我行我素，并不唯钱惟演马首是瞻，很难想象他到了中年反倒会为了附和晏殊而作违心之论。况且梅诗中论及“平淡”的还有下面一首：

作诗无古今，唯造平淡难。譬身有两目，瞭然瞻视端。邵南有遗风，源流应未殚。所得六十章，小大珠落盘。光彩若明月，射我枕席寒。含香视草郎，下马一借观。既观坐长叹，复想李杜韩。愿执戈与戟，生死事将坛。（《读邵不疑学士诗卷杜挺之忽来因出示之且伏高致辄书一时之语以奉呈》）

此诗作于至和三年（1056）。杜挺之即杜植，年辈略同于梅尧臣，而梅此时已55岁，是名闻天下的老诗人了，他肯定不会在写给友辈的诗中说些言不由衷的话。所以我们认为梅尧臣提倡“平淡”确是他一贯的诗学主张，问题是他所谓“平淡”的确切含义

① 《梅尧臣集编年校注》卷一六。

是什么。庆历六年（1046）梅尧臣于颍州会见晏殊时，晏殊曾对他说过“彭泽多野逸田舍之语”之类的话[1]，据说晏殊还曾称赞韦应物诗“全没些脂腻气”[2]，可见晏殊诗风虽近于昆体，但他主观上还是比较喜爱清丽轻快的诗风。他的名篇《寓意》（“油壁香车不再逢”）虽然内容近于李商隐《无题》一类诗，但辞采则清淡得多。所以，晏殊之欣赏陶、韦之诗，主要是着眼于其清闲淡雅。如果他曾与梅尧臣论诗说过“平淡”一词，那多半是指陶、韦诗风而言的。然而梅尧臣所说的“平淡”与之不同，在上引的第一首诗中，开篇就说：“微生守贱贫，文字出肝胆。”这与他在同年所作的《答韩三子华韩五持国韩六玉汝见赠述诗》中所说的“屈原作《离骚》，自哀其志穷。愤世嫉邪意，寄在草木虫”以及作于前一年的《答裴送序意》中“我于诗言岂徒尔，因事激风成小篇。辞虽浅陋颇刻苦，未到二雅未忍捐”是同样的意思，是说自己作诗乃出于胸中愤激，是有为而作的。可见在梅尧臣看来，“平淡”的诗歌完全可以以愤激感情作为创作的心理基础。同样，在上引第二首诗中，梅尧臣先说“作诗无古今，唯造平淡难”，把“平淡”看成诗美的极境，可是后面并不以陶、韦为典范，反而说“既观坐长叹，复想李杜韩”。作为风格术语的“平淡”一词，最初是指辞句简朴、思虑平夷而言。钟嵘《诗品》卷中评郭璞诗：“宪章潘岳，文体相辉，彪炳可玩，始变永嘉平淡之体，故称中兴第一。”即把“平淡”作为对玄言诗的评语，这不能说是一种很高的诗歌境界。然而后人在运用“平淡”这个风格术语时，往往是指“文体省净，殆无长语。笃意真

① 见梅尧臣《以近诗贽尚书晏相公忽有酬赠之什称之甚过不敢辄有所叙谨依韵缀前日坐末教诲之言以和》原注，《梅尧臣集编年校注》卷一六。

② 见吴处厚《青箱杂记》卷五，中华书局 1985 年版。

古，辞兴婉惬”[①]的陶渊明诗和“高雅闲淡”[②]的韦应物诗。如果依照这样的风格观点，则李诗飘逸、杜诗沉郁、韩诗雄骜，都未能说是“平淡”。可见梅尧臣心目中的“平淡”已是一个全新的诗学名词，它实际上是指一种炉火纯青的艺术境界，一种超越了雕润绮丽的老成风格。这种观点在宋代并不是梅尧臣一个人的独得之秘，而是时代的共识。梅尧臣的诗友苏舜钦作诗“以超迈横绝为奇”[③]，论诗却有“会将趋古淡，先可去浮嚣”[④]之语。苏轼作诗“嬉笑怒骂，皆成文章”[⑤]，论诗则主张“凡文字，少小时须令气象峥嵘，采色绚烂，渐老渐熟，乃造平淡。其实不是平淡，绚烂之极也”[⑥]。黄庭坚作诗刻意求新，“颇道前人未尝道处”[⑦]，论诗则推崇杜甫的夔州诗“平淡而山高水深，似欲不可企及”[⑧]。南宋的葛立方进而指出这种“平淡”观是发轫于梅尧臣的，他说：“大抵欲造平淡，当自组丽中来，落其华芬，然后可造平淡之境，如此则陶、谢不足进矣。今之人多作拙易语，而自以为平淡，识者未尝不绝倒也。梅圣俞《和晏相》诗云：‘因吟适性情，稍欲到平淡。苦辞未圆熟，刺口剧菱芡。’言到平淡处甚难也。”[⑨]“平淡”已成为宋代诗坛整体性的审美追求，这种意义的“平淡”才是梅尧臣孜孜以求的艺术境界。

我们再看梅尧臣的诗歌作品。

上面说过，梅诗中反映现实的作品可分成两大类。其中咏朝政大事的一类由于纯然是为政治斗争而作，有些作品还夹杂着个

① 《诗品集注》卷中，上海古籍出版社1994年版。
② 白居易《与元九书》，《白居易集笺校》卷四五，中华书局1988年版。
③ 《六一诗话》，《历代诗话》本，中华书局1981年版。
④ 《诗僧则晖求诗》，《苏子美文集》卷八，《四部丛刊》本。
⑤ 黄庭坚《东坡先生真赞三首》之一，《豫章黄先生文集》卷一四，《四部丛刊》本。
⑥ 《与二郎侄》，《苏轼佚文汇编》卷四，《苏轼文集》，中华书局1986年版。
⑦ 陈岩肖《庚溪诗话》卷下，《历代诗话续编》本，中华书局1983年版。
⑧ 《与王观复书》，《豫章黄先生文集》卷一九。
⑨ 《韵语阳秋》卷一，上海古籍出版社1984年版。

人恩怨（如讽刺范仲淹的《谕乌》等诗），文学意味受到了很大的削弱，但是仍可看出诗人追求“平淡”的趋向。例如讽刺吕夷简的《猛虎行》一诗[1]，在描写了猛虎的凶恶之状以后，又代猛虎设词说了一番吃人有理的逻辑，即戛然而止，并不对猛虎进行驳斥和批判。又如反映苏舜钦被诬事件的《杂兴》一诗，只用“一客不得食，覆鼎伤众宾”两句即活画出小人之态。这种写法把强烈的愤怒敛藏于冷峻的言辞之中，可谓深衷浅貌。梅尧臣写民生疾苦的诗颇多传世名篇，有的诗（如《汝坟贫女》）仅用朴实的字句叙述人民的痛苦遭遇而诗人自己不措一辞，有的诗虽然表明了诗人自己的态度，如《田家语》最后有“我闻诚所惭，徒尔叨君禄。却咏归去来，刈薪向深谷”四句，但只是淡淡说来，与白居易诗中“虐人害物即豺狼，何必钩爪锯牙食人肉”[2]那样的剑拔弩张的呼喊大异其趣。再如：

> 陶尽门前土，屋上无片瓦。十指不沾泥，鳞鳞居大厦。（《陶者》）

寥寥四句，只作客观叙述而无主观感叹，而诗人的同情、愤怒尽蕴其中，可谓简练老辣。就艺术风格而言，这与诗人追求“平淡”之美的努力是同一走向的。

当然，梅诗中更多、更重要的作品是写景抒情之诗。下面我们从梅诗的主体部分来考察他是如何达到“平淡”之境的，以及他的“平淡”风格具有哪些艺术个性。

自景祐元年（1034）以后，梅尧臣的诗有两点明显的变化。第一点是题材取向朝着平凡的日常生活倾斜。这种趋势从杜

---

① 按：夏敬观认为此诗讽刺高若讷，而朱东润先生认为是讽刺吕夷简的（见《梅尧臣集编年校注》卷六），朱说可从。

② 《杜陵叟》，《白居易集笺校》卷四。

甫、韩愈等人已经开始，但尚未大畅其流。比韩愈稍晚的贾岛等人专写荒郊古庙之景，晚唐陆龟蒙等又专咏江湖隐逸之趣，都未能真正把审美目光投向平凡、琐屑的人间生活。而梅尧臣则发扬韩愈的传统，在这方面做了有益的尝试。欧阳修评韩诗说："其资谈笑，助谐谑，叙人情，状物态，一寓于诗，而曲尽其妙。"[①]又评梅诗说："其体长于本人情，状风物。"[②]这就清楚地说明了韩、梅之间的传承关系。《苕溪渔隐丛话》前集卷二六引《后山诗话》说："闽士有好诗者，不用陈语常谈，写投梅圣俞。答书曰：'子诗诚工，但未能以故为新，以俗为雅尔。'"梅尧臣是否真的说过此话，已无从证实，但他的创作实践倒是真有"以俗为雅"的倾向，就是努力从前代诗人所忽视的生活中发现题材。题材既然趋向平凡，风格也随之趋向平淡，试举一例：

> 白日落我前，明月随我后。流光如有情，徘徊上高柳。高柳对寝亭，风影乱疏牖。我马卧其傍，我仆倦揞肘。寂寂重门扃，独念家中妇。乳下两小儿，夜夜啼向母。问爷若个边，天性已见厚。不嗟羁枕孤，不愧栖禽偶。内有子相忆，外有月相守。何似长征人，沙尘听刁斗！（《七月十六日赴庾直有怀》）

这是写他在永济仓的一次值夜，事情是极其平凡的，所见的是处处可见的平常之景，所感的是人人皆有的平常之情，这样的内容显然不宜用雄奇奥衍或雕琢典雅的文字来表达。此诗娓娓道来，如诉家常。"乳下两小儿"几句尤其质朴，已闻陈师道诗风之先声。这是梅诗形成"平淡"风格的一个重要原因。

---

① 《六一诗话》。

② 《书梅圣俞稿后》，《欧阳修全集》卷七二，中华书局2001年版。按：此文作于明道元年（1032），其时梅尧臣31岁，"本人情，状风物"的趋向刚刚开始。

第二点是梅尧臣力图在陶、韦诗风之外另辟“平淡”的新境界。对于宋初诗人来说，学习唐人是提高诗歌艺术修养的必然途径，梅尧臣也不例外。前面已说过他模仿陶渊明、王维、韦应物等人的情况，值得注意的是，梅尧臣在景祐元年（1034）之后学古的范围相当广泛，而且尤其着意模仿风格与王、韦大异其趣的韩愈、孟郊等诗人。梅集中拟韩、孟的诗最早的是作于33岁的《余居御桥南闻袄鸟效昌黎体》，最迟的是作于57岁的《刑部厅看竹效孟郊体和永叔》，时间跨度远远超过了他对陶、韦等人的模仿。欧阳修曾在庆历五年（1045）作《读蟠桃诗寄子美》诗，中有“郊死不为岛，圣俞发其藏。……嗟我于韩徒，足未及其墙。而子得孟骨，英灵空北邙”之句，以孟郊比拟梅尧臣。梅尧臣后来屡次提到这个比方，例如他在庆历八年（1048）作《别后寄永叔》说：“窃比于老郊，深愧言过实。”复于至和二年（1055）作《依韵和永叔澄心堂纸答刘原甫》说：“退之昔负天下才，扫掩众说犹除埃。张籍卢仝斗新怪，最称东野为奇瑰。……欧阳今与韩相似，海水浩浩山嵬嵬。石君苏君比卢籍，以我拟郊嗟困摧。”钱锺书先生认为此诗“正谓欧以己‘拟郊’，非缘诗品相似，而‘嗟’己之身世‘困摧’相同”[①]。然而此诗中“退之昔负天下才”“张籍卢仝斗新怪”“最称东野为奇瑰”三句皆指诗才诗风，“欧阳今与韩相似，海水浩浩山嵬嵬”两句也是说欧阳、韩之文才相当，那么“以我拟郊嗟困摧”一句不该是独指“身世”而言。我们认为“嗟困摧”乃自叹才力单薄，非孟郊之匹。也就是说，梅尧臣对于欧阳修将自己的诗比作孟郊是颇以为然的。钱锺书先生又认为“圣俞古诗，大段步趋昌黎，出入于玉川，初不师法东野”，并说“圣俞之于东野，则未

① 《谈艺录》（补订本），中华书局1984年版，第506页。

尝句摹字拟也。集中明仿孟郊之作，数既甚少，格亦不类”[①]。其实梅诗固然有学韩、学卢之处，但他学古最有所得的则是孟郊，而“未尝句摹字拟”正是他善于学古的表现。孟郊诗有“刿目钵心，刃迎缕解，钩章棘句，掐擢胃肾”[②]的一面，也有“间练超拔，古味盎然”[③]的一面，梅尧臣对这两方面都注意仿效，但心摹手追的主要是后者，例如：

> 苍苍庭中竹，事莫叹迟速。不同栏下草，一岁一回绿。朝开花照曜，暮落风相逐。何如饱霜雪，冬夏森寒玉。谁将种官舍，本合近岩屋。不可一日无，潇洒看未足。阮生岂其愚，林中醉醽醁。我当明月时，移床来此宿。（《刑部厅看竹效孟郊体和永叔》）

又如梅集中哀悼亡妻殇子的那些诗，风格亦近孟郊。钱锺书先生认为两者“深挚大不侔”[④]，其实差别仅在于孟诗思想深刻、下语狠鸷，梅诗则语气较为委婉，而感情之深挚可以说是难分高下的，我们只要把孟郊的《杏殇》九首与梅尧臣的《戊子三月二十一日殇小女称称三首》对照一下，就可看出这种关系。梅尧臣从孟郊等人的诗中学得了苦涩、老辣等风格因素，并融入自己的诗风，从而形成了与陶、韦诗风不同的“平淡”风格。

梅尧臣上述两方面的努力其实就是在探索如何建立宋诗的独特风貌，既然是探索，就必然会有许多失败之处，那些招致后人批评、指责的梅诗大多是这样产生的。我们并不讳言梅集中确有许多写得不高明甚至相当糟糕的作品，值得注意的是这些作品出

① 《谈艺录》补订本，第505页、166页。
② 韩愈《贞曜先生墓志铭》，《昌黎先生集》卷二九，《四部丛刊》本。
③ 许印芳《诗法萃编》卷七下，《云南丛书初编》本。
④ 《谈艺录》（补订本），第166页。

现的时间相当集中，而且它们并未出现在梅尧臣创作的早期，反倒出现在他的中年时期。例如《师厚云虱古未有诗邀予赋之》作于44岁，《孙曼叔暮行汴上见鹘击蝙蝠以去语于予》作于45岁，《扪虱得蚤》作于46岁，《八月九日晨兴如厕有鸦啄蛆》作于48岁，这些诗的共同特点是写了诗国中前所未有的题材，所谓“虱古未有诗”云云就说明了这一点。又如《拟陶体三首》作于44岁，《依韵和欧阳永叔秋怀拟孟郊体见寄二首》作于46岁，而《拟李益竹窗闻风寄苗发司空曙》《拟宋之问春日剪彩花应制》《拟王维观猎》《拟韦应物残灯》等皆作于47岁，这些诗都是模拟前人之作。前一类诗正如钱锺书先生所说，具有“用些笨重干燥得不很像诗的词句来写琐碎丑恶得不大入诗的事物”[①]的缺点，后一类则像纪昀所说，具有“太近双钩”[②]的弊病。显然，这些作品自身没有多少审美价值，但可以作为文学史料昭示我们宋诗发展所走过的艰难道路，因为它们正是梅尧臣作为宋诗风气开创者所付出的部分心血的记录。

在说明了上述情况之后，我们就可以从正面来考察梅尧臣所创造的“平淡”风格了。

梅尧臣的早期作品具有类似陶、韦诗风的平淡风格，他晚年的作品则在平淡中渗入了两类新的因素。第一，陶、韦一派的诗虽说不乏“豪放”[③]和“颇近兴讽”[④]的作品，但是他们的主要作品则具有冲和闲淡的意境，人生的感慨极大地淡化了，有时甚至不复可睹。可是后期梅诗包含着深沉的人生感慨，用欧阳修的话来说，是“内有忧思感愤之郁积，其兴于怨刺，以道羁臣、寡妇

① 《宋诗选注》评《八月九日晨兴如厕有鸦啄蛆》语。

② 《瀛奎律髓汇评》卷三〇《拟王维观猎》纪批。按：“双钩”犹如说“描红”。

③ 朱熹评陶诗语，见《朱子语类》卷一四，中华书局1986年版。

④ 白居易评韦诗语，见《与元九书》，《白居易集笺校》卷四五。

之所叹，而写人情之难言，盖愈穷则愈工”[①]。我们且不举梅诗中那些悼亡惜殇、啼饥号寒的感情愤激的诗为例，而只看他写景述怀的诗：

> 林梅初弄熟，密雨闭重关。润裛衣巾上，凉生竹树间。水声通远涧，云色暝前山。野鸟寂无语，公庭尽昼闲。（《夏雨》）
>
> 风味正不寝，骤来寒气增。檐斜滴野箨，窗缺摇春灯。孺子睡中语，归人行未能。前溪波暗长，定已没滩棱。（《春夜闻雨》）

这两首诗分别作于35岁和53岁，题材是一样的，但风格则显然有别。前一首的用力之处在于描写梅雨时节的景物，表现了恬淡静谧的意境，诗风酷肖韦应物。后一首则着力于抒写诗人对雨的感受，字里行间充满了感慨，虽然诗人并未明确地说出感慨的具体内涵，但读者自能体会到这是一位饱经忧患的老人对时序变迁所生的感触。打个比方说，前者好似波澜不惊的一池清水，后者则好像峡间深江，尽管水面上很平静，江底却有湍急的伏流或漩涡。后者正体现了梅诗独特的“平淡”风格。

第二，陶、韦诗的语言风格是清丽淡雅的，梅尧臣的早期作品也是如此，但他的晚期诗风中则融入了枯涩、劲峭、老健的风格因素。欧阳修在梅尧臣死后评其诗云：“其初喜为清丽闲肆平淡，久则涵演深远，间亦琢刻以出怪巧，然气完力余，益老以劲。”[②]这是对梅尧臣诗风演变过程的准确概括。我们再从梅尧臣写景述怀的诗中看两个例子：

---

① 《梅圣俞诗集序》，《欧阳修全集》卷四三。

② 《梅圣俞墓志铭》，《欧阳修全集》卷三三。

适与野情惬，千山高复低。好峰随处改，幽径独行迷。霜落熊升树，林空鹿饮溪。人家在何许？云外一声鸡。（《鲁山山行》）

行到东溪看水时，坐临孤屿发船迟。野凫眠岸有闲意，老树著花无丑枝。短短蒲茸齐似剪，平平沙石净于筛。情虽不厌住不得，薄暮归来车马疲。（《东溪》）

这两首诗都是梅诗名篇，前者作于39岁，后者作于54岁，两首诗都体现了“平淡”的风格。胡仔《苕溪渔隐丛话》后集卷二四中说“圣俞诗工于平淡，自成一家”，他举出的例子中首二例即此二诗。可是细究起来它们毕竟是同中有异，同的是两诗都以平淡质朴的语言写出了一个远离人世的幽静之境，可谓“状难写之景如在目前”[①]。相异之处是前者“平淡”之中带有几分清丽，而后者则是“平淡”之中颇见老健。例如“霜落熊升树，林空鹿饮溪”一联写深秋林中景色如画：“霜落”“林空”指树叶凋零，密林变疏，所以能看到“熊升树”和“鹿饮溪”，而熊和鹿又显然是因为人迹罕至故能悠闲自在地“升树”和“饮溪”。后一首中“野凫眠岸有闲意”一句表达了同样的意思，然而前者仅写其状而不明言其意，后者明言其意而不摹其状。前者以情韵见长，后者以思理取胜。再如前诗结尾以远处的鸡声作结，言尽而意不穷，颇有蕴藉之妙，而后者明言兹游已毕，意随言尽，且故作枯涩之笔。有趣的是，这两首诗分别被方回选入《瀛奎律髓》的卷四和卷三四，清人冯舒在该书批语中对二诗的评语分别是：“此亦未辨其为宋诗，却知是梅。”“三四亦好，然非唐音。”冯舒评宋诗时向多苛责，可是他对这两首诗的评价很有启发意义：第一首已经体现出梅尧臣的独特风格，然尚距唐音未远，后

① 《六一诗话》引梅尧臣语。

续表

一首则纯然宋调了。也就是说，后期梅诗的“平淡”风格融入了劲峭、枯涩、老健诸多因素，已经不同于陶、韦等前代诗人的“平淡”。梅尧臣个人独特风格的形成过程与宋诗独特风貌的形成过程是同步进行的。

元人龚啸评梅诗说：“去浮靡之习，超然于昆体极弊之际；存古淡之道，卓然于诸大家未起之先。”[①]这段话把梅诗置于宋诗发展的过程中加以考察，可谓别具只眼，故再三为后人称引。我们认为，“去浮靡之习”一句诚为确论，而“存古淡之道”一句尚不够准确。如上所述，梅尧臣的“平淡”诗风并不仅仅是对古已有之的“平淡”风格的继承，而是一种创造，这种创造对于宋诗审美规范的确立起了筚路蓝缕的重要作用。宋诗成熟于元祐时期[②]，而元祐诗人对于“平淡”美（包含质朴、老健等因素）的追求显然是沿着梅尧臣的道路走下去的。我们试看两组例子：

青山峡里桐庐郡，七里滩头太守船。云雾未开藏宿鸟，坡原将近见烧田。养茶摘蕊新春后，种橘收包小雪前。民事萧条官政简，家书时问霅溪边。（梅尧臣《送余少卿知睦州》）

中年畏病不举酒，孤负东来数百觞。唤客煎茶山店远，看人获稻午风凉。但知家里俱无恙，不用书来细作行。一百八盘携手上，至今犹梦绕羊肠。（黄庭坚《新喻道中寄元明用觞字韵》）

舟子起添缆，夜潮同雨来。寒声相乱急，远梦自然回。水鸟鸣还睡，风灯暗复开。宦游常作客，未息为贫

① 《宛陵先生集》附录龚啸《跋前二诗》，《四部丛刊》本。

② 此处借用严羽《沧浪诗话》的说法，实指神宗、哲宗两朝，即王、苏、黄、陈等诗人活跃的时代。参看拙文《论苏轼在北宋诗坛上的代表性》。

催。（梅尧臣《宿洪泽》）

风叶初疑雨，晴窗误作明。穿林出去鸟，举棹有来声。深渚鱼犹得，寒沙雁自惊。卧家还就道，自计岂苍生。（陈师道《宿合清口》）

虽然各有自家面目，但在审美趣味和风格走向上的一致性是一目了然的。当然，在多数情况下，元祐诗人对梅尧臣的借鉴是青出于蓝而胜于蓝的，例如梅诗《送门人欧阳秀才游江西》云："客心如萌芽，忽与春风动。又随落花飞，去作西江梦。"王安石《壬辰寒食》则云："客思似杨柳，春风千万条。更倾寒食泪，欲涨冶城潮。"又如梅诗《登瓜步山二首》之一云："微风认江水，细甲几千层。"苏轼《游金山寺》则云："微风万顷靴纹细。"再如梅诗《禁中瑞竹同本异茎》云："孤竹二君子，圣人知独清。但将奇节并，何用首阳名。"黄庭坚《寄题荣州祖元大师此君轩》则云："程婴杵臼立孤难，伯夷叔齐采薇瘦。"若论形象之鲜明和词句之精警，显然是后来者居上。但就构思、比喻的方式和语淡意工的风格来说，不可否认梅诗的先导作用。梅尧臣以其独特的"平淡"风格对宋诗的发展做出了重要的贡献，所以从与他同时的欧阳修到宋末的方回都对他赞不绝口。这些称扬在后人看来或有过誉之处，但对宋人来说是对一代诗风开创者的公正评价。

（原载《唐宋诗歌论集》，凤凰出版社2007年版，第223—237页）

论梅尧臣的唐诗观

◎朱少山　余恕诚

梅尧臣生于宋兴70余年之后，崛起于仁宗天圣、明道间，以诗名家而为世所传。他的诗歌创作取得了非凡的成就，屡得时彦名流的推赏和奖誉。随后将梅尧臣尊为宋诗“开山祖师”“宋诗之冠”者代有其人。清代梅枝凤言，继宋而下，“后之折衷者且谓宋无诗，独得宛陵一人，其尊而信、信而传也，盖五百余岁也”[①]。其诗流传之广、影响之甚，于此可见一斑。梅尧臣“开宋诗一代之面目”[②]而自成一格，这与他广泛师承、兼容并蓄的诗学态度甚相关紧，特别是唐诗。严羽在《沧浪诗话·诗辨》中说：“国初之诗尚沿袭唐人，王黄州学白乐天，杨文公、刘中山学李商隐，盛文肃学韦苏州，欧阳公学韩退之古诗，梅圣俞学唐人平淡处……”[③]叶矫然甚至说：“梅宛陵诗无一字宋习，直是六朝、三唐好手……”[④]这种在创作实践中的诗学旨趣正透露出他对唐诗整体风貌的透彻把握。

梅尧臣深厚的家学渊源与其博学冥搜之才，是其评骘前代诗人诗作的重要基础，“诗能入阮籍，评不愧钟嵘”；而当时士

---

① 周义敢、周雷《梅尧臣资料汇编》，中华书局2007年版，第211页。

② 叶燮、薛雪、沈德潜《原诗·一瓢诗话·说诗》，人民文学出版社1979年版，第67页。

③ 严羽《沧浪诗话》，明《津逮秘书》本。

④ 叶矫然《龙性堂诗话续集》，郭绍虞《清诗话续编》，上海古籍出版社1983年版，第1054页。

大夫宴饮酬唱的社会风气也为他研揣诗艺、希踪唐贤提供了重要条件，“宾属两三人，从容奉评文”。韩维就曾盛赞道：“唐之众诗人，区别各异派。一经君子评，敛凿弃秕糏。”与宋代其他文人传达唐诗观的方式有所不同的是，梅尧臣既没有系统的诗歌选本，也没有完整的诗话笔记（部分散见于欧阳修及他人转载中），而是通过自己的诗歌创作，从多角度、多层而巧妙地传达了自己的唐诗观。孙立在《中国文学批评文献学》第五章《宋金元文学批评文献》考述文献形式及来源时特举“论诗诗”一类，并认为：“此期这类文献最为著称的大概要数梅尧臣的论诗诗、戴复古的《论诗十绝》及元好问的《论诗绝句三十首》。”[①]不难看出，梅尧臣的论诗诗的价值已引起了相关学者的注意。当然，系统的研究仍需进一步挖掘整理。笔者即立足于此，试图从其诗歌文本及部分诗话材料中探赜索隐、摭拾梳理，以全方位呈现梅尧臣的唐诗观及其影响下的诗学思想与诗歌创作。

一、通脱允洽的唐诗史观

宋初诗坛沿袭晚唐五代之弊，至仁宗时期，“晏同叔、钱希圣、刘子仪、杨大年数人，亦思有以革之，第皆师于义山，全乖古雅之风”[②]。不能取法乎上，未脱唐诗末流之衣钵。正当诗坛走向颓靡窳败之时，梅尧臣则能承昆体靡滥之后荡涤余滓，冲破规摹唐人的藩篱，于唐人诸家之中，不名一体，唯造平淡。如方回所说：“梅诗似唐而不装不绘，自然风韵，又当细咀。”[③]后代诗评家在关于梅氏学唐主谁的问题上众说纷纭，仁智互见。而这

① 孙立《中国文学批评文献学》，广东人民出版社 2000 年版，第 222 页。

② 宋濂《答章秀才论诗书》，蔡景康《明代文论选》，人民文学出版社 1993 年版，第 9 页。

③ 方回《瀛奎律髓汇评》卷四，上海古籍出版社 2005 年版，第 169 页。

也正从另一侧面反映出梅尧臣在创作实践中的熔铸之功，无所偏执，不主故常，力避亦步亦趋。

梅氏独特诗风的确立，源于广泛学习唐人而别为一体，而这就离不开他对唐代诗人乃至整个唐朝诗史的综合把握。换言之，梅尧臣在促使唐音转向宋调的诗史进程中，一直保持着唐诗所特有的本色；而其自觉的革新意识，又促使他在宋初诗坛“沿袭晚唐五代之弊”以外自立门户。生活于北宋中期的梅尧臣，是最早具备条件对唐诗作出整体观照的人选。下面即先将梅诗中涉及的唐代诗人以及相关拟唐体的部分诗歌作一简单汇总，从而对梅氏诗论中涉及的唐代诗人诗作有一个直接宏观的了解。

表1　梅尧臣点评唐代诗人及拟唐体诗一览表

<table>
<tr><th>时期</th><th>诗作及诗论出现的诗人（次数）</th><th>相关拟体诗</th><th>备注</th></tr>
<tr><td>初唐</td><td>陈子昂（2）、张说、沈佺期、宋之问、王勃</td><td>《感遇》《古剑篇送蔡君谟自谏省出守福唐》《拟张九龄咏燕》《拟宋之问春日剪彩花应制》</td><td rowspan="4">某些诗作一时难以指陈主拟何体，但从诗题的广泛流传年代及其成熟代表作，可以初步判定当是拟唐体诗，如《古意》，李白、卢照邻、韩愈、孟郊、白居易、温庭筠、戴叔伦、贾岛等40余人均有此作；《杂兴》，王昌龄、司空曙、卢仝、陆龟蒙、皎然、权德舆等10余人都有此作，其中多是流传千古的脍炙人口的名篇</td></tr>
<tr><td>盛唐</td><td>李白（31）、杜甫（16）、贺知章（2）、王维</td><td>《拟王维偶然作》《拟杜甫玉华宫》《拟王维观猎》</td></tr>
<tr><td>中唐</td><td>韩愈（23）、孟郊（9）、卢仝（9）、柳宗元（3）、白居易（3）、张籍（3）、韦应物（3）、李贺（3）、刘长卿（2）、皎然、贾岛、李益、李端、许棠、严维、大历诸公</td><td>《日蚀》《依韵和欧阳永叔秋怀拟一孟郊体见寄二首》《拟李益竹窗闻风寄苗发司空曙》《拟韦应物残灯》《拟韩吏部射训狐》《余居御桥南夜闻祆鸟鸣效昌黎体》《刑部厅看竹效孟郊体和永叔》</td></tr>
<tr><td>晚唐</td><td>杜牧（4）、杜秋娘（2）、陆龟蒙、温庭筠、姚合</td><td>《无题》</td></tr>
</table>

唐诗，犹如巍巍高山，成为后世人们心中竞相膜拜的诗歌典范。在诗评中，梅尧臣对其不拘泥于泛泛之评，力避琐屑之论；他独具慧眼，从一个宏观诗史的角度对唐诗的总体成就作出了恰如其分的评价，深有“高山仰止，景行行止”之怀，“有唐文最盛，韩伏甫与白。甫白无不包，甄陶咸所索”；“唐之文章剔芜秽，纤悉宁有差毫厘。谓其耽学可与语，便语渊奥祛佹疑”。唐诗的风貌，正在于它对时代的纵横反映及其所表现的难以复制的生活美和精神美。它极其广博而不胜恢宏，这种广博源于其丰富的社会内容、无所不包的人情世态，而这种恢宏正是它兴象玲珑、骨气端翔的盛唐气象。梅尧臣在此着重突出唐诗“剔芜秽”的清健纯粹之美，正是针对其时西昆体雕绘满眼、琐碎饾饤而发。

在这诗国盛唐的苑囿里，梅尧臣首先确立了李、杜、韩三家典范，以及开元、元和两座高峰。

“诗评杜兼李，字法褚与虞”；“其间赞愚辞，愧累将恐诟。摩拂李杜光，诚与日月斗”。李杜并称，由来已久，“李杜文章在，光焰万丈长。不知群儿愚，那用故谤伤。蚍蜉撼大树，可笑不自量”（韩愈《调张籍》）。然而“李杜优劣论”的观点自元稹之时，即已微露端倪，持此辩者，历代不乏其人。梅尧臣在此力排众流，独标圣解，上追退之，以李杜并称，在当时的诗坛具有巨大的指向意义。对于李白的诗歌艺术成就，梅尧臣给予了高度的赞誉：“唯有李白诗，酒船芙蓉香。安得效白也，剩载借艅艎。”“开元有谪仙，酒隐向安陆。子尝慕其人，文字不拘束。”“李氏世能诗，落落为时豪。汉陵唐太白，始竞二雅高。”……太白那种豪迈不羁、飘逸不群的诗仙气质成为后代文人疏放精神的楷模，梅氏浓墨重彩地表现了李白的这种疏放精神，并对他那想落天外的飞来之笔以及纵横驰骋的非凡气象寄予了深深的仰慕之情。在此，梅尧臣还敏锐地发掘了李诗用韵险怪的一面，“雄才落笔泻天河，缀韵孤清仍险窄。入探虎穴谁为难，辞通造化方能敌”，而这正是唐代后来诗人特别是韩愈、李贺学习李白的着力之处。绾结盛唐和中唐两个诗坛的渊源流承关系并加以确认，正需要独具慧识的诗史观。梅尧臣不仅具备了这种诗史观念，还由此正确揭示了李白诗歌独特的一面，从而为我们更好地理解李白的文学史地位提供了另一个线索。

对于杜甫，梅尧臣的推重，亦是溢于言表，“杜诗尝说少陵豪，祖德兼夸翰墨高”，“比之少陵豪，望我何太全”。杜甫的诗酒风流不减太白，“还招李杜醉，野酿莫称贤”，“首观阮与杜，驴上瞑目醉”。当然，梅尧臣对杜甫最为重视的还是对他身世遭遇、穷愤作诗态度的强烈认同，“少陵失意诗偏老，子厚因迁笔更雄”，“予穷少陵老，公似谪仙人”。正因为如此，梅尧臣对李、杜二人坎坷的人生境遇寄予了不尽的惋惜慨叹之情，“李白负其才，飘落沦江头”，“犹胜昔年杜子美，老走耒阳牛炙死”。可以说，欧阳修对梅诗“穷而后工”的解读方式其实在梅氏之诗中即已发轫酝酿。

对于韩愈的诗歌成就与历史地位，梅尧臣亦是备加揄扬，“退之昔负天下才，扫掩众说犹除埃。……当时辞人固不少，漫费纸札磨松煤。欧阳今与韩相似，海水浩浩山嵬嵬”。虽然梅氏也认同“韩伏甫与白”“退之心伏降”之意，但韩愈那独开一代之文风，以及戛戛独造怪奇生新的诗歌创作，仍让梅氏钦慕不已，“韩子于文章，所贵不相效。譬彼古今人，同心不同貌”；“文章革浮浇，近世无如韩。健笔走霹雳，龙蛇奋潜蟠”；“韩愈尝有言，百物皆能鸣。特称孟东野，贫箧文字盈”。韩愈振兴诗坛的魄力与成就，以及“不平则鸣”的理论主张，都成为梅尧臣重点关注的对象。虽然他的生活不胜艰窘，家徒四壁，但他仍然庆幸“韩诗犹可觌”，可见对韩诗的喜爱之深。梅尧臣对韩愈的推赏之意还表现在对韩氏每一人生经历的甚相留意，“退之曾作河南宰”，“韩公守武垣”，“自昔揭阳郡，还思退之在南方”。这些对于全面了解韩愈诗风的变化是大有裨益的。

由推崇李、杜、韩，进而上升到对开元、元和时期两座艺术高峰的追怀，是梅尧臣唐诗观中的又一着力点。这个观点得到后人广泛的认同，并开启了清代同光体诗人陈衍“三元说”（开元、元和及元祐）的先河。

“重见元和风，珠玉敌海舶”，“岂特元和间，咳唾成珠玉”。于开元盛唐之外，特标元和一朝，是梅氏的真知灼见，“昔人者谁欤，元和前放臣。下士穷幽荒，憔悴楚水滨”。重视元和诗坛，对于充分发掘韩孟元白等派诗歌的艺术价值及有益启示，具有重要的借鉴和指导意义。当然，梅尧臣对于元和诗人特别是贾岛、卢仝等人的推重，也多少包含有身世境遇上的认同，“欧阳今与韩相似……石君苏君比卢籍，以我拟郊嗟困摧”；“笑我似卢仝，环然空四壁”；“已为贫孟郊，拚作瞎张籍”。文人竞相援古、情义相尚，文学上的追慕与身世上的认同交互参合，便使得这种跨越时代的文化接受更多了份内涵与魅力，实为异代知己。

当然，梅尧臣在着力品评大家及自己意趣相投的诗人之外，也注意到其他一些诗人诗作，如刘长卿，“我虽暗愚眼不盲，要识合入刘长卿”；许棠，“许氏世工诗，浑棠格力微。独能兼古律，无不是珠玑”；中唐三李，“益端正封贺，才各倾吴涛。于今几代孙，手持切玉刀”，对于诗人严维，梅氏亦特赏其“柳塘春水漫，花坞夕阳迟”……

梅尧臣论诗力主“意新语工”“意在言外”，故而对贾岛、温庭筠等人的诗歌尤为注意，据《六一诗话》载：

圣俞尝语予曰："诗家虽率意，而造语亦难。若意新语工，得前人所未道者，斯为善也。必能状难写之景如在目前，含不尽之意见于言外，然后为至矣。贾岛云'竹笼拾山果，瓦瓶担石泉'，姚合云'马随山鹿放，鸡逐野禽栖'等是山邑荒僻，官况萧条，不如'县古槐根出，官清马骨高'为工也。"余曰："语之工者固如是。状难写之景，含不尽之意，何诗为然？"圣俞曰："作者得于心，览者会以意，殆难指陈以言也。虽然，亦可略道其仿佛。若严维'柳塘春水漫，花坞夕阳迟'，则天容时态，融和骀荡，岂不如在目前乎？又若温庭筠'鸡声茅店月，人迹板桥霜'，贾岛'怪禽啼旷野，落日恐行人'，则道路辛苦，羁愁旅思，岂不见于言外乎?"[①]

因受这种诗论思想的影响，梅尧臣的诗歌风格也颇富言近旨远、意蕴无穷之感，故而方回在点评梅诗也屡屡称赏"淡而有味"。而这与梅尧臣自由出入西昆体的特殊经历也不无关系。在早年的诗歌创作中，梅尧臣屡得西昆健将钱惟演、晏殊等人的奖掖提携。可以说，西昆体那种调润密丽、典事深微的作风对于形成梅诗的这种"淡而有味"的风格特质具有重要的渗透作用，如陈仅所说："西昆虽以辞胜，然佩玉冠绅，温文尔雅，自有开国文明气象，非'曲子相公'比也。唐有四子而后有陈、张，宋有西昆而后有欧、梅，世人不敢议四子而独议西昆，过矣！"[②]西昆体诗本身就需进行辩证审视，而梅诗正是在继承西昆体积极因素的基础上而有所突破的。某些诗作直是西昆面目，尤以仕处钱幕期间为最，故而吴乔论道："梅、欧、江、谢俱出于晏氏之

① 欧阳修《六一诗话》，何文焕辑《历代诗话》，中华书局1981年版，第267页。

② 《梅尧臣资料汇编》，第250页。

门，然殊自作，实西昆体也。”[①]

最后，梅尧臣在根据自己的诗学观念对唐诗进行总体评价的同时，还着力拈出了唐诗中一些脍炙人口的名篇名句作为典范。如李白之《敬亭山》，“李白不厌昭亭山，看尽飞鸟云独闲”；《蜀道难》，“蜀道难于上青天，闻之李白为旧传”“李白尝言道之艰险，长嗟难剧上青天”。卢仝之《茶诗》，“今见待士意，不异卢仝茶”“昔观唐人诗，茶咏鸦山嘉。鸦衔茶子生，遂同山名鸦”（梅尧臣的《日蚀》“仝死于今百余载，日月几度遭遮蒙”，显然是承接卢氏的《月蚀》而来）。陈子昂之《感遇》诗，“广骚常慕屈，感遇亦希陈”，梅尧臣自己亦作《感遇》诗一首：“众默喑莫辨，众瘝盲不知。问而使之对，觉而使之窥。喑盲自穷矣，所感在一时。苟昧哲人理，瘝默定妍媸。”再如韩愈之《石鼓歌》，“历秦汉魏下及唐，无人著眼来形相……唯闻元和韩侍郎，始得纸本歌且详”。杜牧之《九月齐山登高》，“牧之旧游处，苔滑屐莫将”。白居易之《竹枝词》，“忠州白使君，竹枝辞颇工”。王勃之《滕王阁序》，“高才属滕阁，家擅子卿诗”。杜秋娘之《金缕衣》，“口歌金缕衣，手折枝上红”“聊停玉麈尾，为歌金缕衣”。对于名篇名作的挖掘与重视，是提炼艺术精华、铸就文学经典的必经之路。唐诗典范的确立，离不开有宋之后一代又一代诗论家特别是诗坛健将的推赏与塑造。

除此之外，梅尧臣在品评唐代诗歌时，还兼顾到诗品与人品的统一，着力挖掘其非凡成就之外所凸显的诗性气质与道德情怀。这就涉及文品与人品关系的探讨。“文如其人”的诗学观点，其实早在《周易》中即已发轫，从心与言、文如人的统

① 吴乔《围炉诗话》卷之五，郭绍虞《清诗话续编》，上海古籍出版社 1983 年版，第 622 页。

一性出发，主张“修辞立其诚”。随后就有了“诗言志”（《尚书》）、“心声心画”（扬雄《法言》）、“情以物迁，辞以情发”（刘勰）、“诗品出于人口”（刘熙载）等艺术理念。叶娇然在《龙性堂诗话》中就曾集中探讨“诗心”与“人品”之间异中有同的紧密联系：“诗心与人品不同。人欲直而诗欲曲，人欲朴而诗欲巧，人欲真实而诗欲形似。盖直则意尽，曲则耐思；朴则疑野，巧则多趣；真实则近凝滞，形似则工兴比。要其旨统归于温厚和平，则人品诗心一揆也。”[①]王国维则综其大成，将诗品与人品熔铸于其“境界说”之中，“诗歌者，感情的产物也……有肫挚之感情，为之素地”（《屈子文学之精神》），“故无高尚伟大之人格，而有高尚伟大之文学者，殆未之有也”（《文学小言》）[②]。在梅尧臣看来，唐贤的“肫挚之感情”“伟大之人格”着实遗响千年、辉映古今，而这正是其时产生“伟大之文学”的根本条件。

如李白，“醉本不解舞，欲揽常娥袪。昔对谪仙人，此意复在予”“迩来独酌邀明月，唯有青山李谪仙”“一见诧君如李白，雄才落笔泻天河”。李白那傲岸不羁、任诞疏放的天性以及笔参造化、纵横捭阖的诗歌风格得到了全面的展示。再如“不须歌管唯持酒，况有余杭白乐天”“昔闻韩吏部，为尔作好诗。爱阴无纤穿，就阴东西随”“李贺诸王孙，作诗字欲飞。闻多锦囊句，将报惭才微”“昔闻柳宗元，山水寻不饫。其记若丹青，因来问潭步”“同时沈宋称二豪，曾说龙门夺锦袍”，凡此等等，可谓都是抓住了被评对象的主要特质，这种特质往往是“不可无一，不可有二”的。一个诗歌高度繁荣的王朝，往往离不开一个和融协洽、学识相尚的社会文化氛围，唐朝即如此。在唐

① 叶娇然《龙性堂诗话初集》，郭绍虞《清诗话续编》，上海古籍出版社 1983 年版，第 938 页。

② 王国维《王国维文集：遗书五》，上海古籍出版社 1983 年版，第 29—34 页。

代诗人卓越不凡的诗性气质面前，梅尧臣是虔诚的仰慕者，“李白尝爱之，死生曾与均。此志我亦有，更将猿鸟亲”“杜子每思赤脚踏，韩老尝苦如甑烝。惭无二公才与学，享此足与俗辈矜”“窃比于老郊，深愧言过实”。除此之外，梅尧臣尤为关注诗人高尚的道德情怀，特别是知己之谊。“牧之登览处，故事待君修”，即对杜牧外任池州刺史期间政绩的充分肯定，从而对闵郎中提出了殷切的期望。“退之曾作河南宰，韩氏于今又见君”亦是如此。当然，道德襟怀体现最为明显的当在人情之上。在诗歌中，梅尧臣主要表达的是对韩孟之谊的咏赞以及自己当下深感知遇之恩的美好快慰。“古来朋侪义亦少，子贡不顾颜渊空。复闻韩孟最相善，身仆道路哀妻僮。”“韩愈尝有言，百物皆能鸣。特称孟东野，贫篋文字盈。”二人以文学相识，以道义相交，趣味相投，声同气应，“昔闻退之与东野，相与结交贱微时。孟不改贫韩渐贵，二人情契都不移”。

综上所述，在着力点评大家、熔铸经典之时，又注意放眼诗史、通观全局，是梅尧臣唐诗观中最为通脱允洽之处。他以敏锐的视角，结合自己的诗学旨趣，对唐诗的许多方面都作了深层的解剖和审视，体察入微，鞭辟入里。不仅如此，他还将对文学文本的评骘、文学史观的定位与创作主体的道德情操结合起来，使得文学活动的内部特质与外围渗透之间的关系得到了较为全面的呈现，这对于我们更好地考察一代文学之兴衰提供了一个全新的视角与范例。

“盛宋风流有圣俞”（杜范语），“文会忝予盟，诗坛推子将”（欧阳修语），“酒能销忧忘富贵，诗欲主盟张鼓旗”（梅尧臣语）。作为北宋中期诗坛的领袖人物，梅尧臣的唐诗观，既是对前代诗歌创作的全面总结，也透露出渴望于唐贤伟大成就之外另辟疆土的努力。梅尧臣的唐诗观代表了北宋时期诗歌美学审美风尚的微妙转移，而他的诗歌创作就是这方面最先的倡导者与实践者。

二、承中有变的革新创获

面对群星璀璨、前贤环列的唐诗史，在品评唐诗诸人众作之时，梅尧臣颇多追慕之情与感慨之怀，于是他接连发出了“我生群俊末，贫贱亦足庆”“其间赞愚辞，愧累将恐诟”的喟叹。而这种复杂的情怀也促使他在努力学习前人优秀创作经验的基础上，更着力于在广泛师承后而自铸伟辞，开辟诗国大唐之外的另一片天地。正因为如此，刘克庄说道：“李、杜，唐之集大成者也；梅、陆，本朝之集大成者也。学唐而不本李、杜，学本朝而不由梅、陆，是犹喜蓬户之容膝，而不知有建章千门之巨丽，爱叶舟之掀浪，而不知有龙骧万斛之负载也。”[①]

在李、杜、韩三座艺术高峰之前，梅尧臣愧汗之余，颇有希踪超越之意，“作诗无古今，唯造平淡难。……既观坐长叹，复想李杜韩。愿执戈与戟，生死事将坛”，“刻意咏芳菲，追补李杜失”。他在论诗诗《答裴送序意》中表露创作心得：“我于诗言岂徒尔，因事激风成小篇。辞虽浅陋颇刻苦，未到二雅未忍捐。安取唐季二三子，区区物象磨穷年。苦苦著书岂无意，贫希禄廪尘俗牵。书辞辩说多碌碌，吾敢虚语同后先。唯当稍稍缉铭志，愿以直法书诸贤。”他将自己对“风雅”精神的艺术追求融入对唐诗的学习之中，使得学习的典范更具针对性，创作的内容颇富独特性，如杜范所说：“诗法将谁踵四诗，杜陵宜也宛陵宜。两家古淡兼醇雅，作者还当遵守之。”（《跋梅都官真迹后》）在方回看来，“（梅尧臣）善学老杜而才格特高”[②]。黄宗

① 《梅尧臣资料汇编》，第108页。

② 《瀛奎律髓汇评》卷二四，第1060页。

羲亦说："天下皆知宗唐诗，余以为善学唐者唯宋。……欧、梅得体于太白、昌黎。"[①]当然在学习之余，梅尧臣的创作也有一些不足、缺憾之处。纪昀在点评梅氏《次韵范景仁舍人对雪》即说："（梅诗）意欲摹仿昌黎而才力不足，不能镕铸，遂成浅拙。"[②]结论可否，暂且搁置；只就此处"才力"而言，其意当更偏重韩愈那种因怨愤郁躁而形成的情激调变的怪奇一路。梅尧臣仁厚乐易、谨质温恭的性格特征与此未免有些抵牾，从而使得其诗"间亦琢刻以出怪巧"，没有深得韩诗之精髓，较之欧阳永叔，略显不足。而所有这些创作经历确也为后学者积累了正反两方面的经验，从而也促使他们更加自觉地投入具有宋调特色的诗歌创作当中去，"赵宋诗家，欧、梅始变西昆旧习，然亦未诣其盛。至坡公始以其才涵盖今古，观其命意，殆欲兼擅李、杜、韩、白之长"[③]。一朝诗风的建立，本来就是一个需要几代人不断总结、逐渐超越的过程。

梅尧臣确立了开元、元和两座高峰，理所当然，他在自己的创作实践中也颇为留心研揣，陈衍曾说："故开元、元和者，世所分唐宋诗之枢斡也。庐陵、宛陵、东坡、临川、山谷……岑、高、杜、韩、刘、白之变化也。"[④]与同时代其他大家一样，梅尧臣也是在参合诸多前代大家成就的基础上而自成一体的；与同时代其他大家不同的是，梅尧臣是这种创作经历的首倡者和第一个实践者。他的这方面创作直逼前朝，特别是盛唐诗。在方回看来，变西昆体诗而为盛唐诗，实自梅圣俞而始，"宋人诗善学盛唐而或过之，当以梅圣俞为第一"[⑤]。宋仪

① 《梅尧臣资料汇编》，第201页。
② 《瀛奎律髓汇评》卷二一，第864页。
③ 李重华《贞一斋诗说》，丁福保辑《清诗话》，上海古籍出版社1978年版，第927页。
④ 《梅尧臣资料汇编》，第269页。
⑤ 《瀛奎律髓汇评》卷二四，第1060页。

望在《重刻宛陵梅圣俞诗集序》中亦说梅诗“陶写性灵，名状物理，辞清而兴逸，颇与宋调殊致”。这种与“宋调”大异其趣的诗歌风貌正是盛唐气象的典型代表。在对孟郊、贾岛、李贺等人的学习过程中，梅尧臣能够取法乎上，习于此而不囿于此，超脱了单纯的怪癖一路。在欧阳修屡屡提及的“韩孟”之戏中，翁方纲便力辩梅胜孟的过人之处：“都官诗，天真蕴藉，自非郊寒可比……”“梅公之笔，殊于鱼鸟洲渚有情，此则孟东野所不能也。”[①]实为确评。陆游亦说梅尧臣“突过元和作，巍然独主盟”。钱锺书即认为：“圣俞古诗，大段步趋昌黎，出入于玉川，初不师法东野。欧公以圣俞拟东野，乃谓圣俞于己，犹孟于韩，位置堪当等，非言彼此诗格分别宗传昌黎与东野也。”[②]梅尧臣学习孟郊，未尝句摹字拟，集中拟体之作，数量甚少，格亦不侔，如《刑部厅看竹效孟郊体和永叔》：“苍苍庭中竹，事莫叹迟速。不同栏下草，一岁一回绿。……不可一日无，潇洒看未足。阮生岂其愚，林中醉醽醁。”字里行间时刻透露的仍是在困窘之中的乐观放达之情，这与孟郊《宿空侄院寄澹公》“夜坐冷竹声，二三高人语。灯窗看律钞，小师别为侣”的孤冷凄清之语大不相同。再如他《依韵和欧阳永叔秋怀拟孟郊体见寄二首》之二：“秋思公何高，堆积自嵱嵷。出为悲秋辞，万仞见孤耸。……独我忘形骸，百事乃纤冗。不眠霜月上，霜月如可捧。”也非东野《楚竹吟酬卢虔端公见和湘瑟怨》中的“秋虫”之吟所能比拟。

梅尧臣作诗力主平淡。作为有宋一代诗坛上的整体审美追求，“平淡”诗风的确立，有一个逐步深化、渐次丰富的过程，而这一过程的起点便是梅尧臣个人独特风格的形成。“圣俞

① 赵执信、翁方纲《谈龙录·石洲诗话》，人民文学出版社1981年版，第88页。
② 钱锺书《谈艺录》，三联书店2001年版，第432—433页。

诗工于平淡，自成一家。”[①]虽然他备感“作诗无古今，唯造平淡难”，但他一直没有放弃这种追求，苦心孤诣，殚精竭虑，“因吟适情性，稍欲到平淡”，“中作渊明诗，平淡可拟伦”。无论是前期闲肆清丽，还是后期劲峭老健，他都是在学习前人的基础上独出机杼的。具体说来，在创作前期，梅尧臣多追慕王维、韦应物等人，“圣俞少时，专学韦苏州，世人咀嚼不入，唯欧公独爱玩之”[②]。“圣俞诗一扫昆体，与盛唐杜审言、王维、岑参诸人合”[③]。在晏殊看来，梅尧臣庆历间诗即多陶、韦面目；胡应麟也屡以“得右丞意”目之，其集中就有《拟王维偶然作》和《拟王维观猎》二诗。到了后期，梅诗的平淡风格则融入了劲峭、枯涩、老健等诸多因素，与陶、韦等前代诗人的“平淡”诗风渐走渐远，而这也正印证了欧阳修所述“其初喜为清丽闲肆平淡，久则涵演深远，间亦琢刻以出怪巧，然气完力余，益老以劲……”[④]后期的梅尧臣则多学孟郊、卢仝、贾岛和李贺等人，欧阳修曾道：“郊岛不为死，圣俞发其藏。”梅尧臣也曾自言：“莫夸太白仙人掌，且作卢仝走笔章。”“孟卢张贾流，其言不相昵。或多穷苦语，或特事豪逸。”对于天才型诗人李长吉，梅尧臣更是赞誉有加：“李贺诸王孙，作诗字欲飞。闻多锦囊句，将报惭才微。”“才如李贺天亦少，直其在世尤难多。”深有惋惜之感，追慕之意由是备显。据孙升所载，“公（欧阳修）昔与杜挺之、梅圣俞同舟溯汴，见圣俞吟诗，日成一篇，众莫能和。因密伺圣俞如何作诗，盖寝食游观，未尝不吟讽思索也。时时于坐上忽引去，奋笔书一小纸，内（纳）算袋中。同舟窃取而观，皆

① 胡仔《苕溪渔隐丛话》后集卷二四，人民文学出版社 1981 年版，第 175 页。

② 惠洪、朱弁、吴沆《冷斋夜话·风月堂诗话·环溪诗话》，中华书局 1988 年版，第 106 页。

③ 《瀛奎律髓汇评》卷四，第 170 页。

④ 欧阳修《梅圣俞墓志铭》，朱东润《梅尧臣集编年校注》，上海古籍出版社 1980 年版，第 1157 页。

诗句也，或半联，或一字。他日作诗，有可用者入之。有云‘作诗无古今，唯造平淡难’，乃算袋中所书也”[①]。梅尧臣这种作诗风格与李贺那种骑驴觅诗、锦囊存句的习惯有内在的相通之处。“戏谓圣俞算袋中物，不知视锦囊何如？”[②]可以说，圣俞“间亦琢刻以出怪巧”之变实出于韩孟一派之风，“张籍卢仝斗新怪，最称东野为奇瑰”。如前人所说：“迨圣俞出，尽矫前习，良难得哉！惜其体多不出韩孟，而时时取法玉川。”[③]在唐诗史上，韩愈、李贺等人是继李杜之后而自成一派的，他们独辟诗风的气魄和创作实践对后世辐射深远，如叶矫然所说：“诗中造句押韵，悉归自然，不强造作。唐之大家中，虽太白、子美、义山，莫不皆然。独昌黎、长吉两公，创辟奇险，不循径道，而语语天拔，得未曾有，洵异才也。后人何可轻学，亦何可不学。”[④]而经过梅尧臣所接受的这种诗歌风格对后来的宋诗影响尤大，“至梅圣俞，才力稍强，始欲自立门户，故多创为奇变。宋人好奇者，大都出此”[⑤]。最明显的当属黄山谷，他奇拗硬涩的诗风，很大程度上就受到梅尧臣诗古硬怪巧之风的影响，这在他的相关自述中（如《跋梅尧臣诗》等）即可看出。

“圣俞涵衍冲夷，不减陶、韦，至精苦深玄，怪奇靓丽，方之李长吉，实伯仲焉。”[⑥]对于其他一些在文学史上不受重视的诗人，梅尧臣亦能发掘其迥异的有价值之处，如其五言律诗，“特精其句法步骤，真有大历诸公之骚雅云”[⑦]。不拘于大家，留意于小家，兼取众长，是梅尧臣诗歌取得巨大成就的重要前提。故而

① 《梅尧臣资料汇编》，第55—56页。
② 《梅尧臣资料汇编》，第245页。
③ 顾景星《梅圣俞诗选序》，顾景星《白茅堂集》卷三四，清康熙刻本。
④ 《龙性堂诗话初集》，《清诗话续编》，第940页。
⑤ 许学夷《诗源辩体》，人民文学出版社1987年版，第378页。
⑥ 《梅尧臣资料汇编》，第187页。
⑦ 《梅尧臣资料汇编》，第76页。

张谦宜说："梅圣俞风格遒上，自是作家。"[1]指出向上一路而力避述而不作，故而方回在屡屡研讨梅诗之后，终能得出圣俞诗是"唐体之出类者"的结论。

这里且以梅氏"风土类"诗歌为例。方回在《瀛奎律髓》卷四《风土类》中共选了11首梅尧臣的五、七言律诗，数量之多，其他宋人望尘莫及。梅尧臣一生往来于京洛、江淮、吴越之间，凡耳闻目见，移情于物，诗兴遂发，尤其是在描摹景物、运筹兴象方面，更是不遗余力，诗集中涉及风土乡俗的诗歌，比比皆是，蔚为大观。欧阳修曾就此赞赏道："古画画意不画形，梅诗咏物无隐情。忘形得意知者寡，不若见诗如见画。"梅尧臣在自己的诗作中多次提及这方面的创作体会及学习经历："昔读韦公集，固多滁州词。烂熳写风土，下上穷幽奇。""湖山饶邃处，曾省牧之游。雁落葑田阔，船过菱渚秋。""在昔探赏犹可数，深景秀句今得传。辞韵险绝兹所骇，何特杜牧专当年。"可见梅氏对于杜、韦二人的咏物诗推崇备至。如其《宣城杂诗二十首》其十六："北客多怀北，庖羊举玉卮。吾乡虽处远，佳味颇相宜。沙水马蹄鳖，雪天牛尾狸。寄言京国下，能有几人知。"极尽地方之色，特有宣城风俗之美。再如《送李阁使知冀州》："骎袅黄金络，春风北渡河。将军守汉法，壮士发燕歌。绿水塘蒲短，晴天塞雁多。家声复年少，矍铄笑廉颇。"但凡景事，深得燕冀地理物况之风神。这些与韦应物的"滁州词"、杜牧之的"湖州诗"一样，都是咏物诗中的精品之作。咏物诗发轫于先秦时期，真正创作高峰时代的到来则起自六朝，沿唐而来，方兴未艾。赵宋之后，随着士人对日常生活题材的高度关注，咏物诗所涉物事更是多之又多、细之又细，故而其言风俗人情较唐人而

① 张谦宜《絸斋诗谈》卷五，郭绍虞《清诗话续编》，上海古籍出版社1983年版，第862页。

言，有过之而无不及，梅尧臣可谓这方面的代表。方回即道：“今学者学‘四灵’诗，曷不学圣俞乎？能言风土者，圣俞所尤长也。”许多“风土”类诗作“全不似宋人诗，张籍、刘长卿不能及也”[①]。

当然，梅尧臣在大力汲取唐贤有益创作经验的同时，也积极关注其创作背后的高尚的道德情操，李杜、韩孟那流传千古之谊，王维、韦应物那恬淡闲适之风，贾岛、卢仝那安贫乐道的人生志趣，盛唐诗坛的恢宏气象与广博之怀，元和贬臣文学所透露的百折不挠的儒士情怀……这些都成为梅尧臣喁喁追慕的人格典范。这里特别值得一提的便是韩孟之谊。在诗歌中，梅尧臣屡屡推崇韩孟之谊，是有多方面原因的。挚友欧阳修常以韩孟故事比之欧梅之谊，“思归有梦同谁说，强意题诗只自宽。犹喜共量天下士，亦胜东野亦胜韩”。欧阳修力主学韩，梅尧臣亦尝学孟，但很快走出了孟氏的园囿，无有“郊寒”之目。当然更重要的一点是，韩孟的文学实践与欧梅的诗文革新运动遥相呼应，标举韩孟，在很大程度上能够为当时的诗坛树立新的旗帜，引导诗歌风尚的转移。

重视诗品与人品的统一，是有宋一代品评诗人的一个整体特征，他们是以“深厚的人文修养和人格铸造提高作家情思的品位，将对社会现实的人生思考与内心的情理体验和认识结合起来，化为作家主体才情和品性的艺术表现”[②]。在品评唐代的诗人时，梅尧臣也是以此为标杆；而在自己的实践中，也是身体力行。梅尧臣学乎六经仁义之说，意于用世，“力学不为己，甘贫且徇名”，“读书本为道，不计贱与贫”，“我世本儒术，所谈圣人篇。圣篇辟乎道，信谓天地根”。欧阳修赞道：“圣俞

① 《瀛奎律髓汇评》卷四，李庆甲集评校点，上海古籍出版社2005年版，第170—171页。

② 张毅《宋代文学思想史·引言》，中华书局1995年版，第6页。

为人仁厚乐易，未尝忤于物，至其穷愁感愤，有所骂讥笑谑，一发于诗，然用以为欢而不怨怼，可谓君子者也。”[①]其志高而行洁，谨质而温恭，其辞学优赡，经述通明，长于歌诗而能得风雅之正，如刘性所说：“宛陵梅先生，以道德文学发而为诗，变晚唐卑陋之习，启盛宋和平之音，有功于斯文甚大。”[②]所谓“先生之名著于天下，夫子之名美于乡邦”（张敏中《祭都官墓文》）。“南昌一尉老西都，文采风流接圣俞”（阎复《题干越亭送君石秘校诗后》），梅尧臣那纵情山水、旷达闲适的名士风范，既有别于魏晋时人那简傲任诞之习，也不同于玉蕴珠藏的退隐之风，他在放达之中注入了更多的禅道之思与儒士情怀，逐渐走向适应社会需求的“疏狂”[③]一路，并影响有宋一代的文人士大夫，而这正是在特定的文化氛围中文人士大夫的人格逐渐走向成熟的表现。

所以说，在开创宋诗风气之途和树立道德情怀之范方面，梅尧臣都起着导夫先路的重要作用。后人屡屡追怀，备加尊崇，其“开山祖师”之誉，实至名归。

三、以道自任的儒士情怀，复归风雅的革新意识

文学批评是整个文学活动实现的重要一环，它承接旧有的文学创作而来，又为新的文学创作确立全新的规范与准则。当然，作为主观性很强的审美活动，文学批评又不可避免地被打上批评主体价值取向的烙印，梅尧臣也是如此。

有宋一代，文教大兴，文人士大夫的角色得以复归原位，从而激发了他们经世致用、济时务今的自觉意识。梅尧臣正是走在

① 《梅圣俞墓志铭》，《梅尧臣集编年校注》（下），第 1157 页。

② 《梅尧臣资料汇编》，第 126 页。

③ 张海鸥《宋代文化与文学研究》，中国社会科学出版社 2002 年版，第 3—35 页。

这个时代风气之先的开拓者与探索者，“著书欲传道”，“文章本济时”，“为学本为道”。而当时文坛所弥漫的专事文字游戏、喜于雕琢浮华、务于典事堆砌的“台阁”风气大行其道，这便促使他以风雅高古之道来扭转这一诗坛的颓势。于是，他不仅以身示范，学习《诗》《骚》乐府之“风雅兴寄”、魏晋风骨之“梗概多气”和盛唐气象之“玲珑端翔”，而且在诗作的评论中屡屡以此为坐标，来品评历代诗人创作之得失，这当然就包括他对唐诗的评骘。

梅尧臣的唐诗观的内涵充分融入了他力倡古道、复归风雅的自觉意识。于是，他对唐诗革新运动的健将多寄予了仰慕之怀，陈子昂、李白、杜甫、韩愈、柳宗元等人都成为他重点探讨的对象。如对陈子昂，特标其“感遇”之类诗歌的创作，“尝观陈伯玉，感遇三十篇。矫矫追古道，粲尔日星悬”，“广骚常慕屈，感遇亦希陈。借问摛词者，当时别乘人”。陈子昂的《感遇》诗是在继承阮籍《咏怀诗》思想内容的基础上，成功地将个人的人生志向与感慨，以及对社会现实的关切、对人生宇宙的思索融为一炉，从而为古诗赋予了新的时代特征和现实内容。其诗首倡风雅冲淡之音，风骨劲健，意境邃远，气度丰润，雅量高致，一扫六朝诗文颓靡轻艳脂粉气，开创一朝诗文新格局，实为唐诗革新的先驱。不独陈子昂，再如后来的李白，“李氏世能诗，落落为时豪。汉陵唐太白，始竞二雅高”。韩愈，“文章革浮浇，近世无如韩。健笔走霹雳，龙蛇奋潜蟠。扬风何端倪，鼓荡巨浸澜。明珠及百怪，容畜知旷宽。其后渐衰微，余袭犹未弹。我朝三四公，合力兴愤叹。幸时构明堂，愿为栌与栾。期琢宗庙器，愿备次玉玕。谢公唱西都，予预欧尹观。乃复元和盛，一变将为难”。

作为宋诗的开山祖师，梅尧臣生前即闻名于时，殁后声誉日隆。他以自己杰出的诗歌成就引领了一代诗风的转移，并经过王安石、苏东坡和黄山谷等人的不断努力，最终形成了有别于唐音的宋诗面目。正是基于这个前提，梅尧臣对于唐诗的整体态度及相关评骘具有非同寻常的意义。梅尧臣的唐诗观是有宋一代全面接受唐诗的先导，他对唐诗“古道”“风雅”的尊崇，更是有力地推动了北宋中期诗文革新运动的发展，梅尧臣遂成为与欧阳修并驾齐驱的复古运动的领袖人物。诚如元好问所说：“百年才觉古风回，元祐诸人次第来。讳学金陵犹有说，竟将何罪废欧梅？”这是对欧、梅文学史地位的最好界定！

［原载《宁夏大学学报（人文社会科学版）》2010年第5期］

论梅尧臣田园诗的集成与开山意义

◎刘　蔚

宋初诗坛白体、西昆体、晚唐体盛行，梅尧臣的诗独“工于平淡，自成一家”[①]，“以故为新，以俗为雅”[②]，开启一代宋调。刘克庄评曰：“本朝诗，惟宛陵为开山祖师。宛陵出，然后桑濮之淫哇稍息，风雅之气脉复续。”[③]田园诗是梅尧臣生平重要的组成部分，从诗歌发展史的角度看，它们上承晋唐，下启两宋，也体现出宋诗开山祖师的风范。

一

梅尧臣集中约有70首田园诗，最早为宋仁宗天圣九年（1031）所作的《田家四时》。是年，梅尧臣30岁，官河南县主簿，其时西昆体代表诗人钱惟演正判河南府兼西京留守，对梅尧臣的诗歌创作颇有影响，《宋史·文苑传》记载：“钱惟演留守西京，特嗟赏之，为忘年交，引与酬唱，一府尽倾。”梅尧臣也曾写过一些辞藻华丽、内容空洞的西昆体之作，诸如《无题》等。在这种情况下，田园诗在梅尧臣诗集出现显得比较突兀。这种创作现象反映出梅尧臣对西昆体的自觉反拨，更与他少年时期

① 胡仔《苕溪渔隐丛话》，人民文学出版社 1962 年版，第 175 页。

② 陈师道《后山诗话》，《历代诗话》本，中华书局 1981 年版，第 314 页。

③ 刘克庄《后村诗话》，《后村先生大全集》卷一七四，《四部丛刊》本。

在乡间的生活经历有关。梅尧臣早年与父亲梅让居于安徽宣城乡间，13岁才离家跟随叔父梅询生活，26岁由门荫出仕。由于是诗人早期的创作，这四首分咏春夏秋冬的田园诗尚未形成鲜明的特色，甚至还有很明显地沿袭前人诗句的痕迹。

景祐元年（1034），梅尧臣33岁，始知建德县。宝元二年（1039），调知襄城县。这几年的知县经历，对于梅尧臣的田园诗创作帮助很大。虽然他仍有《野田行》《山村行》《田家》等一味蹈袭前人的作品，但是诗人毕竟真正接触到底层社会，真切感受到农民生活的苦难和艰辛，开始自觉继承中唐悯农诗和新乐府的艺术精神，用诗歌针砭时弊，表达对民瘼的同情，这是他田园诗创作的一个新动向。如景祐三年（1036），梅尧臣写下了《田家》一诗："南山尝种豆，碎荚落风雨。空收一束萁，无物充煎釜。"这首诗虽然字句上也借鉴了前人，但已经有了全新的思想和主题。正如钱锺书先生所说："这首诗借用两个古人的名句：汉代杨恽《报孙会宗书》的'田彼南山，芜秽不治。种一顷豆，落而为萁'和三国时曹植《七步诗》的'萁向釜下燃，豆在釜中泣。本自同根生，相煎何太急'。杨恽是讽刺朝廷混乱，曹植是比喻兄弟残杀，梅尧臣把他们的话合在一起来写农民的贫困，仿佛移花接木似的，产生了一个新的形象。意思是说：农民虽然还有豆萁可烧，却没有豆子可煮，锅里空空的，连'煮豆燃萁'都不可能了。"[①]这首诗的主题已与中晚唐李绅《悯农》、张籍《野老歌》、元稹《田父辞》、皮日休《橡媪叹》等颇为相似。康定元年（1040），西夏出兵攻宋，为加强防御，以备不虞，朝廷下诏山西、河东、京东西等路，量州县户口，籍民为乡弓手，致使农村丁男老幼被征，民不聊生[②]。梅尧臣正知襄

① 钱锺书《宋诗选注》，人民文学出版社 1989 年版，第 16 页。

② 梅尧臣著，朱东润编年校注《梅尧臣集编年校注》，上海古籍出版社 2006 年版，第 164 页。

城县，属京西路，正在遣使阅乡民习武之列，目睹百姓的悲惨境遇，写下了《田家语》一诗：

庚辰诏书，凡民三丁籍一，立校与长，号“弓箭手”，用备不虞。主司欲以多媚上，急责郡吏，郡吏畏不敢辨，遂以属县令。互搜民口，虽老幼不得免。上下愁怨，天雨淫淫，岂助圣上抚育之意耶？因录田家之言次为文，以俟采诗者云。

谁道田家乐？春税秋未足。里胥扣我门，日夕苦煎促。盛夏流潦多，白水高于屋。水既害我菽，蝗又食我粟。前月诏书来，生齿复板录。三丁籍一壮，恶使操弓韣。州符今又严，老吏持鞭朴。搜索稚与艾，唯存跛无目。田间敢怨嗟，父子各悲哭。南亩焉可事，买箭卖牛犊。愁气变久雨，铛缶空无粥。盲跛不能耕，死亡在迟速。我闻诚所惭，徒尔叨君禄。却咏归去来，刈薪向深谷。

这首诗表达了对民生疾苦的深切同情，模仿中唐新乐府诗的形式，在诗序中写明创作主旨。全诗语言质朴，情感深厚，是有宋以来最早继承杜甫等人现实主义诗歌艺术传统的作品。

庆历二年（1042），梅尧臣41岁，已解襄城县任，赴湖州监税任。由于不直接接触底层农村，梅尧臣的田园诗创作又恢复了对陶渊明、王维、韦应物等人效仿的老路上去。如《题刁经臣山居时已应辟西幕》：

向不乐郡府，遂云归田园。结庐复种艺，草树日已繁。散帙理旧学，了然无俗喧。春雨一回过，览耕登古原。青山每自爱，霁色当衡门。故人苟来往，名宦未尝言。趣适已不浅，道心良亦存。忽闻辟书至，便令驱犊

> 辕。岂期同瓠瓜，长系蒿莱根。始知古君子，出处惟义敦。

意趣萧散，口味恬淡，颇类韦应物《园林晏起寄昭应韩明府卢主簿》：“田家已耕作，井屋起晨烟。园林鸣好鸟，闲居犹独眠。不觉朝已晏，起来望青天。四体一舒散，情性亦忻然。还复茅檐下，对酒思数贤。束带理官府，简牍盈目前。当念中林赏，览物遍山川。上非遇明世，庶以道自全。”庆历六年（1046），梅尧臣在许昌签书判官任，曾在许州见到晏殊并与之论诗。晏殊认为陶渊明的田园诗颇值得效仿，梅尧臣有《以近诗赞尚书晏相公忽有酬赠之什称之甚过不敢辄有所叙谨依韵缀前日坐末教诲之言以和》：“宁从陶令野。”句后有自注：“公（按：即晏殊）曰：‘彭泽多野逸田舍之语。’”晏殊还极力推奖梅诗风格平淡，和陶渊明、韦应物一样，《途中寄上尚书晏相公二十韵》诗云：“陶韦比格吾不私。”应该说晏殊的诗学观和评价对梅尧臣的田园诗创作有一定的推动作用，其后梅诗集中的田园诗渐多。庆历八年（1048）梅尧臣应晏殊之邀，在其幕府中任判官，与晏殊唱和，卷一八《和民乐》一首即为和晏殊所作，诗云：

> 岁晚场功毕，野老相经过。有酒自斟酌，适意同笑歌。大儿缉牛衣，小儿护鸡窠。囷廪见余积，息戍靡负戈。林间落熟果，屋里鸣寒梭。会待朔雪时，狐兔生罝罗。饫鲜持作腊，赠乏不言他。是非了莫问，此理当如何。

这首唱和诗流于田园生活的表面，可以看出晏殊对他的影响。但是，梅尧臣的诗歌创作没有止于晏殊的指导，随着生活体验的逐渐丰富，他的田园诗逐渐走出前人窠臼，开辟出宋诗发展的新路径。

庆历八年（1048），梅尧臣从扬州欧阳修处回陈州赴任判官，旅途中耳闻目睹农村许多真实的景物和事物，创作了一系列取材新颖的田园诗。如《岸贫》《村豪》《田家屋上壶》《小村》《泊下黄溪》《村醪》《川上田家》《田人夜归》等，描写了农村不同的景象和人物。其中途经淮河时所作的《岸贫》和《小村》最为出色，二诗云：

> 无能事耕获，亦不有鸡豚。烧蚌晒槎沫，织蓑依树根。野芦编作室，青蔓与为门。稚子将荷叶，还充犊鼻裈。（《岸贫》）
>
> 淮阔州多忽有村，棘篱疏败谩为门。寒鸡得食自呼伴，老叟无衣犹抱孙。野艇鸟翘唯断缆，枯桑水啮只危根。嗟哉生计一如此，谬入王民版籍论。（《小村》）

前一首五律反映了居住在岸边的贫苦人家的生活状况，无地、无食、无房、无衣，把赤贫的种种情形描写殆尽，“烧蚌晒槎沫，织蓑依树根”“稚子将荷叶，还充犊鼻裈”等句所表现的情景颇为新奇。后一首七律选取了淮河地区水灾后的一个洲中小村，通过对所见景象的描绘，反映出当时农村的萧条破落和农民的生计艰难：荆棘做的篱笆稀稀疏疏，破败不堪，随随便便留了个门；冻得瑟瑟缩缩的鸡偶尔找到点食物，还呼唤伙伴来吃；老人没有裹体的衣服，抱着孙子用体温为他取暖。五、六句尤其形象地刻画出水灾后的惨状：不知谁家的小船一半浸在水里，另一半像鸟雀尾巴翘着，船上只剩下断了的缆绳；干枯的桑树也像被大水咬断了，只有一点残留的根子。所以陈衍曾评价此诗：“写贫苦小村，有画所不到者，末句婉而多讽。”[1]可谓确评，这些诗

① 陈衍《宋诗精华录》，江西人民出版社 1984 年版，第 35 页。

已逐渐具有了独特的面目。

皇祐元年（1049），梅尧臣48岁，其父梅让去世，梅尧臣丁父忧，居于宣城乡间三年。皇祐五年（1053）秋，梅尧臣嫡母束氏去世，梅又解监永济仓官，归宣城守制。为父母守制，使梅尧臣又有了真实的乡村生活的体验，对于他的田园诗创作来说，无疑是一次重要的经历。这期间，梅尧臣写下了《山行冒雨至村家》《春日拜垄经田家》《早春田行》《闲居》《秋日家居》《秋日村行》《野望》《宣州杂诗》等十余首田园诗，描绘田园景色，抒写自己乡居生活的闲适情趣。这些作品和他早年的田园诗有所不同，它们不再是从前人诗作里寻找素材，表现出很明显的模仿性，而是有了真切的生活体验，艺术表现也有了相当大的提高，例如他在丁父忧时所作《春日拜垄经田家》：

> 田家春作日日近，丹杏破颣场圃头。南岭禽过北岭叫，高田水入低田流。桑芽将绽雾露裛，蚕子未浴箱筐收。今我还朝固不远，紫宸已梦瞻珠旒。

这首诗中“南岭禽过”一联，句法独特，欧阳修“诵之不去口”[①]。虽然这种句法并非梅尧臣新创，杨慎就曾指出，“梅圣俞诗：‘南陇鸟过北陇叫，高田水入低田流。’山谷诗：‘野水自添田水满，晴鸠却唤雨鸠来。’李若水诗：‘近村得雨远村同，上圳波流下圳通。’其句法，皆自杜子美‘桃花细逐杨花落，黄鸟时兼白鸟飞’之句来”[②]。但是，这一联捕捉到田家春作时节的特有景象：布谷鸟响亮清越的鸣声从南岭渐渐转到北岭；充沛的雨水从高地势的田中流入低处田，非常富有生活的真

① 周紫芝《竹坡诗话》，《历代诗话》本，中华书局1981年版，第346页。

② 杨慎《升庵诗话》，丁福保辑《历代诗话续编》，中华书局1983年版，第831页。

实性，所以朱东润先生称这一联“显然地看到这是尧臣在乡间体验生活的新收获”[①]。再如梅尧臣至和元年（1054）丁母忧时所作《秋日家居》：

移榻爱晴晖，翛然世虑微。悬虫低复上，斗雀堕还飞。相趁入寒竹，自收当晚闱。无人知静景，苔色照人衣。

这首诗描写闲居时眼前的小景和闲适翛然的感受，首尾两联点题，五句对应四句写雀，六句对应三句写虫，结构灵活，抒写亦能深入。元人方回非常赞赏此诗，评曰：“‘相趁入寒竹’以应‘斗雀堕还飞’，‘自收当晚闱’以应‘悬虫低复上’，又是一体，首尾翛然出尘，可谓着题诗也。”[②]从这些作品可以看出，梅尧臣的田园诗已经走出了前人藩篱，走向了自立和成熟。

至和二年（1055），梅尧臣丧服期满，离开宣城。嘉祐元年（1056），梅尧臣55岁，入汴补国子监直讲。次年，欧阳修以翰林学士知贡举，被荐为参详官。嘉祐五年（1060），梅尧臣59岁，迁尚书都官员外郎，不久病终。这几年创作的田园诗多为与友人、同僚的唱和之作，如《依韵和寒食偶书》《和孙端叟寺丞农具十五首》《和孙端叟蚕具十五首》《依韵和永叔秋日东城郊行》《次韵和吴仲庶苗蔡二村墅闲居》《续永叔归田乐秋冬二首》等。其中《农具十五首》和《蚕具十五首》最为独特，这两组诗分别以15种农具和蚕具（包括蚕女和织妇）为吟咏对象，细致描述其样式、用途，语言直白平易，如《田庐》：“结庐野田中，其高足以觇。坐卧劣自容，巢栖未尝厌。”《扬扇》：“田扇非团扇，每来场圃见。因风吹糠籺，编竹破�。”《水

① 朱东润《梅尧臣传》，中华书局1979年版，第147页。

② 方回选评，李庆甲集评校点《瀛奎律髓汇评》，上海古籍出版社1986年版，第444页。

车》："既如车轮转，又若川虹饮。能移霖雨功，自致禾苗稔。"《耘鼓》："挂鼓大树枝，将以一耘耔。逄逄达远近，汩汩来田里。"《科桑》："科桑持野斧，乳湿新磨刃。繁柄一去除，肥条更丰润。"《桑钩》："长钩扳桑枝，短钩挂桑笼。"诗中还描写出田野的景观和劳动的场面，笔法比较细致生动，如《桑原》："原上种良桑，桑下种茂麦。雉雊麦秀时，蚕眠叶休摘。"描绘上桑下麦、雉雊蚕眠的田园风光。《耰锄》："薅来露未晞，荷去月初上。侵烟湿鹅颈，近茇翻蚁壤。"描写了农民早出晚归在田间用耰锄锄草的场景。最后一句写到，锄头锄到草根旁的蚂蚁洞，土壤和蚂蚁一起被翻了出来，观察可谓仔细。诗中还经常写到农家劳作的辛苦以及诗人的观感，如《搂种》："农人力已勤，要在布嘉种。手持高斗柄，觜泻三犁垄。月下叱黄犊，原边过废冢。安知侠少年，玉食金羁拥。"将农民播种的辛苦与游侠少年的不劳而获形成鲜明对照，微讽了社会的不平等现象。《耒耜》："我老欲归田，兹器已先识。"表明了自己的归田之心。《蚕女》："自从蚕蚁生，日日忧蚕冷。草室常自温，云髻未暇整。但采原上桑，不顾门前杏。辛苦得丝多，输官官莫省。"通过无暇梳洗、不顾饮食等细节，将农家女养蚕的种种忙碌辛苦进一步烘托出来，诗末更是流露出对养蚕女遭受沉重赋税剥削的深切同情。总之，这两组农具诗和织具诗是类型比较特殊的田园诗，它们具体而完备地呈现了农村的耕织劳动，反映出诗人对农事、蚕事的熟稔以及难能可贵的悲悯意识。

二

钱锺书先生曾将范成大誉为中国古代田园诗的集大成者，认为他的《四时田园杂兴》将《豳风·七月》、陶渊明《怀古田舍》《归园田居》、王维《渭川田家》《偶然作》、储光羲

《田家即事》《田家杂兴》以及张籍《山农词》、元稹《田家词》、聂夷中《咏田家》等诗歌的传统打成一个总结。作品既叙述农民一年到头的辛勤生产和刻苦生活，也抒发了陇亩民的安定闲适、乐天知命的情怀，更揭露了封建制度对农民的压迫与剥削[①]。

其实，在范成大之前，梅尧臣的创作已经开始集古代田园诗之大成，他的创作全面继承了陶王田园隐逸诗、中晚唐田家讽喻诗和《豳风·七月》的艺术传统。对于梅尧臣接受陶王诗派诸多诗人的影响，古今不少学者都有所发覆。欧阳修曾评价梅诗："始读之则叹莫能及，后数日，乃渐有味，何止橄榄回味，久方觉永。"[②]这与苏轼对陶渊明诗的评价"初看或散漫，熟看有奇句"[③]以及陈善的评价"乍读渊明诗，颇似枯淡，久久有味"[④]何其相似。今人李剑锋也指出梅尧臣"是第一个大力倡导并学习陶诗的宋代诗人，而且第一次对陶诗平淡而深邃的美学价值有了明确的理性认识，并奉之为诗美的极致"[⑤]。还有学者指出："据统计，梅尧臣诗中提到陶渊明及其有关典故的有84首，标明拟陶的有5首。"[⑥]朱弁《风月堂诗话》则指出："圣俞少时，专学韦苏州。"[⑦]胡应麟《诗薮》又云："梅诗和平简远，淡而不枯，丽而有则，实为宋人之冠。……学王右丞者梅圣俞。"[⑧]纪昀评梅尧臣《田人夜归》"田收野更迥，墟里隔烟陂。荒径已风急，独行唯犬随。荆扉候不掩，稚子望先知。自是一生乐，何须闾井为"

① 钱锺书《宋诗选注》，第194页。
② 《王直方诗话》，《宋诗话辑佚》本，中华书局1980年版，第108—109页。
③ 惠洪《冷斋夜话》，中华书局1985年版，第3页。
④ 陈善《扪虱新话》，中华书局1985年版，第1页。
⑤ 李剑锋《陶渊明接受史新局面的开创者梅尧臣》，《山东师范大学学报》1997年第5期。
⑥ 张明华、魏宏灿《论梅尧臣诗对陶渊明的接受》，《广西社会科学》2004年第2期。
⑦ 朱弁《风月堂诗话》，《四库全书》本。
⑧ 胡应麟《诗薮》，上海古籍出版社1979年版，第213页。

曰："前六句有王孟气韵。"[1]

至于中晚唐以悯农为主题的田家诗对梅尧臣的影响，上文已经指出可以从《田家》（"南山尝种豆"）、《田家语》等得到验证。但有所突破的是，梅诗对当时农村的风物、生活情景进行了细致刻画，因而艺术效果更为鲜明生动。如《伐桑》："二月起蚕事，伐桑人阻饥。已伤持斧缺，不作负薪非。聊给终朝食，宁虞卒岁衣。月光无隔碍，直照破荆扉。"这首诗写出了死亡线上的人民的困苦境地，伐桑无法养蚕，但不伐就没有烧火的柴，与聂夷中《咏田家》"医得眼前疮，剜却心头肉"同样道理，末句以景作结，委婉地点出伐桑后农家的赤贫状态。《岸贫》《小村》等诗更是如此。梅尧臣晚年创作的《和孙端叟寺丞农具十五首》《和孙端叟蚕具十五首》，逐次表现了农家一年中种种耕织劳作，则俨然有《豳风·七月》的影子。

在梅尧臣之前，还没有哪个诗人能全面继承各种田园诗的艺术传统，尝试不同题材和主题的田园诗创作，梅尧臣可谓宋人中开风气之先者。他的田园诗将前人的艺术传统网罗殆尽，兼收并蓄，更为重要的是，他能在继承的基础上，形成自己鲜明的创作路数和新的特点，成为其后田园诗重要的艺术渊薮，具有"开宋诗一代之面目"[2]的重要作用。

梅尧臣早期创作的《田家四时》，以组诗的方式，分咏春夏秋冬四个季节的田园风光、农事和生活，这种新的艺术形式被宋代诗人广泛继承。如与梅尧臣有过交往的郭祥正有一组《田家四时》，道潜有《次韵黄子理宣德田居四时》和《田居四时》，秦观有《田居四首》，华镇有《田园四时》，贺铸有《和崔若拙四时田家词四首》等。至南宋时期，范成大将这种独特的艺术形式

① 《瀛奎律髓汇评》，第 972 页。

② 叶燮《原诗·外篇》，人民文学出版社 1979 年版，第 67 页。

发扬光大，创作了著名的《四时田园杂兴》，成为田园诗史上的经典诗篇。

梅尧臣任知县期间创作的《田家语》等诗，朱东润先生评价道："开出宋诗这一条沉着朴实的道路。"[①]《岸贫》《小村》等诗更是将田园和悯农紧密地联系在一起，在描写田园景色、农事场面的同时，透露出诗人对农家的深切同情。宋代田园诗中较有名的同情农村民生疾苦的作品如张舜民《打麦》、苏轼《吴中田妇叹》、王庭珪《和周秀实田家行》、杨万里《悯农》、范成大《催租行》《后催租行》、陆游《记老农语》、陈造《田家谣》、章甫《田家苦》、叶茵《机女叹》、赵汝鐩《耕织叹》等都沿着这条道路向前发展。

梅尧臣为父母守制闲居乡间故里时创作了多首《秋日家居》《闲居》等小诗，取景琐细，风格平淡。如《闲居》一诗："读易忘饥倦，东窗尽日开。庭花昏自敛，野蝶昼还来。谩数过篱笋，遥窥隔叶梅。唯愁车马入，门外起尘埃。"纪昀评曰："五、六纤小似姚合，结亦似姚合。"[②]这类田园诗在宋代可谓首倡了姚、贾之风，并在南宋时期得到永嘉四灵的回应。他们开始刻意师法姚、贾，形成野逸清幽的四灵体，又对众多江湖诗人产生影响。王绰《薛瓜庐墓志铭》写道："继灵之后，则有刘咏道、戴文子、张直翁、潘幼明、赵几道、刘成道、卢次夔、赵叔鲁、赵端行、陈叔方者作……继诸家后，又有徐太古、陈居端、胡象德、高竹友之伦。风流相沿，用意益笃。"[③]在宋代这一支庞大的田园诗创作流派中，梅尧臣可谓先行者。

守制期间，梅尧臣还创作过《宣州杂诗二十首》，有不少首

① 《瀛奎律髓汇评》，第70页。

② 《瀛奎律髓汇评》，第970页。

③ 王绰《薛瓜庐墓志铭》，《汲古阁景宋钞南宋群贤六十家小集》，瓜庐诗卷末，民国十年（1921）影印。

描写了乡间的风土民俗，如：

细雨春风滑，无因驻马蹄。裘单怀后侣，风急过前溪。近寺闻鱼鼓，穿林听竹鸡。田家春正急，炊饭待锄犁。

五月黄梅肥，终朝密雨微。绿苔侵竹阁，润气裛人衣。背陇沾牛去，衔虫湿燕归。高山发瀑水，夜涨入吾扉。

斫漆高崖畔，千筒不一盈。野粮收橡子，山屋点松明。只见树堪种，曾无田可耕。儿孙何所乐，向此是平生。

宛水过城下，滔滔北去斜。远船来橘蔗，深步上鱼虾。鹅美冒椒叶，蜜香闻稻花。岁时风俗美，笑杀异乡槎。

元人方回曾评价道："能言风土者，圣俞所尤长也。"[①]梅尧臣为宋代田园诗尝试了一条描写风土民俗的道路，南宋范成大《四时田园杂兴》、毛珝《吴门田家十咏》、陈造《房陵十首》以及陆游大量表现山阴乡土人情的田园诗都是这条发展道路上的重要收获。

梅尧臣晚年所作的《和孙端叟寺丞农具十五首》《和孙端叟蚕具十五首》在宋代田园诗的发展史上也有独特的意义。应当说这些作品是受到唐代陆龟蒙《渔具》十五首的启发，用来表现农村生产劳动中最重要的农具和蚕具。此后结合农村的劳动工具描写田园农事劳作的诗歌逐渐增多，如王安石有《和圣俞农具诗十五首》，苏轼有《秧马歌》，张孝祥有《湖湘以竹车激水粳稻如云书此能仁院集》等。杨万里《桑茶坑道中》其五："秧畴夹岸隔深溪，东水何缘到得西？溪面只消横一枧，水从空里过如飞。"也描写了秧田使用筒槽灌溉的景象。受梅尧臣这一类诗影响而最富成就的当属南宋中期楼琦的《耕织图诗》。这组诗配合

① 《瀛奎律髓汇评》，第170页。

45幅耕织图而作，每首诗吟咏图中所画的一种劳动场面，耕图诗有21首，织图诗有24首，其中不少是农具诗，如《耙耨》《耖》《碌碡》《砻》《舂碓》《簏》等。这些农具诗、织具诗富有较高的认识价值和文学价值，是宋人开创的类型独特的田园诗。

梅尧臣对宋代田园诗的开启之功还表现在对两种诗体的强化。其一是绝句组诗。用绝句组诗表现田园景致最早可追溯到杜甫，如其有《绝句六首》："日出篱东水，云生舍北泥。竹高鸣翡翠，沙僻舞鹍鸡。""凿井交棕叶，开渠断竹根。扁舟轻袅缆，小径曲通村。"《绝句漫兴九首》："糁径杨花铺白毡，点溪荷叶叠青钱。笋根稚子无人见，沙际凫雏傍母眠。"等等。杜甫之后，很少有田园诗采用此种体式，到了宋代，梅尧臣最早进行了尝试。如《杂诗绝句十七首》："荒水浸篱根，篱上蜻蜓立。鱼网挂绕篱，野船篱外入。""青青老镜叶，下有繁实尖。浪头拨船女，刺手终不嫌。""水上卖瓜女，摘瓜陂上田。长麻已不识，满把青铜钱。"以及《绝句五首》："风过巳午未肯止，酒病婴我心无憀。船头拍翅野鸭浴，水上摆子狞鱼跳。""岸边稚子戏把钓，蚯蚓作饵青条长。上去下来船不定，自飞自语燕争忙。"描绘了多种乡野小景和人物，富有生活气息，对李之仪《路西田舍示虞孙小诗二十四首》、贺铸《和崔若拙四时田家词四首》、杨万里《桑茶坑道中八首》、范成大《四时田园杂兴》、赵蕃《田家即事八首》、华岳《田家十绝》、刘克庄《田舍即事十首》等绝句组诗颇有示范意义。

其二是五律。梅尧臣尤其擅长五律，元人方回云："若论宋人诗，除陈、黄绝高，以格律独鸣外，须还梅老五言律第一可也，虽唐人亦只如此。而唐人工者太工，圣俞平淡有味。"[①]

① 《瀛奎律髓汇评》，第970页。

钱锺书先生则指出梅尧臣："五言律诗受了王维、孟浩然的启发。"[①]王、孟均擅长用五律体写田园诗，如王维《辋川闲居赠裴秀才迪》《山居秋暝》《淇上田园即事》、孟浩然《过故人庄》等，风味平淡，开唐人五律田园诗风气。梅尧臣也比较偏爱选择五律体创作田园诗，有《闲居》《岸贫》《田人夜归》等。其《春社》诗云："年年迎社雨，淡淡洗林花。树下赛田鼓，坛边伺肉鸦。春醪朝共饮，野老暮相夸。燕子何时至，长皋点翅斜。"方回评："春社诗苦无五言律，此篇独佳，淡泊中有酞醇味。"[②]这些平淡而富有诗味的五律田园诗，为宋代诗人田园诗创作指明了一条重要的方向。苏轼曾集陶渊明《归去来兮辞》作五律十首；文同有《田舍》《采桑》《野老》《村居》《宿田家》等多首五律诗，杨慎称"其五言律有韦苏州、孟襄阳之风"[③]；南宋陆游《剑南诗稿》中有多首五律田园诗，其中《春社日效宛陵先生体》明确自述受梅诗影响，共《社雨》《社鼓》《社酒》《社肉》四首，形神兼似《春社》；其后四灵、戴复古、韩淲等人也多以五律体田园诗名家。五律和七绝组诗成为宋代田园诗成就最突出的两种诗体。

梅尧臣的诗歌创作在宋初有着异乎寻常的崇高地位，"自武夫、贵戚、童儿、野叟，皆能道其名字，虽妄愚人不能知诗义者，直曰此世所贵也，吾能得之，用以自矜。故求者日踵门，而圣俞诗遂行天下"[④]。梅诗在整个宋代影响甚巨，被许多著名的诗人取法，如王安石对其"推仰尤至，晚集古句独多取焉"，苏轼"多不可古人，唯次韵和陶渊明及先生二家诗而已"[⑤]。陆游《剑

---

① 《宋诗选注》，第 14 页。

② 《瀛奎律髓汇评》，第 588 页。

③ 《升庵诗话》，第 654 页。

④ 欧阳修《梅圣俞墓志铭》，《欧阳修集编年笺注》第 2 册，巴蜀书社 2007 年版，第 583 页。

⑤ 陆游《梅圣俞别集序》，《陆放翁全集》（上册），中国书店 1986 年版，第 84 页。

南诗稿》中仅标明“学宛陵先生体”“效宛陵先生体”“拟宛陵先生体”者就有8处，其《读宛陵先生诗》中云：“导河积石源流正，维岳崧高气象尊。”指出梅尧臣为宋诗的发展廓清道路、奠定基石、树立高标的独特贡献。在田园诗发展的历史进程中，梅尧臣也具有承上启下的重要作用。在诗坛浮靡风气甚盛的宋初之际，梅尧臣能率先秉承陶王韦柳清淡诗派的衣钵，致力田园诗的创作，“存古淡之道，卓然于诸大家未起之先”[①]，并多方继承《诗经》、中晚唐田家诗等优良传统，形成了独具特色的艺术形式、风格、题材内容和体式，对后继诗人产生了良好的示范性作用。这种率先垂范、导夫先路的集成与开山之功正是梅尧臣田园诗的意义所在。

（原载《宁夏社会科学》2012年第6期）

① 龚开《跋前二诗》，《宛陵先生集附录》，《四部丛刊》本。

论梅尧臣注《孙子兵法》

◎涂序南

《孙子兵法》是我国现存最古的兵书著作，被后世誉为“百代谈兵之祖”[①]。东汉末，曹操所撰《孙子略解》（一称《魏武帝注孙子》）是迄今所见最早的《孙子》注本。此后，注家蜂起。据四库馆臣统计，“此书注本极夥，《隋书·经籍志》所载，自曹操外，有王凌、张子尚、贾诩、孟氏、沈友诸家。《唐志》益以李筌、杜牧、陈皞、贾林、孙镐诸家。马端临《经籍考》又有纪燮、梅尧臣、王皙、何氏诸家”[②]。梅尧臣是继曹操、杜牧之后注《孙子》取得杰出成就的又一注家。

一、梅注版本考

梅尧臣注《孙子》，欧阳修撰《梅圣俞墓志铭》载曰：“注《孙子十三篇》。”[③]此后，晁公武《郡斋读书志》著录为“《梅圣俞注孙子》三卷”[④]，而郑樵《通志·艺文略》著录为一卷，陈振孙《直斋书录解题》失载，韩淲《涧泉日记》亦云未见。元人马端临《文献通考·经籍考》著录为三卷，与《郡斋读书志》

① 《四库全书总目》卷九九，中华书局1965年版，第836页。

② 《欧阳修全集》，中华书局2001年版，第498页。

③ 《欧阳修全集》，第498页。

④ 晁公武、赵希弁《郡斋读书志·后志》卷二，文渊阁《四库全书》本。

同。《宋史·梅尧臣传》有载，而《宋史·艺文志》失载。

（一）《十一家注孙子》系统诸本

自宋代以来，《孙子》形成了《武经七书》和《十一家注》两大传本系统。《武经七书》是宋神宗年间官定的兵学经典，《孙子兵法》被列为七书之首。因其只取曹操一家之注，所以梅注在该版本系统中未能得以保存。《十一家注》是《孙子兵法》除《武经七书》之外另一重要传本系统，其十一个注家按编排顺序分别是曹操、李筌、杜牧、陈皞、孟氏、贾林、杜佑、梅尧臣、王皙、何氏和张预（按：排序有错乱现象。孟氏本南朝梁人，却反置于李筌等唐人之后；杜牧本杜佑之孙，却反置于杜佑之前。后清孙星衍校本对此进行了订正）。《十一家注》，学界多将其等同于《十家注》。《宋史·艺文志》著录宋吉天保辑《十家孙子会注》十五卷，然未著注者姓名[①]；而《十一家注》为十三卷，仅有注者姓名，未录辑者姓名。二者不唯卷数不侔，且注家数量不等。目前学界一般认为二者名异实同或同书异刻。《十一家注》又大致可分为宋本、道藏本和清孙星衍校本三个子系统，以宋本最具版本和校勘价值。今人杨丙安《十一家注孙子校理》（下引梅注皆出自《十一家注孙子校理》）以宋本为底本，汇校诸本而成，校勘精细，为《十一家注》最优之通行本。

在《十一家注》系统中，梅注共485条（按：《九地篇》“争地则无攻”句，宋本为梅注，道藏本残缺，孙校本误将此条视为王皙注，故道藏本及孙校本梅注为484条），保存梅注最全，在数量上仅次于张预注（530条），比曹操注321条、杜牧注376条要多。

① 《宋史》卷二〇七，中华书局 1977 年版，第 5284 页。

（二）日本昌平坂学问所《十家注孙子》本

严绍璗先生编著的《日藏汉籍善本书录》提出，日本有一部题名为《十家注孙子》的书：

> 仁孝天皇天保十五年（1844）《官板书籍解略》卷下“子部”著录《十家注孙子》，其识文曰：“是书谓十家者，乃曹操、王凌、张子尚、贾诩、李荃、杜牧、陈皞、贾孙镐、梅尧臣、王哲之注也。然不知何人所编。”（按：《十一家注孙子校理》论及此本时，“李荃”作“李筌”，“贾孙镐”作“孙镐”，“王哲之”作“王皙”）
>
> 《官板书目》“子部”又著录《十家注孙子》四册。仁孝天皇天保十四年（1843）昌平坂学问所刊印宋人吉天保编辑《孙子十家注》十三卷，即系此本。其后有嘉永六年（1853）昌平坂学问所重印本，出云寺万次郎重印本。①

由此可见，昌平坂学问所刊印的《十家注孙子》之十家姓名与《十一家注孙子》之十一家姓名有很大差异。相同者六家，分别是曹操、李筌、杜牧、陈皞、梅尧臣、王皙。前者无孟氏、贾林、杜佑、何氏和张预注，后者无王凌、张子尚、贾诩、孙镐注，二者显然不是一书。严编《书录》说昌平坂学问所刊印的宋吉天保辑《孙子十家注》即为《官板书目》所著录的《十家注孙子》（按：《宋志》所录吉辑名为《十家孙子会注》，非《孙子十家注》）。实际上，孙星衍校本题为《孙子十家注》。然而《官板书目》所著录的《十家注孙子》识文为“然不知何人所编”，并未著辑者姓名。《书录》前后所记似互相矛盾。关于昌平坂本与吉辑本及宋本的关系，杨丙安先生说：“昌平坂本《十

① 严绍璗《日藏汉籍善本书录》，中华书局2007年版，第797页。

家注》中的王凌、张子尚、贾诩与孙镐四家，唯贾本见于《日本国现存书目》，其他三家在日本则未见有著录，故可推断该本非日人所辑。而在中国，除吉辑与现存《十一家注》外，也不见有另一《十家注》被著录。故谓该本即流传日本的吉辑，亦并非无稽之谈。不过，关于该本的情况由于我们知道得很少，所以不能作较多的论述。我们只能说无论它是否吉辑，它与宋本都不是一书。”［《宋本十一家注孙子及其流变（代序）》］①因此，不管三者关系如何，可以肯定的是，梅注有《十一家注》系统诸本和昌平坂本两个不同的集注本。

（三）天一阁藏本《梅氏孙子注》

因《十一家注》是集注本，汇聚了众家优长，所以自它一问世，各单注本多逐渐消亡。唯曹操单注本尚流传至今，成为《孙子》另一传本系统。杜牧亦有单本流传，然多错乱，非杜正本。对于梅尧臣单注本在宋元以后的流传情况，杨序云：“明、清史志皆未见录，但清徐松《四库阙书目》有《梅尧臣注孙子》一卷，《绛云楼书目》亦录之，是此书至清初曾为钱谦益收藏，后即未见。”②然而清《江南通志》《安徽通志》《宁国府志》有明末梅士生辑梅尧臣注《孙子》的记载。《中国古籍善本书目》亦有著录“《孙子注》一卷，宋梅尧臣撰，明梅士生刻本”，馆藏地为天一阁文物保管所③。

梅士生所辑书名为《梅氏孙子注》。据《宣城梅氏》一书，梅士生（1607—1657）为梅尧臣第十七世孙，字生生、行一，号元仁，习《易经》，少年得志，后科举连遭挫折，于崇祯

① 《十一家注孙子校理》，《新编诸子集成》本，第 3 页。

② 《十一家注孙子校理》，《新编诸子集成》本，第 14 页。

③ 中国古籍善本书目编辑委员会《中国古籍善本书目·子部》，上海古籍出版社 1996 年版，第 113 页、1088 页。

壬午援例入监贡，授文华殿中书，有文学才能，性喜藏书。明清易代之际，梅士生不肯出仕新朝，有民族气节[①]。《梅氏孙子注》首为欧阳修撰《孙子注序》，次为梅士生撰《孙子注小序》、《史记·孙子传》、目录和正文。书内钤有“王鼎煦印”“朱家”“萧山王鼎煦收藏书籍”“王鼎煦印”四个红色篆体字印。白口，四周单边。每半页9行，行20字，版心上刻有“孙子注”三字，注文为双行小字夹注。该书刻工精细，字迹清晰。正文唯一字年久脱落，共28页，页上有辑者少量眉批，所辑梅注为480条，比宋本少5条。注文与《十一家注》本相较，有少许异文。如《作战篇》“虽有智者，不能善其后矣”，《十一家注》本梅注作“我虽有智将，不能制也”，而天一阁本“智将”作“制将”。《虚实篇》“故形兵之极，至于无形；无形，则深间不能窥，智者不能谋”，《十一家注》本作“兵本有形，虚实不露，是以无形，此极致也。虽使间者以情钓，智者以谋料，可得乎”，天一阁本“以情钓”作“以情伪”。这些都是天一阁本较明显的错误。梅士生所撰《孙子注小序》云：

> 《孙子十三篇》，非特引强辈，奉为奥府。虽经生家，亦资隽永。上文右武，成所奇赏。古今名注，自曹公以下，凡数十余，各抒己见，卷帙繁琐，读之茫然。曩阅谱乘，知宋都官圣俞公有注。觅之无繇得，慨想于中久矣。偶购旧本，雠校数过，重为锓之……今《孙子注》，累经燹劫，完好如新。水木本源，有深慕焉。敬存家塾，以谂后昆，裔孙梅士生百拜恭记。[②]

序文并未交代清楚该本的版本来源。从序文“觅之无繇

① 林静《宣城梅氏》，华艺出版社2009年版，第1092页。

② 《梅氏孙子注》，明刻本。

得，慨想于中久矣。偶购旧本”“今《孙子注》，累经燹劫，完好如新”来看，该本应该不是《十一家注》本。一则此前《十一家注》已有明世宗嘉靖乙卯（1555）锡山谈恺刊本和明神宗万历己丑（1589）黄邦彦刻本（《代序》）[①]，距明末未远，不至于“觅之无繇得”；再则书名不同。因此，该本为梅尧臣单注本的可能性更大。梅士生获得这个旧本后，曾雠校过多次，然后付刻，至于用以雠校的参校本，亦未交代。从篇名来看，与《十一家注》相较，天一阁本有三处不同。《计篇》《形篇》《势篇》，天一阁本分别作《始计篇》《军形篇》《兵势篇》，盖将单音节词改为双音节词，与《武经七书》本同。可能梅士生曾用《武经》本来校对《孙子》经文。从该书所钤印记来看，此书曾被萧山名叫王鼎煦的收藏家所收藏。其后应为范氏后人所得，藏于天一阁中。因天一阁自明范钦建阁以来，子孙严格遵守“代不分书，书不出阁”的祖训，外人很难看到阁中藏书，所以关于该书的情况记载并不多。不管梅士生所辑来源如何，事实上，该本已构成梅尧臣注《孙子》的单行本，也是现存梅注唯一单行本。该本与宋本相较，包括经文和注文，都有不少异文，有一定的版本和校勘价值。

综上所述，梅尧臣注《孙子》最初应是单注本，后被《十一家注》本辑者选中收入集注本。后世单注本渐少，而《十一家注》本则很好保存了梅注。

二、梅注的动机和时间

（一）梅注的动机

北宋自立国之初逐步确立“崇文抑武”“守内虚外”的

① 《十一家注孙子校理》，《新编诸子集成》本，第7—8页。

基本国策，导致武备松弛，边防空虚。明道元年（1032），元昊嗣位。此后，他便有步骤地开始了他的王霸事业。宝元元年（1038）十月十一日，元昊正式称帝，国号大夏。宋夏关系呈山雨欲来风满楼之势。

梅尧臣步入诗坛之初即显露忧国忧民的情怀和慷慨报国的意志。景祐元年（1034），梅尧臣《张修赴威胜军判官》一诗借赞扬张修从军表达了自己的投笔从戎之志："青骊渡河水，侠气动刀环。入幕沙尘暗，临风鼓角闲。地形通柏谷，秋色满榆关。谁复轻儒者，难淹笔砚间。"[①]西夏叛宋，激起诗人强烈的义愤，蔡居厚《诗史》记录道："景祐末，元昊叛，夏郑公守长安，梅圣俞送诗云：'亚夫金鼓从天落，韩信旌旗背水陈。'郑公独刻此诗于石。"（《梅圣俞赠夏郑公诗》）[②]梅尧臣殷切期盼夏竦能像汉代名将韩信、周亚夫一样扫清敌寇，凯歌而还。梅尧臣关心时局，忧念国事，喜谈兵。刘敞曾作诗《圣俞坠马伤臂以其好言兵调之》："知兵心自许，见谓百夫雄。上马常慷慨，堕车宁困穷。诚非代大匠，疑欲作三公。匹似陈汤病，犹成绝域功。"[③]诗人壮志凌云，渴望像汉代名将陈汤一样立功异域。

明代姜奇方在《宛陵先生集后序》中亦指出梅尧臣的忧国忧民之心："奇方不佞，间覆览鉴宋事，西北跳梁，兵威日顿，都官注《孙子》，有味乎权奇之指，其《胧月》、《夜阴》、寄欧阳夷陵诸咏，咸蒿目而忧乎当世，岂与彼平章月露、流连光景者已哉。"（万历本《宛陵先生集》后附）[④]明末梅士生则在其《孙子注小序》中说："第公生咸平、嘉祐间，西北疆场时警。公不

① 梅尧臣著，朱东润编年校注《梅尧臣集编年校注》，上海古籍出版社 2006 年版，第 63 页。

② 周义敢、周雷《梅尧臣资料汇编》，中华书局 2007 年版，第 67 页。

③ 刘敞《公是集》卷二二，文渊阁《四库全书》本。

④ 《梅尧臣资料汇编》，第 188 页。

得奋见于事业，或者以此注明志，未可知也。”[1]指出梅尧臣因壮志难酬而为《孙子》作注以明志的动机。

西夏叛宋，国家面临的危难激起了梅尧臣的爱国热忱；强烈的爱国情怀，驱使他为《孙子》作注。梅尧臣《依韵和李君读余注孙子》云：“我世本儒术，所谈圣人篇。圣篇辟乎道，信谓天地根。众贤发蕴奥，授业称专门。传笺与注解，璨璨今犹存。始欲沿其学，陈迹不可言。唯余兵家说，自昔罕所论。因暇聊发箧，故读尚可温。将为文者备，岂必握武贲。终资仁义师，焉愧道德藩。挥毫试析理，已厌前辈繁。信有一日长，可压千载魂。未涉勿言浅，寻流方见源。庙谋盛夔契，正议灭乌孙。吾徒诚合进，尚念有亲尊。”[2]梅尧臣注《孙子》，源于他向朝廷进献制胜御敌之策以及对前人注说繁琐的不满。

（二）梅注的时间

宋初由于逐步确立“崇文抑武”的治国方针，不仅对武将权利加以限制，还对兵书和兵学加以抑制。景德三年（1006），宋真宗下诏：“天文兵法，私习有刑，著在律文，用防奸伪。”（《禁天文兵书诏》）[3]元昊称帝后，战事迫在眉睫，宋廷才于宝元二年（1039）正月“因召司天监定合禁书名揭示之。复召学士院详定，请除《孙子》、历代史《天文》《律历》《五行志》，并《通典》所引诸家兵法外，余悉为禁书，奏可”[4]，解除了兵书之禁。

梅注的具体时间，文献并无明确记载。梅尧臣注《孙子》后，欧阳修即为之作序（《孙子后序》），但并未注明所注时

① 《梅氏孙子注》，明刻本。
② 《梅尧臣集编年校注》，第 160 页。
③ 《宋大诏令集》卷一九九，中华书局 1962 年版，第 734 页。
④ 《续资治通鉴长编》卷一二三，中华书局 2004 年版，第 2893 页。

间。刘敞《送梅圣俞序》云："昔者边鄙无事，士大夫耻言兵，圣俞独先注《孙子十三篇》献之，可谓知权矣。及其有事，士大夫争言兵，或因以取富贵，圣俞更闭匿不省利害，可谓知道矣。夫圣俞前非勇也，知天下忘战之必有忧也。后非怯也，知功名之说胜则隳教化也。"[①]因知梅尧臣注《孙子》当在"昔者边鄙无事，士大夫耻言兵""天下忘战"的所谓承平时期，即景祐末至宝元元年（1038）之间，而非元昊称帝之后。此时，虽然元昊在积极为立国称帝做准备，但是还没有公开和宋廷决裂，名义上西夏还是宋朝属国，宋廷君臣更不愿正视危机四伏的现实，国家处于表面承平局面。梅尧臣可谓"众人皆醉我独醒"，能洞悉承平表象下潜伏的严重危机，从而"独先注《孙子十三篇》"。朱东润先生说："盖尧臣注《孙子》，随即奏上，其事在宝元二年。"（《依韵和李君读余注孙子》诗后补注）[②]魏鸿《宋代孙子兵学研究》将梅注的时间定为宋夏战争大规模爆发前夕的宝元二年（1039）到康定元年（1040）之间[③]。二说恐未确。因宝元元年元昊已叛宋，宋夏关系已高度紧张，把梅注时间定在宝元二年或以后明显不符合刘序所言"昔者边鄙无事"的情境。又欧阳修《与梅圣俞》书云："孙书注说，日夕渴见，已经奏御，敢借示否？"此书题宝元二年作，书末云："旱热可畏，千万保重。"[④]因知梅尧臣《孙子注》进奏的时间，当在宝元二年夏六七月之前。梅尧臣于宝元元年春解建德县任，九月入汴京。宝元二年四月，谢绛赴邓州任，尧臣偕往。中秋后，梅尧臣赴襄城县任。梅注进奏的时间，当在宝元二年正月到四月之间，即解兵书之禁后、随谢绛往邓州任之前。此时梅尧臣身在汴

① 《公是集》卷三五，文渊阁《四库全书》本。
② 《梅尧臣集编年校注》，第160页。
③ 魏鸿《宋代孙子兵学研究》，军事科学出版社2011年版，第112页。
④ 《欧阳修全集》，第2449页。

京，易迅速获悉边情。梅尧臣既然早已注好《孙子兵法》，为何要迟迟等到元昊叛宋之后才进奏呢？其中原因首先是在边烽未警时宋廷君臣忌讳言兵、耻于言兵，其次是宋廷此时对兵书还未解禁。

三、梅尧臣的军事思想

梅尧臣在《孙子注》中的军事思想可概括为以下几个方面：

（一）积极防御的战略思想

梅尧臣指出只有自己做好了充分的准备，敌人才会无隙可乘：《九变篇》“故用兵之法：无恃其不来，恃吾有以待也”，梅注曰“所恃者，不懈也”；“无恃其不攻，恃吾有所不可攻也”，梅注曰“所赖者，有备也”。只有自己励精图治，才会有机可乘，“攻守自修，法令自保，在我而已”，“藏形内治，恃其虚懈”（《形篇》注）。只有自己平素多准备战具，才能战无不胜，攻无不克，“欲战必胜、攻必取者，在因利乘便，能作为功也。作为功者，修火攻、水攻之类，不可坐守其利也。坐守其利者，凶也，是谓费留矣”（《火攻篇》注）。对于军队治乱、勇怯、强弱的辩证关系，梅尧臣的认识十分深刻：“治则能伪为乱，勇则能伪为怯，强则能伪为弱。”（《势篇》注）这些都体现了梅尧臣积极防御的战略思想。

（二）恩威并著的治军思想

梅尧臣主张将领对待士卒首先要施以恩德：“德以至之，恩以亲之；恩德未敷，罚则不服，故怨而难使。”（《行军篇》注）“抚而育之，则亲而不离；爱而勖之，则信而不疑。故虽死与死，虽危与危。”（《地形篇》注）他批评将领对待士卒“先行乎严暴，后畏其众离，训罚不精之极也”（《行军篇》注）。即使对待俘虏，梅尧臣也主张以宽待之："获卒，则任其所长，养之以恩，必为我用也。"（《作战篇》注）其次是要恩威并著，军纪严明："厚养而不使，爱宠而不教，乱法而不治，犹如骄子，安得而用也？"（《地形篇》注）"令以仁恩，齐以威刑；恩威并著，则能必胜。"（《行军篇》注）再者是要赏罚严明：《军争篇》"掠乡分众"，梅注曰"以飨士卒"；"廓地分利"，梅注曰"与有功也"，"赏罚严明，用多若用寡也"（《九地篇》注）。不过梅尧臣也继承了孙武的愚军思想："凡军之权谋，使由之，而不使知之""但驯然从驱，莫知其他也""但用以战，不告以谋""用令知利，不令知害"（《九地篇》注），把士兵当成群羊来驱使。

（三）重视外交

梅尧臣能够认识到结交外援在军事斗争中的重要性。如《计篇》："兵众孰强？"杜牧曰："上下和同，勇于战为强；卒众车多为强。"梅尧臣曰："内和，外附。"王皙曰："强弱足以相形而知。"张预曰："车坚、马良、士勇、兵利，闻鼓而喜，闻金而怒，谁者为然？"对比四家之注，杜、王、张注都只强调己方力量，而梅注能从内、外两方面看问题，认为邻国的归附能够增强自己的力量，这更富创见。其他如"夫四通之地，与旁国相通，当结其交也"（《九变篇》注）；"彼我相当，有旁国三面之会，先至则得诸侯之助也""结诸侯使之坚固，勿令敌先"（《九地篇》注），都体现了梅尧臣对外交在军事斗争中的重要性的认识。梅尧臣还说："不知敌国之谋，则不能预交邻国以为援助也。"（《军争篇》注）体现了他对《孙子兵法》"知己知彼，百战不殆"思想的深刻领会。至于如何结交邻国，梅尧臣说："地虽四通，何以得天下之助，当以重币合。"（《九地篇》注）梅尧臣还从相反方面指出只有自己力量足够强大，才能威慑敌国，破坏敌交："伐大国，能分其众，则权力有余也；权

力有余，则威加敌；威加敌，则旁国惧；旁国惧，则敌交不得合也。”（《九地篇》注）

（四）强调“兵势”的作用

“兵势”指军队能够掌握战略的主动权，形成高昂的士气和统一的步调，行动迅速，对敌人产生一种无形的威慑力。梅尧臣能够看到“兵势”的形成对战争的巨大作用：《计篇》“计利以听，乃为之势，以佐其外”，曹注曰：“常法之外也。”杜牧曰：“计算利害，是军事根本。利害已见听用，然后于常法之外，更求兵势，以助佐其事也。”梅注曰：“定计于内，为势于外，以助成胜。”曹注比较简单，杜注较接近梅注，但他也没能解释清楚“定计”和“为势”的有机联系，而梅注用极简洁的语言揭示了二者的关系。梅注的“为势于外”包括用军事、外交等多种手段形成兵势的丰富内涵。又如“水虽柔，势迅则漂石；鸷虽微，节劲则折物”“险则迅，短则劲，故战之势，当险疾而短近也”“用人以势则易，责人以力则难；能者，当在择人而任势”“木石，重物也，易以势动，难以力移；三军，至众也，可以势战，不可以力使，自然之道也”（《势篇》注），都指出了“兵势”的形成对战胜敌人可起到事半功倍的效果。

梅尧臣还继承了《孙子兵法》中朴素唯物主义的思想：“妖祥之事不作，疑惑之言不入，则军必不乱，死而后已。”（《九地篇》注）对于敌情，“不可以卜筮知也，不可以象类求也”，“不可以度数验也”（《用间篇》注）。梅尧臣在《孙子注》中，既继承了《孙子兵法》先进的军事思想，又对其观点有所丰富和发展，从而使其注具有恒久的影响力。

梅尧臣出身于农民家庭，和曹、杜相比，他既没有曹操那样丰富的军事经验，也缺乏杜牧那样少习兵史的家学渊源。他对兵学的爱好，与受到叔父梅询的影响有关。梅询受知于真宗，喜论边事，咸平、景德之际，“契丹数寇河北，李继迁急攻灵州……（梅询）屡言西北事……凡数十事，其言甚壮”（《翰林侍读学士给事中梅公墓志铭》）[①]。梅询曾在西北边陲任陕西转运使、知广德军、兵部员外郎、知陕府等官职。尧臣12岁即从叔父宦游，有机会接触边防形势。可以说，梅询的熏陶是梅尧臣军事思想形成的理论渊源；而对边防形势的接触了解，是其军事思想形成的实践来源。

四、梅注的特点

欧阳修《孙子后序》云：“世所传孙武十三篇多用曹公、杜牧、陈皞注，号‘三家孙子’。”[②]曹操是历史上影响最大的注家，其注以简而要为特色，但时有过于简略，使人不知所云的缺憾。杜牧是曹操之后成就最大的注家，征引古代战例宏富。陈皞往往攻牧之短，虽确有所见，但其注成就远不能和杜注相提并论。梅注有14条与杜注同，6条与曹注同，4条与陈注同，体现了梅尧臣对此三家之注的推重。梅注能够保存至今，自有其鲜明的特色。

（一）简洁洗炼，辞意畅达

梅尧臣不满前辈注家的繁琐，因此，简洁洗炼是梅注比较鲜明的特色。如《计篇》“故能而示之不能，用而示之不用，近而示之远，远而示之近”，梅尧臣曰：“使其不能测。”他人分两条注释，而梅尧臣根据四句用意相近，仅用五个字就准确地概括出《孙子》迷惑敌人的意旨。梅尧臣不重字词的训诂，注重抓住其思想内涵。与杜注动辄千言之繁富相比，梅注更显简

① 《欧阳修全集》，第413—414页。

② 《欧阳修全集》，第606页。

练畅达。如《形篇》“是故胜兵先胜而后求战，败兵先战而后求胜”，杜注征引古代兵书战例，颇显繁琐，而梅注曰：“可胜而战，战则胜矣；未见可胜，胜可得乎？”干脆利落。其他如“势穷忧叛离，屡赏以悦众”“人弊不堪命，屡罚以立威”（《行军篇》注），“力举秋毫，明见日月，聪闻雷霆，不出众人之所能也。故见于著则胜于艰，见于微则胜于易”（《形篇》注）等，都是辞意畅达的佳注。

（二）句式整齐，句多骈俪

梅尧臣善用对偶、排比的句式，整齐而有气势。如《计篇》“将者，智、信、仁、勇、严也”，梅尧臣曰：“智能发谋，信能赏罚，仁能附众，勇能果断，严能立威。”《孙子》经文亦颇整齐，梅注尽量与其风格保持一致，如《九地篇》“是故，其兵不修而戒，不求而得，不约而亲，不令而信”，梅注曰：“不修而兵自戒，不索而情自得，不约而众自亲，不令而人自信，皆所以陷于危难，故三军同心也。”梅注多骈俪之句，如《形篇》“胜者之战民也，若决积水于千仞之溪者，形也”，梅尧臣曰：“水决千仞之溪，莫测其迅；兵动九天之上，莫见其迹，此军之形也。”其他如“无形则微密，不可得而窥；无声则神速，不可得而知”（《虚实篇》注），“主不妄动，动必胜人；将不苟功，功必出众”（《用间篇》注）等骈俪之句，梅注中比比皆是，辞意俱佳。梅注语言特点，显示了梅尧臣作为诗人遣词造句的功力。在《十一家注》中，梅注的语言功力可谓首屈一指。

梅注的上述特点，体现了梅尧臣向朝廷备献御敌之术注重实用的根本目的，而非以纯学术为宗旨。当然，梅注也有不足之处。与杜牧、张预等名家之注相比，梅注没有战例的征引，一方面表明梅尧臣古代战争知识的缺乏，另一方面也使得其注简练有余，而生动性不足。

五、梅注的影响

梅尧臣为《孙子》作注本期望得到当路者的赏识，从而拯黎民于水火，免生灵于涂炭，但事与愿违，所献《孙子注》竟如石沉大海，杳无音信。康定元年（1040），梅尧臣在《吊李膺辞》中借汉代名宦李膺表达了自己请缨无路的悲愤之情：“阴霓横天，长剑欲抉，匣颖未露兮精钢已折。层冰塞川，猛炬方烈，凝气未销兮高焰已灭。”[①]庆历元年（1041），梅尧臣受命监湖州盐税，南下前，挚友欧阳修为其饯行，尧臣作诗《醉中留别永叔子履》云：“谈兵究弊又何益，万口不谓儒者知。酒酣耳热试发泄，二子尚乃惊我为。露才扬己古来恶，卷舌噤口南方驰。”[②]往日的壮志豪情消磨殆尽，与前时“谁复轻儒者，难淹笔砚间”的豪言壮语形成强烈反差。席间欧阳修也作诗《圣俞会饮》为梅尧臣才不见用鸣不平：“吾交豪俊天下选，谁得众美如君兼。诗工镵刻露天骨，将论纵横轻玉钤。遗编最爱孙武说，往往曹杜遭夷芟。关西幕府不能辟，陇山败将死可惭。嗟余身贱不敢荐，四十白发犹青衫。”[③]

梅注弃不见用的原因主要在于当政者摇摆不定的边防政策和尧臣身份的卑微，绝非注释水平的低下。相反，世人多给梅注以高度评价。欧阳修说：“后之学者徒见其书，又各牵于己见，是以注虽多而少当也。独吾友圣俞不然……吾知此书当与三家并传，而后世取其说者，往往于吾圣俞多焉。……后世之视其书者，与太史公疑张子房为壮夫何异？”（《孙子后序》）[④]庆历中，曾身践戎行的著名教育家胡瑗上《请兴武学疏》，举荐梅

① 《梅尧臣集编年校注》，第 162 页。
② 《梅尧臣集编年校注》，第 186 页。
③ 《欧阳修全集》，第 18 页。
④ 《欧阳修全集》，第 606 页。

尧臣教授武学："顷岁吴育已建议兴武学，但官非其人，不久而废。今梅尧臣曾注《孙子》，大明深义；孙复以下，皆明经旨；臣曾任边陲，颇知武事。若使尧臣等兼隶武学，每日只讲《论语》，使知仁义忠孝之道，讲《孙》《吴》，使知制胜御敌之术。于武臣中选子孙有智略者三二百人教习之，则一二年必有成效。"[①]梅注也对《十一家注》中王皙、何氏、张预之注有很大影响，王注、何注分别有7条和3条与梅注同，张注则从精神内涵上借鉴了梅注。

梅尧臣去世后，刘攽作诗《伤梅圣俞直讲都官》云"论兵自负纵横略，献赋端从迟暮年"[②]，为梅尧臣才高见弃而深致不平。司马光《梅圣俞挽歌二首》云："兵形穷胜负，史法贯兴衰。……世俗那能识，伤嗟止为诗！"[③]司马光对梅尧臣的兵学、史学成就给予了充分肯定。杜范《吊梅都官墓》亦云："盛宋风流有圣俞，欧公爱重胜明珠。……史学兵筹皆所具，文章道德果何孤。双羊山下都官碣，吊祭恭倾酒一壶。"（张师曾《宛陵先生年谱》附录）[④]

然而亦有批评者。南宋著名理学家朱熹贬低梅注不如杜注："欧公大段推许梅圣俞所注《孙子》，看得来如何得似杜牧注底好？以此见欧公有不公处。"其实，朱熹不仅仅是贬低梅尧臣《孙子注》，对梅诗，他也同样贬得体无完肤："或曰：'圣俞长于诗。'曰：'诗亦不得谓之好。'或曰：'其诗亦平淡。'曰：'他不是平淡，乃是枯槁。'"[⑤]平心而论，梅注和杜注各擅胜场。朱熹之贬，联系他对梅诗失之偏颇的评论，也就不足为

① 曾枣庄、刘琳主编《全宋文》卷四〇八，第19册，上海辞书出版社、安徽教育出版社2006年版，第416页。

② 刘攽《彭城集》卷一三，文渊阁《四库全书》本。

③ 司马光《温国文正司马公文集》卷一〇，《四部丛刊初编》本。

④ 《梅尧臣资料汇编》，第113页。

⑤ 《朱子语类》卷一三九，中华书局1986年版，第3313页。

奇了。明末郭良翰撰《孙武子会解》四卷，荟萃诸家《孙子》注释，附有对各家注文的评判，其认为王世贞、梅尧臣、郑厚等人论《孙子》，是“文士笔锋，操文墨束韬钤”，而他本人则是“以兵言兵，即武论武”[①]，作者为将门之后，所论排斥文士注解，亦为偏颇之见。

当代著名孙子学研究专家杨丙安先生评梅注说：“其注虽不若曹注之深微与杜注之详实，然亦简切严整，堪称佳作，故为欧公所推许。但朱熹不以为然……应当说，两家各有千秋。”（《代序》）[②]杨评当为公允之论。

梅尧臣《孙子注》无论是从文辞的精美还是从对《孙子兵法》精深的军事思想的准确诠释来看，在众多的《孙子》注家中都堪称一流。随着中国乃至世界《孙子兵法》研究热的兴起，梅尧臣《孙子注》将和《孙子兵法》一道，受到学术界更多的关注。

（原载《南京政治学院学报》2012年第6期）

① 于汝波《孙子学文献提要》，军事科学出版社 1994 年版，第 90 页。

② 《十一家注孙子校理》，《新编诸子集成》本，第 14 页。

论梅尧臣诗歌的体裁选择

◎胡传志　汪婉婷

梅尧臣（1002—1060）是宋诗的开山祖师，奠定其地位的要素，除他的诗歌成就、诗歌风格、创作方式等之外，还与他鲜明的体裁倾向有关。每种体裁各具传统，各具个性。梅尧臣通过艰苦的探索，在各种体裁中，选择最适合自己的体裁，同时适当兼顾其他体裁，使得其创作既不脱离时代，又超越同侪，彰显其个性，开拓出新境界。

“一生憔悴为诗忙”①，梅尧臣平生致力诗歌创作，现存诗歌2878首。为便于研究，我们依据朱东润《梅尧臣集编年校注》，对其30年间的诗歌体裁按年进行统计，列表1如下。

表1　梅尧臣诗歌体裁分布表

年号／公元	年龄	五律	五古	五绝	五排	七律	七古	七绝	七排	三韵诗	其他	总计
天圣九年/1031	30	27	17	1	6	0	0	1	0	5	1	58
明道元年/1032	31	22	13	3	7	2	1	0	0	11	7	66
明道二年/1033	32	4	4	2	2	0	0	0	0	0	0	12
景祐元年/1034	33	35	14	0	1	0	1	0	0	0	0	51
景祐二年/1035	34	7	8	0	6	0	1	0	0	0	1	23
景祐三年/1036	35	12	7	0	0	0	0	0	0	0	0	19
景祐四年/1037	36	13	18	0	1	1	0	0	0	2	4	39

① 梅尧臣著，朱东润编年校注《梅尧臣集编年校注》，上海古籍出版社2006年版，第843页。

年号 / 公元	年龄	五律	五古	五绝	五排	七律	七古	七绝	七排	三韵诗	其他	总计
宝元元年 /1038	37	26	13	4	4	0	0	1	1	1	1	51
宝元二年 /1039	38	20	11	0	2	0	1	1	0	0	0	35
康定元年 /1040	39	12	16	8	1	0	0	1	1	1	0	40
庆历元年 /1041	40	17	15	0	4	0	3	0	0	1	0	40
庆历二年 /1042	41	14	22	0	2	1	1	11	0	1	0	52
庆历三年 /1043	42	8	11	0	2	4	6	2	0	2	0	35
庆历四年 /1044	43	16	49	2	5	2	12	11	0	9	0	106
庆历五年 /1045	44	31	50	3	19	3	9	5	3	2	7	132
庆历六年 /1046	45	26	92	12	4	0	4	11	0	1	0	150
庆历七年 /1047	46	20	69	6	3	0	1	8	0	3	0	110
庆历八年 /1048	47	90	83	24	5	22	7	28	1	5	7	272
皇祐元年 /1049	48	10	21	1	2	1	1	0	0	10	0	46
皇祐二年 /1050	49	17	20	1	0	5	6	4	0	11	0	64
皇祐三年 /1051	50	16	41	2	3	6	7	4	0	0	0	79
皇祐四年 /1052	51	40	33	0	2	14	35	9	0	14	0	147
皇祐五年 /1053	52	36	62	4	3	11	31	14	1	11	3	176
至和元年 /1054	53	27	41	2	0	11	11	10	0	2	1	105
至和二年 /1055	54	68	50	0	3	10	24	18	0	3	3	179
嘉祐元年 /1056	55	58	55	8	6	28	27	17	5	2	8	214
嘉祐二年 /1057	56	47	72	0	2	42	16	14	2	0	15	210
嘉祐三年 /1058	57	27	60	1	4	33	22	9	2	1	5	164
嘉祐四年 /1059	58	38	61	2	7	29	11	17	0	1	0	166
嘉祐五年 /1060	59	9	16	0	2	6	4	0	0	0	0	37
总计		793	1044	86	108	231	242	196	16	99	63	2878

从表1中，我们可以很直观地看到两方面信息。一是年均存诗量的变化。从现存诗歌来看，梅尧臣有诗传世的创作生涯约30年，自天圣九年（1031）至嘉祐五年（1060），以庆历四年（1044）为界，可以分为前后两个时期。前期13年，累计存诗521

首，年均40首。后期16年又4个月，累计存诗2357首，年均约145首。其中皇祐元年至皇祐三年（1049—1051）在宣城守父孝，创作量骤降，皇祐五年（1053），又丁母忧，其间创作量有所减少。后期创作量远大于前期，与其诗坛地位提升直接相关。二是诗歌体裁的分布。五言诗是梅诗的主导样式，包括五言律诗与五言古诗，五言古诗超过千首，可谓一枝独秀。七言诗是梅诗的补充样式，七言各体之和尚不及五律一体，约占总量四分之一。梅诗的体裁为什么呈现出这种状态？对梅诗及宋代诗歌有何意义？本文拟就其几种主要体裁的变化予以探讨。

一、五言律诗：成功进军诗坛的体裁

从《分布表》来看，五言律诗是梅尧臣仅次于五言古诗的重要体裁，也是梅尧臣始终坚持的一种体裁，平均每年存诗约27首，最少的一年是明道二年（1033），该年不独五律少，其他各体诗歌存世量都少。总体上后期多于前期，前期为217首，年均16.7首，后期为576首，年均35.3首。五律的增长幅度小于总量的增长幅度，说明五律的重要性在后期呈下降趋势。

如果将五言律诗与五言古诗相比，我们很容易发现一个有趣的现象：五律的总数明显少于五古。可在庆历四年（1044）之前，五律的总数反倒高于五古，五律为217首，五古仅为151首，二者颇悬殊。这说明在前期创作中，梅尧臣最重视的体裁是五律。尤其是刚入诗坛的天圣九年（1031）、明道元年（1032），分别是27首、22首，更是引人注目，可以说，五律是梅尧臣进军诗坛的首选题材。这是为什么？其缘由大概有以下几点：

其一，梅尧臣早年多次参加科举考试，“累举进士，辄抑于有司”[①]，因而，对科举之道一定较为关注。当时科举主考官刘筠、钱惟演、晏殊等都是西昆派领袖人物，他们主导着诗坛风向。五律、七律是西昆派唱和的主要样式，华靡富丽。穷愁不遇的诗人梅尧臣也有少量类似作品。比如《无题》：“斗觉琼枝瘦，慵开宝鉴妆。临风恐仙去，倚扇怯歌长。绿桂熏轻服，灵符佩缥囊。西邻空自赋，不解到君傍。”[②]该诗作于明道元年（1032），应是梅尧臣刚任职河阳县（今河南孟州）主簿之际，前六句香艳浓软，末两句似有寄托，“西邻”是诗人自指，河阳地处汴京之西。由此可知，梅尧臣早年也难免受到西昆体余风的影响。

其二，梅尧臣学诗，从五言古诗入手，却以五言律诗登上诗坛。其《依韵答吴安勖太祝》曰：“我于文字无一精，少学五言希李陵。当时巨公特推许，便将格律追西京。”[③]从学习李陵五言古诗入手，进而因为进入西京诗人圈，在“巨公”的推许带动下，转向律诗创作。梅尧臣于天圣九年（1031）初入仕途，任河南县（在今河南洛阳）主簿，恰巧前宰相钱惟演来洛阳担任西京留守，欧阳修担任留守推官，很快形成了西京文人圈。梅尧臣自然地加入其中，西京唱和成为一时盛事。相较于五古、七古等样式而言，五律的篇幅适中，能展示格律技巧，更适合酬唱，梅尧臣也就很自然地多用五律。《邵氏闻见录》记载：“天圣、明道中，钱文僖公自枢密留守西都，谢希深为通判，欧阳永叔为推官，尹师鲁为掌书记，梅圣俞为主簿，皆天下之士，钱相遇之甚厚。”[④]核心成员有钱惟演、谢绛、欧阳修、尹洙、梅尧臣、张

① 欧阳修著，洪本健校笺《欧阳修诗文集校笺》，上海古籍出版社 2009 年版，第 1093 页。

② 《梅尧臣集编年校注》，第 47 页。

③ 《梅尧臣集编年校注》，第 879 页。

④ 邵伯温撰，李剑雄、刘德权点校《邵氏闻见录》，中华书局 1983 年版，第 81 页。

汝士、杨愈，其中钱惟演年龄最长、官职最高，是西昆派的领导者，也是西京文人圈的领袖。因此，梅尧臣初入洛阳诗坛的诗歌自然不能不受到钱惟演的影响。梅尧臣《缑山子晋祠》题下自注："以下陪太尉钱相公游嵩山七章。"[①]未言是唱和诗，但肯定是应景之作。《缑山子晋祠》与《少林寺》《少姨庙》《天封观》《会善寺》《启母石》《轘辕道》，无一例外都是五言律诗。另一首《留守相公新创双桂楼》是题钱家新居之作，也是一首五律，全诗如下：

> 藻栋起霄间，芳条俯可攀。晚云谈次改，高鸟坐中还。日映城边树，虹明雨外山。唯应谢池月，来照衮衣闲。[②]

虽以写景为主，但高华富贵。他的《太尉相公中伏日池亭宴会》是一首五言排律，风格与此相似。体裁与格调的选择，绝非偶然，当与题诗对象直接相关。直到钱惟演去世后，梅尧臣的挽诗《随州钱相公挽歌三首》仍然是五律。

其三，梅尧臣早期诗歌受到谢绛的影响最大。谢绛（994—1039），字希深，浙江富阳人。大中祥符八年（1015）进士，历任秘书省校书郎、太常侍奉礼郎、河南府判官、权开封府判官、汝阴县令等职。梅尧臣与谢绛的特殊关系在于，天圣五年（1027），梅尧臣娶谢绛之妹为妻。谢绛比梅尧臣年长9岁，"年十五起家，试秘书省校书郎"[③]，阅历丰富，对梅尧臣照顾甚多，因此梅尧臣与谢绛的酬唱就很频繁。仅天圣九年至明道二年（1031—1033）年间，他们交往的诗歌就有以下诸篇：

① 《梅尧臣集编年校注》，第15页。
② 《梅尧臣集编年校注》，第29—30页。
③ 《欧阳修诗文集校笺》，第715页。

《和谢希深会圣宫》（五排）

《寒食前一日陪希深远游大字院》（五律）

《依韵和希深游大字院》（五排）

《秋日同希深昆仲游龙门香山晚泛伊川觞咏久之席上各赋古诗以极一时之娱》（五古）

《依韵和希深雨后见过小池》（五律）

《依韵和希深游府学》（五律）

《依韵和希深游乐园怀主人登封令》（七绝）

《中伏日陪二通判妙觉寺避暑》（五律）[①]

《河南受代前一日希深示诗》（五古）

《依韵和希深立春后祀风伯雨师毕过午桥庄》（五律）

《留题希深美桧亭》（五律）

《和希深避暑香山寺》（五律）

《和希深晚泛伊川》（五律）

《希深所居官舍新得府相蔬圃以广西园》（五律）

《希深惠书言与师鲁永叔子聪几道游嵩因诵而韵之》（五古）

《联句》（“古木含清吹”，五古）

《希深洛中冬夕道话有怀善慧大士因探得江字韵联句》（五排）

《希深本约游西溪信马不觉行过据鞍联句》（五律）

《同希深马上口占送九舅入京成亲联句》（五律）

《玉尘尾寄傅尉越石联句》（五古）

《依韵和希深新秋会东堂》（五排）

以上21首诗中，五律11首，五言排律5首，五古4首，七绝1

① 《梅尧臣集编年校注》：“二通判，其一当为谢希深，其一疑即孙祖德。”第17页。

首。五律比例最大，不仅说明梅尧臣与谢绛志趣相同，还能说明梅尧臣受到谢绛的影响。在9首“依韵”及“和”作中，有5首为五律。谢绛的原唱已经全部不存，但可以得知，是谢绛带动了梅尧臣的五律创作。

其四，五言律诗具有的体裁个性比较适合梅尧臣。如前人所说：“五言律规模简重，即家数小者，结构易工。”[①]“五言律，文意简洁，才雄力富者不能尽其施展。”[②]五言律诗长短适中，结构相对简单，不适合大开大合、纵横驰骋，不适合才华横溢的诗人，却适合普通诗人，适合初学者，便于操作。在宋代诗人，梅尧臣的才华不及欧阳修、苏轼等人。景祐元年（1034），比他年轻5岁的欧阳修作《书怀感事寄梅圣俞》，将梅尧臣直接比喻为唐代的苦吟诗人贾岛，“圣俞善吟哦，共嘲为阆仙”[③]。而贾岛正是以五律见长的诗人。所以说，梅尧臣选择五律，是选择了正好适合自己才情的体裁。

梅尧臣携五言律诗成功进军诗坛之后，并没有放弃五言律诗。后期创作的比例虽然有所下降，但仍然是仅次于五言古诗的体裁。在保持总体稳定的情况下，庆历八年（1048）出现大幅增长，多达90首，几乎占全年诗歌的三分之一。庆历八年的诗作，得益于三个方面：一是仕途向好。正月，梅尧臣在京授国子监博士，赐绯衣银鱼。喜悦之情，形之于五律《赐绯鱼》，诗曰：“蹉跎四十七，腰间始悬鱼。茜袍虽可贵，发短齿已疏。儿女眼未识，竞来牵人裾。不知外朝众，君恩惭有余。”[④]这期间写下了一些流连光景的五言律诗，如《胧月》《泥》《未晴》

① 胡应麟《诗薮》，上海古籍出版社1979年版，第81页。

② 胡以梅《唐诗贯珠笺释序凡例》，陈伯海主编《唐诗汇评》，浙江教育出版社1995年版，第3319页。

③ 《欧阳修诗文集校笺》，第1289页。

④ 《梅尧臣集编年校注》，第429页。

《夜阴》《夜晴》等诗。尽管本年三月，出生才五个月的小女称称夭亡，令他一度陷入悲伤，但五月回乡，八月又得故人晏殊的赏识，辟为陈州（河南淮阳）镇安军度判官，梅尧臣心情逐渐好转。二是得江山之助。该年五月，梅尧臣偕妻刁氏回宣城，往返乘船经汴水、淮河、运河、长江，中途停靠扬州、金陵等地，沿途风物激发其创作热情，写下了许多纪行诗，如《长芦江口》《早发》《慈姥山石崖下竹鞭》《望夫石》等诗。三是得友人之助，往返宣城途中，都于扬州拜会欧阳修，与之唱和，抵达陈州之后，又与晏殊唱和，其实早在两年前，梅尧臣经颍州拜见晏殊，就已经得到晏殊的称许[①]。在与欧、晏的唱和诗中，梅尧臣有些五律。另外，梅尧臣还与其他朋友唱和，也写下一些五律，如《夜泊虹县同施景仁太博河上纳凉书事》《施景仁邀咏泗州普照王寺古桧》《舟次山阳呈王宗说寺丞》，等等。

梅尧臣的五言律诗取得了较高的成就，方回甚至将之推到宋人五律第一的位置。方回评梅尧臣《闲居》曰："若论宋人诗，除陈、黄绝高，以格律独鸣外，须还梅老五言律第一可也，虽唐人亦只如此。而唐人工者太工，圣俞平淡有味。"[②]在评价陈与义《与大光同登封州小阁》诗时，方回再次有感而发："若五言律诗，则唐之工者无数，宋人当以梅圣俞为第一，平淡而丰腴。"[③]方回独具只眼，道出了梅尧臣五律获得成功的关键——"平淡有味""平淡而丰腴"，这也是其五律与五古相通之处。他的五律尽管有不少酬唱应景之作，但真正代表其水平和特点的还是那些写景之作，如他的名作《鲁山山行》：

---

① 梅尧臣有首次韵五律，题作《以近诗贽尚书晏相公忽有酬赠之什称之甚过不敢辄有所叙谨依韵缀前日坐末教诲之言以和》，《梅尧臣集编年校注》，第369页。

② 方回选评，李庆甲集评校点《瀛奎律髓汇评》，上海古籍出版社1986年版，第970页。

③ 《瀛奎律髓汇评》，第42页。

适与野情惬，千山高复低。好峰随处改，幽径独行迷。霜落熊升树，林空鹿饮溪。人家在何许？云外一声鸡。①

该诗写于康定元年（1040），为其前期作品，直写途中所见，随意自得，安闲悠然。尾联借助鸡声引向杳远的人家，余味无穷。中间两联虽是工巧的对偶，却无勉强着力之态。方回将此诗与王安石诗比较，曰："王介甫最工唐体，苦于对偶太精而不脱洒。圣俞此诗尾句自然，'熊''鹿'一联，人皆称其工，然前联尤幽而有味。"②他称赞梅诗对偶洒脱，幽而有味。后期所作的《闲居》更臻平淡有味之境：

读易忘饥倦，东窗尽日开。庭花昏自敛，野蝶昼还来。谩数过篱笋，遥窥隔叶梅。唯愁车马入，门外起尘埃。③

该诗作于至和元年（1054），诗人丁母忧居于宣城。写闲居时所见所闻所感，内容极其普通，却散淡有味。

可见，五律不仅是梅尧臣的入门诗体，而且在数量上、质量上保证和提高了梅尧臣的诗坛地位。

二、五言古诗：独树一帜的体裁

汉代以后直到初唐，五言古诗都是最主流的诗歌体裁，所谓"五言居文词之要，是众作之有滋味者也"④。诗人自觉创作，从汉乐府到游仙诗、山水诗、田园诗，主体都是五言古诗。唐代随

① 《梅尧臣集编年校注》，第168页。

② 《瀛奎律髓汇评》，第174页。

③ 《梅尧臣集编年校注》，第727页。

④ 钟嵘著，陈延杰注《诗品注》，人民文学出版社1961年版，第2页。

着近体诗的兴起，五律、七古、七律创作的繁盛，五言古诗的重要性随之下降。尤其到了中唐以后，五言古诗不太受到诗人们的喜爱，正如赵翼所说："中唐以后，诗人皆求工于七律，而古体不甚精诣；故阅者多喜律体，不喜古体。"[①]这种下滑态势一直延续到北宋，直到北宋诗文革新之际，复古风起，诗人们才渐渐重视五言古诗。

在梅尧臣各体诗歌中，五言古诗数量最多，超过总数三分之一，成就也最高。宋荦《漫堂说诗》有言："五言古，汉、魏、晋、宋，名篇甚夥……余意历代五古，各有擅场，不第唐之王、孟、韦、柳，即宋之苏、黄、梅、陆，要是斐然。"[②]宋代四位诗人中，梅尧臣是年代最早的诗人。钱锺书先生曾评价梅诗，"其古体优于近体，五言尤胜七言"[③]，古诗足以自成一家。可以说五言古诗是梅尧臣得以安身立命的体裁。

梅尧臣为何如此喜欢五言古诗？为何能以五言古诗独树一帜、奠定其北宋诗歌开山祖师的地位？

众所周知，五言古诗经过千余年的发展已经形成了自己的传统、自己的品格。反映民生疾苦、穷愁不遇是五言古诗一以贯之的主题。汉乐府、阮籍《咏怀诗》、陈子昂《感遇》、杜甫"三吏""三别"组诗，都是五言古诗史上的名作。某种程度上，五言古诗具有接近下层民众的性质，更适合表现日常生活。

梅尧臣早年科场不顺，后来长期沉沦州县，毕生穷愁潦倒，是被公认的"穷士"。欧阳修曾对别人说，"近时苏、梅，二穷士耳"[④]，梅尧臣也只得以贫贱自持，以文字来抒

① 赵翼著，江守义、李成玉校注《瓯北诗话校注》，人民文学出版社 2013 年版，第 118 页。

② 宋荦《漫堂说诗》，丁福保辑《清诗话》，上海古籍出版社 1978 年版，第 417 页。

③ 钱锺书《谈艺录》，中华书局 1984 年版，第 167 页。

④ 刘克庄著，王秀梅点校《后村诗话》前集卷二，中华书局 1983 年版，第 22 页。

怀。“微生守贱贫，文字出肝胆”[①]，穷士的身份和阅历，使得他与高华富贵的诗歌渐行渐远，让他日益亲近五言古诗。康定元年（1040），梅尧臣任襄城县令，适逢天灾人祸。西夏反叛，大举入侵，河水泛滥，襄城受灾，官方还大肆征兵，“互搜民口，虽老幼不得免。上下愁怨”[②]，“老幼俱集，大雨甚寒，道死者百余人，自壤河至昆阳老牛陂，僵尸相继”[③]，梅尧臣目睹这场巨大灾难，写下了感人肺腑的《田家语》《汝坟贫女》等诗，记录下层民众的心声。梅尧臣自觉地继承汉乐府至杜诗的传统，有意“录田家之言次为文，以俟采诗者”[④]，有意运用五言古诗的形式，显然认识到五言古诗的传统优势。

五言古诗大量增加是在庆历四年（1044），这一年是梅尧臣一生中极其艰难不幸的一年。年初，梅尧臣在湖州监税任上，生活已经相当窘迫，嗟叹“文章自是与时背，妻饿儿啼无一钱”[⑤]；五月，解官回宣城；六月，渡江赴汴京；七月七日，妻子谢氏在舟中不幸病逝，年仅37岁，令他悲痛不已；同月之内，次子十十又去世，不啻雪上加霜。梅尧臣陆续写下许多悼妻伤子的诗歌，其《悼亡三首》曰：

结发为夫妇，于今十七年。相看犹不足，何况是长捐！我鬓已多白，此身宁久全。终当与同穴，未死泪涟涟。

每出身如梦，逢人强意多。归来仍寂寞，欲语向谁何。窗冷孤萤入，宵长一雁过。世间无最苦，精爽此销磨。

从来有修短，岂敢问苍天。见尽人间妇，无如美且

① 《梅尧臣集编年校注》，第368页。
② 《梅尧臣集编年校注》，第164页。
③ 《梅尧臣集编年校注》，第165页。
④ 《梅尧臣集编年校注》，第164页。
⑤ 《梅尧臣集编年校注》，第232页。

贤。譬令愚者寿，何不假其年。忍此连城宝，沉埋向九泉。[①]

在他看来，谢氏是世间最美丽、最贤淑（“美且贤”）之人，是他无价的“连城宝”，丧妻是他人生中遭受的最沉重、最痛苦（“最苦”）的打击。这三首诗沿用潘岳《悼亡诗三首》（五古）的体式，而非元稹《遣悲怀三首》的七律新样，也没有采用五律的样式。他一定最认同五古的抒情功能，也就自然而然地用五古来抒写心中的伤痛。接下来的《泪》《秋日舟中有感》《书哀》，稍后所作的《书谢师厚至》《新冬伤逝呈李殿丞》，次年所作的《悼子》《怀悲》《师厚与胥氏归来奠其姑》等诗都是五言古诗。《怀悲》以平常的话语，向妻子哭诉其椎心泣血之痛：

自尔归我家，未尝厌贫窭。夜缝每至子，朝饭辄过午。十日九食齑，一日傥有脯。东西十八年，相与同甘苦。本期百岁恩，岂料一夕去。尚念临终时，拊我不能语。此身今虽存，竟当共为土。[②]

意思与元稹“诚知此恨人人事，贫贱夫妻百事哀”相似，但用五言古诗写来，细节更加日常化，情绪更低缓。

上述五古诗歌在继承传统的同时，已经有所发展。还有些诗歌，在表现日常生活方面走得更远，如《范饶州坐中客语食河豚鱼》《稚子获雀雏》以及《秀叔头虱》《八月九日晨兴如厕有鸦啄蛆》之类不宜为诗的内容，也出现在五言古诗中。

在五言古诗的发展过程中，还形成了长于叙事的传统。相

① 《梅尧臣集编年校注》，第245—246页。

② 《梅尧臣集编年校注》，第287页。

对于五律、七律的八句而言，相对于适合纵横铺叙的七言古诗而言，五言古诗具有长于叙事的优势。乐府诗《陌上桑》《孔雀东南飞》、杜甫《自京赴奉先县咏怀五百字》《北征》等诗都是五古名篇。宋人就已经指出，“圣俞诗长于叙事”①，所以他的一些长篇几乎都是用五古写成。《伤白鸡》《潘歙州话庐山》《五月十三日大水》以及前文所论的《田家语》《汝坟贫女》等诗都是叙事性很强的诗歌。他还喜欢根据别人的叙述，写作诗歌，如《希深惠书言与师鲁永叔子聪几道游嵩因诵而韵之》，作于明道元年（1032），则是将谢绛的书信改写成长达500字的五言古诗，类似的还有《子聪惠书备言行路及游王屋物趣因以答》《寄题滁州醉翁亭》《韵语答永叔内翰》《武陵行》等都是改写他人之作的五古长诗②。这些诗叙事委曲周详，具有欧阳修所说的“闲肆”之态。

在诗歌风格方面，五言古诗也渐渐形成了自己的特征：古澹浑融，自然平淡。由谢灵运、谢朓、陶渊明至王维、孟浩然的山水田园诗，都体现了这一风格。梅尧臣自觉追求古淡之风，自然对五古情有独钟。庆历六年（1046），他向晏殊报告自己的创作体会，说：“因吟适情性，稍欲到平淡。苦辞未圆熟，刺口剧菱芡。”③自信抒发真性情，接近平淡的境界，但又承认尚还不够纯熟，有些生硬。嘉祐元年（1056），他告诉杜挺之等人：“作诗无古今，唯造平淡难。”④这是他晚年纵览古今诗坛的深刻体识。无论对其“平淡”诗风作何理解，都不能否定与陶诗的渊源、与五言古诗传统的渊源。程杰指出，梅尧臣诗“闲肆而时得隽永的内容多见于古体，主要是五古”⑤。五言古诗是其平淡诗风

① 《后村诗话》，第67页。

② 程杰《北宋诗文革新研究》，内蒙古教育出版社2000年版，第138—140页。

③ 《梅尧臣集编年校注》，第368页。

④ 《梅尧臣集编年校注》，第845页。

⑤ 《北宋诗文革新研究》，第152页。

的最佳载体，也是最主要载体。

五言古诗的上述题材、风格等传统，除了与梅尧臣的穷士身份、个人兴趣相一致，还符合他的性格。同样是写作五言古诗，他的朋友苏舜钦的五言诗则不及他。原因固然是多方面的，性格是其中重要的原因之一。尽管五言古诗也有韩诗奇豪一格，但并不是主调。古澹高浑的品性，不太适合苏舜钦豪放激宕的性格。庆历四年（1044），欧阳修作《水谷夜行寄子美圣俞》，对苏、梅二人作出形象生动的比较：

> 子美气尤雄，万窍号一噫。有时肆颠狂，醉墨洒滂霈。譬如千里马，已发不可杀。盈前尽珠玑，一一难柬汰。梅翁事清切，石齿漱寒濑。作诗三十年，视我犹后辈。文词愈清新，心意虽老大。譬如妖韶女，老自有余态。近诗尤古硬，咀嚼苦难嘬。初如食橄榄，真味久愈在。苏豪以气轹，举世徒惊骇。梅穷独我知，古货今难卖。[①]

梅尧臣在《偶书寄苏子美》诗中认同欧阳修的评价："吾交有永叔，劲正语多要。尝评吾二人，放检不同调。"[②]虽然表面上，欧阳修没有作出高下之分，但评价中暗含主次优劣之分。梅尧臣的性格相对平和沉静中正，欧阳修《梅圣俞墓志铭》给他的评价是："圣俞为人仁厚乐易，未尝忤于物，至其穷愁感愤，有所骂讥笑谑，一发于诗，然用以为欢而不怨怼，可谓君子者也。"[③]"不戚其穷，不困其鸣。不踬于艰，不履于倾。养其和平，以发厥声。"[④]梅尧臣的这种性格显然更适合五言古诗。

① 《欧阳修诗文集校笺》，第 46 页。
② 《梅尧臣集编年校注》，第 251 页。
③ 《欧阳修诗文集校笺》，第 881 页。
④ 《欧阳修诗文集校笺》，第 883 页。

尽管五言古诗并不是北宋前期受人喜爱、被人看好的体裁，但适合梅尧臣的身份、才情、兴趣和个性。梅尧臣选择了五古加以发展，赋予其新的个性，取得了超越同侪的成就，并且顺应了欧阳修的改革需求，从而推动了北宋诗歌的变革。

三、七言诗：后发的酬唱体裁

梅尧臣的七言诗包括七言古诗、七言律诗、七言绝句、七言排律在内，共685首，数量不算很少，约占总量的24%。从表来看，七言诗的分布却很有特点，略而言之，则是前期很少，后期显著增加。

从天圣九年至庆历七年（1031—1047）的17年间，梅尧臣的七言诗仅存七律13首、七古40首、七绝52首、七排5首，共110首，仅占他现存七言诗总数的16%，约占17年诗歌总量（1019首）的11%，而且分布很不均衡，有11年无七律传世，7年无七古、七绝传世。梅尧臣所处的时代，七言诗绝对没有如此被冷落。前期七言诗如此之少，与时代风尚无关，只能说明梅尧臣前期对七言诗无甚兴趣，有意疏离七言诗。庆历五年（1045），梅尧臣在《答裴送序意》中说："我欲之许子有赠，为我为学勿所偏。诚知子心苦爱我，欲我文字无不全。"[①]夏敬观认为"裴"字后脱一字，朱东润考订裴当是梅尧臣的友人裴煜，所论甚是。裴煜（1013—1067），字汝晦，庆历六年进士，后知扬州、苏州[②]。从该诗来看，裴煜当时即提醒梅尧臣"勿所偏"，建议他全面发展。裴煜是梅尧臣的至交，只有至交才能直言朋友的短处。裴序原文失传，所说之"偏"具体所指无从确考，但他指出了梅尧臣偏离了当时诗坛的主流，不排除包括偏离七言诗这一主

① 《梅尧臣集编年校注》，第300页。

② 参见王秀云《宋代裴煜生平事迹初考》，未刊稿。

流样式。

梅尧臣为何有所偏？在《答裴送序意》中给出的解答是："我于诗言岂徒尔，因事激风成小篇。辞虽浅陋颇刻苦，未到二雅未忍捐。安取唐季二三子，区区物象磨穷年。"[①]其中表现了三层意思：一是他的诗歌是有感而发，二是崇尚二雅之风，三是反对唐末诗人摹写物象之风。此处没有涉及诗歌体裁，但"唐季二三子"或许包括长于七律的李商隐、温庭筠、韩偓等人。这一观点在随后所作的《答韩三子华韩五持国韩六玉汝见赠述诗》中有了进一步的阐发：

> 圣人于诗言，曾不专其中。因事有所激，因物兴以通。自下而磨上，是之谓国风。雅章及颂篇，刺美亦道同。不独识鸟兽，而为文字工。屈原作《离骚》，自哀其志穷。愤世嫉邪意，寄在草木虫。迩来道颇丧，有作皆言空。烟云写形象，葩卉咏青红。人事极谀谄，引古称辨雄。经营唯切偶，荣利因被蒙。遂使世上人，只曰一艺充。以巧比戏弈，以声喻鸣桐。嗟嗟一何陋，甘用无言终。然古有登歌，缘辞合徵宫。辞由士大夫，不出于瞽蒙。予言与时辈，难用犹笃癃。虽唱谁能听，所遇辄喑聋。诸君前有赠，爱我言过丰。君家好兄弟，响合如笙丛。虽欲一一报，强说恐非衷。聊书类顽石，不敢事磨砻[②]。

这段文字言辞激烈，主张继承雅颂传统，反对描摹物象、互相奉承、驰骋雄辩、讲究对偶，等等，承认自己的观念不切时宜，不为别人所重。所论虽然没有涉及诗歌体裁，但暗含体裁倾向。"谀谄"之类最易见于酬唱类诗歌，而最常用的酬唱体裁

① 《梅尧臣集编年校注》，第300页。

② 《梅尧臣集编年校注》，第336—337页。

就是七律；“经营唯切偶”，当然包括五律与七律，而七律更甚，因为对偶难度大于五律；“引古称辩雄”，最适宜它的是七言古诗。

令人意外的是，庆历八年（1048）之后，梅尧臣的七言诗创作大有改观。从庆历八年至嘉祐五年（1060）的13年间，七言诗数量明显增加，达575首，其中七律218首、七古202首、七绝144首、七排11首，占其七言诗总数（685首）的84%，占13年诗歌总数（1859首）的31%。可见他后期的七言诗创作数量大幅提高。而且，这13年中，除皇祐元年至皇祐三年（1049—1051）在宣城守孝之外，分布相对均衡，年年都有七律、七古存世，仅有两年无七绝，其中有两个高峰，一是庆历八年，二是嘉祐元年至嘉祐四年（1056—1059）。梅尧臣为何有如此大的转变？欧阳修一语道破天机：“其应于人者多，故辞非一体。”[①]随着诗坛名声的扩大，诗歌应酬的需要增加，导致其体裁、风格的多样化。

在前期，梅尧臣的诗歌应酬相对较少，应酬的体裁主要是五律，也有少量七律，如《依韵和永叔同游上林院后亭见樱桃花悉已披谢》《依韵和武平别后见寄》。随着后期诗名的兴盛，交游圈的扩大，诗歌应酬自然增多。后期，梅诗的主导体裁五言古诗也承担着应酬的功能，如嘉祐四年（1059），在61篇五言古诗中，以送友人赴任和唱和为内容的诗歌达50首，如《次韵和永叔试诸葛高笔戏书》《送李信臣尉节县先归湖州》《寄题刘仲叟泽州园亭》等。尽管五言古诗的应酬性显著增加，但还不足以满足多方面的应酬需要。以七言诗大增的庆历八年（1048）为例，他先后多次与欧阳修、晏殊唱和。一位是诗坛名流、扬州太守，一位是前宰相、现任上司。与他们的交往酬唱，诗歌体裁的选择性就会受到一定的限制。《和永叔郡斋闻百舌》（七绝）、《依韵和欧阳永叔中秋邀许发运》（七律）、《和永叔中秋夜会不见月

① 《欧阳修诗文集校笺》，第881页。

酬王舍人》（七律）等是欧诗的次韵之作，《咏欧阳永叔文石砚屏二首》（五古、七古）、《观永叔集古录》（七绝）、《观舞》（七绝）、《观永叔画真》（七绝）、《画真来嵩》（七律）等都具有与欧阳修交往的性质。到陈州之后，晏殊召集大家，或饮酒赏花，或投壶赛诗，现存《郡合阅书投壶和呈相国晏公》（七律）就是记录，另外还有《和十一月八日圃人献小桃花二绝》（七绝）、《和梅花》（七律）、《和新晴》（七律）、《和腊前》（七律）、《和十二月十七日雪》（七律）、《和岁除日》（七律）等唱和对象不明的诗歌，当是与晏殊及其他同僚的唱和之作。

梅尧臣七言诗创作的最高峰是在其晚年，即嘉祐元年至嘉祐四年间（1056—1059）。次年四月梅尧臣即去世，否则这一高峰状态还将延续。这4年间存世的七言诗274首，其中七律132首、七古76首、七绝57首、七排9首，特别是4年间七律的数量，占七律总数的比例高达57%。其直接原因是这4年是梅尧臣最顺心的时期。至和二年（1055）秋，梅尧臣结束丁忧，从宣城出发赴京城，所到之地，都与诸友酬唱。嘉祐元年（1056）五月抵达汴京，八月，在翰林学士赵概、欧阳修等十数人推荐下，梅尧臣出任国子监直讲，次年由太常博士迁屯田员外郎。欧阳修知贡举，推荐梅尧臣为礼部试官，嘉祐三年（1058）欧阳修又推荐他担任《唐书》编修官，次年底，进都官员外郎。这一切顺遂之事在很大程度上要得力于欧阳修等人的提携，因此，他与欧阳修等人的交往、唱酬则格外密切。一方面是出于真心实感，另一方面也是交游的需要。刚到京城时，已是翰林学士的欧阳修踏着泥泞主动登门拜访，让梅尧臣大为感动，写下七言长篇《高车再过谢永叔内翰》。后来，欧阳修赠送他绢布二十匹，梅尧臣作七言长诗《永叔赠绢二十匹》，称赞他的高情厚谊。秋社之日，欧阳修邀请他喝酒，他写下两首七古《依韵奉和永叔社日》《社日饮永叔家》。欧阳修作《白兔》诗（七古），梅尧臣作《永叔白兔》

《重赋白兔》。次年正月至三月，梅尧臣在试院五十日，与欧阳修、韩子华、梅挚、王禹玉、范景仁等人唱和，欧阳修《归田录》卷下详细记载其唱和盛况："余六人者，欢然相得，群居终日，长篇险韵，众制交作。""六人者相与唱和，为古律歌诗一百七十余篇，集为三卷。"[①]诗歌唱和，是梅尧臣试院生活的重要内容，其积极投身于这场诗歌唱和中。今检《梅尧臣集编年校注》卷二七，自《上元从主人登尚书省东楼》起，至《上马和公仪》止，共40首诗，超过了六人唱和的平均数。《二月五日雪》末句自注："闻永叔谓子华曰：明日圣俞若无诗，修输一杯酒。"梅尧臣作诗与否，居然成了欧阳修等人闲谈赌酒之资，由此可见梅尧臣的活跃程度。在这40首诗中，五言诗仅6首，七言诗多达34首，足以证明七言诗是集体酬唱的主要样式。

从试院酬唱来看，梅尧臣那些具有应酬性质的诗歌，包括次韵诗，不完全是被动的写作，其创作时，仍然具有很高的热情。他往返宣城沿途所作的许多应酬性质的诗歌，也是如此。这种创作状态，有利于提高酬唱类诗歌的水平。

在七言酬唱类诗歌中，尽管古朴、平淡、隽永的个性特征有所弱化，但没有完全失去平淡的本色，如《和刘原甫复雨寄永叔》：

> 阶下青苔欲染衣，晴光才漏又霏微。冲风燕子衔泥去，隔树鹁鸪嗔妇归。乍冷乍阴将禁火，自开自掩不关扉。浑身酸削懒能出，莫怪与公还往稀。[②]

该诗作于嘉祐五年（1060），从"浑身酸削"来看，他已身染疾病。前三联全是写景，从容淡定，自具生机、活力和乐

① 欧阳修著，韩谷等校点《归田录》，上海古籍出版社2012年版，第26—27页。

② 《梅尧臣集编年校注》，第1141页。

趣，毫无生病时的窘困不安之状。

需要补充说明的是，七言诗并非都是应酬诗。七律大增的庆历八年（1048），途中有《小村》诗：

> 淮阔州多忽有村，棘篱疏败谩为门。寒鸡得食自呼伴，老叟无衣犹抱孙。野艇鸟翘唯断缆，枯桑水啮只危根。嗟哉生计一如此，谬入王民版籍论。①

此诗关心民瘼，将生活琐事、贫寒之状、衰败之景写入七律，深得杜诗七律的精髓。另如著名的《东溪》：

> 行到东溪看水时，坐临孤屿发船迟。野凫眠岸有闲意，老树著花无丑枝。短短蒲茸齐似剪，平平沙石净于筛。情虽不厌住不得，薄暮归来车马疲。②

车马劳顿之后，小坐溪畔，将目见之景拾掇入诗，安闲自得，加之写景如在目前，对偶工整自然，所以这首诗被胡仔视为梅诗“工于平淡，自成一家”③的代表。由此可见，包括七律在内的七言诗，也起到映衬梅诗特色的作用。

在梅尧臣各种体裁诗歌中，七言诗的地位类似于他成名之后的配套体裁，多用于酬唱，取得了很高的成就。更重要的是，七言诗的创作有利于纠正前期的体裁偏向，使得他真正融入诗坛主流队伍之中，成为诗坛主将，从而更好地引导宋诗发展的走向。

［原载《安徽师范大学学报（人文社会科学版）》2015年第5期］

---

① 《梅尧臣集编年校注》，第 475 页。

② 《梅尧臣集编年校注》，第 772—773 页。

③ 胡仔著，廖德明校点《苕溪渔隐丛话》，人民文学出版社 1962 年版，第 175 页。

梅尧臣的七律诗风与北宋庆嘉诗坛

◎张立荣

在北宋文人的交游唱和中，七律一直是首选诗体。诗文革新诗人的成就多体现在其古体诗上，现代学者论欧、苏、梅开宋诗一代面目，多举其古诗为例。七律是西昆体的首选诗体。诗文革新诗人在诗体上的变革，显示出宋代文化发展到一定阶段，诗人越来越重视诗歌对现实的反映，并对近体诗的束缚渐渐产生不满及想要突破的欲望。因此可以说，诗文革新同时也是一场诗体的革新运动，这一点学界多未注意。但每一种诗体的发展都有其内在延续性，诗文革新诗人的七律皆受到白体、西昆体及当时后昆体诗人的影响。欧阳修偏于白体，而梅尧臣受西昆体及后昆体影响较大，在当时的七律创作上可谓上承西昆，下启江西，具有典型的宋代近体诗转型意义。

一、梅尧臣七律的创作经历与庆嘉诗风

梅尧臣的《宛陵先生文集》中，有诗2800余首，七律213首，占其诗歌总数的9%左右，比例极低。其诗歌成就主要在古体诗，尤其是五言古诗上。其五律，清丽闲肆，有唐人之风，成就亦颇高，被许学夷推举为“宋人第一”[①]。钱锺书先生也认为其古

① 许学夷著，杜维沫校点《诗源辩体》，人民文学出版社 1998 年版，第 380 页。

体诗成就在近体诗之上，五言诗在七言诗之上[①]，相比之下，其七律成就颇低。造成这种现象的原因是多方面的，一方面固然源于作者的爱好，另一方面应与其生活时代的诗坛状况相关。梅尧臣登上诗坛之时，正是西昆体盛行并很快被朝廷禁止时期，由于这个特殊的诗坛现象，当时的诗人也在积极进行变革，后昆体诗人及诗文革新诗人分别对诗歌进行了两个方向的探索，而梅尧臣对诗歌的探索则是以古体变近体，但由于交往之迫，他也不得不进行七律创作，所以其七律在创作过程中，呈现出较大的被动性特征。这从其七律的创作经历中可以看出来。

梅尧臣七律创作数量呈现出一个非常明显且有趣的变化曲线，这与其一生的经历密切相关。从仁宗明道元年（1032）到庆历七年（1047）约15年时间，梅尧臣共创作11首七律，一年平均不到1首，可见诗人对这一诗体的疏远。庆历八年（1048）突然创作15首，是因为此年诗人被授国子博士，入晏殊之幕。而晏殊是当时著名的后昆体诗人，他直接继承了西昆体以近体诗创作为主，较擅长七律的创作。这一年的15首七律中，大多是与晏殊的唱和之作，内容也是晏殊擅长的题材，这说明他在诗体的选择与内容上的被动。仁宗皇祐元年（1049）诗人因父亲去世离开陈州回宣城，到皇祐三年（1051）服除期间，诗人共作7首七律，可以看出此时诗人对这一诗体仍未用心，也并不擅长。皇祐三年五月抵开封，九月赐同进士出身，改太常博士。步入仕途后，诗人的七律数量渐增，从皇祐四年（1052）到仁宗至和二年，每年少则8首，多则13首，大多是送行及次韵之作。可以看出从皇祐四年起，诗人似乎才开始关注七律这种诗体，开始自觉创作，但其内容也多是七律的常见题材。其七律创作的高峰期是仁宗嘉祐元年（1056）到嘉祐四年（1059），以嘉祐二年（1057）最多，是43

① 钱锺书《谈艺录》，中华书局 1984 年版，第 167 页。

首；嘉祐元年（1056）最少，也有27首。这是因为嘉祐元年，经欧阳修、赵概等举荐，梅尧臣补国子监直讲，回到汴京，并在嘉祐二年协助欧阳修知贡举，这一年的43首七律基本上是与欧阳修、王珪等人知贡举期间的锁院唱和。嘉祐五年（1060），诗人迁官尚书都员外郎，并于此年病逝。在生命的最后几年，诗人在京师，由于欧阳修的引荐，有机会结识朝中大臣，并经常参与唱和活动，所以迎来了七律的丰收。由此可以看出，当时诗坛的唱和仍然首选七律，梅尧臣处于其中，并未能改变这一现象，反而有所同化，可见一种诗坛"习俗"的强大，并不是个别诗人所能左右的。晚年始注重七律创作，这一点与杜甫颇为类似。杜甫七律在其诗作中虽然数量不是最多，但成就最高。正如杜甫所言"老来渐于诗律细"，显然，尽管梅尧臣七律数量较少，却也不能忽视其成就。

梅尧臣七律创作大致有三次高峰：第一次是庆历八年（1048），开始与晏殊交游，诗体选择及内容都颇受晏殊的影响；第二次是皇祐三年（1051）诗人到京师赐同进士出身，步入仕途后；第三次是服除后再次回到京师，于嘉祐元年受欧阳修等举荐，补国子监直讲，直到嘉祐五年离世，这数年间，其七律数量由皇祐年间的每年10首左右，增至每年30首左右，甚至高达43首。从这三次创作高峰可以看出，其七律创作数量随着其交往的人员及地域发生明显的变化。每次的境遇变动，诗人都会结识一批新朋友，会作大量的唱和、送行七律用于交际应酬，尤其在京城的几年，这种倾向尤为突出。这一现象说明，至少在嘉祐年间，北宋京师文人的交流唱和，七律仍然是首选诗体。这和早期白体、西昆体是一致的，也显示出一种诗体内部发展的延续性及顽固性，并不是那么容易改变的。梅尧臣作为一个终身致力诗歌创作的诗人，在如此强大的诗坛习性面前，并无力回天。作为后世读者，在总观梅尧臣诗集时，看到的是他的古体诗创作的成就及新变，并给予其极高的评价，但从其七律创作的过程来看，诗人在诗体选择上进行了颇为艰难的挣扎与选择。从其七律数量的变化及内容多为送行次韵之作上还可以看出，七律创作的场合多为官员间的唱酬，这一诗体在北宋已经逐渐成为“应酬之具”。七律中杜甫开创的现实精神逐渐淡化，而由白居易开创的寄赠交游功能逐渐加强。梅尧臣晚年七律较多，显然是出于应酬需要，表现出创作上的被动性。但不可否认，诗人对这一诗体也保持了极高的兴趣及创作热情，并在题材、技巧等各方面进行了积极探索，取得了一定成就。

景祐年间到庆历年间，北宋朝廷共发生过两次较大的政治斗争。一次是仁宗景祐三年（1036），以范仲淹为首的革新派在用人问题上与保守派代表吕夷简发生冲突，梅尧臣的好友范仲淹、欧阳修、尹洙等皆被贬，此时诗人写了《闻欧阳永叔贬夷陵》《闻尹师鲁谪富水》《猛虎行》等古诗对当权者进行严厉谴责。另一次就是庆历四年（1044），范仲淹领导的庆历新政失利，进步派人士又一次遭到打击，梅尧臣又写了《杂兴》《送苏子美》《送逐客王胜之不及遂至屠儿原》等古诗反映此事件，表达了诗人的愤慨。而从景祐四年（1037）到庆历七年（1047）的10年间，梅尧臣只写了9首七律，且内容多为寄赠往来之作及日常生活情事。庆历六年、七年两年间，未见一首七律。从其古今体诗内容的对比上来看，诗人在这一诗体的创作上明显表现出对政治的疏远。

梅尧臣七律内容大多数是寄赠、唱和、送行之作，这与欧阳修七律类似，表现出二人在七律选材上的一致性，也说明了那个时代诗人对七律题材的整体取向。但在具体内容上，二人亦有较大差别。如果说欧阳修的七律反映出一个达官贵人优雅闲适的心态，那么梅尧臣的七律则大多表现了一个仕途淹蹇、生活困窘的文人寒俭牢落之感。如《依韵和李舍人旅中寒食感事》（庆历五年）、《依韵答吴正仲罢饮》（至和元年）等，诗人在诗中屡屡表达自己的失志落拓之感，甚至在宴游欢饮中也不忘发出难以侧望群贤的感慨。从创作年代看，这种穷愁失意之感几乎伴随了诗人一生。类似的诗作尚有《依韵和原甫月夜独酌》《和永叔内翰》《依韵和王景彝马上忽见槐花》《依韵和永叔久在病告近方赴直道怀见寄二章》等。在梅尧臣去世的第二年，即嘉祐六年（1061），欧阳修作《梅圣俞墓志铭》，谓“至其穷愁感愤，有所骂讥笑谑，一发于诗，然用以为欢而不怨怼，可谓君子者也”[①]。他亦有数首“骂讥笑谑”之诗，从自嘲的角度写失意之感，如《陆子履见过》（嘉祐元年）、《元日合门拜表遇雪呈永叔》（嘉祐三年）等，沉痛之情，却以反语出之，愈觉其悲痛之难以负荷，读之令人潸然。

梅尧臣七律最突出的内容是写日常生活情事。七律在创始之初，即以比较高雅的面目出现。北宋前期三体七律中，对日常生活场景做细致描摹并不多，欧阳修七律加重了这一倾向，梅尧臣更进一步推进了七律的俚俗化过程。如《出省有日书事和永叔》《和刘原甫复雨寄永叔》等，这些诗作就日常生活中的所见所感絮絮而谈，质朴平淡，就像与好朋友聊天一样自然流畅，毫不矫饰。他还有一些七律虽写日常生活琐事，却显得瘦硬奇谲。如《二月十日吴正仲遗活蟹》《江邻几寄羊羓》，如此俚俗化的题材在七律中极为少见。用七律描写琐屑甚至丑陋的事物，应是梅尧臣在七律内容上的新变。这一新变结合了其古体诗创作，如他的《师厚云虱古未有诗邀予赋之》及《扪虱得蚤》等，显示出宋诗新变因子在七律中的注入。这些新变因素进一步丰富了七律题材，影响了元祐苏、黄等人的创作。苏轼、黄庭坚七律中皆有大量俚俗琐屑题材，梅尧臣可谓发端，这在七律发展史上颇有诗学

① 欧阳修《欧阳修全集》，中国书店1986年版，第235页。

意义。将古诗擅长的题材融进七律创作，在某种程度上反映出宋人诗学观的转变。

梅尧臣七律还有表现土风民俗之作，如《和腊前》《送余少卿知睦州》等。纪昀言其《送余少卿知睦州》诗“但泛述土风，不见送意”[①]。从这些诗作中可以看出一个官职卑微诗人的精神世界。在七律一直被达官贵人捧在手中，用以“奉和御制”、寄赠酬唱时，梅尧臣的这些诗作表现出其回到民间后所特有的质朴古拙。正如清人贺裳《载酒园诗话》中所言：“读杨、刘诸公诗，如入王、石绮疏绣闼，耳倦丝竹，口厌肥鲜，忽遇葭墙艾席，菁羹橡饭者，反觉其高致。”[②]宋人张舜民亦曾言梅诗“如深山道人，草衣葛履，王公见之，不觉屈膝”[③]。

与同生于盛世的后昆体诗人类似，梅尧臣七律也有歌颂盛世繁华景象的作品，这是其在选材上受后昆体诗人影响的地方。其歌颂之作多写于嘉祐年间，在京城与王珪等后昆体诗人唱和之时。如《上元从主人登尚书省东楼》《自和》《又和》等，这类诗多作于仁宗嘉祐二年（1057），极写上元夜京城的热闹繁华景象。方回言：“想见嘉祐中太平之极，令人每遇佳句为击节也。三诗六联俱好。”[④]写上元夜诗是后昆体诗人最擅长的题材。梅尧臣的上元夜诗与后昆体诗人的同类诗作所取角度并不相同。后昆体诗人的诗作大多从宫殿、灯光等角度着笔，写得气势宏伟、瑰丽无比；梅尧臣诗却多从市井之乐入手，娓娓叙来，朴实入情，正如诗人所言之“更贫更贱皆能乐”。他的《次韵景彝赴省宿马上》也被方回认为是“曲尽京师承平市井繁盛之

① 方回选评，李庆甲集评校点《瀛奎律髓汇评》，上海古籍出版社 2005 年版，第 1077 页。

② 贺裳《载酒园诗话》，郭绍虞编《清诗话续编》，上海古籍出版社 1983 年版，第 144 页。

③ 胡仔《苕溪渔隐丛话》，人民文学出版社 1981 年版，第 257 页。

④ 《瀛奎律髓汇评》，第 245 页。

状”[①]。类似诗作尚有《依韵和宋中道观八月二十八日车驾朝谒景灵宫》《元日朝》《依韵和原甫早赴紫宸朝待旦假寐》《依韵和王景彝学士紫宸仲冬早谒》等。梅尧臣的颂美之作与后昆体诗人的颂美之作相辅相成，分别从民间角度及达官贵人角度反映了北宋仁宗朝的盛世景象。

梅尧臣七律反映现实的作品不多，其中最有名的一首为《小村》。此诗作于仁宗庆历八年（1048）秋天，诗人由宣城赴陈州途中。诗以平实的笔法记录了淮河地区遭受水灾后农村的凄凉破败景象。尤其末句“嗟哉生计一如此，谬入王民版籍论”，被陈衍认为是“婉而多风”，而纪昀言“其词怨以怒”[②]，看似矛盾，实际上二人正是从诗人的创作手法与感情两方面作出的评价。诗人的感情虽然充满怨愤，在诗中却用实录之笔娓娓叙来，正是《诗经》“主文而谲谏”手法的运用，符合其诗学主张。梅尧臣认为诗歌应当继承《诗经》“风雅比兴”的传统，在作于庆历五年（1045）的《答裴送序意》就曾云：“我于诗言岂徒尔，因事激风成小篇。辞虽浅陋颇刻苦，未到二雅未忍捐。安取唐季二三子，区区物象磨穷年。”[③]可见，梅尧臣是把《诗经》中的“二雅”作为衡量诗歌现实意义的尺度。这首诗正是其“因事激风”，造语刻苦而平淡的典范之作。

在《送赵谏议知徐州》《寄题徐都官新居假山》等诗中，诗人结句都用“婉而多风”手法，纪昀评《送赵谏议知徐州》一诗“结处大有所讽，赵殆好宴游者”[④]。但梅尧臣的大部分七律仍然“好尽”，少“含蓄渟泓”之意。

---

① 《瀛奎律髓汇评》，第 76 页。

② 《瀛奎律髓汇评》，第 1003 页。

③ 梅尧臣著，朱东润编年校注《梅尧臣集编年校注》，上海古籍出版社 1980 年版，第 300 页。

④ 《瀛奎律髓汇评》，第 1078 页。

梅尧臣虽然在七律创作中有意无意回避政治内容，但作为一个关心国事、有社会责任心的诗人，他还是有数首诗体现出对时事的关注，只是多以送行、寄赠等形式出现。北宋仁宗朝与外族的边境冲突不断。仁宗宝元二年（1039），与西夏爆发战争，北宋连连失利。梅尧臣进呈《孙子注》，希望能亲临前线，却未曾获用，于庆历元年（1041）被派至湖州监税。怀着极大的愤懑，诗人写下了“谈兵究弊又何益，万口不谓儒者知”（《醉中留别永叔子履》）。他在七律中写了许多送人使北赴边之作，如《送刁景纯学士使北》《吕冲之司谏使北》《送马仲途司谏使北》《送王景彝学士使虏》《送吴仲庶殿院使北》《朱纯臣端公使契丹奠祭》《送李君锡学士使契丹吊慰》等，这些七律以送行诗形式表现出诗人亲赴战场的愿望虽未实现，但对边事的关注始终萦绕于怀，难以释解。

在《闻永叔出守同州寄之》一诗中，梅尧臣云：“冕旒高拱元元上，左右无非唯唯臣。独以至公持国法，岂将孤直犯龙鳞。”把批判的矛头直指最高统治者，显示出非凡的胆量与勇气。

梅尧臣七律极擅长刻画景物。他的写景诗及其他题材诗中的写景联非常具有特色，如《东溪》《春日拜垄经田家》等。梅尧臣善于挖掘景物本身所含的意韵，而非唐诗的长于造境，如其“老树著花无丑枝”（《东溪》），老树开花本是极平常的事，很少有人去关注，而诗人能从这极常见的景物中抽绎出不寻常的意思。宋胡仔《苕溪渔隐丛话》后集卷二四言：“似此等句，须细味之，方见其用意。”[①]此评正是欧阳修对梅尧臣诗评价的翻版。欧阳修在《水谷夜行寄子美圣俞》中曾云梅诗：“近诗尤古硬，咀嚼苦难嘬。初如食橄榄，真味久愈在。”[②]这种以

① 《苕溪渔隐丛话》，第 175 页。

② 《欧阳修全集》，第 12 页。

意蕴见长的格调，与晚唐诗颇不类，正是唐音、宋调区别的大关键。清陆蓥《问花楼诗话》卷二曾言其“南岭禽过北岭叫，高田水入低田流”“野凫眠岸有闲意，老树著花无丑枝”二联，“语似平易，实未经人道”[①]。其他写景之作，如《次韵和景彝省闱宿斋二首》《依韵和永叔秋日东城郊行》《次韵和长文禖祀郊外见寄并呈韩子华》等，皆造语生新、真切细腻、闲肆平淡，呈现出与唐诗不同的风貌。

总之，梅尧臣七律的主要题材为寄赠、唱和、送行之作，主要内容是在与朋友的交际往来中抒发自己的牢落不平之感；抒写日常生活中的琐屑情事；也有部分关注时事之作，但并不占主流，且多以送行、寄赠等形式出现；有部分写景之作，与唐诗意趣不同。他的七律中还有几首咏物诗，亦真切精细，体物颇工，有些诗亦能托物寓意，见出思致。

二、梅尧臣七律的审美转向与个性特征

梅尧臣七律风格丰富多彩。一般认为梅尧臣诗风为“平淡”“古淡”“古硬”等，朱东润先生不赞成言梅诗风格“平淡”，认为“不符合梅诗的实际创作”，也“违反尧臣的主观要求”[②]。关于梅诗是否“平淡”，欧阳修的见解颇具说服力。仁宗庆历四年（1044），欧阳修评曰：“梅翁事清切，石齿漱寒濑。作诗三十年，视我犹后辈。文词愈清新，心意虽老大。譬如妖韶女，老自有余态。近诗尤古硬（一作淡），咀嚼苦难嘬。初如食橄榄，真味久愈在。”（《水谷夜行寄子美圣俞》）仁宗皇祐二年（1050），他在《再和圣俞见答》诗中又云：“嗟哉

① 陆蓥《问花楼诗话》，郭绍虞编《清诗话续编》，第2305页。
② 《梅尧臣集编年校注》，第29页。

我岂敢知子，论诗赖子初指迷。子言古淡有真味，太羹岂须调以齑。”[①]表明梅尧臣欣赏“古淡”之诗，并以之教人。欧阳修作于晚年的《六一诗话》中更云：“圣俞覃思精微，以深远闲淡为意。”“圣俞平生苦于吟咏，以闲远古淡为意，故其构思极艰。”[②]最后，在作于仁宗嘉祐六年（1061）的《梅圣俞墓志铭》中，欧阳修又总结梅尧臣一生的诗作为：“其初喜为清丽闲肆平淡，久则涵演深远，间亦琢刻以出怪巧，然气完力余，益老以劲。”[③]可见，欧阳修对梅尧臣诗风“古硬”“古淡”“闲淡”“平淡”的认识几乎贯穿其一生，没有太大变化。欧阳修对梅尧臣的评论还有一点不容忽视，即在评价梅诗“平淡”时，总有一个附加条件，如“初如食橄榄，真味久愈在”，强调平淡而有意味。“覃思精微”“苦于吟咏”“构思极艰”，强调要达到“深远闲淡”的手段。“涵演深远，间亦琢刻以出怪巧，然气完力余，益老以劲”则强调其平淡的最高境界，即要“深远”“老劲”，这是一种外似“平淡”而内含艰巧的诗风，是梅尧臣自己所言之“平淡邃美”，也是苏轼所谓“外枯而中膏，似淡而实美”的审美要求[④]。这样的“平淡”当然难以达到，难怪诗人感叹“作诗无古今，唯造平淡难”（《读邵不疑学士诗卷杜挺之忽来因出示之且伏高致辄书一时之语以奉呈》）。朱自清先生论“平淡”言：“平淡有二，韩诗云‘艰穷怪变得，往往造平淡’，梅平淡是此种。朱子谓‘陶渊明诗平淡出于自然’，此又是一种。”[⑤]

在仁宗庆历四年（1044），欧阳修言及梅尧臣诗风变化

① 《欧阳修全集》，第 35 页。

② 欧阳修《六一诗话》，何文焕辑《历代诗话》，中华书局 1981 年版，第 267 页。

③ 《欧阳修全集》，第 235 页。

④ 苏轼著，孔凡礼点校《苏诗文集》，中华书局 1986 年版，第 2110 页。

⑤ 朱自清《宋五家诗钞》，上海古籍出版社 1981 年版，第 1 页。

时，已经表明其“古硬”而有余味的特征。上文已言梅尧臣七律大多作于晚年，正是其“气完力余，益老以劲”的时期。他的七律在总体风格上亦的确呈现出质朴古拙、刻抉入里、瘦硬生新的特色，如其名作《东溪》《小村》等皆如是。

梅尧臣七律写景之句颇能代表其平淡细腻、瘦硬生新的风格。如：

庭前斗雀堕还起，栏下秋花落自香。（《次韵和景彝省闱宿斋二首》之一）

胡粉未生轻蝶白，燕脂先绽野樱红。（《次韵和长文禖祀郊外见寄并呈韩子华》）

廉纤小雨破花寒，野雀争巢斗作团。（《再和》）

林果鸟应衔去后，燕窠虫有落来余。（《殿后书事》）

深屋燕巢将欲补，密房蚕蚁尚忧寒。（《依韵和许待制后园宴宾》）

仔细体会这些诗句，我们会惊讶地发现诗人眼光之独到、心思之细腻、心态之平静、笔力之老到。没有唐诗中雄伟壮观的山川、白波九道的河流，诗人看到的只有争斗的野雀、衔山果的飞鸟，还有蔬菜、落花、蝴蝶、蚂蚁等，一切都那么细碎，那么富有生活情趣，这种与唐人不同的观照世界的角度，显示出宋人内敛平和的心态。诗人在刻画这些景物时用笔神奇细腻，巧夺天工，的确达到了“状难写之景如在目前”，“意新语工，得前人所未到”[①]的境界，令人叹服。这些诗句最能体现欧阳修评梅诗的“清丽闲肆平淡”，这种闲肆是一种心态之闲肆，一种与物无忤、无所不取的闲肆；这种平淡也是经过艰苦的构思后得到的平

① 《历代诗话》，第267页。

淡，正是“看似寻常最奇崛，成如容易却艰辛”的平淡[①]。梅尧臣还有一些诗句体现出荒寒、瘦硬、奇涩的风格，在艺术上同样达到了极高的造诣，举例如下：

> 野艇鸟翘唯断缆，枯桑水啮只危根。（《小村》）
>
> 草根虫穴吃来久，屋角星河落更清。（《次韵和景彝对月》）
>
> 出水槎头一丝挂，穿虹雨脚两桥残。（《送李中舍袭之宰南郑》）
>
> 泪沾宿草根仍冻，马立荒沙迹已深。（《依韵和孙浦二都官展墓由大明精舍而归》）
>
> 野云不散低侵水，鱼艇无依尚盖篷。（《寄许主客》）

受韩、孟古诗的影响，他的七律中也有一些奇崛险怪之语，如“花甲将看枝上坼，蛇鳞不复地中潜”（《新韵曾子进早春》），“自愧不从灵蚌吐，谁教相并夜蟾飞”（《依韵王司封宝臣答卷》），但为数不多，不占主流，正如欧阳修所云之“间亦琢刻以出怪巧”[②]。

他还有一些七律或奔腾遒劲，或笔力沉雄，显示出多样化的诗风，如《依韵和孙侔雁荡二首》《送刁景纯学士使北》《送知保定军李太保》《次韵临淮感事》等。

在庆嘉诗坛，后昆体及诗文革新创作的交汇期，代表瑰丽诗风的昆体创作逐渐被诗文革新提倡的“平淡”诗风所代替。北宋唱酬之风盛行[③]。尽管在馆阁唱和之中，白体与后昆体诗风仍占据主流，但就诗歌发展的总体方向而言，梅尧臣七律综合了昆体的

---

① 李壁注，李之亮补笺《王荆公诗注补笺》，巴蜀书社 2002 年版，第 867 页。

② 《欧阳修全集》，第 235 页。

③ 吕肖奂《宋代官员酬唱论略》，《江西师范大学学报（哲学社科版）》2014 年第 1 期。

工整、晚唐体的细腻与白体的平淡，对元祐诗坛宋调形成颇具开启之功。

三、梅尧臣七律的创作技巧与庆嘉诗坛的新变

梅尧臣七律诗作虽然在其总集中所占比例不高，但他在七律创作技巧上所做的努力及对七律这一诗体的改造，对北宋七律的发展产生了重要影响。

宋蔡居厚的《蔡宽夫诗话》曾云："义山诗合处，信有过人，若其用事深僻，语工而意不及，自是其短。世人反以为奇而效之，故昆体之弊，适重其失，义山本不至是。"[①]这段话非常精辟地指出了李商隐诗与西昆体的区别，认为西昆体最大的毛病就是"语工而意不及"，梅尧臣继承了这一观点，并加以发展，提出"意新语工"[②]，"语工"是对西昆体的继承，说明西昆体作为一种创作手法，已深入人心。梅尧臣不可避免地受到它的影响，也说明了西昆体为宋诗所铺上的底色。而"意新"则是对西昆体的补救，同时又是对白体的继承，白体注重叙述与写意，因此，可以说梅尧臣这一诗论实际是对北宋前期诗风的整合，而整合的最终成果，就是江西诗派的出现。

其"意新"是对诗歌内容的要求，关于如何达到"意新"，宋陈师道《后山诗话》曾记载："闽士有好诗者，不用陈语常谈，写投梅尧臣。答书曰：'子诗诚工，但未能以故为新，以俗为雅尔。'"[③]其"以故为新""以俗为雅"的要求与黄庭坚的"夺胎换骨""点铁成金"的要求已颇为类似了。

梅尧臣的七律较善于翻新前人意思，体现这一诗学观较典

① 《苕溪渔隐丛话》，第146页。
② 《历代诗话》，第267页。
③ 《苕溪渔隐丛话》，第176页。

型的如《留别李君锡学士》中言“旧爱《阳关》亦休唱，西还从此故人多”，翻用王维诗“劝君更尽一杯酒，西出阳关无故人”（《渭城曲》）。在《和永叔答刘原甫游平山堂寄》中云“人指废兴都莫问，眼看今古总输闲”，突破了一般登临怀古之作关于历史兴亡的感叹，显得潇洒旷放。

在“以俗为雅”方面，除前所论，其七律写了很多琐屑事物及土风民俗外，在创作手法上则表现为大量俗字俗语的使用。但是这种不用陈语常谈、好异求新的努力往往功过各半。欣赏这种诗风者则云：“信笔写意俗语皆诗，他人反不能到。真情实话，不嫌其俗。”[①]反对者则恶其不雅。其《依韵和欧阳永叔中秋邀许发运》一诗被纪昀认为“粗野”[②]。“青苔井畔雀儿斗，乌臼树头鸦舅鸣”（《朝》），“力槌顽石方逢玉，尽拨寒沙始见金”（《较艺和王禹玉内翰》）等句皆被纪昀认为“欠雅”，“‘力槌’二字俚”[③]。钱锺书先生亦曾云：“都官力避昆体之艳俗，而不免于村俗。”[④]“圣俞诗力避巧丽轻快，沦为庸钝村鄙。”[⑤]矫枉难免过正，不必苛责。但他在“以故为新”“以俗为雅”方面所做的努力，深刻影响到苏、黄等人，并成为宋诗创新的一种主要手段。

梅尧臣在七律的格式、对仗、用字、句法、用韵、用典等方面都有创变，这种精益求精的创作态度有别于欧阳修七律之“意所到处，虽语有不伦，亦不复问”，显示出梅尧臣对诗艺的精心研练。

梅尧臣的七律在格式上的创变体现在其诗中对句的位置。他

① 王嗣奭《杜臆》，上海古籍出版社 1983 年版，第 70 页。
② 《瀛奎律髓汇评》，第 924 页。
③ 《瀛奎律髓汇评》，第 522 页。
④ 钱锺书《谈艺录》，第 270 页。
⑤ 钱锺书《谈艺录》，第 507 页。

有35首七律前三联用对仗，尾联用散句。虽非创格，但如此大量运用，在七律中并不多见。他还有一些七律，有的第二联不用对仗，如《答新长老诗编》《南轩盆植重台莲移种池》《寄题刁景纯环翠亭》《依韵和马都官春日忆西湖寄陆生》；有的第三联不用对仗，如《立春前一日雪中访乌程宰李君俞寻有诗见贶依韵和答》，形成三联散句、一联对仗的特色。其《发长芦江口》则是前两联用，后两联不用。这种对七律诗体多种格式的尝试，显示出其在诗歌艺术上求新求奇的努力。

在七律对仗上，梅尧臣作了两方面的努力：一是发挥了西昆体、后西昆体七律对仗精工的特点；二是有意打破工整的对仗，或在诗意上，拉开一联内两句之间的距离，增加对仗的力度。宋葛立方《韵语阳秋》卷一曾云："律诗中间对联，两句意甚远，而中实潜贯者，最为高作。"可见这一审美习惯已为宋人所注意并加以肯定。梅尧臣在这方面的努力，对稍后的王安石、苏轼、黄庭坚等人颇有影响，王安石七律多以"精工"取胜，而苏轼、黄庭坚的七律则受后一种影响较大。

梅尧臣的七律在复字使用上也颇有创意，如：

欲拟比酥酥少色，曾持劝客客何人。（《依韵和正仲寄酒因戏之》）

重重叶叶花依旧，岁岁年年客又来。（《依韵诸公寻灵济重台梅》）

重重好蕊重重惜，日日攀枝日日残。（《依韵和吴正仲闻重梅已开见招》）

山水东阳去未去，朋亲苕霅朝复朝。（《送吴正仲婺倅归梅溪待阙》）

七律56字，以不重复为最佳，梅尧臣七律中复字如此多变的用法并不多见，无论优劣与否，都显示出诗人求新求变的努力与尝试。

梅尧臣的七律用了大量倒装句式，还有一些错综句式，如“林果鸟应衔去后，燕窠虫有落来余”（《殿后书事》），“尘头尚褭洗车雨，马耳前趋吹鬣风”（《依韵和永叔久在病告近方赴直道怀见寄二章》之一）。这一特征显示出受杜甫影响的痕迹，这与后昆体诗人宋祁类似。宋祁是晏殊的学生，梅尧臣的七律创作几乎也是自晏殊始，晏殊本人比较喜欢倒装句法，认为这种句法“字好语健”，因此，从这一点可以说，梅尧臣的七律技法实际上得之后昆体诗人。他在七律创作上，并未突破后昆体的技巧，而是精益求精，也说明了后昆体诗人在七律技法上的努力实际标明了北宋七律的发展方向。明杨慎曾云：“梅圣俞诗：‘南陇鸟过北陇叫，高田水入低田流。’山谷诗：‘野水自添田水满，晴鸠却唤雨鸠来。’……其句法，皆自杜子美‘桃花细逐杨花落，黄鸟时兼白鸟飞’之句来。”[①]可见出梅尧臣、黄庭坚七律句法之师承。

梅尧臣的七律在用韵上也有两个新变。其一是拗体七律，或称“吴体”。此体式有意打破七律原有的格律，在该用平声字处用仄声，该用仄声处又用平声，使句式劲挺拗峭，如其《依韵和李舍人旅中寒食感事》《画真来嵩》《送刁景纯学士使北》《送乐职方》《送张少卿》等皆为拗体七律。许印芳曾评曰：“《宛陵集》勿论古今体皆能自出手眼，不肯依傍古人。其七律于排比之中，每寓拗峭以避平熟，起一句多不用韵，亦每用拗峭之笔以取势。”[②]其二是好用险韵、窄韵，显示出宋诗“以才学为诗”及因难见巧的特征。如其《和张民朝谒建隆寺二次用写望试笔韵》

① 杨慎《升庵诗话》，丁福保辑《历代诗话续编》，中华书局1983年版，第831页。
② 《瀛奎律髓汇评》，第1076页。

用“江”字韵，此韵部中只有15个字，是平声部中字数最少的一个，可选范围较小，因此在押韵上有一定的难度。纪昀称赏此诗云：“窄韵诗难，此工稳。”[①]他还有3首诗，如《谢永叔答述旧之作和禹玉》《依韵和孙都官河上写望》《送白鹇与永叔依韵和公仪》皆用此韵，可见诗人并非偶然而作，当是有意为之。拗体七律前承杜甫，后启黄庭坚。好用窄韵、险韵，则为苏、黄七律继承。

对于典故的使用，梅尧臣的七律也颇有特色。他的用典摆脱了西昆体的堆积与华艳，而以平淡之语加以锻造，使读者即便不懂典故本义，也能明白诗人所要表达的内容。这一表现方式，也为苏、黄所继承并发展，而成为宋诗最主要的特色之一。这是诗人对“平淡”风格的追求，并最终付诸实施的结果。

由上可知，梅尧臣对七律技巧的诸多改进，前承西昆体，并受同期的后昆体诗人影响，在复字、句式、用典等方面与宋祁七律皆有颇多相似之处，而对后期的苏、黄，尤其是黄庭坚七律影响较大，具有鲜明的过渡意义。

总体而言，梅尧臣七律情感取向以悲感为主，与二宋颇类，而与欧阳修、范仲淹等有别，在庆嘉诗坛并不具有普遍意义；内容倾向于写实，多用记叙、议论手法，形成一种平淡劲健的七律诗风，从而避免了西昆体的华靡之风及晚唐体的羸弱之气，七律的面目已基本改观。从晚唐重抒情到元祐重写意的转变过程中，梅尧臣及当时的后昆体诗人、诗文革新诗人的七律创作体现出鲜明的过渡性。若以七律体派来论，以梅尧臣七律技巧的讲究与新变，当归之为后昆体一脉。初创难工，其后的王安石、苏轼、黄庭坚、陈师道等人又在七律技巧上精益求精，形成了与唐风迥异的宋型七律。因此可以说，在庆嘉诗

① 《瀛奎律髓汇评》，第137页。

坛，梅尧臣七律可谓上承西昆、下启江西，具有典型的宋代近体诗转型意义。

（原载《贵州社会科学》2015年第11期）

梅尧臣题画诗考论

◎吴瑞侠　吴怀东

题画诗的涵义有广义和狭义之分。狭义题画诗是指题写在画面上的诗歌。广义题画诗则如宋代孙绍远《声画集序》所云："入广之明年，因以所携行前贤诗及借之同官，择其为画而作者编成一集，分二十六门，为八卷，名之曰声画。用有声画，无声诗之意也。"[①]其所言"为画而作者"为广义题画诗，即凡以画为题的诗歌，或题写在画上，或题咏于画外，或赞美画作，或寄托情怀，或阐明事理，或讽喻世情者都属于广义题画诗[②]。本文研究对象为广义的题画诗。目前，学界对题画诗的研究还没有真正展开，单独讨论梅尧臣题画诗的文章较少。史月梅在《北宋诗学与书画艺术的交融历程》中有一小节专门讨论梅尧臣的题画诗，但所论不够深入[③]。题画诗作为诗画交融产生的一种特殊诗体，可以作为考察绘画史、诗歌史的资料，又可借以考察诗画关系的发展进程。本文试图从考察梅尧臣诗画雅集活动入手，通过梳理和解读梅尧臣的题画诗，探讨其题画诗的基本特点及其对研究北宋诗画关系的意义和价值。

据《梅尧臣集编年校注》统计，梅尧臣共有题画诗约45题60首，除题咏绘画作品外，还包括题咏画屏风8首、咏画扇3首、咏

① 孙绍远《声画集》，扬州诗局重刊本。

② 钟灵巧《宋代题山水画诗研究》，扬州大学 2006 年博士学位论文。

③ 史月梅《北宋诗学与书画艺术的交融历程》，南开大学 2011 年博士学位论文。

画工2首。梅尧臣的题画诗涉及的绘画题材很丰富。其中一些题画诗记载了一些大型诗画雅集活动，如邵不疑家观书画、三馆曝书会、宋中道家观书画、题咏鬼拔河图等，因观赏画作品类较多，这类诗中几乎各类绘画题材都有涉及。除去这些综论性的题画诗，其他的题画诗按《宣和画谱》的分类方法进行统计，花鸟11首，山水5首，畜兽6首，道释4首，人物3首，墨竹2首，番族2首，龙鱼1首。宫室、蔬果类未涉及。梅尧臣处于唐五代绘画向宋代绘画的过渡和转变期，由以上统计可以看出，唐代占主导地位的宗教人物画已经慢慢衰减，取而代之的是山水画和花鸟画。因此，梅尧臣题咏山水和花鸟的作品最多。从他的题画诗创作还可以发现，墨竹作为一种新兴的绘画题材正在崛起，这也是文同（1018—1079）的湖州竹派逐渐活跃的时期。

一、梅尧臣的诗画雅集活动及其对题画诗创作的影响

梅尧臣酷爱书画，在《观邵不疑学士所藏名书古画》中云："野性好书画，无力能自致。每遇高趣人，常许出以视。"[①]他交游极广，师友众多，因而常常能看到一些绝品名画。他参与的西都洛阳的交游唱和，名盛一时。邵伯温《闻见录》云："天圣、明道中，钱文僖公自枢密留守西都，谢希深为通判，欧阳永叔为推官，尹师鲁为掌书记，梅圣俞为主簿，皆天下之士。"[②]欧阳修《书怀感事寄梅圣俞》描绘了当时诸人盛会的热烈场面[③]。当时主持聚会的是钱惟演，参与聚会的有欧阳修、鲁绛、尹洙、尹

① 梅尧臣著，朱东润编年校注《梅尧臣集编年校注》卷二六，上海古籍出版社2006年版，第848页。

② 邵伯温《闻见录》卷八，《全宋笔记》第2编（第7册），大象出版社2006年版，第159页。

③ 洪本健校笺《欧阳修诗文集校笺》卷二，上海古籍出版社2017年版，第1289页。

源、富弼、王复、杨子聪、张先、孙长卿、梅尧臣等人，堪称集一时人物之盛。梅尧臣的诗从天圣九年（1031）开始存稿[①]。这个时期梅尧臣有大量交游唱和诗作，但未见题画诗的创作。梅尧臣大量创作题画诗，是在庆历八年（1048）自许昌解官回京师担任国子博士之后。京城名家云集，诗歌唱和、书画品评活动频繁，这种氛围促进了艺术交流，也给题画诗创作提供了契机和舞台。嘉祐二年丁酉（1057），“是岁欧阳永叔与韩子华、王禹玉、范景仁、梅公仪同知礼部贡举，辟先生为参详官”[②]。欧阳修《礼部唱和诗序》云：“嘉祐二年春，予幸得从五人者于尚书礼部，考天下所贡士，凡六千五百人。盖绝不通人者五十日，乃于其间时相与作为古律长短歌诗杂言，庶几所谓群居燕处言谈之文，亦所以宣其底滞而忘其倦怠也。”[③]此年，苏轼、苏辙、曾巩、章衡、程颢、章惇等都在考试中脱颖而出。此时的礼部唱和更加活跃，梅尧臣有《礼部唱和》《送曾子固苏轼》等诗。梅尧臣参加的大规模诗画品鉴活动基本都集中在庆历八年（1048）以后留居京师的时期。考察其题画诗，他所参加的大规模观画活动大约有8次。当然，以梅尧臣在这些诗中表现出来的绘画修养来看，他的观画活动应该更多，此处只讨论他题画诗中涉及的大规模诗画雅集活动。

（一）扬州写真会（1048年）

庆历八年（1048），欧阳修转起居舍人，徙扬州[④]。梅尧臣由宣城赴陈州判官任，路过扬州。张师曾云：庆历八年戊子（1048），“至扬州，复与欧公会晤。时近中秋，邀许发运与先

① 张师曾《宛陵先生年谱》，《宋人年谱丛刊》第2册，《山东大学文史丛刊》2013年第1期，四川大学出版社2013年版，第821页。

② 《宛陵先生年谱》，《宋人年谱丛刊》第2册，第839页。

③ 《欧阳修诗文集校笺·居士集》卷四三，上海古籍出版社2017年版，第1107页。

④ 胡柯《庐陵欧阳文忠公年谱》，《宋人年谱丛刊》第2册，第1092页。

生玩月，且云：‘仍约多为诗准备，共防梅老敌难当。’欧公既命来嵩写其真，又令画先生像相对，其交情之厚如此”[①]。梅集中的《观永叔画真》《画真来嵩》便是为这次写真的画师来嵩所作。《画真来嵩》对来嵩绘画技法及不好财利的品格颇为称赏。这次聚会中途遇雨，因而留下多篇诗歌唱和之作。欧阳修有《中秋不见月问客》《酬王君玉中秋待月值雨》等诗，梅尧臣有《依韵和永叔中秋邀许发运》《和永叔中秋夜会不见月酬王舍人》等作品，王琪有《答永叔问客》。此次写真会除梅、欧及画师来嵩外，还有许发运、王琪等人参加。众诗参读，可更进一步了解这次诗画之会的具体情形。

（二）游历相国寺之会（1051年）

梅集有《刘原甫观相国寺净土院杨惠之塑像吴道子画越僧鼓琴闽僧写真予解其诧》《和原甫同江邻几过相国寺净土院因观杨惠之塑吴道子画越僧弹琴闽僧写宋贾二公真》。刘原甫即刘敞。刘敞原诗不存。另外，刘叔赣（即刘攽）有《和原父同江邻几过净土院观古殿吴道子画杨惠之塑像及显生传当世贵人形骨仁僧鼓琴作》[②]。据诗题可知，当时参加聚会的有梅尧臣、刘敞、刘攽、江邻几和相国寺的闽僧显生、越僧仁。此次游历，在皇祐三年（1051）[③]。此次游历观赏的是杨惠之的雕塑和吴道子的画。《五代名画补遗》云：“杨惠之，不知何处人。唐开元中，与吴道子同师张僧繇笔迹，号为画友，巧艺并著……时人语曰：‘道子画，惠之塑，夺得僧繇神笔路。’”[④]梅尧臣在诗中描绘了这次游历的情景：“深殿留旧迹，鲜逢真赏人。一见如宿

① 《宛陵先生年谱》，《宋人年谱丛刊》第2册，第833页。
② 《声画集》卷八。
③ 《梅尧臣集编年校注》卷二一，第553页。
④ 刘道醇《五代名画补遗》，《画品丛书》，河南大学出版社2015年版，第143—144页。

遇，举袂自拂尘。”[①]观画的过程中，“二僧感识别，请以己艺陈。或弹中散曲，或出丞相真”[②]。诗题中的宋、贾指宋庠和贾昌朝，贾昌朝在庆历三年（1043）、宋庠在皇祐元年（1049）先后入相[③]。二僧一弹琴，一作画，可知相国寺的僧侣艺术修养极深，且与当朝权贵多有往来。梅尧臣对两位僧人的艺术才能赞誉颇高。

（三）观宋中道书画之会（1052年）

皇祐四年（1052），梅尧臣有《同蔡君谟江邻几观宋中道书画》。蔡君谟即蔡襄，宋中道即宋敏修。梅尧臣有多首与他二人唱和的诗作。是年，梅尧臣监永济仓。蔡襄迁起居舍人，知制诰，兼判流内铨。据刘敞《同邻几观中道家书画》："蔡侯江翁与梅伯，于今磊落称绝伦。”[④]参观宋敏修家所藏书画的除蔡襄、江邻几外，还有梅尧臣、刘敞、刘攽。这次聚会，几位参加者当都有诗作，蔡襄有《观宋中道家藏书画》、刘敞有《同邻几观中道家书画》、刘攽有《和江邻几梅圣俞同蔡学士观宋家书画》[⑤]。江邻几此次观画当也有诗，惜不存。诸人诗作从不同角度描绘了这次书画之会的场景。这次品鉴活动因这四首题画诗的留存，千载而下，情景依然如在眼前。其所观之画也许不存，但宋代文人品评书画的文化情趣和精神气韵赖诗以存。

（四）三馆曝书画会（1053年）

梅集中有《二十四日江邻几邀观三馆书画录其所见》[⑥]，此诗

① 《梅尧臣集编年校注》卷二一，第573页。
② 《梅尧臣集编年校注》卷二一，第573页。
③ 脱脱等《宋史》卷二一一，第16册，中华书局1977年版，第5466—5473页。
④ 傅璇琮、倪其心等主编《全宋诗》卷四七七，第9册，北京大学出版社1998年版，第5777页。
⑤ 《声画集》卷八。
⑥ 此诗作者有争议，也收入《王安石集》中，题为《江邻几邀观三馆书画》。宋代李壁的《王荆公诗笺注》在此诗后注云："窃疑词气近类圣俞也。”所云甚是。

作于皇祐五年（1053）。是年，梅尧臣为太常博士，十二月，梅尧臣丁母忧，护丧回宣城。《二十四日江邻几邀观三馆书画录其所见》记述了参观三馆曝书画的经过，由这些记载可见，当时秘府收藏有王羲之、王献之的墨迹11卷，其中王羲之的小楷《乐毅论》作于永和年间，自然是珍品。其他如戴嵩绘的吴牛、李成画的寒林、黄荃创作的白兔，都有收藏，所载皆为画家具有代表性的作品。记载三馆曝书画的诗歌，另外还有刘敞《酬宋次道忆馆阁曝书七言》、苏颂《和宋次道戊午岁馆中曝书画》、王珪《依韵和宋次道龙图阁曝书》、刘挚《秘阁曝书画次韵宋次道》、苏轼《次韵米芾二王书跋尾二首》、孔武仲《壬申仲秋与东观曝书之会谨赋五言四韵律诗一首》、晁补之《戊子六月十三日曝书得史院赐笔感怀》等。参读这些诗歌，可发现馆阁曝书画会这种观书赏画、切磋问难、诗酒唱和的活动对文人成长及社会文化氛围的形成有重要的作用。

（五）观邵必书画之会（1056年）

梅集中有《观邵不疑学士所藏名书古画》《依韵和邵不疑以雨止烹茶观画听琴》。邵必，字不疑，与王安石、司马光等都有交游。梅尧臣也与其多有唱和。《观邵不疑学士所藏名书古画》作于嘉祐元年（1056），时梅尧臣担任国子监直讲。由诗中可见邵必藏画颇丰，东晋的王羲之，唐代的韩幹，五代荆浩、关仝、巨然、黄荃、徐熙和北宋李成等名家的作品都有收藏。还有不知名画家作品："数本失姓名，古胡并老驥。"[①]从这些藏品可以推测，邵必也是对绘画很有鉴赏力的人。"各赠墨本归，怀宝谁肯忌。"最后，观书画者都获得邵必所赠的墨本，满意而归。梅尧臣和邵必不仅一同赏画，还一同烹茶听琴作诗，由

① 《梅尧臣集编年校注》卷二六，第848页。

《依韵和邵不疑以雨止烹茶观画听琴》的“弹琴阅古画，煮茗仍有期”，可以想见他们吟诗、赏画、弹琴、品茶的风雅生活情致。惜邵诗现已不存。

（六）《盘车图》之会（1056年）

梅集中有《观杨之美盘车图》，作于嘉祐元年（1056）。这次观画，至少有四人，画的主人杨之美即杨褒，还有梅尧臣、欧阳修和一位不知姓名有“别识”的公子。欧阳修《盘车图》诗云：“杨褒忍饥官太学，得钱买此才盈幅。”[①]可知他是当时太学官员，因酷爱书画，忍饥挨饿买书画收藏。梅诗《观杨之美盘车图》在初步描绘了画面内容之后，认为“画此当为展子虔”。知画面没有画家落款，也可推知，梅尧臣对展子虔的画风非常了解。欧阳修的《盘车图》交代了这次聚会的缘起：“自言昔有数家笔，画古传多名姓失。后来见者知谓谁，乞诗梅老聊称述。”杨褒担心名画湮没无名，便请梅尧臣作诗称述，借诗重画。梅尧臣当即提笔作诗。欧阳修称赞梅尧臣这首诗：“古画画意不画形，梅诗咏物无隐情。忘形得意知者寡，不若见诗如见画。”[②]这里欧阳修提出一个重要的画论，即“古画画意不画形”。欧阳修论画重神似、重立意的言论又被苏轼继承和发展，为后来文人画的形成奠定了理论基础。这次聚会所观之画也许已经不存，但本次诗画之会欧阳修提出的绘画理论的影响不可低估。

（七）梅挚观舞赏画之会（1057年）

梅集中有《依韵和公仪龙图招诸公观舞及画三首》，作于嘉祐二年（1057）。这里的公仪龙图是指梅挚。欧阳修与韩绛、王珪、范镇、梅挚同知礼部贡举，辟梅尧臣为参详官。蔡絛《西清

① 《欧阳修诗文集校笺·居士集》卷六，第170页。
② 《欧阳修诗文集校笺·居士集》卷六，第171页。

诗话》："嘉祐初，欧阳公修、王禹玉珪、梅公仪挚、韩子华绛、范景仁镇，五人名在当世，同掌春闱，有《礼部唱和》传落华夏。"[①]据诗可知这次聚会是在春末夏初。春天，他们作为主考官，被禁闭50日。故欲看花而未果，再约而花已落，便改为观舞品画。这次观画的内容没有具体记载。只是从诗中描绘来看，所观之画应为花鸟画。所谓"真花既不能长艳，画在霜纨更好看"。"诸公"诗中虽未明言，但推测，他们很可能就是一起参加贡举主试、写诗唱和的那些人。梅尧臣另有《依韵和梅龙图观小篆》诗，可知梅尧臣与梅挚等人此期多有品鉴诗、书、画、舞的聚会活动。

（八）题咏鬼拔河图（1058年）

梅集中有《和江邻几学士画鬼拔河篇》，作于嘉祐三年（1058）。是年，欧阳修以翰林学士权知开封府，荐梅尧臣编修《唐书》。从资料看，这次聚会参加者至少有梅尧臣、江邻几、苏颂。苏颂有《和诸君观画鬼拔河》，诗云："持来都下示朋僚，一见飘然动诗思。诸公诗豪固难敌，形容物象尤精致。"[②]观画之后，诸人诗兴大发，纷纷提笔作诗。江邻几的诗不存。梅尧臣的《和江邻几学士画鬼拔河篇》，对24个鬼的神态动作都进行了细微的刻画，逼真地再现了整个画面。苏颂诗所谓"诸公诗豪固难敌，形容物象尤精致"便是指梅此诗而言。这次题吟鬼拔河画的活动产生了很大影响。20年后，晁说之有《至河中首访鬼拔河图有画人云因陆学士移其壁乃毁寸尽令人感慨终日有作》诗云："邻几舍人有拓本，诗翁赋诗名更起。咏诗想画二十年，客

---

① 蔡絛《西清诗话》卷下，吴文治《宋诗话全编》第3册，江苏古籍出版社1998年版，第2504页。

② 《全宋诗》卷五二一，第10册，第6326页。

舍此邦心自喜。”[①]“诗翁”即指梅尧臣，他因读了梅尧臣的诗，咏诗想画20年，千里迢迢寻访《鬼拔河图》，而图已被陆经移去，毁于一旦，令晁说之无限痛惜。由此可想见梅尧臣题画诗在当时的影响。

以上是据梅尧臣题画诗查考的他参与的8次较大规模诗画雅集品鉴活动。另李壁于王安石《虎图》末注云：“或言，王介甫、欧阳永叔、梅圣俞与一时闻人，坐上分题赋虎图。介甫先成，众服其敏妙，永叔乃袖手。或曰：此题杜甫画鹤行耳。”[②]这次诗画雅集，梅尧臣题画诗中未提及。从以上所列的雅集活动可以发现，这些活动的参加者除了梅尧臣，还有欧阳修、刘敞、刘攽、蔡襄、江邻几、宋敏修、梅挚、王安石、宋敏求、王琪、蔡襄、许发运、杨褒、邵必等人，更多参与者名字无从考知。

通过以上考察，可以发现宋初、中期之交的文人诗画雅集以曝书画会、写真会、观画会、游历会等各种集会形式品赏画作，并以唱和、题咏等多种方式围绕绘画展开写作。这些雅集活动展示了此时诗歌与绘画之间日益密切的互动。这种集体观赏、争相赋咏的写作形式，对梅尧臣题画诗的创作产生了很大的影响，频繁的诗画雅集活动不仅极大提高了他题画诗的创作数量，而且这种共同切磋、同题竞技的形式在很大程度上提升了他题画诗的创作质量。单以北宋而论，梅尧臣题画诗的创作数量和质量仅次于苏轼和黄庭坚，对于当时题画诗的创作和画史的撰写都产生了很大影响。

二、梅尧臣题画诗的创作特点及成就

由以上考述可知，梅尧臣的许多题画诗都是集体观看、共

① 《全宋诗》卷一二〇七，第21册，第13691页。

② 李壁笺注《王荆文公诗笺注》卷七，上海古籍出版社2017年版，第164页。

同品赏时不同灵感碰撞的产物。这也形成了其题画诗的显著特点，同时其题画诗的创作实践也推动了欧阳修的诗文革新运动。

（一）创作特点

因梅尧臣的题画诗大多产生于公开场合的集体观看过程中，题画诗的写作是一种公开的书写和题咏。这对梅尧臣题画诗所采用的叙述方式和表现手法都产生了影响，形成了以“观”为中心的叙述方式和“绘形传神”的写作特点。

1.观看与叙述

梅尧臣的题画诗有以“观”为中心的叙述特点。其诗围绕着“观”展开，先写“观”画缘起，再写“观”的内容，最后归结为观后审美体悟。他的题画诗，以“观”为题的有《观邵不疑学士所藏名书古画》《同蔡君谟江邻几观宋中道书画》《观杨之美盘车图》等18首[①]。有些题目虽然没有“观”，但隐含“观”的意味，如《表臣斋中阅画而饮》《元忠示胡人下程图》《答鹅湖长老示太玄图》等。

这类诗的基本结构相似，可大致归结为三类。第一类结构是：首先按事情发展顺序先叙“观”画缘起，其次描绘所“观”画面，最后抒发“观”后感想。如《观邵不疑学士所藏名书古画》，由自己“野性好书画”写起，再交代邵必留其观画。然后记录观画所见：阮、杜醉归图，韩幹四马图，徐熙梅鸡图，逸

① 分别为《依韵和公仪龙图招诸公观舞及画三首》《观邵不疑学士所藏名书古画》《依韵和邵不疑以雨止烹茶观画听琴》《二十四日江邻几邀观三馆书画录其所见》《同蔡君谟江邻几观宋中道书画》《观杨之美盘车图》《刘原甫观相国寺净土院杨惠之塑像吴道子画越僧鼓琴闽僧写真予解其诧》《和原甫同江邻几过相国寺净土院因观杨惠之塑吴道子画越僧弹琴闽僧写宋贾二公真》《观何君宝画》《观韩玉汝胡人贡举图》《观史氏画马图》《王原叔内翰宅观山水图》《当世家观画》《观黄介夫寺丞所收丘潜画牛》《观居宁画草虫》《观永叔画真》《薛九宅观雕狐图》《观杨之美画》。

少写真图，巨然李成画，张僧繇人物图，周秦以来的行草楷篆隶。最后写各自受主人馈赠墨本满意而归。属于此类结构的还有《二十四日江邻几邀观三馆书画录其所见》《同蔡君谟江邻几观宋中道书画》《观杨之美盘车图》《刘原甫观相国寺净土院杨惠之塑像吴道子画越僧鼓琴闽僧写真予解其诧》《表臣斋中阅画而饮》等诗。第二类作品结构稍有变化，从描述和刻画画面开始，然后转入叙事，叙述观画的缘起或画的来源，最后抒发观画感受。如《和杨直讲夹竹桃图》先描绘画面，交代画者，然后转入对画作来源的追溯："初从李氏国亡破，图书散入公侯族。公侯三世多衰微，窃贸担头由婢仆。太学杨君固甚贫，直缘识别争来鬻。朝质绨袍暮质琴，不忧明日铛无粥。"[①]最后抒发观画感受："竹真似竹桃似桃，不待生春长在目。"[②]此类结构包括《观韩玉汝胡人贡举图》《当世家观画》《观史氏画马图》《王原叔内翰宅观山水图》《元忠示胡人下程图》《观黄介夫寺丞所收丘潜画牛》《观杨之美画》等诗。第三种结构方法，则从画者写起，转入画面的描绘，再抒发观画感受，如《咏王右丞所画阮步兵醉图》《答王君石遗包虎二轴》《薛九宅观雕狐图》《和江邻几学士画鬼拔河篇》等诗。还有些诗的结构不同于以上三种，如《观何君宝画》《观居宁画草虫》等结构稍复杂，从讨论画法入手，转入画面描绘，再叙述此画流传，再转入画面描绘，最后抒发观画感想。

以上讨论的诗大部分以"观"为题，有一部分不以"观"字为题的题画诗，也属于上面几种结构类型。当然梅尧臣还有一部分题画诗与上述结构不同，呈现出更丰富的变化性。但总体来说，以"观"为中心展开叙述，描述视觉体验，传达审美感

① 《梅尧臣集编年校注》卷二七，第976页。

② 《梅尧臣集编年校注》卷二七，第976页。

受，是梅尧臣题画诗比较鲜明的写作特点。

2.绘形与传神

青木正儿认为题画诗的本源是画赞，是画赞与咏物诗二者会合的结果[①]。因此，题画诗实际上是咏物诗的一种。“咏物诗是以物为吟咏对象的诗歌。在一首诗中，通篇以某物为吟咏对象，对其物进行刻画，写形传神，或借物表现诗人的主观情感、人生感慨、政治见解，等等。”[②]梅尧臣的题画诗具有擅长“咏物”、侧重刻绘物象的特点，即欧阳修《盘车图》所云“梅诗咏物无隐情”。这和他以“观”为中心的叙事策略有紧密联系，因重写所“观”，故多侧重描摹物象，刻画形态，以达到传神写意的目的。他有很多长篇都运用了这种“绘形传神”的手法。如表1所示：

表1　梅尧臣题画长诗画面描绘句数统计

序号	诗题	全诗句数	描绘画面句数	所占百分比
1	观何君宝画	51	27	53%
2	观杨之美画	30	24	80%
3	和江邻几学士画鬼拔河篇	26	21	81%
4	同蔡君谟江邻几观宋中道书画	29	17	59%
5	元忠示胡人下程图	20	16	80%
6	观史氏画马图	18	15	63%
7	观杨之美盘车图	24	13	54%
8	咏王右丞所画阮步兵醉图	24	12	50%
9	二十四日江邻几邀观三馆书画录其所见	26	17	65%
10	观居宁画草虫	20	10	50%
11	表臣斋中阅画而饮	28	18	64%
12	观邵不疑学士所藏名书古画	40	22	55%

① 青木正儿《题画文学之发展》，马导源译《日本汉学研究论文集》，中华丛书编审委员会，1981 年，第 229 页。

② 兰甲云《简论唐代咏物诗发展轨迹》，《中国文学研究》1995 年第 2 期。

表1所列为整首诗长度为20句及20句以上，且其中“绘形”的语句占到全诗语句一半以上的题画长诗。除以上所列，梅尧臣还有5首超过20句的题画长诗[①]，以叙事为主，然而也有很多描写性的语句，未录入上表。除以上统计的20句以上的长篇，其他短篇题画诗中对画面的描写，也所在甚多。可见，侧重物象刻画，传达物象神韵是他题画诗的另一个显著特点。

梅尧臣“绘形传神”最成功的例子是《和江邻几学士画鬼拔河篇》。该诗先对画面进行了细致的描绘：八鬼拔河，中立二旗做标杆。东西两厢八个拔河鬼竭尽用力，背挽肩抵。绳尾拽断，一鬼摔倒在地。霹雳使持钺站立旗左，拔山夜叉握斧立在旗右，当中一大鬼按膝而坐。四鬼背皮袋，一鬼握旗。操刀背袋鬼正指挥督战，他神情激愤，青筋暴起……24个鬼的神态动作栩栩如生，恍在目前。林翠华认为：“梅尧臣这位宋诗开拓的功臣，其诗作讲究意新语工，要状难写之景含不尽之意，他为杨之美所藏的《盘车图》题诗，不但吟咏画面使人见诗如见画，还将画的深意写出来。”[②]考诸梅尧臣的其他题画诗，他在“绘形”方面显然更成功。但也应该看到“绘形”与“传神”实际上并不能截然分开，“绘形”逼真，才可能更好地传物之“神”“意”。两者其实是一而二、二而一的关系。这种“绘形传神”的诗歌写真手法与绘画上的写生手法极其相似，这也是诗画在创作手法上的相通。

（二）创作成就

北宋初期60年，题画诗创作很少。只有10位诗人创作了约14

① 这5首诗分别是《刘原甫观相国寺净土院杨惠之塑像吴道子画越僧鼓琴闽僧写真予解其诧》《和原甫同江邻几过相国寺净土院因观杨惠之塑吴道子画越僧弹琴闽僧写宋贾二公真》《答王君石遗包虎二轴》《和刘敞题画三前》《观黄介夫寺丞所收丘潜画牛》。

② 林翠华《形神论对北宋题画诗的影响》，《宋代文学研究丛刊》卷二，丽文文化事业股份有限公司1998年版，第110页。

首题画诗[①]。梅尧臣是宋代第一个大量创作题画诗的诗人。他的题画诗是连接杜甫题画诗和苏、黄题画诗的桥梁。梅尧臣继承了杜甫重叙事、重描摹物象的赋化写实手法，并且把这种手法在对画面的刻画中发展到极致。他的题画诗也对苏轼产生了影响。如苏轼《韩幹马十四匹》“韩生画马真是马，苏子作诗如见画”[②]，和欧阳修称赞梅尧臣的“不若见诗如见画”如出一辙，可以看出苏轼在描摹物象方面对梅尧臣的模仿和继承。从遣词造句上，也能明显看出苏诗和梅尧臣“竹真似竹桃似桃，不待生春长在目”[③]（《和杨直讲夹竹桃图》）的相似。陈文苑有专文讨论苏轼对梅尧臣诗画统一论的继承和发展[④]。

宋初深受五代文弊的影响，浮巧轻媚、丛错采绣的旧习未除，西昆体新弊复起，或求深，或务奇，转相抄袭。欧阳发《先公事迹》云：“嘉祐二年，先公知贡举。时学者为文，以新奇相尚，文体大坏。……公深革其弊，一时以怪癖知名在高等者，黜落几尽。二苏出于西川，人无知者，一旦拔在高等。榜出，士人纷然，惊恐怨谤，其后稍稍信服。”[⑤]欧阳修大力革除旧弊，提倡平易朴实的文风。在这股革除旧弊的浪潮中，梅尧臣有出色的表现。欧阳修《梅圣俞墓志铭》云：“其初喜为清丽闲肆平淡，久则涵演深远，间亦琢刻以出怪巧，然气完力余，益老以劲……”[⑥]龚啸云：“去浮靡之习，超然于昆体极弊之际；存古淡之道，卓然于诸大家未起之先。”[⑦]则分别概括了梅尧臣的诗歌风格和成就。梅尧臣的题画诗同样具有这一特点，他以切实的创作

① 史月梅《北宋诗学与书画艺术的交融历程》，南开大学 2011 年博士学位论文。
② 苏轼《苏轼诗集》卷一五，中华书局 2006 年版，第 769 页。
③ 《梅尧臣集编年校注》卷二七，第 976 页。
④ 陈文苑《苏轼对梅尧臣文艺观的继承和发展》，《宜宾学院学报》2013 年第 7 期。
⑤ 欧阳修《欧阳修全集》附录五，中国书店 1986 年版，第 1377 页。
⑥ 《梅尧臣集编年校注》，第 1157 页。
⑦ 周义敢、周雷《梅尧臣资料汇编》，中华书局 2007 年版，第 164 页。

实践、平淡朴实的诗歌风格和深入细致的画面刻画，极力扭转五代旧弊和宋初文坛的新弊端，为宋诗的最终形成进行了积极的探索，并在描摹物象方面取得了很高成就。

三、梅尧臣题画诗与北宋诗画的关系

郑午昌《中国画学全史》将中国绘画的整个发展进程分成四个时期：实用期、礼教期、宗教化期和文学化期。“大概唐虞以前，为实用时期；三代秦汉，为礼教时期；自三国而两晋、而南北朝、而隋、而唐，为宗教化时期；自五代以迄清，则为文学化时期。”[①]这种看法概括了中国传统诗画关系发展的基本特点，获得艺术史研究者的广泛认同。作为绘画从宗教化时期向文学化时期转变的关捩点，北宋的诗画关系在中国诗画关系发展历程中具有转折和定型的意义。上述梅尧臣题画诗所涉及的大型诗画雅集便记录了北宋诗画关系的多重面相，同时展现了北宋的诗歌与绘画相互影响和渗透的过程。

（一）以诗论画——文人画写“意”理论的提出

梅尧臣常以诗论画，他的诗中有很多论画的观念，其中最突出的是以“意”论画。以“意”论画由来已久，如谢赫云：“炳于六法，无所遗善………迹非准的，意可师效。”[②]唐张彦远也说：“夫象物必在于形似，形似须全其骨气，骨气形似，皆本于立意，而归乎用笔。”[③]姚最云：“（谢赫）点刷精研，意存形似。”[④]以上“意”或指画家创作命意，或指物象之神韵，不同

① 郑午昌《中国画学全史》，岳麓书社2010年版，第3页。

② 张彦远《历代名画记》卷六，《画史丛书》本，河南大学出版社2015年版，第109页。

③ 《历代名画记》卷一，第24页。

④ 《历代名画记》卷七，第118页。

语境中“意”的涵义不同，且具有模糊性和不确定性，很难准确概括。

梅尧臣《墨竹》：“如将石上萧萧枝，生向笔间天意足。”[①]《观居宁画草虫》：“今看画羽虫，形意两俱足。”[②]《观邵不疑学士所藏名书古画》：“花骢照夜白，正侧各畜意。”[③]《薛九宅观雕狐图》：“雕争怒力狐争死，二物形意无纤殊。”[④]《观史氏画马图》：“或牵或立或仰视，闲暇意思如鸣嘶。”[⑤]《和江邻几学士画鬼拔河篇》：“两旁挝鼓鼓四面，声势助勇努眼圆。臂枭张拳击捧首，似与暴谑意态全。”[⑥]这几句中的“意”指作为审美客体的物具有的天然生意和神致。《咏王右丞所画阮步兵醉图》：“千古畜深意，终朝悬座隅。”[⑦]此处的“意”从审美创造者画家的角度出发，指画家在画面中寄托的无穷之意。他的《观黄介夫寺丞所收丘潜画牛》云“愿推此意佐国论，况乃圣德同尧聪”[⑧]，则指审美主体即观者解读之意。《二十四日江邻几邀观三馆书画录其所见》：“画中见画三重铺，此幅巧甚意思殊。孰真孰假丹青模，世事若此还可吁。”[⑨]这些“意”的涵义各不相同，既有客观的“意”，也有主观的“意”，还有主客观“意”的复合，这让审美对象具有了丰富的意蕴，也给画家和观者留下了广阔的创作和想象空间。

“画家以诗人周览遍照的心灵之眼移山水变态、动植情韵如在眼前，又能深味其中萧条淡泊的天工真态。画家落笔时并不

① 《梅尧臣集编年校注》，第 315 页。
② 《梅尧臣集编年校注》，第 241 页。
③ 《梅尧臣集编年校注》，第 848 页。
④ 《梅尧臣集编年校注》，第 274 页。
⑤ 《梅尧臣集编年校注》，第 609 页。
⑥ 《梅尧臣集编年校注》，第 1026 页。
⑦ 《梅尧臣集编年校注》，第 95 页。
⑧ 《梅尧臣集编年校注》，第 1052 页。
⑨ 《梅尧臣集编年校注》，第 677 页。

以追求实物再现为目标，而着重在主体观览外形之后，所感所思所形成的那幅心象，这就构成了创作主体之意。图形写貌是画工的技艺，文人画‘意’，才是以技进道的根本。”[①]这里准确概括了文人画“意”的内涵，“意”不仅指画中表现的自然万物之精神、生意，还侧重于画家创作中在客观物象基础上形成的主观之意。这和苏轼《跋宋汉杰画》云“观士人画，如阅天下马，取其意气所到”中的“意”，欧阳修《盘车图》“古画画意不画形，梅诗咏物无隐情”中的“意”是一个意思。而梅尧臣论“意”，还多了一层观者所体味到的画外意。正如林翠华所说：“早期宋人论画往往用‘意’代替‘神’，如欧阳修《盘车图》（古画画意不画形）、苏轼《传神记》‘意思’等皆是。形神论的发展到了北宋，出现‘形、意’相对取代‘形、神’相对，因为神的内涵不再仅是被描绘之对象的物神，还有可能是作者的意趣或气韵，也可以是作品中的意境或神韵。”[②]梅尧臣还以“意”论诗，欧阳修云：“圣俞尝语予曰：‘诗家虽率意，而造语亦难。若意新语工，得前人所未道者，斯为善也。必能状难写之景如在目前，含不尽之意见于言外，然后为至矣。’”[③]此处“不尽之意”，与绘画上的“意”同样意涵丰富。梅尧臣以“意”论画、以“意”论诗，表明了诗歌与绘画在艺术理论上的相通。

梅尧臣和欧阳修这种论画重“意”的观点，既有对传统诗论和画论的继承，也有在日常的交游和集会中的相互启发和借鉴，体现了北宋艺术理论的新发展。这种观点在苏轼那里得到继承和发扬，苏轼在《书鄢陵王主簿所画折枝二首》中明确提出了反对片面形似的传神写意的文人画理论，对宋代的诗歌和文人画都产生了很大影响。宋代文人画以“立意为先，布置缘饰为

---

① 于广杰《欧阳修文艺思想对北宋“诗意画”发展的影响》，《燕山大学学报（哲学社会科学版）》2017年第6期。

② 林翠华《形神论对北宋题画诗的影响》，《宋代文学研究丛刊》卷二，第112页。

③ 欧阳修《六一诗话》，《宋诗话全编》第1册，江苏古籍出版社1998年版，第214页。

次”，朝着写意性的方向发展便是受这种观点影响的结果。

（二）诗证画史——题画诗与画史的撰写

梅尧臣的题画诗屡被画史、画论征引，如《图画见闻志》云：“僧居宁，毗陵人。妙工草虫，其名藉甚……梅圣俞赠诗云：‘草根有纤意，醉墨得已熟。’好事者每得一扇，自为珍物。”[①]又如《宣和画谱》“胡瑰”条：“胡瑰，范阳人。工画蕃马，铺叙巧密，近类繁冗，而用笔清劲。……梅尧臣尝题瑰画《胡人下马图》，其略云：‘毡庐鼎列帐幕拥，鼓角未吹惊塞鸿。’又云：‘素纨六幅笔何巧，胡瑰妙画谁能通？’则尧臣之所与，故知瑰定非浅浅人也。”[②]《宣和画谱》“荆浩”条云：“当时有关仝，号能画，犹师事浩为门弟子，故浩之所能，为一时之所器重。……梅尧臣尝观浩所画山水图，曾有诗，其略曰‘上有荆浩字，持归翰林公’之句，而又曰‘范宽到老学未足，李成但得平远工’。此则所以知浩所学固自不凡，而尧臣之论非过也。今御府所藏二十有二。”[③]《宣和画谱》“黄筌”条云：“梅尧臣尝有咏荃所画《白鹘图》，其略曰：‘画师黄筌出西蜀，成都范君能具知。范云筌笔不敢恣，自养鹰鹯观所宜。’以此知筌之用意为至，悉取生态，是岂蹈袭陈迹者哉？范君盖蜀郡公范镇也。镇亦蜀人，故知筌之详细。”[④]以上画史著作征引梅尧臣题画诗，主要用以称美画作或画者，或点明画家创作特点，佐证著撰者观点。

在画史画论著作中引用名家题画诗文以推重画家，早有渊

---

① 郭若虚《图画见闻志》卷四，《画史丛书》本，河南大学出版社2015年版，第281页。

② 《宣和画谱》卷八，世界书局2010年版，第225页。此书引文标点符号为本文作者所加。

③ 《宣和画谱》卷一〇，第270页。

④ 《宣和画谱》卷一六，第422页。

源。杜甫是唐宋画论中被征引最多的唐代诗人[①]。《宣和画谱》“萧悦”条：“白居易诗名擅当世，一经品题者，价增数倍。题悦《画竹》诗云：‘举头忽看不似画，低耳静听疑有声。’其被推称如此，悦之画可想见矣。”[②]可知，著名诗人的品题对于画家名誉的提升、作品的流播有着非常重要的影响。梅尧臣对历代画家的风格、笔法、作品都比较熟悉，且有自己的艺术见解和较高的艺术欣赏眼光，又因诗名甚高，故而他的评价为时所重，常有人请他为画作品评题诗。如《观杨之美盘车图》中杨褒请他品题藏画，也有人请他鉴赏画的真假，如《观韩玉汝胡人贡举图》云：“公子自言吴生笔，吴笔精劲瘦且匀。我恐非是不敢赞，退归书此任从嗔。”[③]

虽然同样被画史类著作征引，但与梅尧臣比较，画史提及或征引杜甫多侧重其诗歌本身的艺术成就，杜甫的题画诗也没有太多涉及绘画领域的专业知识和艺术理论。梅尧臣题画诗被画史征引更多的，则是他对绘画技巧、画家创作特点的评鉴，更具有画史的建构意义，对画史撰写的影响也更深入。到邓椿写作《画继》时，这种征引题画诗建构画史的现象更加普遍。例如《画继》卷四“缙绅韦布”：鄢陵王主簿李世南、李颀秀才、何充秀

① 《历代名画记》卷九：“杜甫《曹霸画马歌》曰：‘弟子韩幹早入室，亦能画马穷殊相。幹惟画肉不画骨，忍使骅骝气凋丧。’”（《画史丛书》本，河南大学出版社2015年版，第158页）《宣和画谱》卷一“顾恺之”条：“杜甫《题瓦官寺》诗云‘虎头金粟影’者谓此。”（世界书局2010年版，第4页。下引同此本）《宣和画谱》卷五“张萱”条：“杜甫诗有‘小儿五岁气食牛，满堂宾客皆回头’，此岂可以常儿比也？画者宜于此致思焉。”（第156页）《宣和画谱》卷七：“（李公麟）盖深得杜甫作诗体制，而移于画。如甫作《缚鸡行》不在鸡虫之得失，乃在于‘注目寒江倚山阁’之时。”（第199页）《宣和画谱》卷一九：“（乐士宣）晚年尤工水重，缣绡数幅，唯作水蓼三五枝，鸂鶒一双，浮沉于沧浪之间，殆与杜甫诗意相参。”（第554页）

② 《宣和画谱》卷一五，第402页。

③ 《梅尧臣集编年校注》，第978页。

才、雍秀才等都因东坡的题咏，而留名画史。而赵崇闵、刘明仲、黄与迪、成子也是因为黄庭坚的品题为世人所知。其他如薛判官、张无惑等则是因为浮休禅师的题咏而进入画史①。此时，题画诗大量进入画史著作，直接参与了绘画史的建构，这是诗歌影响绘画发展的一种表现，也是北宋诗歌和绘画关系越来越密切的证明。

结合绘画史来看，在太宗、真宗、仁宗等历代君主的热爱和推动之下，宋初、中期之交绘画进入了发展的繁荣期。这正是文人画酝酿并逐步走向成熟的阶段，出现了一些著名的文人画家，如宋初燕肃，还包括兼善绘画的诗人，如林逋②。他们前承王维，后启文同、苏轼、米芾、李公麟、宋迪、宋道、王诜、赵令穰、赵佶等大诗画家。这个时期，以梅尧臣为代表的文人以更积极的态势，从绘画理论、画家品评等方面多方位接近绘画领域，诗歌和绘画之间的互动更加频繁，绘画文学化趋势越来越明显。宋代文人画的全面繁荣即将到来。

通过以上考察可知，梅尧臣的题画诗既是对宋初、中期之交诗歌革新运动的回应和推动，也揭示了此时诗画关系新的发展趋势：文人和画家的交往活动更加密切，文人的艺术素养不断得到提升，与绘画的距离不断拉近；绘画为诗歌提供了更丰富的题材和更广阔的领域，题画诗的创作日益繁荣；而借由文人诗歌的褒扬和宣传，画家和画作也得到更广泛的流传，同时题画诗还直接参与了画史的建构。梅尧臣的题画诗是探讨和还原北宋诗画关系原貌的重要资料。

［原载《山东师范大学学报（人文社会科学版）》2018年第4期］

① 邓椿《画继》卷四，《画史丛书》本，河南大学出版社 2015 年版，第 374—386 页。

② 黄庭坚云：“林和靖诗句自然沉深，其字画尤工，遗墨尚当宝藏，何况笔法如此。笔意殊类李西台，而清劲处尤妙。”见《黄庭坚全集》外集卷二四，四川大学出版社 2011 年版，第 1428 页。

梅尧臣诗体诗论析疑

◎张　剑

梅尧臣（1002—1060），字圣俞，宣城人，有《宛陵集》，世称“宛陵先生”，北宋杰出诗人、文学家。他对宋诗的开拓作用，已为古今公认。南宋刘克庄至谓“本朝诗，惟宛陵为开山祖师”[①]，今人钱锺书虽对梅诗多有訾议，但也不否认梅尧臣的诗体和主张“在当时有极高的声望，起极大的影响”[②]。梅尧臣的宛陵体及其提出的“意新语工”“平淡”等诗论，更为人们耳熟能详；但是，其中仍有一些疑惑之处值得进一步探索。

一、“宛陵体”与五古

宛陵体，亦可称圣俞体，顾名思义，大致应指梅尧臣诗歌的风格或体制特征。梅氏生前，欧阳修已有作于嘉祐四年（1059）的《寄题刘著作羲叟家园效圣俞体》，首先标出圣俞体。而宛陵体之名，始见于陆游绍兴二十五年（1155）所作《寄酬曾学士学宛陵先生体比得书云所寓广教僧舍有陆子泉每对之辄奉怀》一诗。之后若干年间，陆游又创作了《过林黄中食柑子有感学宛陵先生体》《致斋监中夜与同官纵谈鬼神效宛陵先生体》《桐江哲

① 辛更儒笺校《刘克庄集笺校》卷一七四《诗话》，中华书局2011年版，第6721页。
② 钱锺书《宋诗选注》，三联书店2014年版，第22页。

上人以端砚遗子聿才寸余而质甚奇天将雨辄先流泚予为效宛陵先生体作诗一首》《送苏召叟秀才入蜀效宛陵先生体》《春社日效宛陵先生体四首》《假山拟宛陵先生体》《熏蚊效宛陵先生体》，诗题中标明效宛陵体者达8题11首。有论者指出这些诗皆为五古，认为“宋人已逐渐形成‘宛陵体’诗歌指梅尧臣的古体诗，尤其是五古的认识”[①]。应该说，欧阳修诗题标明效圣俞体和陆游诗题标明效宛陵体者，皆为五言诗，这点毋庸置疑。但在宋人的认识中，宛陵体是否皆为古体或五古呢？这牵涉对古诗和律诗如何认识的问题。

梅尧臣曾作有仄韵五古《淮阴侯庙》，该诗后接《又平律一首》：“汉家天下将，庙古像公圭。百战自忘楚，一时空王齐。乡人奏箫鼓，舟子赛豚鸡。不改寒潮水，朝平暮复低。”[②]内容仍是吟咏韩信，不过是一首较严格的五言律诗，“平律”的意思应该是与仄韵五古相对的平韵五律；那么，既然有平律，是否也就相应有仄律，即仄韵律诗？方回《瀛奎律髓》卷二二“月类”收入白居易《西楼月》：“悄悄复悄悄，城隅隐林杪。山郭灯火稀，峡天星汉少。年光东流水，生计南枝鸟。月没江沉沉，西楼殊未晓。”原评云：“此乃仄声律诗也。”李庆甲又附冯舒评曰：“白集正作律诗。”[③]严羽《沧浪诗话·诗体》中也明确说：“有古律（陈子昂及盛唐诸公多此体），有今律。”[④]他所说的“今律”不难理解，指的应是五七言近体诗，也即梅尧

---

① 参见涂序南《论宛陵体》，《南京师范大学文学院学报》2013年第1期。另外，徐丹丽《陆游效梅宛陵体初探》（《中国韵文学刊》2006年第1期）也指出陆游“题为效宛陵的诗作，皆为五古”。

② 本文所引梅尧臣及其他宋人诗歌，除特别注出者，均出自北京大学古文献研究所编《全宋诗》（北京大学出版社1998年版），其中梅尧臣诗出自第5册，欧阳修诗出自第6册，苏轼诗出自第14册，陆游诗出自第40册，程永奇诗出自第50册，苏泂诗出自第54册，林希逸诗出自第59册，为省篇幅，不一一出注。

③ 方回选评，李庆甲集评校点《瀛奎律髓汇评》，上海古籍出版社1986年版，第916页。

④ 严羽著，郭绍虞校释《沧浪诗话校释》，人民文学出版社1983年版，第74页。

臣所谓的“平律”；但何谓“古律”，严羽语焉不详，后人亦不能豁然，冯班即云：“《瀛奎律髓》有仄韵律诗。严沧浪云‘有古律诗’。则古、律之分，今人亦不能全别矣。”[①]但是，既然以“律”视之，那它们就应该还保留有近体律诗的部分关键特征。如陈仅所言：

盛唐人古律有两种：其一纯乎律调而通体不对者，如太白“牛渚西江夜”，孟浩然“挂席东南望”是也。其一为变律调而通体有对有不对者，如崔国辅“松雨时复滴”，岑参“昨日山有信”是也。虽古诗仍归律体。故以古诗为律，惟太白能之。岑、王其辅车也。[②]

所谓“律调”，即指声律上符合平仄粘对要求；如果这方面符合近体律诗标准，即使八句中通篇无对仗，亦算古律；反过来，即使平仄有所变化，八句中只要有对仗，亦可看作古律。

用这个标准来反观陆游的效宛陵体，《假山拟宛陵先生体》一诗就非常值得注意：

叠石作小山，埋瓮成小潭。旁为负薪径，中开钓鱼庵。谷声应钟鼓，波影倒松楠。借问此何许，恐是庐山南。

该诗首联和最后一句平仄与五律近体多不合，“恐是庐山南”还是三平尾，但诗中多对仗，故可视之为古律。而且，这首诗从诗题到用韵都仿效了梅尧臣的《寄题开元寺明上人院假山》：

① 冯班《钝吟杂录·古今乐府论》，见《清诗话》，上海古籍出版社1999年版，第38页。

② 陈仅《竹林答问》，见陈伯海主编，张寅彭、黄刚编撰《唐诗论评类编》（增订本），上海古籍出版社2015年版，第533页。

石是青苔石，山非杳蔼山。诸峰生镜里，小岭傍池间。雨不因云出，门疑为客关。何须费蜡屐，暂到此中闲。

梅诗则是一首较为标准的近体五律，陆游既言拟体，至少要算作一首五言律诗才切题。无独有偶，南宋张蕴亦有《偶得碧莲双房可爱戏效宛陵体》：

援笔对嘉莲，更想花初披。生成若有偶，形容徒费辞。收钗背相倚，舞盏手双垂。不比鸳鸯梅，烟雨低压枝。①

此当是仿效梅尧臣《李士元学士守临邛日有谷一茎九穗者数本芝数本莲花连叶并蒂者各一本因赋之》：

临邛传瑞物，太守在郡时。既多九穟谷，复有三秀芝。芝以保万寿，谷以丰东菑。更看芙容叶，并蒂照清池。

原诗和仿作都是五言平韵的古律。依之来看，律体中似也可有宛陵体一席之地。至于诗歌体式上，突破五古的也不乏其例。苏轼《五禽言五首》叙云："梅圣俞尝作四禽言。余谪黄州，寓居定惠院，绕舍皆茂林修竹，荒池蒲苇。春夏之交，鸣鸟百族，土人多以其声之似者名之，遂用圣俞体作《五禽言》。"梅尧臣的《禽言四首》从鸟声见意，体式上三言、四言、五言、七言相杂，近于古乐府，是中国诗史上首次以禽言命名之诗，具有开创性；苏轼的《五禽言》体式更为自由灵活，如其中两首：

① 陈起《江湖后集》卷二一，《景印文渊阁四库全书》集部第1357册，（台湾）商务印书馆1982年版，第983页。按：张蕴《偶得碧莲双房可爱戏效宛陵体》一诗《全宋诗》失收。

力作，力作，蚕丝一百箔。垄上麦头昂，林间桑子落。愿侬一箔千两丝，缫丝得蛹饲尔雏。（其四）

姑恶，姑恶。姑不恶，妾命薄。君不见东海孝妇死作三年干，不如广汉庞姑去却还。（其五）

竟然夹杂了三言、四言、五言、七言、九言、十二言等不同句式。可见效宛陵体已经突破了五言的限制①。再看林希逸《戏效梅宛陵赋欧公白兔》，则是一首长篇七古：

毛虫虽小著仙籍，云渠千岁皆化白。中山山中衣褐徒，生长何年换颜色。岂其孕育自卯宫，又是金公付精魄。渠宗学孔非学朱，拔毛不蕲供书册。老蒙将军纵猎时，遁向何方为窟宅。纷纷尔后更几秦，避世甘心餐苦柏。明时作意始出来，五岳遍游无定迹。多生曾识六一仙，知道琅琊有新刻。要寻此碑龟与螭，何事乃被滁人得。滁人知渠慕醉翁，翁归已在云霞中。期翁千岁亦如汝，殷勤远致提金笼。传夸瑞物遍都邑，倡和千篇模写工。翁携入直金銮殿，渠应自比广寒宫。寄声树下捣药者，汝伴嫦娥我伴公。

从这个意义上说，宛陵体绝非五古一种体式所能牢笼。其实即使是仿效梅尧臣的五古，也有不同情况。如欧阳修的《寄题刘著作羲叟家园效圣俞体》：

嘉子治新园，乃在太行谷。山高地苦寒，当树所宜

① 涂序南《论宛陵体》一文亦拈出苏轼《五禽言》之例，但倾向将之认为是一种例外；且其认为宛陵体最本质的特征是平淡的风格，亦不为本文认同。

木。群花媚春阳，开落一何速。凛凛心节奇，惟应松与竹。毋栽当暑槿，宁种深秋菊。菊死抱枯枝，槿艳随昏旭。黄杨虽可爱，南土气常燠。未知经雪霜，果自保其绿。颜色苟不衰，始知根性足。此外众草花，徒能悦凡目。千金买姚黄，慎勿同流俗。

其效仿对象是梅尧臣的《寄题刘仲叟泽州园亭》：

城临太行谷，谷暖宜草木。既移洛阳花，又种阮家竹。五色杂黄红，一林常翠绿。其间广亭开，亦欲危榭筑。春归百禽嚎，捋黍及布谷。桑上啄椹食，林下窥果熟。果收椹已尽，飞去不须逐。婆娑黄杨树，谁谓逢闰缩。物犹有进退，此理何用告。余心当效君，未有地可卜。缀书岂贪乐，且以荷微禄。

两首诗从诗题、内容和诗韵都有较大的关联性，这算是一种仿效形式。

南宋胡仔《苕溪渔隐丛话》前集卷三一引《西清诗话》云："晏元献守汝阴，梅圣俞往见之，将行，公置酒颍河上，因言古人章句中全用平声，制字稳帖，如'枯桑知天风'是也。恨未见侧字诗。圣俞既引舟，遂作五侧体寄公云：'月出断岸口，影照别舸背。且独与妇饮，颇胜俗客对。月渐上我席，暝色亦稍退。岂必在秉烛，此景已可爱。'"[①]《西清诗话》中所举诗题为《舟中夜与家人饮》，全篇四十字皆仄声，谓之五侧体。此亦为梅诗的一种创格，且游戏性和挑战性很强，因此对后世颇有影

① 胡仔纂集，廖德明校点《苕溪渔隐丛话》前集卷三一，人民文学出版社1962年版，第216页。

响，引来不少仿效之作。如南宋苏泂有《耕堂弟雪中效宛陵仄字平字诗各次韵一首》：

旱涝数所系，累歉望一稔。种秫秫不孕，酌水水可饮。瓮牖忽碧玉，喜见月入枕。闭户请谢客，是子亦太甚。

山河无纤尘，遥观浮沤如。穿庐惟青天，油窗谁其糊。狂歌忘寒饥，消流惊须臾。烦呼瑶英徒，同来泠然居。

前诗四十字皆仄声，后诗四十字皆平声。这又是一种仿效形式。其实苏泂既然言“效宛陵仄字平字诗各次韵一首”，那是否意味着梅尧臣其实还创作有四十字皆平声的五平体呢？可惜在现存的梅诗中没有发现。

要之，本文倾向认为，尽管宋人标示学宛陵体时多出以五言古体，但仍不宜将宛陵体与梅尧臣的古体或五古等同起来。宋人学宛陵体，情况复杂，有的是学习梅诗絮语拉家常式的以文为诗，如陆游《寄酬曾学士学宛陵先生体比得书云所寓广教僧舍有陆子泉每对之辄奉怀》，就学习了梅尧臣以诗代信的手法；有的是学习梅尧臣诗体上某种独有的特色，如禽言诗、五侧体等；有的只是依韵、次韵；还有的则是用其构思、题材、意象、句法、风格等。他们有时只要抓住被拟者诗作中某一个特点而将其扩大化，即可称之为某体，而不一定非要将某体视作唯有一种风格或体式。严羽《沧浪诗话·诗体》列出宋代以人物为诗体者计7种：东坡体、山谷体、后山体、王荆公体、邵康节体、陈简斋体、杨诚斋体。其中并无宛陵体，似乎也说明宛陵体在宋人心目中还没有形成固定而鲜明的特色，人们对它的印象还较为分散。至于后人不断强化对梅尧臣五古方面的接受，因而形成了“他的古体诗，尤其是五古，被人称之为宛陵体”[①]的观念，则属

① 王琦珍《黄庭坚与江西诗派》，江西高校出版社2006年版，第10页。

于另外一个问题。

二、“意新语工”与“如在目前”“见于言外”

梅尧臣天圣中调河南主簿，西京留守钱惟演特嗟赏之，欧阳修与之为诗友，常相酬唱，自以为不及，由是知名。“意新语工”一语，即见于欧阳修《六一诗话》：

> 圣俞尝语予曰：“诗家虽率意，而造语亦难。若意新语工，得前人所未道者，斯为善也。必能状难写之景如在目前，含不尽之意见于言外，然后为至矣。贾岛云‘竹笼拾山果，瓦瓶担石泉’，姚合云‘马随山鹿放，鸡逐野禽栖’等是山邑荒僻，官况萧条，不如‘县古槐根出，官清马骨高’为工也。”余曰：“语之工者固如是。状难写之景，含不尽之意，何诗为然？”圣俞曰：“作者得于心，览者会以意，殆难指陈以言也。虽然，亦可略道其仿佛：若严维‘柳塘春水慢，花坞夕阳迟’，则天容时态，融和骀荡，岂不如在目前乎？又若温庭筠‘鸡声茅店月，人迹板桥霜’，贾岛‘怪禽啼旷野，落日恐行人’，则道路辛苦，羁愁旅思，岂不见于言外乎？”①

“意新语工”必须放在宋前言意之辨的历史背景和上引整段话的语境里去理解才全面。“言意之辨”其实是语言和符号能否表达意义的问题。思想文化层面的“言意之辨”也反映到文艺创作实践中，上引《六一诗话》梅尧臣诗论，包含两个层次：第一层是诗意须“新”，诗语须“工”，但仅做到这一点，还只是“斯

① 欧阳修《六一诗话》，见何文焕辑《历代诗话》，中华书局2004年版，第267页。

为善也”；诗歌还有第二层的要求：“必能状难写之景如在目前，含不尽之意见于言外，然后为至矣。”两层要求反映的都是“言”“意”之间的关系。

长期以来，人们习惯于对第二层次的赞美，对第一层次重视不够。其实这一层次亦具有不可忽视的独特价值。第二层次不过是传统“言意之辨”思维的翻版，艺术上也和晚唐司空图《与极浦书》中所言“象外之象，景外之景”[①]一脉相承；而第一层次的“意新语工”则具体规定了“言”“意”各自的诗学要求，对诗歌实践帮助更大，也是达到第二层次的重要手段。在梅尧臣的时代，诗坛笼罩于唐诗的阴影之下，白体、晚唐体、西昆体盛行，诗歌的题材、立意都有重复之弊，语言圆熟但不无陈腐之感，梅尧臣的“意新语工”论因此显得具有很强的针对性。他先举出同是反映“山邑荒僻，官况萧条”的三联诗，来说明何谓“语工”。一是贾岛《题皇甫荀蓝田厅》中的“竹笼拾山果，瓦瓶担石泉”；二是姚合《武功县中作》之一的“马随山鹿放，鸡逐野禽栖”；三是未言作者为谁的“县古槐根出，官清马骨高”。前两联出以“竹笼”“山果”“瓦瓶”“石泉”“山鹿”“野禽”等意象，都是荒山僻居的常见物事，从诗意到诗语皆未有新奇之感，且“官况萧条”之意并不强烈。而第三联以裸露出土的槐根形容县之古老，以瘦骨嶙峋的坐骑暗示官之清廉，这种构思立意就比前两联要复杂新颖，而“槐根出”的“出”、“马骨高”的“高”字，既见观察之细，又见想象之奇，可谓用语工妙。梅尧臣又举出严维《酬刘员外见寄》“柳塘春水漫，花坞夕阳迟”来说明“状难写之景如在目前”：池塘绿柳成阴，场坞繁花盛开，春水悄涨似一片柔情，夕阳缓缓似无限

① 祖保泉、陶礼天笺校《司空表圣诗文集笺校》卷三《与极浦书》，安徽大学出版社2002年版，第215页。

留恋，美好迷人的春光投射着人的情感，情景相融，景不仅历历见于目前，亦深深烙印于心头。复又举温庭筠《商山早行》“鸡声茅店月，人迹板桥霜”，贾岛《暮过山村》“怪禽啼旷野，落日恐行人”两联来说明“含不尽之意见于言外”：前联写早行，十字十景，无一动词，却能组合成不同画面，含蕴丰富，总体烘托出旅人早行之愁苦，“人迹”二字用语极妙，原来在戴月履霜的早行者之前，已有更早的行者在前方了。后联写暮行，山路阴森，旷野萧瑟，落日在即，怪鸟悚鸣，行人无暇赏夕阳，怀着惊恐之情加快步履，寻找村庄投宿。因为日落意味着夜晚来临，野兽出没，危险增加，包含着人们对黑暗的各种恐惧。这两联确实写出了难以言尽的言外之意。

值得注意的是，不论第一层次还是第二层次，都要靠诗歌语言来完成，这体现了宋人的新观念：“强调造语在状物和写意方面至关重要的作用，把作诗落实到语言上。”[①]在梅尧臣的观念中，“作者得于心，览者会以意，殆难指陈以言也。虽然，亦可略道其仿佛”，语言艺术对于那些得心会意之处虽“难指陈以言”，但仍可以言“道其仿佛”，不尽之意可通过言而从言外获得，这和《庄子·知北游》“夫道，窅然难言哉！将为汝言其崖略”[②]的说法简直如出一辙。因此，梅尧臣才开篇明义“诗家虽率意，而造语亦难”，以下皆围绕“造语”展开，语言之工妙不仅可以体现出“意”的创新性，而且能够“状难写之景，含不尽之意”。这样，“意新语工”一段话就变得颇具辩证性，其实质表现出“中国诗学经过长期理论探索和实践尝试后所形成的不偏执于主客观任何一端的特殊品性”[③]。故长期以来，人们皆将这段话视为梅尧臣代表性的诗学观点，用于各种诗歌评价中。

① 周裕锴《宋代诗学通论》，上海古籍出版社 2019 年版，第 347 页。

② 陈鼓应注译《庄子今注今译》，中华书局 2009 年版，第 607 页。

③ 韩经太《中国诗学的语言哲学内核与语言艺术模式》，《文学评论》2007 年第 5 期。

但人们很少注意到，梅尧臣所举的各种例句，皆出自唐人五律。唐诗对造语精妙的追求，也多集中体现在五律上（五律因篇幅短于七律，对意象和修辞的锤炼更为严格）。如唐人刘昭禹说："五言如四十个贤人，乱著一个屠沽不可。"[①]而宋初诗论又确有一种承接晚唐辨体和法度观念的趋势，爱从五律入手。明白这点，就不妨推测，梅尧臣这段话的语境主要是针对五律创作而发，不一定适用于其他诗体尤其是篇幅较长的五七古。比如梅尧臣的诸多五古，不仅不追求意在言外，而且语言絮絮叨叨，绝称不上精工。钱锺书重订《谈艺录》时感叹："重订此书，因复取《宛陵集》读之，颇有榛芜弥望之叹。"并举梅尧臣的《希深惠书言与师鲁永叔子聪几道游嵩因诵而韵之》一诗为例，认为是对谢绛《游嵩山寄梅殿丞书》不成功的改编："谢书叙事中点缀议论，容与疏宕，如云：'明日访归路，步履无苦。昔闻鼯鼠穷技，能下而不能上，岂谓此乎？'梅诗略去，专骛叙事，冈密平直，了无振起。……圣俞不具昌黎、玉川之健笔，而欲'以文为诗'，徒见懈钝。其题画之作，欲以昌黎《画记》之法入诗，遂篇篇如收藏簿录也。"[②]他似乎认为梅诗语言的荒率粗糙、缺少言外韵致，是具有普遍性的问题。

以钱锺书的评价验之梅氏的五古，的确时有满目荒芜之感，如梅自评"苦辞未圆熟，刺口剧菱芡"（《依韵和晏相公》）。但验之其五律，则多有未合，反而感到梅氏精于锤炼语言，淡而有味[③]。方回甚至不止一次将梅尧臣的五律推为宋人第

① 参见何汶《竹庄诗话》引《郡阁雅谈》，中华书局1984年版，第395页。

② 钱锺书《谈艺录》（补订本），中华书局1984年版，第507—508页。

③ 钱锺书虽也举出梅诗五律不工的例子，如他认为，"《次韵和师直晚步遍览五垄川》云'临水何妨坐，看云忽滞人'，与摩诘之'行到水穷处，坐看云起时'，子美之'水流心不竞，云在意俱迟'，欲相拟比。夫'临水''看云'，事归闲适，而'何妨''忽滞'，心存计较；从容舒缓之'迟'一变而为笨重黏着之'滞'。此二句可移品宛陵诗境也[《谈艺录》（补订本），第167页]。"但一来见仁见智，二来即使钱先生所说不无道理，较之其他诗体，这种不工在梅尧臣五律中仍不多见。

一。其评梅尧臣《闲居》曰："若论宋人诗，除陈、黄绝高，以格律独鸣外，须还梅老五言律第一可也，虽唐人亦只如此。而唐人工者太工，圣俞平淡有味。"[1]评陈与义《与大光同登封州小阁》曰："若五言律诗，则唐之工者无数，宋人当以梅圣俞为第一，平淡而丰腴。"[2]如果说在方回眼里，唐人五律佳者可以达到"意新语工"，而梅的五律则已超过"意新语工"，达到了"如在目前""见于言外"的境界。清人陈衍曾评价沈曾植的诗云："君诗雅尚险奥，聱牙钩棘中，时复清言见骨，诉真宰，荡精灵。昔昌黎称东野刿目鉥心，以其皆古体也。自作近体，则无不文从字顺，所谓言各有当矣。"[3]移之来评梅尧臣也是恰当的。他的五律与五古诗体不同，诗歌要求自也有异。

必须强调，"意新语工""如在目前""见于言外"等诗论带有某种普遍性，虽然梅尧臣谈论这些话题时主要就五律而言，但并不意味着不能用来评价五古或其他诗体，只是说脱离了原始语境，就要注意其分寸和适用度。比如对同为近体诗的七律和五、七律绝，因其也追求一句一联的锤炼，以便在有限的篇幅内传达丰富的情景，故适用度就颇高，可以摘出不少类似"柳塘春水漫，花坞夕阳迟""鸡声茅店月，人迹板桥霜"的名句。而对能够展开篇幅、不求一字一句之工稳，而求全篇浑然的古体诗，适用度就差一些。笔者一直提倡一种"情境诗学"[4]，即在"身临其境，感同身受"的具体历史情境中去观照研究对象，获得一种进入过程的动态感和在场感。对待梅尧臣的这些诗论，也应持如是观。

---

① 《瀛奎律髓汇评》，第 970 页。

② 《瀛奎律髓汇评》，第 42 页。

③ 钱仲联校注《沈曾植集校注》上《序跋总录·沈乙盦诗序》，中华书局 2001 年版，第 12 页。

④ 张剑《情境诗学：理解近世诗歌的另一种路径》，《上海大学学报（社会科学版）》2015 年第 1 期。

另外，梅尧臣这段话专门就诗歌的“造语”而言，此语境没有涉及诗歌的主题表现，但并不意味着他只强调诗歌的语言艺术，而排斥诗歌的政治教化功能；相反，在谈及诗歌社会功能时，梅尧臣明确赞成“雅章及颂篇，刺美亦道同”，反对“不独识鸟兽，而为文字工。……烟云写形象，葩卉咏青红”（《答韩三子华韩五持国韩六玉汝见赠述诗》）。我们同样应该把这段话置于具体的历史情境中去看待，不能将之无限放大，否则，就很难理解古人诸多看似自相矛盾之处。

三、平淡与刺美

作为中国古典诗歌的一种重要审美理想，平淡美是在宋代才发展成熟的，而梅尧臣正是发端人物，故受到时人和后世的推许。不过，平淡也是宋代文艺思想史中含义最复杂的诗学概念，有论者按内涵不同，将宋人的平淡理想总结为四种：梅尧臣式的“平淡”、黄庭坚式的“平淡”、苏轼式的“平淡”、理学家式的“平淡”[①]，可见不同时期不同人物亦不尽相同。由于人们不断往平淡里面添加意义，以至于使其有成为一个无所不包的大套子之嫌：“‘平淡’不是单纯的平俗、无意、朴拙和疏淡，也不是单纯的典雅、有意、绮丽和雕巧，而是各组矛盾因素的中和统一，是对矛盾双方的包综兼容……‘平淡’具有对立统一和兼收并蓄的思维意识。”[②]但是，如韩经太所说：“如果我们只是一般性地满足于在理论上自圆其说，那么，‘辩证统一’四字便是无往而不胜的制胜法宝。如果我们是想认真地解释一些问题，那么，就必须寻找到这所谓‘辩证统一’的具体理论形态是怎样

① 《宋代诗学通论》，第298—299页。

② 王顺娣《宋代诗学平淡理论研究》，巴蜀书社2009年版，第73页。

的。”[①]对于梅尧臣的“平淡”论，我们仍宜将之纳入“情境诗学”中去考察。

梅氏现存诗文中，“平淡”共出现7次：

1.其顺物玩情为之诗，则平淡邃美，读之令人忘百事也。其辞主乎静正，不主乎刺讥，然后知趣向博远，寄适于诗尔。（《林和靖先生诗集序》）[②]

2.诗本道情性，不须大厥声。方闻理平淡，昏晓在渊明。（《答中道小疾见寄》）

3.辞韵险绝兹所骇，何特杜牧专当年。重以平淡若古乐，听之疏越如朱弦。（《和绮翁游齐山寺次其韵》）

4.次述盈百卷，补亡如继秦。中作渊明诗，平淡可拟伦。于时多骄佚，黄卷罕所亲。……以此较于子，素业固未泯。（《寄宋次道中道》）

5.江子方谪官，复有拟古才。远寄平淡辞，曷报琼与瑰。（《和江邻几见寄》）

6.作诗无古今，唯造平淡难。……邵南有遗风，源流应未殚。（《读邵不疑学士诗卷杜挺之忽来因出示之且伏高致辄书一时之语以奉呈》）

7.因吟适情性，稍欲到平淡。苦辞未圆熟，刺口剧菱芡。（《依韵和晏相公》）

七例中，前六例均是以平淡形容友人诗歌，唯最后一例是自评，毋庸讳言，其中皆可见出对平淡诗风肯定和赞美的态度；只是前五例尚看不出对平淡的特别推崇，后两例始见褒美力度。但

① 韩经太《清淡美论辨析》，百花洲文艺出版社2017年版，第163页。

② 朱东润编年校注《梅尧臣集编年校注》拾遗《林和靖先生诗集序》，上海古籍出版社1980年版，第1150页。

对这两例，朱东润别有分说：

> 我们要知道他是在什么情况之下提出这个说法，又是在什么心境之下提出的。本来尧臣在许州，已经是穷途末路，正如欧阳修这一年在《梅圣俞诗集序》中所说的“年今五十，犹从辟书。为人之佐，郁其所畜，不得奋见于事业”。秋天以后，他道出颍州，那时晏殊正以工部尚书的身份出知颍州，他对于尧臣非常重视，尧臣多少也有一些知己之感。晏殊和尧臣论诗，很推重陶潜，但是不甚喜欢孟郊。又极力把尧臣推捧一番，指出他的作品，确实可以上比陶潜、韦应物。他说这是天下的公言，并不是他一人的私言。当然地，晏殊是一位老官僚，所说的不一定是由衷之言，可是尧臣为他所感动了，在《依韵和晏相公》中说：“微生守贱贫，文字出肝胆。一为清颍行，物象颇所览。泊舟寒潭阴，野兴入秋菼。因吟适情性，稍欲到平淡。”他所说的平淡，止是说他到了颍州，和晏殊接触以后的认识，但是他并不否认自己过去“文字出肝胆”的主张。他的穷途不免使他在说话中有些迁就，但是对于自己的诗歌，提法没有变更。还有一次是在嘉祐元年（1056），他由宣城回汴京的途中，读到邵必的诗以后。他说：“作诗无古今，唯造平淡难。譬身有两目，了然瞻视端。”这是说邵必的诗以平淡为宗，可是在他谈到自己，却说“既观坐长叹，复想李杜韩。愿执戈与戟，生死事将坛”（《读邵不疑学士诗卷杜挺之忽来因出示之且伏高致辄书一时之语以奉呈》）。他说邵必是平淡，但是自己所向往的是李、杜、韩，他的企图是手执长戈利戟，在斗争中决一番生死。世上有这样平淡的诗人吗？[1]

① 朱东润选注《梅尧臣诗选》序，人民文学出版社1980年版，第10—11页。

虽然如此，梅尧臣毕竟多次提及并积极评价“平淡”，因此，“平淡”虽不宜说是梅尧臣诗论的最高典范，但仍可说是其重要的诗学观念和审美追求。这里需要辨析的是，梅氏所谓的“平淡”具体是指什么?

前举7例“平淡”，虽然诗无达诂，各有解读，但除了皆对平淡有所肯定，还有两点可以确定：

其一是平淡与“情性”相关。1、2、7三例分别为“顺物玩情”“道情性”“适情性”，“玩”“道（导）”“适”皆体现为一种节制美。这使人想起《中庸》那段著名的话：“天命之谓性………喜怒哀乐之未发，谓之中；发而皆中节，谓之和。中也者，天下之大本也；和也者，天下之达道也。”所谓的“玩”“道”“适”，不恰好与“发而皆中节”的“和”同义吗？朱熹后来云“诗以导情性之正”①，就是把这层意思更明确化了。以诗歌吟咏情性之正、之和、之适，也许才是梅尧臣“平淡”之“平”的核心所在，因为“平”亦有平正、平和、平适、持平的意思。

其二是平淡与“古朴”相联。3、4、5、6四例中，3例意思最显豁，借《礼记·乐记》“清庙之瑟，朱弦而疏越，一倡而三叹，有遗音者矣”②，来夸赞钱绮翁的诗如古乐，舒缓质朴；钱绮翁似乎并非只写了一首诗，“重以平淡”的“重”应该是“又”的意思，因为梅尧臣次韵的这首诗押“先”字韵，远远谈不上“辞韵险绝”。4例赞宋敏求、敏修兄弟能补佚先秦古书，不逐流俗；5例赞江休复有拟古之才；6例赞邵不疑诗能继承《诗经·召南》王化遗风。在这种语境中的“平淡”，其实指向一种质朴古朴；再加上1例的“其辞主乎静正，不主乎刺讥”、7例的

① 朱熹《晦庵集》卷七八《建宁府建阳县学藏书记》，《景印文渊阁四库全书》集部第1145册，台湾商务印书馆1986年版，第627页。

② 孙希旦《礼记集解》，沈啸寰、王星贤点校，中华书局1989年版，第982页。

“苦辞未圆熟，刺口剧菱芡”，更多让人联想到诗歌语言的古朴素淡。可能这才是梅尧臣“平淡”之“淡”的核心所在，因为“淡”亦有朴素、古淡、本色的意思。

合此两点观之，则梅尧臣的“平淡”，似可以概括为通过古淡朴素的语言表达诗人平和雅正的性情。陆游《梅圣俞别集序》云：“先生天资卓伟，其于诗，非待学而工。然学亦无出其右者。方落笔时，置字如大禹之铸鼎，练句如后夔之作乐，成篇如周公之致太平。”[①]即是看到了梅诗字句的古朴和成篇后“周公之致太平”的雅正之意。钱锺书以“深心淡貌”[②]四字来概括梅诗，非常精辟。

需要留意，“淡貌”淡语，并不是指诗语无须锻造锤炼，相反，如前所示，梅尧臣特别重视诗家“造语”，重视“意新语工”。欧阳修《六一诗话》已指出：“圣俞平生苦于吟咏，以闲远古淡为意，故其构思极艰。”[③]《孙公谈圃》卷中亦记孙君孚言：“与杜挺之、梅圣俞同舟溯汴，见圣俞吟诗，日成一篇，众莫能和。因密伺圣俞如何作诗，盖寝食游观，未尝不吟讽思索也。时时于坐上忽引去，奋笔书一小纸，内（纳）算袋中。同舟窃取而观，皆诗句也，或半联，或一字。他日作诗，有可用者入之。”[④]可见其对诗歌语言精工的追求。他的“工”是大巧若拙、谢绝夸饰之工。如宋人程永奇《与孙自修祝和甫读宛陵山谷诗》所云：“节拍贵详缓，言语戒浮靡。无因内金盘，遂厌古罍洗。无惑变徵声，雅乐成逆耳。”浮靡是一种多余之美，徵声亦乱人情性之正，要通过锻造锤炼将这些杂质排除出去。

① 曾枣庄、刘琳主编《全宋文》第222册，上海辞书出版社、安徽教育出版社2006年版，第346页。

② 《谈艺录》（补订本），第117页。

③ 欧阳修《六一诗话》，见《历代诗话》，第140页。

④ 《孙公谈圃》，孙升口述，刘延世笔录，中华书局2012年版，第147—148页。

还须补充一点，梅尧臣虽然提倡平淡，但也不排斥奇险。其《依韵答吴安勖太祝》云："我于文字无一精，少学五言希李陵。当时巨公特推许，便将格律追西京。卞和无足定抱宝，乘骥走行天下老。玉已累人马不逢，皇皇何之饥欲倒。还思二十居洛阳，公侯接迹论文章。文章自此日怪奇，每出一篇争诵之。"声言自己开始学习的对象就是李陵的五言古诗，格调上想要复古西汉大雅（这里的西京，指的应是西汉国都长安，不是宋代的洛阳），因此就像抱玉的卞和一样，不受时人赏识；到了洛阳之后，这种不谐于世的怪奇诗风才被钱惟演等上层人物重视，受到了欢迎。其《和绮翁游齐山寺次其韵》也以"辞韵险绝兹所骇"和"重以平淡若古乐"对举，这些都说明梅尧臣对奇险类诗歌的接纳。梅尧臣诗歌中也不乏涩语险韵之作，正所谓大自然千汇万状，无奇不有，只要不人为藻饰过甚，梅尧臣都承认其价值。甚至有时梅尧臣会展现出用平淡将不同风格统一起来的企图，这从他评林逋诗歌"平淡邃美"中可窥一斑，"平"与"邃"即具有一定矛盾性。后来黄庭坚评杜甫夔州后古律诗"平淡而山高水深"[①]，更加经典地表示出平淡具有不同诗美之间既相冲突又相融通的对立统一性。于是西湖之韶秀与夔州之险峻均可蕴藏于"平淡"之中，进而成为宋人统合力最强的时代审美理想。

但是，正如朱东润所说，梅尧臣的诸多创作并未臻此平淡之境，因此不少诗家对梅氏诗歌的评价也并不以平淡目之。特别是他的五古长于叙事议论，上承汉乐府"缘事而发"的传统，中多不平磊落之气，更难概以平淡观之。欧阳修作《水谷夜行寄子美圣俞》："梅翁事清切，石齿漱寒濑。作诗三十年，视我犹后辈。文词愈清新，心意虽老大。譬如妖韶女，老自有余态。近诗

① 《黄庭坚全集辑校编年·与王观复书》，郑永晓整理，江西人民出版社 2011 年版，第 939 页。

尤古硬，咀嚼苦难嘬。初如食橄榄，真味久愈在。……梅穷独我知，古货今难卖。”古硬不可谓平，涩如橄榄不可谓淡。朱熹评梅诗：“枯淡中有意思。”[①]元人龚啸评梅诗：“去浮靡之习，超然于昆体极弊之际；存古淡之道，卓然于诸大家未起之先。”[②]或许也是因为看到诸多梅诗并不平淡，故以“枯淡”“古淡”来校正之。

与平淡论相比，梅尧臣在诗论上可能更看重《诗》《骚》的传统和怨刺的精神。他的《答裴送序意》一诗云：“我于诗言岂徒尔，因事激风成小篇。辞虽浅陋颇刻苦，未到二雅未忍捐。安取唐季二三子，区区物象磨穷年。”指出诗歌是自己倾心刻苦之作，不仅“因事激风”，而且直追“二雅”，能够直承儒道，与唐末五代只雕琢“区区物象”的风花雪月之作有质的不同。《答韩三子华韩五持国韩六玉汝见赠述诗》将这层意思揭示得更为明白：

> 圣人于诗言，曾不专其中。因事有所激，因物兴以通。自下而磨上，是之谓国风。雅章及颂篇，刺美亦道同。不独识鸟兽，而为文字工。屈原作《离骚》，自哀其志穷。愤世嫉邪意，寄在草木虫。迩来道颇丧，有作皆言空。烟云写形象，葩卉咏青红。人事极谀谄，引古称辩雄。经营唯切偶，荣利因被蒙。遂使世上人，只曰一艺充。以巧比戏弈，以声喻鸣桐。嗟嗟一何陋，甘用无言终。然古有登歌，缘辞合徵宫。辞由士大夫，不出于瞽蒙。予言与时辈，难用犹笃癃。虽唱谁能听，所遇辄喑聋。诸君前有赠，爱我言过丰。君家好兄弟，响合如笙从。虽欲一一报，强说恐非衷。聊书类顽石，不敢事磨砻。

① 朱熹《朱子语类》卷一四〇，中华书局1986年版，第3334页。

② 梅尧臣《宛陵集》附录，《景印文渊阁四库全书》集部第1099册，（台湾）商务印书馆1986年版，第438页。

在梅尧臣看来，《诗经》皆缘事而发或托物起兴而成，即关注社会现实和重视以文学形象出之，此即“因事有所激，因物兴以通”和“因事激风”，而所谓的“风”，自然主要是“自下而磨上，是之谓国风”，即使是雅颂，其中包含的刺美之道也是相同的。这才是诗的要义，那种认为诗是博物广识或雕琢文字的工具的看法，是弃本求末的。但是近来诗道沦丧，更是一味追求物象的华美、典故的博赡、声律的谐和以及颂谀得利的目的，于是诗歌沦落为缺少“道”之“一艺”：“烟云写形象，葩卉咏青红。人事极谀谄，引古称辩雄。经营唯切偶，荣利因被蒙。遂使世上人，只曰一艺充。”这是对晚唐以降直至西昆体诗风的总体批判，也与白居易《与元九书》的观点遥相呼应。

如何“刺美”？梅尧臣的看法与传统儒家诗教观有所不同，他不再强调“温柔敦厚”或“怨而不怒”，而是以屈原《离骚》为例，肯定其“自哀其志穷”及将“愤世嫉邪意，寄在草木虫”的“比兴”做法。只要目的是“刺美”，文字和情感表达上不妨过分[①]。他曾自述“微生守贱贫，文字出肝胆”（《依韵和晏相公》），亦曾勉励欧阳修“勇为”美刺。“君能切体类，镜照嫫与施。直辞鬼胆惊，微文奸魄悲。不书儿女书，不作风月诗。唯存先王法，好丑无使疑。安求一时誉，当期千载知。”（《寄滁州欧阳永叔》）这种将风、骚并举，强调诗歌社会功用的观念，“无论是相对于五季之诗的物象之妍、偶切之巧，还是相对于宋初诗坛的优愉唱酬、浮靡雕琢，都显示了新型士大夫人格的丰富内涵”[②]。

正像梅尧臣承认自己“苦辞未圆熟，刺口剧菱芡”，在创作上未能完全达到平淡一样，梅尧臣的创作也未能完全贯彻自己

① 《林和靖先生诗集序》“其辞主乎静正，不主乎刺讥”之语，只是对林逋诗歌的描述，并不代表梅诗以之为最高典范。

② 程杰《北宋诗文革新研究》，内蒙古教育出版社 2000 年版，第 133 页。

的刺美理想。他虽然写了不少如《田家语》《汝坟贫女》那样反映和批判现实之作，但更多作品还是反映应酬、游戏、消遣等琐碎的日常生活。比如他创造的《禽言诗》，元代杨维桢虽有仿作《五禽言》，却批评说："禽言无出梅都官之作，予犹惜其句律佳而无风劝之意，故予制《五禽言》，言若拙而意颇关风劝焉。"[①]可见一个人的诗歌主张或理想与其实际创作未必能如影随形。有意思的是，梅尧臣看重的刺美风劝不过是儒家诗论的老生常谈，而他创作的《禽言诗》铺写日常生活的诗歌，从诗史角度看，才更具有创造性的价值。同样，"平淡"虽非梅尧臣自己最看重的诗论，但是在宋代诗学史上，因其具有开创意义，故亦彰显出特别之价值。

（原载《文学评论》2022年第2期）

① 杨维桢《杨维桢诗集》卷七《五禽言并叙》，邹志方点校，浙江古籍出版社1994年版，第96页。

主要论著索引

一、著作

1.夏敬观《梅尧臣诗》，商务印书馆1940年版。

2.钱锺书《宋诗选注》，生活·读书·新知三联书店，2002年版。

3.钱锺书《谈艺录》（补订本），中华书局1984年版。

4.朱东润《中国文学论集》，中华书局1983年版。

5.程杰《北宋诗文革新研究》，文津出版社1996年版，内蒙古教育出版社2000年版。

6.黄美铃《欧、梅、苏与宋诗的形式》，文津出版社，1998年。

7.霍松林《唐音阁论文集》，河北教育出版社2000年版。

8.巩本栋《北宋党争与梅尧臣的诗歌创作》，原载《首届宋代文学国际研讨会论文集》，复旦大学出版社2001年版。

9.莫砺锋《唐宋诗歌论集》，凤凰出版社2007年版。

二、论文

1.谢孝宠《梅尧臣的诗是北宋社会阶级矛盾的真实反映》，《文史哲》1956年第8期。

2.吴孟复《宋诗革新倡导者梅尧臣及其诗》，《江淮学刊》1963年第4期。

3.陈光明《论梅尧臣诗歌的平淡风格》，《湘潭大学学报（哲学社会科学版）》1984年第2期。

4.朱杰人《北宋诗人梅尧臣和苏舜钦的比较研究》，《上海师范大学学报》1985年第1期。

5.陈光明《不作浮靡风月诗，直辞千载耐沉思——梅尧臣诗歌的人民性》，《湘潭大学学报（哲学社会科学版）》增刊1986年S1期。

6.秦寰明《论梅尧臣诗歌的艺术风格》，《南京师范大学学报（社会科学版）》1986年第2期。

7.秦寰明《梅尧臣著述杂考》，《南京师范大学学报（社会科学版）》1987年第4期。

8.吕美生《梅尧臣“平淡”诗论再探》，《学术界》1987年第5期。

9.张海鸥《梅尧臣的诗歌审美观及其文化心理成因》，《广州大学学报（文理工综合版）》1988年第1期。

10.吴孟复《梅尧臣事迹考略》，《安徽大学学报（哲学社会科学版）》1988年第2期。

11.吕美生《梅尧臣诗歌理论的历史贡献》，《安徽大学学报（哲学社会科学版）》1988年第2期。

12.周梦江《试论梅尧臣的诗歌》，《杭州师范学院学报》1989年第4期。

13.陈金现《梅尧臣诗风格初探》，《辅英学报》1989年第9期。

14.张仲谋《梅尧臣诗“以丑为美”论》，《徐州师范学院学报（哲学社会科学版）》1990年第2期。

15.周义敢、周雷《梅尧臣诗的历史评价》，《安徽大学学报（哲学社会科学版）》1990年第2期。

16.张福勋《“看似寻常最奇崛，成如容易却艰辛”——梅尧臣诗“平淡”发微》，《内蒙古师范大学学报（哲学社会科学版）》1990年第3期。

17.陈友康《梅尧臣诗的弊病与欧阳修的责任》，《云南教育学院学报》1994年第3期。

18.程杰《宋诗“平淡”美的理论和实践》，《学术研究》1995年第6期。

19.［日］横山伊势雄《梅尧臣的诗论——兼正“梅尧臣学唐人平淡处”之论》，《苏州大学学报（哲学社会科学版）》1996年第2期。

20.艾思同《论梅尧臣的诗风》，《山东师范大学学报（人文社会科学版）》1996年第5期。

21.郭鹏《从欧阳修对梅尧臣诗的品评看北宋诗学的发生》，《人文社会科学战线》1997年第2期。

22.李剑锋《陶渊明接受史新局面的开创者梅尧臣》，《山东师范大学学报（社会科学版）》1997年第5期。

23.张廷杰《论梅尧臣的边塞诗》，《宁夏大学学报（人文社会科学版）》1998年第1期。

24.李德身《论欧梅诗派上》，《连云港教育学院学报》1998年第2期。

25.李德身《论欧梅诗派下》，《连云港教育学院学报》1998年第3期。

26.吴大顺《博采众长话宛陵——论梅尧臣师法众长对其诗风形成之影响》，《广西师范学院学报（哲学社会科学版）》2000年第3期。

27.张娜《梅尧臣诗动物意象初探》，《社科纵横》2001年第1期。

28.李之亮《梅尧臣交游考略》，《文献》2001年第4期。

29.李之亮《关于梅尧臣交游的几个问题》，《中州学刊》

2001年第6期。

30.李一飞《梅尧臣早期事迹考》，《文学遗产》2002年第2期。

31.王秀春《北宋天圣明道年间欧、苏、梅的诗歌创作》，《求索》2002年第6期。

32.陈利娟《梅尧臣与禅宗》，《华南理工大学学报（社会科学版）》2003年第1期。

33.吴大顺《论欧梅唱和的分期及特征》，《求索》2003年第5期。

34.［日］绿川英树《梅尧臣与黄庭坚——兼论北宋诗坛“怪巧风格”的嬗变》，载《中国诗学》第8辑，人民文学出版社2003年版。

35.吴大顺《论欧梅唱和诗的创作动机》，《学术论坛》2004年第1期。

36.吴大顺《欧梅唱和与宋诗革新》，《船山学刊》2004年第1期。

37.张明华、魏宏灿《论梅尧臣诗对陶渊明的接受》，《广西社会科学》2004年第2期。

38.聂巧平、李光生《论〈瀛奎律髓〉对梅尧臣五律的评点》，《西南民族大学学报（人文社科版）》2004年第2期。

39.李萍《论梅尧臣诗歌的意象群色泽》，《南京工业职业技术学院学报》2004年第2期。

40.张明华《试论梅欧诸人的近体诗对西昆体的继承和改造》，《阜阳师范学院学报（社会科学版）》2004年第2期。

41.梁珍明《梅尧臣与佛教》，《广西教育学院学报》2005年第2期。

42.尚永亮、刘磊《欧梅对韩孟的群体接受及其深层原因》，《四川大学学报（哲学社会科学版）》2005年第4期。

43.刘培《覃思精微，深远闲淡——论梅尧臣的辞赋创作》，《云梦学刊》2005年第5期。

44.吕变庭《庆历新政前后及新政期间的梅尧臣》，《党史博采（理论）》2005年第8期。

45.徐丹丽《陆游效梅宛陵体初探》，《中国韵文学刊》2006年第1期。

46.顾友泽《论文学史上“苏梅”并称》，《中国韵文学刊》2006年第1期。

47.陈金现《梅尧臣的梦与诗》，《兴大人文学报》2006年第36期。

48.吕玲娣《北宋诗人梅尧臣用韵研究》，《阜阳师范学院学报（社会科学版）》2007年第4期。

49.邱志诚、冯鼎《梅尧臣诗中的审丑意识——兼论宋诗以俗为雅风格的形成》，《中南大学学报（社会科学版）》2008年第6期。

50.代亮《孟郊、梅尧臣穷苦之吟异同论》，《广西社会科学》2008年第6期。

51.龚玲、张勤《梅尧臣“穷者之诗”的内容特色》，《成都大学学报（教育科学版）》2008年第8期。

52.吴大顺《论欧梅诗派的诗歌风貌》，《湖南社会科学》2009年第1期。

53.黄桃红《欧阳修与梅尧臣的真挚情意》，《兰台世界》2009年第3期。

54.陈庆艳《论科举考试对梅尧臣诗歌创作的影响》，《枣庄学院学报》2009年第4期。

55.朱少山、余恕诚《论梅尧臣的唐诗观》，《宁夏大学学报（人文社会科学版）》2010年第5期。

56.李朝军《论梅尧臣的自然灾害题材诗赋》，《贵州师范大学学报（社会科学版）》2011年第1期。

57.刘丽丽《司马光与梅尧臣交游考述》，《飞天》2011年第4期。

58.刘蔚《论梅尧臣田园诗的集成与开山意义》，《宁夏社会科学》2012年第6期。

59.涂序南《论梅尧臣注〈孙子兵法〉》，《南京政治学院学报》2012年第6期。

60.胡传志、汪婉婷《论梅尧臣诗歌的体裁选择》，《安徽师范大学学报（人文社会科学版）》2015年第5期。

61.张立荣《梅尧臣的七律诗风与北宋庆嘉诗坛》，《贵州社会科学》2015年第11期。

62.吴瑞侠、吴怀东《梅尧臣题画诗考论》，《山东师范大学学报（人文社会科学版）》2018年第4期。

63.左汉林《论钱锺书与朱东润关于梅尧臣诗歌的论争》，《北方论丛》2019年第5期。

64.张剑《梅尧臣诗体诗论析疑》，《文学评论》2022年第2期。